REVISTA DE FINANÇAS PÚBLICAS E DIREITO FISCAL

Ano 2 • Número 3 • OUTONO

ARTIGOS
COMENTÁRIOS DE JURISPRUDÊNCIA
RECENSÕES
CRÓNICA DA ACTUALIDADE

ÍNDICE

COMENTÁRIOS DE JURISPRUDÊNCIA

RECENSÕES

EDITORIAL

Eduardo Paz Ferreira

---

1. Escrever um editorial quando ainda não são conhecidos os resultados das eleições legislativas é seguramente uma tarefa de grande risco, especialmente se se tiver em consideração que as diversas sondagens apontavam para que não viesse a emergir uma maioria absoluta e nem sequer eram claras sobre quais as maiorias que poderiam ser logradas através de coligações. Ora, como é natural, os próximos anos das finanças públicas e do direito fiscal português vão ser profundamente marcados pela solução governativa que vier a resultar do acto eleitoral.

O "véu de ignorância" em que estamos colocados neste momento é, porventura, especialmente delicado, uma vez que resulta de uma apreciação dos programas dos partidos, cujas propostas fiscais são sintetizadas nesta edição, e do decurso da campanha eleitoral, a existência de propostas mais diferenciadas do que é usual entre os dois principais partidos que ocupam o centro do sistema político português. Apesar de nos termos habituado ao escasso grau de correspondência entre programas de governo e acção governativa, é de crer que, por uma vez, a escolha política conduza, também, ainda que moderadamente, a uma escolha entre dois padrões de fiscalidade e de despesa pública.

2. Os dois padrões que se confrontam – maior ênfase na redistribuição por via fiscal, a par com uma política mais activa de despesa pública *versus* uma maior contenção da despesa e uma maior neutralidade da política fiscal em relação à redistribuição – correspondem ao debate que está em curso um pouco por todo o mundo.

Nesse aspecto, e em sociedades cada vez mais interdependentes, assume uma especial importância aquilo que vierem a ser as decisões da nova cimeira do G-20, ainda que os resultados da reunião preparatória dos ministros das finanças deixem antever que nada de verdadeiramente importante se irá passar em Pittsburgh.

Certo parece ser, no entanto, a manutenção do consenso quanto ao acompanhamento público da evolução económica e o não abrandamento da ajuda estadual, objectivo assumido por governos de muito diversas orientações e, também, pelo próprio Durão Barroso, na sua campanha para reeleição.

O consenso resulta da percepção de que, se é verdade há sinais de que a crise abrandou significativamente e não atingiu os níveis alarmantes que chegaram a ser pensados, estes se ficam a dever essencialmente à intervenção pública e ao reforço da cooperação internacional.

Aspecto especialmente negativo é aquilo que parece ser a crescente erosão da disponibilidade das classes mais abastadas para contribuírem para a resolução da crise e viabilizarem soluções mais equitativas.

3. Apesar das notas optimistas que têm surgido em torno da evolução económica, estou longe de crer que possamos ter certezas quanto aos próximos anos e que o risco da Rainha de Inglaterra ter de voltar a perguntar como é que os economistas não previram a crise se mantém alto. Não faltam, aliás, os que pensam que o facto de os paliativos adoptados terem conseguido estancar os aspectos mais alarmantes na situação económica, determinou a perda de uma ocasião preciosa para alterar radicalmente as regras do sistema financeiro e a ordem económica internacional, no sentido de uma maior equidade e de mais amplo apoio aos países em desenvolvimento, assegurando, também por essa via, um alargamento da procura necessária ao estímulo da economia.

A desigualdade internacional é, por outro lado, acompanhada, a nível interno por um aumento das disparidades na distribuição da riqueza, tema a que a Revista tem dedicado uma particular atenção e que foi recentemente analisado, com uma rara qualidade, por Elisabete Miranda no Jornal de Negócios. A isto somam-se os desconfortáveis números do desemprego e, muito especialmente, a dificuldade de acesso ao primeiro emprego ou a prática impossibilidade de conseguir postos de trabalho compatíveis com as suas habilitações e experiência com que se confrontam pessoas com mais idade em poder colocar as suas habilitações e experiência ao serviço da sociedade.

4. Factores especialmente negativos na evolução recente são claramente a reincidência de alguns bancos em práticas, designadamente no domínio da remuneração dos gestores e quadros, que contribuíram para o desenvolvimento da crise, bem como a persistência de uma situação de instabilidade nos mercados bolsistas, que continuam a não se apresentar como uma via segura de financiamento para as empresas.

Também a dificuldade evidente de renovação dos paradigmas de ensino da economia e a tentativa de virar, rapidamente, esta página como um acidente de menor importância constituem motivos de preocupação.

Os contribuintes que, um pouco por todo o lado, foram chamados a um esforço de grandes dimensões para reparar os erros cometidos por responsáveis económicos têm, no entanto, o direito de ver recompensado o esforço através da criação de condições mais seguras do que aquelas que caracterizaram os últimos tempos.

5. Do mesmo modo é, ainda, desconhecido o destino da proposta de reforma do *health care system*, apresentada por Barack Obama e que visa a introdução de um grau de justiça social mais elevado nos Estados Unidos da América. A aceitação ou não da proposta irá, seguramente, condicionar a evolução das políticas públicas muito para além das fronteiras dos Estados Unidos e pode constituir um importante factor de reforço no combate por uma sociedade mais justa.

Parece, aliás, razoável pensar, neste momento, que se a reforma do sistema de protecção da saúde não irá tão longe quanto seria de desejar, será, ainda assim conseguida uma melhoria assinalável neste domínio. Barack Obama continuará, por outro lado, a ser a grande figura inspiracional da política, como atesta o recente inquérito do German Marshall Fund, apoiados, entre outras entidades, pela Fundação Luso-Americana.

6. O número de Outono da Revista sai em paralelo com uma importante conferência internacional, co-organizada pelo IDEFF e pela Reitoria da Universidade de Lisboa, sobre o financiamento do ensino superior, tema da maior actualidade e de vastas repercussões que vão muito para além da questão financeira em sentido estrito, espelhando o modelo de

sociedade e desenvolvimento. Luísa Cerdeira, autora de uma excelente tese de doutoramento, editada pela Almedina e que serviu de *pivot* para a organização da conferência, aborda esta questão num artigo do maior interesse.

Qualquer que venha a ser o futuro Governo, o depoimento do convidado de Outono – O Secretário de Estado dos Assuntos Fiscais – constitui, seguramente, um testemunho de uma experiência tanto mais rica quanto se desenvolveu num período de crise. Publicamo-la, pois, com natural honra e satisfação.

Entre os múltiplos motivos de interesse deste número, figuram, ainda, o estudo empírico de António Martins e Ismael Rodrigues sobre revisão de contas e auditoria nas PME portuguesas e o de Gervásio Lérias – Do capital social na sociedade ao capital próprio na empresa, atestando o especial interesse da Revista pelos temas empresariais.

Honra-nos, também, Germano Marques da Silva, com a sua primeira colaboração nesta Revista, anotando um acórdão de capital importância.

7. Inicia-se, agora, o ano lectivo do IDEFF. Noutro local da Revista damos conta das diversas pós-graduações, em que lográmos obter um extraordinário grupo de docentes e cobrir um conjunto muito vasto de áreas.

Anima-nos, como sempre, a esperança não só de facilitar a saída profissional dos nossos estudantes, como de contribuir para ajudar a construir uma sociedade mais capaz de responder aos desafios. O editorial é escrito no dia em Obama se dirigiu aos estudantes, chamando-lhes a atenção para a dupla vertente do seu trabalho: And this isn't just important for your own life and your own future. What you make of your education will decide nothing less than the future of this country. What you're learning in school today will determine whether we as a nation can meet our greatest challenges in the future".

Em nome de todos os que fazem a Revista, desejo aos nossos leitores e aos nossos alunos um ano de trabalho profícuo, durante o qual, cada uma de nós, na sua esfera de acção, saiba tomar as decisões que melhor sirvam os seus próprios interesses e, também, os do nosso país.

CONVIDADO DE OUTONO

POLÍTICA FISCAL EM TEMPO DE RECESSÃO

CARLOS BAPTISTA LOBO
Secretário de Estado dos Assuntos Fiscais

I. INTRODUÇÃO

A política fiscal em tempo de recessão é de formulação complexa. Nestes momentos, e mais do que nunca, a função prestativa do Estado é fundamental e, consequentemente, a angariação da receita fiscal para a sua concretização. Efectivamente, a função primordial do sistema fiscal é a angariação de receita pública. E, nessa conformidade, seria relativamente fácil que o decisor financeiro caísse facilmente em tentações de manutenção do nível de arrecadação de receita, por via do aumento de impostos ou de subterfúgios diversos mas com efeito semelhante.

No entanto, foi precisamente essa estratégia que levou ao aprofundamento da crise de 1929. De facto, se existe um problema de liquidez nos mercados financeiros e económicos mundiais, o aumento da tributação em momentos de desaceleração económico mais do que potenciaria esse défice de activos monetários em circulação.

Não é de estranhar, portanto, que mesmo a doutrina liberal mais radical legitime a criação de défices orçamentais tendo em vista a criação de uma "almofada financeira" em momentos de crise profunda. A expressão (até agora) final desta orientação encontra-se contida no Pacto de Estabilidade e Crescimento onde se permite uma derrogação às regras rígidas de limitação de défices orçamentais em momentos de recessão profunda.

De facto, a existência de défice orçamental não pode ser valorada de forma equivalente em situações distintas. Numa perspectiva estrutural, a existência do défice deve ser aceite se a margem financeira adicional for utilizada para fins de investimento público num processo estratégico de "*catching-up*". Numa situação conjuntural, deve servir para financiar tácticas anti-crise, direccionadas, temporárias e proporcionadas.

Nesta óptica, o défice orçamental deve ser entendido como medida de política activa e não como fatalidade passiva de Estados mal organizados ou ineficientes.

Neste enquadramento, o défice de 2009 e 2010 não pode ser comparado com o défice de 2003 e 2004. Os ambientes económicos são totalmente distintos, tal como o são as suas próprias componentes estruturais. Em 2003 e 2004 o défice conjuntural era inferior a 3% mas o défice estrutural era superior a 6%, enquanto que, em 2009 e 2010, o défice conjuntural é de cerca de 6%, porém, o défice estrutural é inferior a 3% (em resultado, por exemplo, da redução da despesa com elementos estáveis tais como as remunerações certas e permanentes do Estado). Em tese, e no modelo orçamental actual, poderemos entender que o défice estrutural português se reconduz aos 2,6%, valores de 2007, quando a economia se encontrava em velocidade de cruzeiro.

Por outro lado, e atendendo às dificuldades conjunturais suscitadas, seria igualmente fácil ceder à tentação de oneração inconsciente das realidades económicas fiscalmente não deslocalizáveis. Quando tudo foge ou se desvanece, o que resta são as manifestações de riqueza facilmente tributáveis (rendimentos dependentes e pensões) ou património imóvel.

E, neste enquadramento, é igualmente útil relembrar os ensinamentos da doutrina liberal (mas não os seus remédios), que acenando com o temor do *Estado Leviatão*, chamou a atenção para esta realidade, obrigando o decisor financeiro a tê-la sempre presente, de forma que possa ser evitada.

Num ambiente de mobilidade e de ausência de fronteiras, os imóveis pela sua própria estrutura, são insusceptíveis de deslocalização. Com efeito, se analisarmos a nossa estrutura de tributação, verificamos que existe sempre uma tendência para um agravamento da tributação entre estas duas realidades. Compete ao Governo, numa óptica de autoescrutínio e autocrítica, limitar esta situação de tributação. É por essa razão que algumas medidas conjunturais tomadas para fazer face à actual situação de crise económica e financeira aparecem como conjunturais, embora tenham um alcance estrutural superior. Alcance esse, que se revela por exemplo na redução do IMI, ao nível das taxas mais elevadas, que permitiu que a receita deste imposto tivesse este ano um crescimento de 1%, quando a taxa média normal era de 14% ao ano.

Outro exemplo está, obviamente, numa actuação localizada ao nível da dedução das despesas com encargos com a habitação própria e permanente, ao nível do IRS, que actua muito fortemente ao nível dos sujeitos da categoria A e da categoria H.

Esta questão é essencial, tanto mais que o sistema fiscal português, nas últimas décadas, tem visto crescer desproporcionadamente a componente relativa deste tipo de tributação na receita fiscal global

At last but not at least, a vertente redistributiva. Nos termos da Constituição, o sistema fiscal visa igualmente a redistribuição da riqueza. Porém, em momentos de recessão, a tentação tributária de assentar as baterias no centro nevrálgico das classes contributivas (classe média e média baixa) poderá ser suscitada. De facto, é neste estrato que medidas de angariação de receita poderão ser mais eficazes na perspectiva da arrecadação, mas devastadoras na perspectiva da justiça.

Gráfico 1. **IRS Liquidado por Escalões de Rendimento**
(em percentagem do IRS Liquidado, valores acumulados)

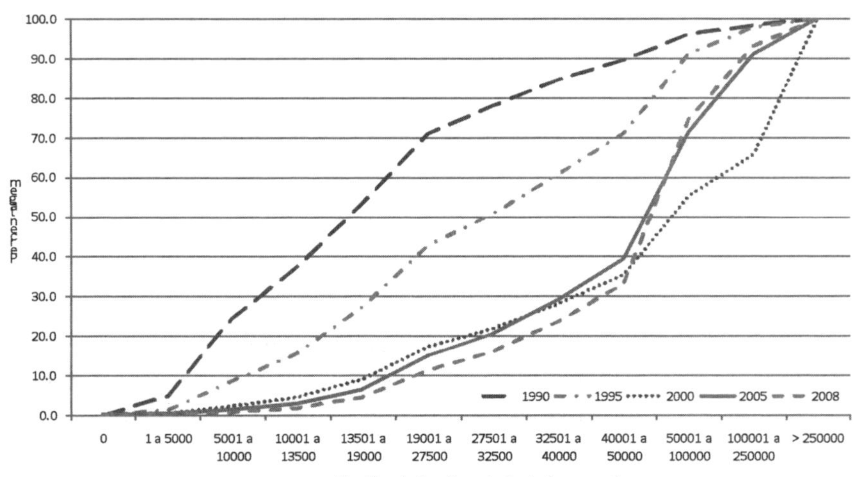

Fonte: Direcção-Geral dos Impostos.

Nessa óptica, e especialmente neste momento de dificuldades, o que é necessário é precisamente acentuar a capacidade redistributiva do sistema, numa vertente de justiça redistributiva, mas não de igualitarismo. E, nessa óptica, o sistema fiscal português tem sido eficiente, nomeadamente na redução sucessiva da participação contributiva dos escalões mais reduzidos em irs, e com o aumento da participação dos escalões mais elevados.

De facto, como evidencia o Gráfico 1 e Quadro 1, os cinco primeiros escalões de rendimento bruto, em 1990, eram responsáveis por mais de 50% do IRS liquidado (em rigor, 53,4%), passando, em 1995, para 27,3%, tendo vindo a fixar-se, em 2008, em 4,6%.

Quadro 2. **IRS Liquidado por Escalões de Rendimento Bruto**

(em percentagem do IRS Liquidado)

Ano	Escalões de Rendimento Buto											
	0.00	1 a 5000	5001 a 10000	10001 a 13500	13501 a 19000	19001 a 27500	27501 a 32500	32501 a 40000	40001 a 50000	50001 a 100000	100001 a 250000	> 250000
1990	0.1	4.7	19.5	13.0	16.1	17.7	6.9	6.7	5.0	6.6	2.1	1.8
1991	0.1	2.1	12.9	11.2	15.4	18.2	8.2	9.0	7.3	10.4	2.7	2.5
1992	0.1	1.4	9.8	9.5	14.3	17.5	8.5	10.2	9.1	14.3	3.4	1.8
1993	0.1	1.1	8.0	8.3	13.2	16.8	8.5	10.6	10.1	17.1	4.3	1.9
1994	0.2	1.4	8.4	7.9	12.6	15.9	7.9	10.1	10.0	18.1	5.3	2.1
1995	0.2	1.1	7.1	7.2	11.7	15.6	7.6	10.0	10.3	20.2	6.7	2.2
1996	0.1	0.7	5.1	5.3	8.9	12.4	6.2	8.1	8.8	18.6	6.9	18.9
1997	0.2	0.7	5.2	5.6	9.6	13.9	7.2	9.3	10.5	24.0	9.8	4.0
1998	0.2	0.6	4.7	5.2	9.2	13.3	6.8	9.2	10.2	24.7	11.2	4.7
1999	0.2	0.3	2.9	3.4	7.2	12.1	6.5	9.1	10.4	27.2	13.7	7.1
2000	0.2	0.2	1.9	2.2	4.6	8.3	4.5	6.4	7.3	19.8	10.5	34.4
2001	0.2	0.1	1.3	1.7	3.8	7.9	4.5	6.6	7.7	21.8	12.3	32.1
2002	0.2	0.2	1.6	2.1	4.7	10.0	6.2	8.8	10.5	30.9	17.6	7.2
2003	0.2	0.2	1.2	1.7	3.8	8.3	5.2	7.7	9.1	27.4	16.1	19.1
2004	0.2	0.2	1.2	1.7	4.0	8.8	5.7	8.5	10.0	31.2	19.8	8.5
2005	0.3	0.2	0.9	1.5	3.6	8.4	5.6	8.5	10.3	31.8	19.8	9.1
2006	0.3	0.1	0.8	1.4	3.4	8.2	5.6	8.4	10.7	32.5	20.0	8.7
2007	0.0	0.1	0.7	1.3	3.3	7.8	5.5	8.3	10.4	32.3	20.8	9.4
2008	0.0	0.1	0.6	1.1	2.8	6.7	4.7	7.6	9.5	41.4	18.5	7.0

Fonte: Direcção-Geral dos Impostos.

Finalmente, os períodos de recessão podem propiciar climas de "laxismo fiscal", desculpabilizando eventuais práticas evasivas por motivos de força maior – a sobrevivência da entidade ou a manutenção do emprego. Tal orientação não pode ser tolerada. Em tempo de recessão terá de haver tolerância zero para a fraude e evasão. O ambiente concorrencial e a justiça redistributiva a isso obrigam.

II. AS ESTRATÉGIAS DE POLÍTICA FISCAL 2008-2009

a) *Elementos estruturais*

O Programa do XVII Governo Constitucional elegeu, entre outros objectivos primordiais, em sede de consolidação orçamental e, de igual modo, no âmbito do fomento de uma maior transparência e justiça fiscais, o reforço da eficácia do combate à fraude e evasão fiscais.

A importância socioeconómica do combate à fraude e evasão fiscais manifesta-se pela afirmação clara do empenho demonstrado por parte da acção governativa nos últimos anos nesta sede, como também, pela crescente consciencialização dos cidadãos em geral acerca dos malefícios que advêm da distorção da concorrência, da lesão da equidade e justiça fiscais e, em última análise, da própria delapidação dos recursos públicos, obviando a afectação desses mesmos recursos para a criação de riqueza e de emprego.

Gráfico 3. **Correcções e Regularizações Voluntárias à Matéria/Rendimento Colectável (milhares de euros)**

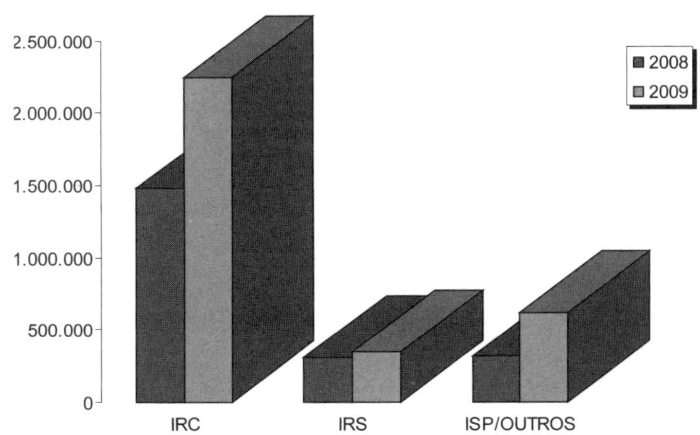

Fonte: MFAP.

Deste modo, por imperativo legal emanado das várias Leis do Orçamento do Estado a partir de 2006, procedeu-se sempre à elaboração do presente relatório sobre a evolução do combate à fraude e evasão fiscais.

Por seu lado, verificou-se uma melhoria nos principais índices e valores, no campo da luta contra a fraude e evasão fiscais, acompanhados de uma melhoria significativa da Eficiência da Administração e tribunais.

Os números são expressivos. De Janeiro a Julho de 2009, constata-se, no âmbito da luta contra a fraude e evasão fiscais, um ligeiro aumento do número de acções inspectivas (em 1,5%), a qual tem vindo a promover um forte aumento das correcções e regularizações voluntárias à Matéria / Rendimento Colectável – ver Gráfico 3.

Para o mesmo período, assistiu-se a uma melhoria na taxa de execução dos objectivos fixados anualmente para a Cobrança Coerciva, evidenciando uma maior Eficiência da Administração Tributária – ver Gráfico 4.

Gráfico 4. **Taxa de Execução de Janeiro a Julho de 2009 (em %)**

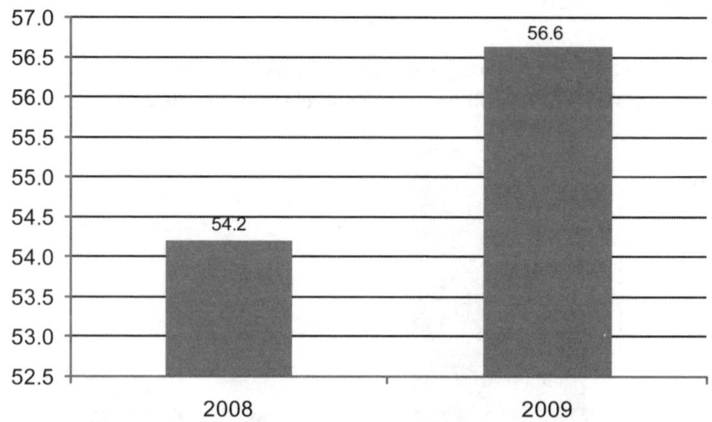

Fonte: MFAP.

Consequentemente, o volume de incumprimento está ao seu mais baixo nível de sempre, o que denota que o sistema está a ser capaz de induzir os contribuintes ao pagamento voluntário e a fazer diminuir os incumpridores – Gráfico 5.

Gráfico 5. **Cobrança Acumulada vs Divida vencida**
Valores acumulados por períodos de 12 meses desde 2004

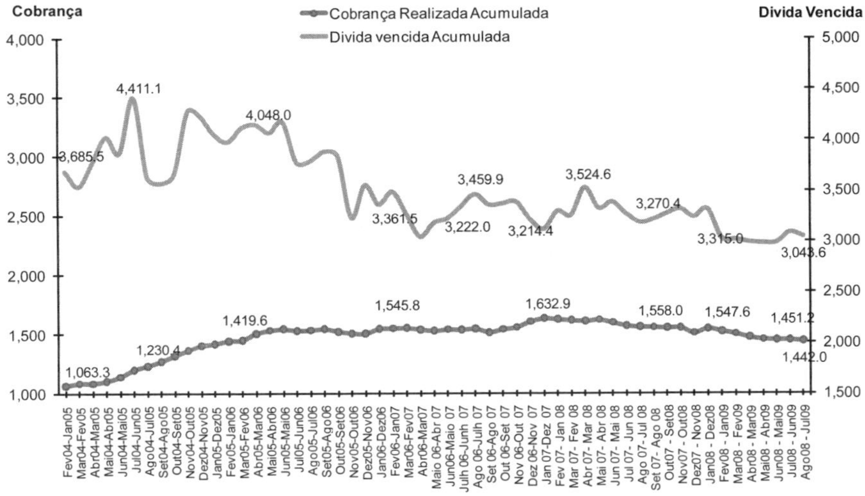

Fonte: MFAP.

Gráfico 6. **Reclamações Graciosas – Tempo Médio de Conclusão – Serv. Finanças + Dir. Finanças (em meses)**

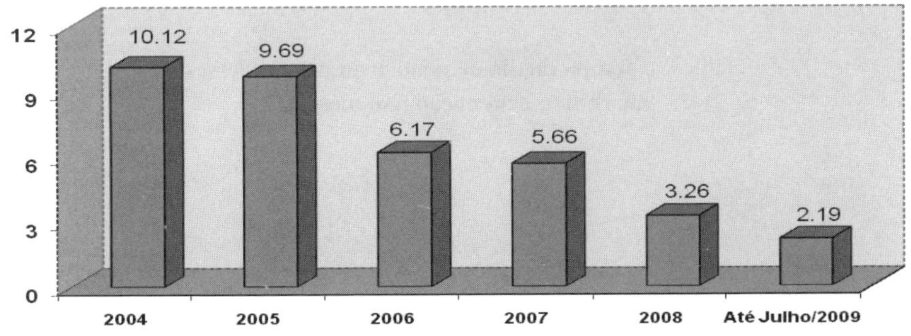

Fonte: MFAP.

No âmbito da Justiça Tributária, tem-se assistido a uma maior eficácia na tramitação dos processos de reclamações graciosas, o qual se vindo a traduzir quer na diminuição no tempo médio de conclusão – ver Gráfico 5, quer na diminuição do saldo de pendências dos processos de reclamações graciosas – ver Gráficos 6 e 7.

Gráfico 7. **Reclamações Graciosas – Saldo de Procedimentos – Serv. Finanças + Dir. Finanças**

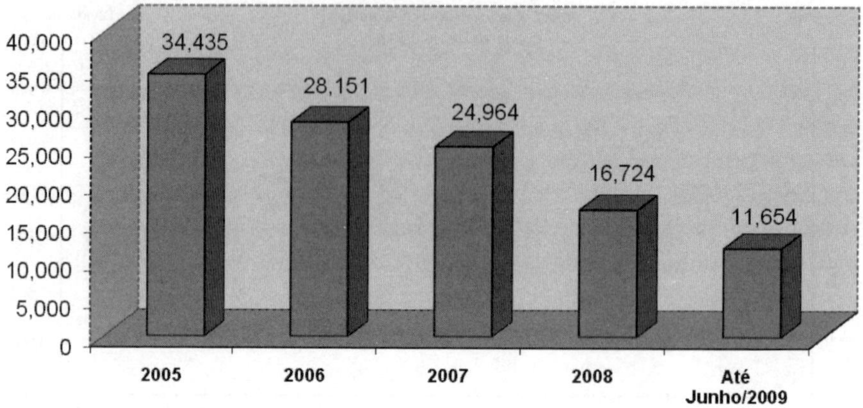

Fonte: MFAP.

A maior eficácia na conclusão dos processos instaurados, tem vindo igualmente a traduzir numa redução efectiva do número médio de meses necessário para a conclusão dos processos – ver Gráfico 8, o qual se cifrava, em 2005, em cerca de 12 dias, para cerca de 2,16 dias em Julho de 2009.

Gráfico 8. **Tempo médio de pendência dos processos de contra-ordenação (em meses)**

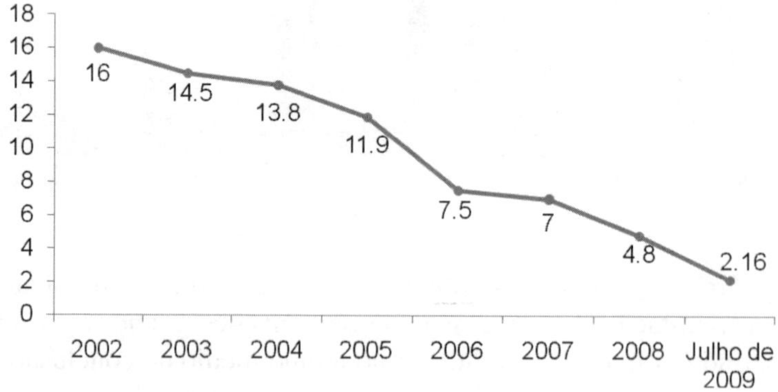

Fonte: MFAP.

b) *Medidas conjunturais*

1. Medidas fiscais anti-cíclicas

No final de 2008[1], a subida acentuada do preço dos produtos petrolíferos e o agravamento da crise que assolou os mercados financeiros internacionais exigiram das autoridades nacionais a adopção de um comportamento cauteloso, tendo em vista principalmente a resolução dos problemas sociais emergentes.

As medidas de consolidação adoptadas pelo Banco Central Europeu no sentido do agravamento das taxas de juro como mecanismo de contenção da inflação, tiveram implicações muito gravosas nas famílias de mais baixos rendimentos. Era obrigatório que o Estado introduzisse o desagravamento dos impostos que mais afectam o mercado da habitação, na vertente mais básica de garantia do direito fundamental consagrado no artigo 65.º da Constituição da República Portuguesa.

Introduziram-se, assim, em Dezembro de 2008, um conjunto de medidas fiscais que contemplaram um campo variado de impostos e objectivos tendo em vista a suavização interna dos efeitos da crise nos mercados financeiros e nos mercados dos produtos petrolíferos.

Em primeiro lugar, alterou-se o regime de deduções à colecta respeitantes aos encargos com imóveis, em sede de Imposto sobre o Rendimento das Pessoas Singulares (IRS). Tratava-se, assim, de majorar as despesas com a habitação própria e permanente, que incluem os juros, em função da matéria colectável, beneficiando, pelo recurso à técnica da isenção regressiva, os escalões com menor rendimento.

Por outro lado, em sede de Imposto Municipal sobre Imóveis (IMI) passou a prever-se a redução das taxas máximas relativas aos prédios urbanos avaliados e não avaliados, em 0,1%. Desta forma, reduz-se a taxa máxima do IMI de 0,8% para 0,7%, para prédios não avaliados nos termos no Código do IMI e de 0,5% para 0,4%, para prédios avaliados nos termos do Código do IMI. Igualmente, passou-se a prever a possibilidade de os Municípios poderem fixar as taxas por freguesias, garantindo aqui uma maior equidade na distribuição dos encargos tributários envol-

[1] Com a Lei n.º 64/2008, de 5 de Dezembro de 2008.

vidos. Acresce, ainda, a esta redução de taxas, o alargamento do prazo de isenção de IMI para a habitação própria permanente de 6 para 8 anos, para prédios com Valor Tributável até 157.500 Euros, e de 3 para 4 anos, para prédios com Valor Tributável de 157.500 Euros até 236.250 Euros.

Por outro lado, impôs-se os métodos do FIFO (*First-In First-Out*) ou do Custo Médio Ponderado como critérios de valorimetria dos stocks de petróleo para efeitos fiscais, para as empresas de fabricação e distribuição de produtos petrolíferos refinados. Assim, o ganho extraordinário entretanto obtido pela adopção deste critério passa a encontrar-se sujeito a uma taxa de tributação autónoma de 25%, garantindo-se assim a redistribuição de riqueza através da implementação de um imposto extraordinário, pela concretização *in casu*.

2. O Regime Fiscal de apoio ao Investimento

No início de 2009[2], foi criado o Regime Fiscal de apoio ao Investimento (RFAI 2009)[3]. De facto, a criação de um sistema de incentivos ao investimento reguláveis pelo Estado tem-se revelado um valioso instrumento de política fiscal anti-cíclica.

Salientam-se quatro requisitos fundamentais para este instrumento funcionar: ser regulável, persuasivo, selectivo e coerente.

---

[2] Com a Lei n.º 10/2009, de 10 de Março, que aprovou o Orçamento suplementar.

[3] Complementarmente ao RFAI 2009, no âmbito do Estatuto dos Benefícios Fiscais, procedeu-se a uma alteração relevante do regime fiscal das Sociedades Gestoras de Participações Sociais, ampliando-o para as sociedades constituídas noutros Estados-Membros, no contexto do recente acórdão do Tribunal de Justiça das Comunidades Europeias, no processo C-210/06 (Acórdão Cartesio), de 16 de Dezembro de 2008). Trata-se de uma importante medida de apoio ao investimento e de incentivo à deslocação dos capitais para o espaço nacional, propiciando um regime aberto e com conteúdo concorrencial fiscal efectivo.

Finalmente, alargou-se o âmbito do sistema de incentivos fiscais em investigação e desenvolvimento (I&D) empresarial (SIFIDE), de forma a permitir que 32,5% das despesas com investigação e desenvolvimento possam ser deduzidas à colecta, bem como a aumentar o limite máximo da taxa incremental, que sobe de 750 000 para 1 500 000 euros.

Quanto ao primeiro requisito, introduziram-se dois limiares de benefícios fiscais, pelo aperfeiçoamento parcial do regime vigente, tendo em conta o regime dos benefícios fiscais contratuais ao investimento constante do artigo 41.º do Estatuto dos Benefícios Fiscais. Assim, os projectos passam a estar abrangidos por um regime simplificado de benefícios fiscais automáticos, que dependerão do valor do investimento (inferior ou superior a 5 milhões de euros) e que permitiram, apenas para o ano de 2009:

– Dedução à colecta de IRC, e até à concorrência de 25% da mesma, das seguintes importâncias, para investimentos realizados em regiões elegíveis para apoio no âmbito dos incentivos com finalidade regional:

(a) 20% do investimento relevante, relativamente ao investimento até ao montante de 5 milhões de euros.
(b) 10% do investimento relevante relativamente ao investimento a partir do montante de 5 milhões de euros.

– Isenção de IMI, por um período até cinco anos, relativamente aos prédios que constituam investimento relevante.
– Isenção de Imposto Municipal sobre Transmissões Onerosas de Bens Imóveis (IMT) relativamente às aquisições de prédios que constituam investimento relevante.
– Isenção de Imposto do Selo relativamente às aquisições de prédios que constituam investimento relevante.

Quanto ao segundo requisito, o RFAI obedece a uma intenção discriminatória, não só porque alarga a amplitude dos benefícios fiscais ao investimento, pelo acolhimento fiscal dos pequenos projectos de investimento, mas também porque diferencia os investimentos quanto à sua capacidade de realização dos vários objectivos envolvidos.

Já quanto ao requisito da selectividade, que surge indissociável do requisito da coerência, releva-se o carácter temporário do regime fiscal, bem como o rigoroso regime de fiscalização e justificação *a posteriori*, a ser partilhado pela Direcção-Geral dos Impostos e pela Inspecção-Geral de Finanças. O regime, assim, contempla quer excepções de severidade, para os projectos de grande dimensão, quer excepções de facilidade, para os pequenos projectos apresentados por empresas.

3. Correcção de injustiças nos vários impostos

No orçamento para 2009[4], ainda podemos encontrar medidas pontuais que visaram a correcção de injustiças detectadas na aplicação dos vários impostos em vigor.

Por um lado, em sede de IRS não só se procedeu à eliminação dos abatimentos aplicáveis às pensões de alimentos entre casais divorciados, como também, tendo em vista a adaptação do dispositivo normativo do IRS à realidade do mercado imobiliário, passou a prever-se o alargamento do prazo para 3 anos para a aplicação do valor da realização, deduzido da amortização de eventual empréstimo contraído para aquisição do imóvel, decorrente da alienação de habitação própria e permanente na aquisição de um novo imóvel, e para dois anos, no caso de alienação sucessiva da habitação originária.

Por outro lado, e na tributação automóvel, em sede de Imposto sobre os Veículos, o conceito de veículo híbrido foi aperfeiçoado no sentido de o aproximar da definição técnica que pressupõe a existência de mais de um motor, o que não se verifica nos veículos que consomem gás natural ou GPL e gasolina ou gasóleo.

Igualmente passou a prever-se a prorrogação por mais um ano do incentivo fiscal ao abate de veículos em fim de vida, atentos os objectivos ambientais de tal medida.

E, criaram-se medidas para colmatar a inexistência actual dos valores das emissões de CO2 da maior parte dos veículos relativamente aos quais se pretendia, após o actual regime transitório, tributar, a par da cilindrada, através da componente ambiental. Em causa estão os veículos ligeiros de mercadorias e os veículos ligeiros mistos, devendo, para isso, ser fixada a data de 2009 para o Instituto da Mobilidade e dos Transportes terrestres (IMTT) possuir a informação relativa às emissões de CO2 da generalidade dos veículos sujeitos a ISV.

Por seu lado, foi alterado o artigo 76.º do CIMI, respeitante às segundas avaliações. Aí, se passa a prever, que em determinadas situações, designadamente quando o valor da primeira avaliação se encontre distorcido, mais de 15% do valor normal do mercado ou quando menos

---

[4] Aprovado pela Lei n.º 64-A/2008, de 31 de Dezembro.

de 15% do valor normal de mercado e o prédio apresenta características valorativas que o diferenciam do padrão normal do mercado, a 2ª avaliação seja efectuada por recurso ao "método do custo" tal como consta do artigo 46.º do CIMI, desde que devidamente fundamentada, quer pelo sujeito passivo, quer pelo chefe de finanças, bem como pela comissão que proceder à avaliação.

Salienta-se ainda o novo regime de tributação das indemnizações aos gestores[5]. Mais do que uma função punitiva, o propósito é essencialmente regulador. Retirando-se o privilégio fiscal injustificado em sede de IRS de que gozavam este tipo de remunerações, criou-se, com a tributação autónoma em IRC, um ambiente propício ao estabelecimento de contratos de objectivos com gestores e administradores, tornando-se a sua não celebração um acto danoso em sede de governo societário.

Finalmente, o novo regime de acesso à informação contida nas contas bancárias e a criação de uma taxa de 60% relativamente a acréscimos patrimoniais não justificados visou clarificar as dúvidas aplicativas relativamente ao regime dos sinais exteriores de riqueza e ao regime dos acréscimos patrimoniais não justificados (com prevalência deste último), permitindo uma simplificação dos processos de levantamento de sigilo bancário, mas de uma forma criteriosa, ponderada e proporcional.

c) *Por uma nova relação tributária*

Durante o ano de 2008, a visão do sistema fiscal mudou. Mudou, no sentido da salvaguarda dos direitos dos contribuintes. Nesse sentido, foram adoptadas medidas como a concretização de um instrumento valioso negocial como os Acordos Prévios sobre Preços de Transferência e a criação e regulamentação de um novo quadro legal do planeamento fiscal agressivo.

Em 2008, e com entrada em vigor para 2009, apresentou-se um conjunto de meios para o reforço do novo paradigma relacional tributário, em que coexistem direitos e deveres, quer para o sujeito passivo, quer para a Administração Fiscal.

---

[5] Ver Lei n.º 100/2009, de 7 de Setembro.

Com o propósito de que a eficiência e a eficácia obtidas pela administração tributária nos últimos anos tenha impacto ao nível dos direitos e garantias dos contribuintes, o prazo de conclusão do procedimento tributário é reduzido de seis para três meses, alteração que assume enorme relevância na medida em que vai impor aos serviços uma mais rápida e célere resposta à solicitações dos contribuintes.

No tocante ao direito à informação, foram introduzidas, no Orçamento para 2009, alterações significativas nos normativos que regulamentam a prestação de informações vinculativas, por forma a clarificar quais os factos que podem ser objecto de informação vinculativa e quem a pode requerer. Foram aditados à LGT os artigos 68.º-A e 68.º-B, respectivamente, para criar a figura da informação vinculativa urgente e clarificar o regime de vinculação da administração tributária às orientações genéricas, criadas com vista à uniformização da interpretação e da aplicação das normas tributárias. Complementarmente, quanto ao princípio da colaboração, foram introduzidas alterações com o objectivo de que a publicitação de informação pela administração tributária seja genericamente realizada por meios electrónicos.

De modo a obter maior equidade e justiça na tributação, aperfeiçoou-se o Código de Procedimento e Processo Tributário (CPPT) no sentido de clarificar o início do prazo para instauração do procedimento para aplicação das normas anti-abuso. Dando continuidade às medidas de simplificação e optimização da tramitação dos processos de execução fiscal, foi introduzido um normativo que irá permitir que a competência de órgão de execução fiscal seja atribuída a outros serviços da administração tributária, a qual agora é exclusiva dos serviços periféricos locais, sempre que razões de racionalidade e de eficácia da cobrança o justifiquem, designadamente, perante o imperativo de melhorar os níveis de recuperação das receitas tributárias, quando os executados sejam grandes devedores e estratégicos.

Finalmente, foram aditados ao CPPT os artigos 95.º-A a 95.º-C, para criar um novo procedimento com o objectivo de que os erros materiais ou manifestos da administração tributária sejam corrigidos com a máxima celeridade. Este novo procedimento é caracterizado pela dispensa de formalidades e visa a reparação, por meios simplificados, dos erros ocorridos na concretização do procedimento tributário ou na tramitação do processo de execução fiscal.

d) *Competitividade fiscal do sistema português*

É na criação de medidas que o Estado actual deve reencontrar a concorrência fiscal. Não com medidas fáceis, como seja o agravamento da tributação, ou até mesmo, inversamente, a propiciação da chamada baixa tributação, que só resultam em evidentes "votos com os pés". Recorde-se que o âmbito da soberania fiscal encontra-se limitado, uma vez que as economias nacionais não se encontram sozinhas – integram-se num espaço global, tendo em vista a intensificação das necessidades pela partilha de recursos e de vantagens produtivas. Tudo isto só faz sentido num contexto de uma relação tributária equilibrada e sã. Na verdade, os sistemas fiscais tradicionais, assentes nos impostos sobre o rendimento e na tributação sobre o valor acrescentado, são frágeis, por verem fugir gradualmente as respectivas matérias tributáveis.

Deste fenómeno de "destributarização" crescente tendem a excluir-se, de modo tanto mais injusto e insistente quanto mais fácil é a evasão dos outros factores, o trabalho subordinado menos qualificado – dificultando, assim, a resolução do problema do emprego e agravando as injustiças e as desigualdades sociais – e a propriedade imobiliária agravando porventura os seus problemas de gestão e de utilização, quer no espaço rural, quer no espaço urbano.

Quando tudo o resto foge, é isto o que resta – com crescente injustiça e ineficiência fiscal, já evidentes nas evoluções recentes da fiscalidade mais desenvolvida. Então a injustiça gera injustiça: quanto mais fogem as formas de riqueza, mais o Estado se encarniça contra as expressões de faculdades contributivas que não conseguem fugir. Hoje em dia a receita não depende apenas dos níveis das taxas. Basicamente, deve-se tomar em consideração num ambiente de concorrência fiscal as opções que são tomadas pelos restantes jogadores. Neste âmbito, Portugal tem de evitar políticas de curto prazo que basicamente assentam numa óptica de ciclo eleitoral, numa orientação claramente pró cíclica. Falamos e discutimos a concorrência fiscal em Portugal, mas bom seria adoptar um projecto para além de um mero controlo das investidas da Comissão Europeia e do Tribunal de Justiça das Comunidades Europeias contra instrumentos de concorrência fiscal que poderiam beneficiar o país. É necessário que Portugal defina igualmente de forma clara fora do país – nas instâncias comunitárias e na OCDE – a sua posição face à concorrência fiscal e não se limite à submissão a regras formais, exigindo sempre uma adaptação material e substancial dos regimes gerais ao seu caso concreto. Vejamos algumas medidas emblemáticas no último ano.

1. O sistema de taxa dual em sede de IRC

Em primeiro lugar, propôs-se a criação de um Sistema de Taxa Dual em Sede de IRC. Tendo em vista o desenvolvimento de uma política firme de apoio às PME, a Lei do Orçamento do Estado para 2009 prevê a redução para metade da taxa de IRC incidente sobre a matéria colectável das sociedades até ao montante de 12 500 euros, mantendo-se a taxa de IRC de 25% para a tributação da matéria colectável superior a esse primeiro escalão. Esta medida beneficia a totalidade dos sujeitos passivos de IRC (cerca de 375 000 empresas), sendo que cerca de 80% são tributados integralmente à taxa de 12,5%, que se constituirá, assim, como a taxa geral de IRC aplicável em Portugal.

2. Por um IRC harmonizado com as Normas Internacionais de Contabilidade

Em segundo lugar, reforma-se a fundo o IRC[6], pela adopção plena do Sistema de Normalização Contabilística, que substitui o antigo Plano Oficial de Contabilidade.

Na verdade, o Regulamento (CE) n.º 1606/2002 do Parlamento Europeu e do Conselho, de 19 de Julho, veio introduzir a obrigação de, relativamente aos exercícios iniciados em ou após 1 de Janeiro de 2005, as sociedades com valores mobiliários cotados elaborarem as suas contas consolidadas em conformidade com as normas internacionais de contabilidade (NIC) tal como adoptadas pela União Europeia, e atribuir a cada Estado membro a opção de alargamento do âmbito de aplicação daquelas normas a outras situações, designadamente às contas anuais individuais de sociedades cotadas e às contas consolidadas e/ou contas anuais individuais das restantes sociedades.

---

[6] Como o Decreto – Lei n.º 159/ 2009, de 13 de Julho.

O Decreto-Lei n.º 35/2005, de 17 de Fevereiro, veio consagrar a possibilidade de sociedades não cotadas sujeitas ao Plano Oficial de Contabilidade elaborarem as suas contas consolidadas em conformidade com as NIC e permitir que as entidades incluídas no âmbito da consolidação das entidades que estejam obrigadas ou que optem pela aplicação das NIC às suas contas consolidadas, desde que sejam objecto de certificação legal de contas, elaborem as suas contas anuais individuais em conformidade com aquelas normas.

Por outro lado, o Banco de Portugal veio obrigar a generalidade das entidades sujeitas à sua supervisão a elaborar as contas individuais em conformidade com as normas de contabilidade ajustadas (NCA), enquanto que o Instituto de Seguros de Portugal aprovou o novo Plano de Contas para as Empresas de Seguros (PCES), ambos convergentes com as NIC, tendo sido estabelecidos regimes transitórios, a vigorar enquanto não se introduzissem no Código do IRC e na legislação complementar as necessárias adaptações às NIC.

Com a aprovação do Sistema de Normalização Contabilística, com efeitos a partir de 1 de Janeiro de 2010, cuja filosofia e estrutura são muito próximas das NIC, estão criadas as condições para alterar o Código do IRC e legislação complementar, de forma a adaptar as regras de determinação do lucro tributável dos sujeitos passivos às NIC.

Considerando que a estrutura actual do Código do IRC mostra-se, em geral, adequada ao acolhimento do novo referencial contabilístico, manteve-se a estreita ligação entre contabilidade e fiscalidade, que se afigura como um elemento essencial para a minimização dos custos de contexto que impendem sobre os agentes económicos, procedendo-se apenas às alterações necessárias à adaptação do Código às regras emergentes do novo enquadramento contabilístico, bem como à terminologia que dele decorre.

Complementarmente, avança-se para a tão esperada substituição do Regime Simplificado Aplicável às Empresas em Sede de IRC por um Regime Simplificado Contabilístico

Embora o actual regime tivesse como objectivo não só simplificar a forma de tributação dos pequenos e médios contribuintes, que representam uma parte significativa no universo dos sujeitos passivos de IRC, como também procurar uma maior equidade fiscal, aproximando, de forma ponderada, o imposto ao rendimento derivado de actividades de pequena dimensão, verificou-se, decorridos alguns anos após a sua implementação, que tal objectivo não foi atingido.

3. Um novo Código Fiscal do Investimento

A crescente projecção de Portugal no cenário mundial obrigou, igualmente, a uma reflexão profunda sobre as orientações negociais nas relações económicas internacionais, sendo, nesta perspectiva, imperioso que seja delineada uma estratégia fiscal global assente nos actuais paradigmas da competitividade. Esta circunstância conduz a que os instrumentos de política fiscal internacional do nosso país devam funcionar como factor de atracção da localização dos factores de produção, da iniciativa empresarial e da capacidade produtiva no espaço português.

A presente iniciativa legislativa veio, assim, dar consagração jurídica a um novo espírito de competitividade da economia portuguesa, com o qual se prende estimular a economia nacional e o tecido empresarial português.

Neste sentido, no uso da autorização legislativa conferida pelos artigos 106.º e 126.º da Lei n.º 64-A/2008, de 31 de Dezembro, que aprovou o Orçamento do Estado para 2009, aprovou-se o Código Fiscal do Investimento e criou-se um novo regime fiscal para o residente não habitual em sede de imposto sobre o rendimento das pessoas singulares (IRS).

Assim, e em primeiro lugar, alterou-se o artigo 41.º do Estatuto dos Benefícios Fiscais e regulamentou-se, consequentemente, o regime dos benefícios fiscais estabelecidos nessa disposição legal. Com esta alteração visa-se, fundamentalmente: (1) alargar o prazo de vigência do referido regime até 31 de Dezembro de 2020; (2) definir o âmbito das actividades económicas em que podem estar integrados os projectos de investimento susceptíveis da concessão dos benefícios fiscais em causa; (3) elevar o montante mínimo de aplicações relevantes para a elegibilidade dos projectos, respectivamente, para € 5 000 000,00 nos casos previstos no n.º 1 do artigo 41.º, e para € 250 000,00 nos casos previstos no n.º 4 do artigo 41.º; e (4) acolher as novas disposições comunitárias em matéria de auxílios de Estado, entre outras.

Neste contexto reformador, criou-se o Código Fiscal do Investimento, que visou, fundamentalmente, unificar o procedimento aplicável à contratualização dos benefícios fiscais previstos no referido artigo 41.º do Estatuto dos Benefícios Fiscais.

Cumprindo este propósito, institui-se um organismo que passa a unificar e simplificar todo o procedimento associado à concessão, acompanhamento, renegociação e resolução dos contratos envolvidos, que passará a denominar-se Conselho Interministerial de Coordenação dos Incentivos Fiscais ao Investimento a conceder até 2020. O Conselho é presidido por um representante do Ministério das Finanças e integra um representante da Agência para o Investimento e Comércio Externo de Portugal, E. P. E., um representante do Instituto de Apoio às Pequenas e Médias Empresas e à Inovação, um representante da Direcção-Geral dos Impostos e um representante da Direcção-Geral das Alfândegas e dos Impostos Especiais sobre o Consumo.

No contexto de desburocratização e de simplificação de procedimentos que preside a esta iniciativa legislativa, estabeleceu-se também, ao nível aduaneiro, um procedimento acelerado de concessão do estatuto de operador económico autorizado para simplificações aduaneiras aos promotores de grandes investimentos produtivos, e adoptaram-se medidas de simplificação de procedimentos, que possibilitam, inclusivamente às associações representativas de actividades económicas, a dispensa da prestação de garantia dos direitos de importação e demais imposições eventualmente devidos pelas mercadorias não comunitárias sujeitas aos regimes aduaneiros mais relevantes.

4. Os novos incentivos à reabilitação urbana

Os incentivos à reabilitação urbana concretizaram-se, a partir de 2009, como o Orçamento do Estado para 2009, tendo como prazo limite o ano de 2020, sendo de enumerar as seguintes medidas: (1) previsão de uma tributação liberatória reduzida em IRS sobre mais-valias imobiliárias e rendimentos prediais decorrentes de imóveis situados em ARU; (2) dedução à colecta em IRS para despesas em imóveis situados em "área de reabilitação urbana"; (3) aplicação de uma taxa reduzida do IVA nas empreitadas cujos donos da obra sejam empresas municipais que tenham por objecto a reabilitação ou gestão urbanas; (4) extensão da aplicação da taxa reduzida do IVA às empreitadas de reabilitação de imóveis contratadas directamente pelo Instituto da Habitação e Reabilitação Urbana (IHRU); (5) introdução de um benefício em sede de IMT na primeira transmissão onerosa do prédio reabilitado, quando localizado em "área de reabilitação urbana", visando dinamizar o mercado da reabilitação; (6) introdução de benefícios em sede de IMI para imóveis localizados em "área de reabilitação urbana"; e (7) na consideração como custos dos FII os valores indemnizatórios pagos aos arrendatários, desde que decorram de obrigações legais relacionadas com o processo de reabilitação, (alíneas a) e b) do nº 6 do artigo 22º do EBF).

O Regime Jurídico da Urbanização e Edificação (RJUE), aprovado pelo Decreto-Lei n.º 555/99, de 16 de Dezembro, estabelece que obras ficam sujeitas à comunicação prévia, como por exemplo: as obras de construção, alteração ou de ampliação em área abrangida por operação de loteamento ou plano de pormenor. Deste modo, um grande número de operações urbanísticas deixam de estar sujeitas a licenças ou autorizações por parte dos municípios, bastando-lhes a comunicação prévia. A execução de operações urbanísticas que sejam promovidas pela Administração Pública, com excepção das promovidas pelos municípios, ficam sujeitas a parecer prévio não vinculativos. Para todos os efeitos, os terrenos para os quais tenha sido apresentada comunicação prévia ou emitido parecer prévio não vinculativo, nos casos em que não é obrigatória licença ou autorização, são considerados terrenos para construção.

Outro dos objectivos com as alterações propostas ao artigo 44.º do CIMI, tem em vista estabelecer critérios uniformes de aplicação na determinação do ano de referência para efeitos da idade do prédio aos casos em que os prédios são objecto de operações de reabilitação urbana. Tratam-se de operações com conceitos diversificados e dispersos por vários diplomas a que acresce ainda as diferentes formas de intervenção, podendo as obras realizadas serem as necessárias à manutenção ou reposição da segurança do edificado, salubridade ou arranjo estético, à realização de obras de construção ou de reconstrução com ou sem preservação das fachadas das quais pode resultar um novo prédio, bem como obras de conservação ou de alterações tal como se encontram definidas no RJUE. Assim, passa a determinar-se que a idade do prédio, é obtida, em função do tipo das obras realizadas, por remissão para os conceitos do RJUE, de acordo com as regras do artigo 10.º do CIMI ou da data da primeira inscrição do prédio na matriz urbana.

Igualmente, foram alargadas as taxas reduzidas de IVA para as empresas municipais que tenham como objecto a reabilitação ou gestão urbana detida exclusivamente por pessoas colectivas públicas - Passa a prever-se a inclusão no âmbito da aplicação de uma taxa reduzida de 5% das empreitadas cujo dono da obra seja uma empresa municipal que tenha como objecto a reabilitação ou gestão urbana detida exclusivamente por pessoas colectivas públicas. De igual modo, passa a prever-se expressamente a aplicação da taxa reduzida de 5% às empreitadas de reabilitação de imóveis cujo dono da obra é o próprio Instituição da Habitação e da Reabilitação Urbana (IHRU).

5. Por uma reforma fiscal tendo por mote a simplificação

No entanto, existem medidas que se encontram em preparação e devem ser salientadas, nomeadamente a intensificação da capacidade de actuação e de controlo sobre os contribuintes com elevados rendimentos e das grandes empresas que beneficiam de assessoria fiscal bem qualificada e preparada.

Actualmente a decisão, em geral, dos procedimentos de revisão dos actos tributários pressupõe a passagem por várias etapas até à concretização da decisão final. Na sua versão mais simplificada, a decisão administrativa é obrigatoriamente precedida por informação dos serviços, proposta de decisão final e decisão final. A sucessão destas várias etapas pode, algumas vezes, protelar a decisão final, sem vantagens para o objectivo do apuramento da verdade material.

Importa rever, assim, sem reservas, o enquadramento das várias etapas do procedimento tributário, com eliminação das fases intermédias desnecessárias.

Com efeito, a regulamentação do procedimento administrativo, sem prejuízo dos direitos e das garantias dos contribuintes, deve ser flexível. Esta flexibilidade já resulta, a nosso ver, da legislação actualmente vigente, incluindo, no que toca à preparação da decisão das reclamações graciosas. Neste sentido, por exemplo, e já de acordo com o direito em vigor, pode ser dispensada a instrução se o órgão competente para a decisão dispuser de todos os elementos necessários. Mas queremos ir mais longe. Imagine o que será um Administração sem serviços intermédios, sem entraves burocráticos e que respeite as características individuais de cada contribuinte. O trabalho não é para apenas para uma legislatura porque pressupõe um diálogo e actividade formativa permanente de quem gere os impostos.

Imagine, num futuro muito próximo, uma Administração que trate o contribuinte como um cliente, devidamente personalizado e em relação quotidiana com a Administração.

Igualmente, devem ser ampliadas as obrigações declarativas prestadas por entidades terceiras e que possam servir para cruzar informações com aquelas que são prestadas pelos contribuintes. A título de exemplo, é sabido que certos operadores económicos têm sido ludibriados por certos clientes menos escrupulosos no âmbito de aquisições intracomunitárias, facultando para o efeito um número de registo de IVA válido para efeitos do VIES. Nesse propósito, Portugal deve insistir junto da Comissão Europeia no sentido de todos os Estados membros permitirem para além da confirmação da validade do número de identificação fiscal, a validação da sua correspondência a um nome e morada. O VIES na Internet deverá ser transformado num verdadeiro serviço de confirmação da validade de números IVA, bem como do nome e morada dos sujeitos passivos.

Mas existem outras vertentes. Deverão ser ponderadas alterações legislativas de simplificação dos procedimentos da decisão administrativa em matéria tributária e, designadamente, quando o órgão periférico regional puder, em lugar do órgão periférico local, proceder à instrução do procedimento. A este propósito, deverá ter-se presente, aliás, a crescente informatização dos meios de prova, que se encontram na disposição de todos os serviços operacionais da Direcção-Geral dos Impostos, e que poderá ser dispensada a prévia informação dos serviços quando o caso a decidir seja perfeitamente idêntico a outros já anteriormente solucionados pelo órgão competente para a decisão, admitindo-se que possa haver remissão expressa para outras decisões identificadas. O mesmo se diga relativamente à Direcção Geral das Alfândegas e dos Impostos Especiais sobre o Consumo, onde os procedimentos e importação e exportação se encontram radicalmente simplificados.

Finalmente, a desmaterialização das notificações e citações deve ser equacionada, assim como a existência de um e-mail institucional. Esta desmaterialização deverá fazer-se acompanhar da simplificação do conteúdo das notificações e citações, que passariam a integrar um conteúdo mínimo obrigatório, reencaminhando-se os elementos não essenciais para consulta na internet. Nesta hipótese, a informação completa e mais detalhada ficaria disponível no canal internet e nos serviços de finanças para consulta. Será também conveniente estabelecer uma equivalência entre o formato papel e electrónico das notificações e citações, devendo estas conter uma linguagem objectiva, simples e clara, por forma a ser facilmente compreensível por todos os destinatários, tornando-se, deste modo, necessária a alteração dos respectivos artigos do Código de Procedimento e de Processo Tributário.

3. OS ESTABILIZADORES AUTOMÁTICOS

A decisão financeira e a acção orçamental compensatória deixa de ser simples e linear, não só por abandonar o modelo estático do multiplicador keynesiano, como também por deixar de estar dependente da actuação discricionária dos entes públicos, e passa a ser complexa, porque passa a depender de um conjunto de dois factores sobrepostos ou complementares: as expectativas racionais e os efeitos não lineares.

São igualmente diferentes os comportamentos futuros dos diversos impostos.

Gráfico 2. **Evolução da Estrutura da Receita Fiscal**

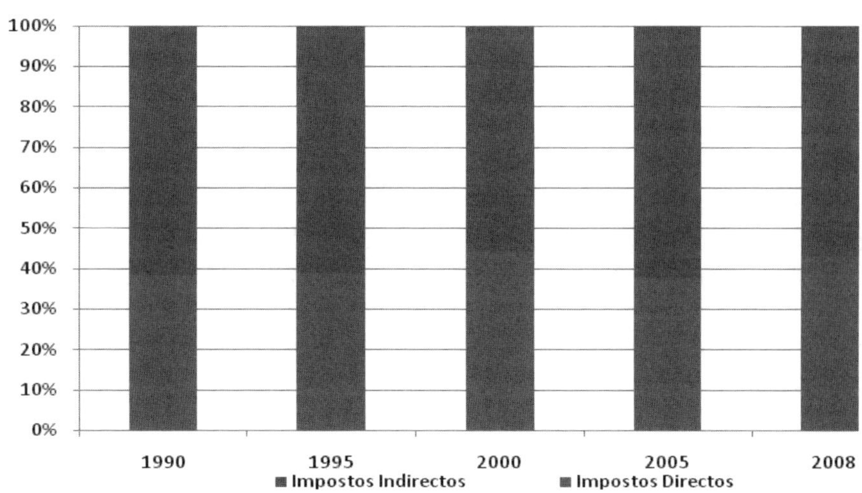

Fonte: Conta Geral do Estado, Direcção-Geral do Orçamento.

Gráfico 3. **Taxa de Crescimento da Receita Fiscal**

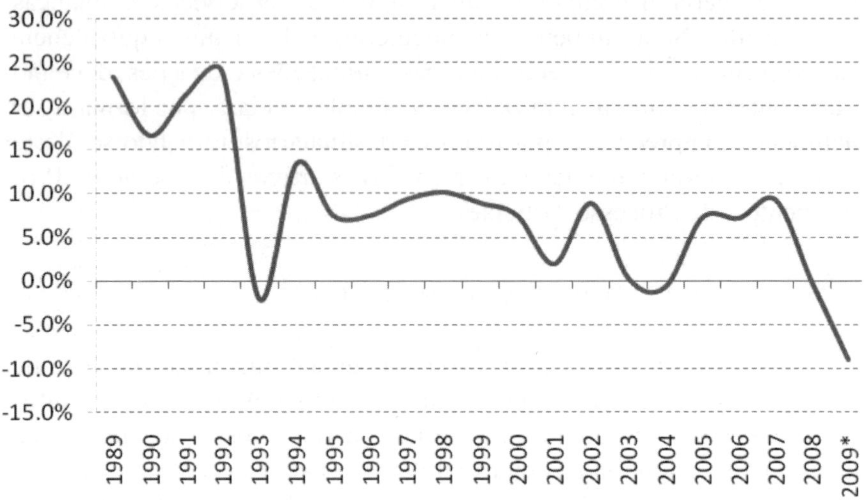

Fonte: MFAP (CGE – DGO, Relatório de Orientação da Política Orçamental – GPEARI). * Relatório de Orientação da Política Orçamental.

O gráfico anterior demonstra que o sistema fiscal português, por via do seu funcionamento intrínseco, recupera naturalmente a receita cessante decorrente de situações de recessão, sem aumento de impostos.

De facto, quer o IRS quer o IMI têm uma estrutura estável de receita. Assim, variam de forma reduzida ao longo dos ciclos económicos. Por exemplo, o IRS, em 2009, e apesar do aumento da taxa de desemprego, não vai apresentar qualquer variação negativa. O IMI, por sua vez, se não fossem tomadas as medidas anti-cíclicas cresceria 15% em 2009. Os restantes impostos sobre transacções especiais (IMT, ISV, ISP, impostos aduaneiros e mesmo o Imposto de Selo), apresentam uma maior plasticidade, porém, empiricamente, poderá dizer-se que a recuperação em ISP é imediata em momentos de recuperação (nota-se essa melhoria acentuada já em Agosto); os restantes recuperam mais do que proporcionalmente atendendo ao efeito de adiamento (e não anulação) das aquisições dos bens em causa.

Finalmente, o IRC e o IVA apresentam comportamentos pró-cíclicos significativos. O IRC, por via do sistema de pagamentos por conta, calculados em função do imposto gerado no ano n-1, acentua significativamente as perdas no momento da auto-liquidação de Maio. Em períodos de recuperação, o efeito é inverso, gerando-se um aumento significativo da auto-liquidação de Maio, atendendo aos pagamentos por conta limitados[7]. O IVA, por sua vez, propicia a uma utilização majorada dos créditos fiscais disponíveis em período de recessão. Tal é ainda mais acentuado em clima de deflação (acentuada do ponto de vista fiscal atenta a evolução dos preços no cabaz fiscal onde avultam com peso predominante os automóveis e os combustíveis). Nestes momentos, poderá existir uma tentação para a redução dos reembolsos aos contribuintes (como aconteceu em 2003 e 2004). Porém, a opção adoptada em 2009 foi totalmente antagónica: em vez de se limitar e atrasar os reembolsos optou-se por acelerá-los de forma a aumentar a liquidez à disposição dos sujeitos económicos. Tal significa que em 2009 existirão treze meses de reembolsos.

Gráfico 10. **Prazo médio de reembolsos de IVA**

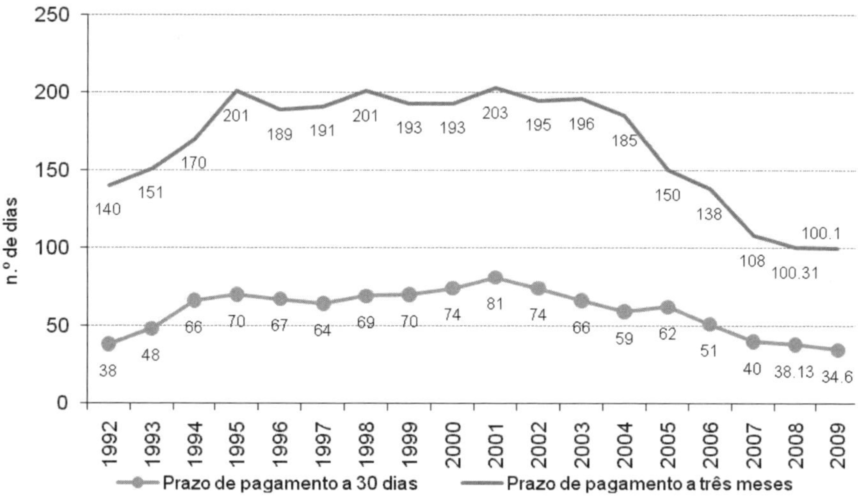

Fonte: MFAP.

[7] Uma forma de limitar esta tendência pró-cíclica passa pela instituição de taxas de tributação autónoma. Porém, estas não deverão desvirtuar a natureza do imposto, limitando-se a situações de propiciação de um bom governo societário (tributação das despesas com automóveis ou de indemnizações a gestores não relacionadas com produtividade).

Porém, em altura de recuperação, o efeito é inverso. Com o regresso da "saudável" inflação, os referenciais para cálculo do valor acrescentado serão bastante positivos, que conjugados com a exaustão dos créditos de reembolso propiciarão ingressos fiscais significativos.

Assim, e a terminar o trabalho de um ano e meio muito estimulantes, é caso para dizer que não é necessário qualquer aumento de impostos: o que é necessário é um aumento da riqueza produzida no nosso país conjugado com a manutenção da (já alcançada) estabilidade da despesa pública[8].

[8] Agradece-se a colaboração do Mestres Jorge Oliveira e Guilherme Waldemar d'Oliveira Martins na elaboração deste artigo.

ARTIGOS

Luísa Cerdeira

O Financiamento do Ensino Superior em Portugal A evolução recente e opções futuras

Luísa Cerdeira

Doutora em Ciências da Educação; Mestre em Educação- Administração Escolar; Licenciada em Economia; Administradora da Universidade de Lisboa (2000-2009); Directora dos Recursos Humanos, Físicos e Financeiros na Direcção Geral do Ensino Superior (1990-2000); Coordenadora Executiva do PRODEP II – Medidas do Ensino Superior (1994-2000).

RESUMO

Em Portugal, a questão do financiamento do ensino superior ganhou um relevo importante, sobretudo a partir dos anos de 1980, fruto da pressão orçamental resultante da expansão massiva do acesso e do aumento significativo da frequência do ensino superior, o que originou exigências financeiras crescentes por parte das instituições universitárias e politécnicas públicas.

Desde da década de 1990 que os Governos procuraram introduzir novos mecanismos de financiamento. Em simultâneo, são implementadas políticas que apontam para a participação dos estudantes nos custos da educação, com a defesa e aprovação desde 1992 de políticas de propinas no ensino superior público e que, embora interrompidas num curto período em 1996, vão ter continuidade até à actualidade.

Iremos neste artigo abordar e descrever a realidade vivida pelo sistema de ensino superior português, identificando as razões para o crescimento do sistema, bem como das implicações provocadas por essa evolução nas necessidades de financiamento do sistema. Descreveremos as políticas seguidas desde os anos de 1970 e 1980 no que toca ao financiamento do ensino superior, analisando os mecanismos de orçamentação, e tornando acessíveis dados consolidados sobre os orçamentos e despesas das universidades e institutos politécnicos.[1] Faremos o balanço da experiência de aplicação da fórmula de financiamento entre 1994 e os anos mais recentes, e identificaremos a despesa realizada entre 1980 e 2007 das universidades e institutos politécnicos públicos e outras escolas não integradas.

Palavras-chave:

Ensino Superior
Financiamento
Propinas

ABSTRACT

In Portugal, the higher education financing issue has become significantly important, specially since the 80's, due to budget pressures as a consequence of the massive expansion of the access and the significant increase in the higher education frequency, which led to increasing financial demands from the public university and polytechnic institutions.

---

[1] A autora, mercê de ter desempenhado funções na área financeira do Ministério da Educação desde 1979 e de ter coordenado desde 1990 a área do ensino superior, pôde ter acesso aos principais dados sobre a evolução dos recursos financeiros deste subsistema.

Since the 90's decade the Governments did search for new financing mechanisms. Simultaneously, politics addressing the student's participation on the education costs are implemented, with the defence and approval since 1992 of public higher education tuition fees, and, although stopped on 96, they were continued since today.

This article will concern and describe the recent evolution of the Portuguese higher education system, identifying the system growth reasons, as well as the implications prevented by that evolution on the system's financing needs. We will describe the politics implemented since the 70's and 80's as far as higher education financing is concerned, providing budgeting mechanisms details, and giving access to consolidated data about the universities and polytechnic institutions budgets and expenses. We will provide a statement on the financing formula application experience between 1994 and the more recent years, and we will identify the public expenses, between 1980 and 2007, from the public universities and polytechnic institutions and other non-integrated schools.

Keywords:
Higher Education
Funding
Tuition-Fees.

1. Enquadramento conceptual do tema

Nas últimas décadas tem vindo a assistir-se a mudanças significativas, com os Governos a desinvestirem no ensino superior (muitas vezes pelas dificuldades orçamentais em que se encontravam, ou mesmo por opção ideológica quanto à intervenção do Estado na Educação) e com os estudantes e as suas famílias a serem forçados a participar cada vez mais nos custos educativos, através do aumento ou da fixação de propinas. Como Bruce Johnstone (2005, p.1) afirma:

> *"However, in spite of this universally recognized importance, higher education at the start of the 21st century seems everywhere beset with some variation or variations on the theme of financial austerity. This austerity is caused principally by flat or declining governmental budgets in support of higher education and is manifested by overcrowded institutions, deteriorating physical plants, declining faculty-student ratios, increasingly demoralized and distracted faculty, and in many countries higher fees, greater student debt loads, and a restive student body."*

Perante a austeridade governamental, as instituições tiveram que aumentar e diversificar as receitas oriundas de outras fontes, ou recorrer àquilo a que alguns autores (Johnstone, 1986, 1991, 1992, 2002, 2003; Woodhall, 2002; Vossensteyn, 2002, 2005; Ziderman e Albrecht, 1995) chamam o "cost-sharing" – "partilha de custos", definido como:

> *"[...] shift of the higher educational cost burden from exclusive or near exclusive reliance on government, or taxpayers, to some financial reliance upon parents and/or students, either in the form of tuition fees or of "user charges" to cover the costs of formerly governmentally – or institutionally – provided room and board." (Johnstone, 2004a, p.1).*

No contexto europeu, o processo de Bolonha pode ser perspectivado, em muitos dos seus aspectos, como fazendo parte desse movimento mais geral de sobreposição dos interesses da economia sobre os da educação. A adopção de um sistema de três ciclos (*bachelor, master, doctor*), em que o primeiro ciclo, na maior parte das áreas científicas, assume uma duração de apenas três anos, pode constituir um primeiro passo para a redução das responsabilidades financeiras dos Governos, transferindo para os estudantes e suas famílias o encargo de assumir o financiamento da frequência e obtenção de graus do 2.º e do 3.º ciclos (Cerdeira, 2007). A própria política de fixação de propinas poderá igualmente variar consoante o curso seja de 1.º ou de 2.º ciclo, com a aplicação de propinas mais elevadas neste último tipo de cursos.

Neste contexto, as instituições de ensino superior são constrangidas a complementar as receitas recebidas por via governamental, não apenas com as receitas cobradas das propinas, mas também recorrendo a outras actividades ditas empreendedoras, como sejam a venda e prestação de serviços, a venda ou aluguer das suas infra-estruturas, a captação de subsídios e de contratos, e de apoios e ofertas de antigos alunos, cuja existência e dimensão foi ganhando um peso considerável e muitas vezes vital para a própria sobrevivência das instituições.

2. A realidade recente do Ensino Superior Português

Portugal sofreu um atraso histórico secular em relação à educação e, em particular, ao ensino superior, apesar de ser dos primeiros países na Europa a criar uma universidade no século XIII[2]. No início do século XX, aquando da implantação da República em 5 de Outubro de 1910, apenas existia a Universidade de Coimbra. E, apesar dos esforços dos governos republicanos na esfera educativa, com a criação das Universidades de Lisboa e do Porto e a instituição de alguns novos cursos, o panorama do país em termos de educação ao longo da I República continuou a evidenciar uma grande debilidade. A implantação da ditadura em 1926 veio, ainda, reforçar a fraqueza da frequência no ensino superior.

Até aos finais dos anos de 1940, a ideologização da sociedade e da educação foi forte, obedecendo aos princípios do Estado Novo. A partir dos anos de 1950 começa delinear-se uma nova preocupação relativamente à educação. Na governação do Ministro Leite Pinto[3], foi promovida a realização de dois estudos no âmbito do Projecto Regional do Mediterrâneo da OCDE, nos quais se defendia existir uma forte correlação positiva entre o que se chamava "fomento cultural" e o "fomento económico". Estes esforços de maior preocupação com a educação e a necessidade de mão-de-obra mais qualificada foram continuados parcialmente pela governação de Galvão Teles[4] e de Hermano Saraiva[5].

---

[2] O rei D.Dinis criou em 1290 o "Estudo Geral" em Lisboa, tendo o papa Nicolau IV, em Bula de 9 de Agosto de 1290 (*Dilectis filiis Universitati Magistrorum et Scolarium Ulixbonensi*), de Orvieto, confirmado a instituição do "Estudo Geral" em Lisboa e autorizando a concessão de graus.

[3] Francisco de Paula Leite Pinto foi Ministro da Educação Nacional entre 7 de Julho de 1955 e 4 de Maio de 1961.

[4] Inocêncio Galvão Teles foi Ministro da Educação Nacional entre 4 de Dezembro de 1962 e 19 Agosto de 1968.

[5] José Hermano Saraiva foi Ministro da Educação Nacional entre 19 de Agosto de 1968 e 15 Janeiro de 1970 e de 15 Janeiro de 1970 a 25 de Abril de 1974.

Posteriormente, nos anos de 1960 e 1970, o país sofreu uma forte aceleração do seu desenvolvimento económico, com a crescente abertura ao exterior. Lopes (1996, p. 236) informa que entre 1960 e 1973 se verificou um crescimento económico significativo, com o PIB a crescer anualmente a uma taxa média de 6,9%, o que de resto não tem paralelo na nossa economia, nem nos anos anteriores, nem mesmo nos que se lhe seguiram.

É neste contexto de crescimento económico que surge a reforma da educação promovida por Veiga Simão, com a qual se pretendia responder à extrema carência de recursos humanos qualificados. Enquanto Ministro da Educação, Veiga Simão promove uma reforma global do sistema educativo. A Lei n.º 5/73 veio definir os objectivos principais para o ensino superior, perspectivando a diversificação da rede dos estabelecimentos, com a existência não só de Universidades, mas também de Institutos Politécnicos, Escolas Normais Superiores e outras instituições equiparadas.

De acordo com Cerdeira (1999), o alargamento da rede de ensino superior dá-se com a publicação do Decreto-Lei n.º 402/73, de 11 de Agosto, que determinou a criação de novas universidades (a Universidade Nova de Lisboa, Universidade de Aveiro, Universidade do Minho, Instituto Universitário de Évora) e, ainda, de alguns Institutos Politécnicos (Covilhã, Vila Real, Faro, Leiria, Setúbal, e Tomar). De referir que, nos termos daquele decreto-lei, o Instituto Superior de Ciências do Trabalho e da Empresa era então integrado na Universidade Nova de Lisboa, o que acabou por não se concretizar.

Na realidade, na Universidade de Aveiro, a primeira Comissão Instaladora[6] é nomeada pelo Ministro Veiga Simão em 15 de Dezembro de 1973, e a Universidade Nova de Lisboa e a Universidade do Minho acabam por dar os seus primeiros passos no ano de 1975, ao mesmo tempo que alguns dos Institutos Politécnicos derivam para Institutos Universitários (Instituto Politécnico da Covilhã para Instituto Universitário da Beira Interior – Lei n.º 44/79, de 11 de Setembro; Instituto Politécnico de Vila Real para Instituto Universitário de Trás-os-Montes e Alto Douro – Lei n.º 49/79 de 14 de Setembro), acabando mais tarde por passarem a

[6] Presidida pelo Doutor Victor Simões Gil.

Universidades (UTAD – Decreto-Lei n.º 60/86, de 22 de Março e UBI – Decreto-Lei n.º 76-B/86, de 30 de Abril).

A estas instituições veio juntar-se o Instituto Universitário dos Açores (Decreto-Lei n.º 5/76), mais tarde Universidade dos Açores (Decreto-Lei n.º 252/80), a Universidade de Évora (Decreto-Lei n.º 482/79) por transformação do Instituto Universitário de Évora e a Universidade do Algarve (Lei n.º 11/79). Em 1988, o Instituto Universitário da Madeira converte-se em Universidade da Madeira (Decreto-Lei n.º 319-A/88), e é criada a Universidade Aberta.

A rede pública passa, então, a compreender o ensino superior politécnico, que de certa forma já estava previsto na reforma Veiga Simão, e que só tem plena implementação nos anos posteriores ao 25 de Abril, concretamente com o Decreto-Lei n.º 513-T-/79. No ensino politécnico estão incluídas as escolas superiores agrárias, as escolas superiores de educação, os institutos superiores de contabilidade e administração, os institutos superiores de engenharia e, numa fase mais tardia, as escolas superiores de tecnologia e gestão (1985) e as escolas superiores de arte e design (1990).

Para além do crescimento da rede pública, assistiu-se, também, ao aparecimento e fortalecimento da rede de ensino particular e cooperativo, com uma multiplicidade de estabelecimentos e de cursos, com um crescimento acentuado nos finais da década de 1980.

2.1. *O crescimento do sistema de ensino*

Desde a década de 60 que o crescimento do sistema do ensino superior se desenha e acompanha de alguma forma o crescimento e desenvolvimento económico do país. Nos anos anteriores, a frequência deste subsistema era bastante reduzida (em 1940/41 haveria 9.321 alunos em todo o ensino superior), dado que apenas uma elite o conseguia frequentar. A sua localização em apenas três pólos universitários (Coimbra, Lisboa e Porto) constituía uma barreira adicional.

Em 1960/61, a frequência do ensino superior ascende a 24.149 alunos matriculados. Em 1970/71, o número de inscritos no ensino superior passa para 49.461 alunos. Nas décadas de 1980 e de 1990 verifica-se o maior crescimento de alunos (+127%), continuando a frequência do ensino superior a aumentar até ao ano de 2002/2003 (400.831 alunos inscritos). A partir desse momento há uma quebra e no ano de 2006/2007 baixa para 366.729 alunos. No ano lectivo de 2007/2008, voltou a registar-se um crescimento de cerca de 3%, atingindo-se os 376.917 inscritos. (Ver Figura 1).

Figura 1 – **Evolução do número de estudantes inscritos no ensino superior em Portugal**

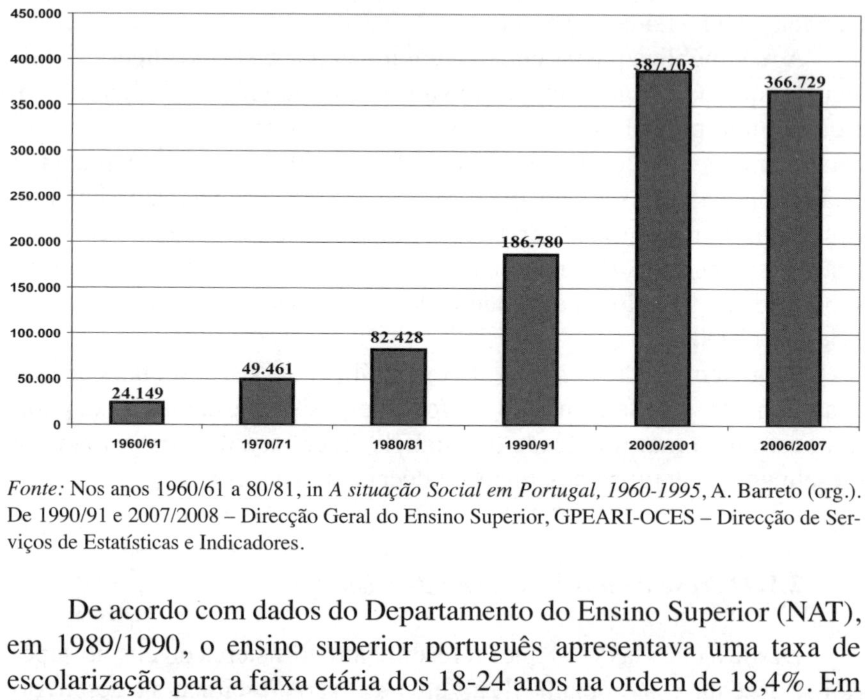

Fonte: Nos anos 1960/61 a 80/81, in *A situação Social em Portugal, 1960-1995*, A. Barreto (org.). De 1990/91 e 2007/2008 – Direcção Geral do Ensino Superior, GPEARI-OCES – Direcção de Serviços de Estatísticas e Indicadores.

De acordo com dados do Departamento do Ensino Superior (NAT), em 1989/1990, o ensino superior português apresentava uma taxa de escolarização para a faixa etária dos 18-24 anos na ordem de 18,4%. Em 1995/96, essa taxa subiu para cerca de 37,3%, o que denota uma evolução marcante, já que no ano de 1974 ela não era mais do que 6 a 7%. No relatório efectuado pelo governo português em 2006 para a OCDE (2006a), a taxa de escolarização do ensino superior na faixa entre 18-22 anos apresentava o valor de 53%[7], o que é um progresso muito significativo face ao que ocorria nas décadas de 1960 e 1970.

[7] Este valor deve reportar-se à taxa bruta de escolarização e não à taxa real de escolarização, isto é, atende à totalidade dos estudantes inscritos no ensino superior,

Apesar da tendência da frequência do ensino superior ter sido sempre de crescimento, foi a partir dos anos de 1980 e seguintes que se registou a maior expansão. A evolução a partir de 1980 está indicada no quadro seguinte.

Quadro 1 – **Evolução do número de estudantes inscritos por tipo de ensino e de instituição**

	Ensino Público				Ensino Não Publico				Total Global
	Univers.	I.Politec.	Esc.Dupla Tutela	Total Publico	Part.Coop. Universidades	Part.Coop. Outros *	U.C.P **	Total Não Publico	
1980/81	66.876	6.597	1.126	74.599	2.591	2.609	2.629	7.829	82.428
1981/82	68.969	7.139	1.187	77.295	2.431	2.742	3.063	8.236	85.531
1982/83	71.493	8.001	1.230	80.724	2.924	2.622	3.194	8.740	89.464
1983/84	74.998	9.034	1.273	85.305	4.397	3.185	2.979	10.561	95.866
1984/85	78.006	9.675	1.563	89.244	5.229	4.125	4.028	13.382	102.626
1985/86	79.821	10.455	1.587	91.863	5.418	4.827	4.364	14.609	106.472
1986/87	80.764	12.309	1.579	94.652	9.143	7.777	4.719	21.639	116.291
1987/88	84.263	15.077	1.797	101.137	9.967	8.252	5.088	23.307	124.444
1988/89	87.985	18.266	1.783	108.034	11.080	11.891	5.558	28.529	136.563
1989/90	94.542	22.316	2.875	119.733	15.682	16.426	6.028	38.136	157.869
1990/91	102.916	28.171	4.263	135.350	19.487	24.830	7.113	51.430	186.780
1991/92	110.450	33.389	5.828	149.667	26.571	34.351	7.728	68.650	218.317
1992/93	119.292	38.465	6.676	164.433	30.378	42.600	8.671	81.649	246.082
1993/94	126.042	43.447	6.753	176.242	32.281	52.686	8.813	93.780	270.022
1994/95	131.314	48.020	6.957	186.291	41.369	53.220	9.473	104.062	290.353
1995/96	138.267	52.301	8.207	198.775	43.702	61.444	9.574	114.720	313.495
1996/97	146.499	58.152	8.075	212.726	48.528	62.380	10.491	121.399	334.125
1997/98	150.493	65.378	8.220	224.091	46.207	64.242	10.327	120.776	344.867
1998/99	158.850	71.730	8.277	238.857	50.039	57.313	10.581	117.933	356.790
1999/2000	164.722	80.410	9.876	255.008	48.679	59.711	10.347	118.737	373.745
2000/2001	171.735	88.581	13.214	273.530	43.995	59.501	10.677	114.173	387.703
2001/2002 ***	176.303	105.751	2.735	284.789	41.463	60.114	10.235	111.812	396.601
2002/2003	178.000	109.598	2.934	290.532	39.671	60.090	10.538	110.299	400.831
2003/2004	176.827	108.389	3.093	288.309	37.601	58.358	10.795	106.754	395.063
2004/2005	173.897	105.103	3.273	282.273	34.027	54.274	10.363	98.664	380.937
2005/2006	171.575	100.769	3.177	275.521	30.972	50.717	10.102	91.791	367.312
2006/2007	169.449	103.151	2.721	275.321	31.251	49.386	10.771	91.408	366.729
2007/2008	175.998	106.783	1.552	284.333	31.561	49.597	11.426	92.584	376.917

* Estabelecimentos não integrados em universidades e que possem cursos de ensino universitária e de ensino politécnico.
** A UCP Inclui cursos de ensino universitário e politécnico.
*** A maioria das escolas de enfermagem e de saúde foram integradas nos institutos politécnicos, com excepção das de Lisboa, Coimbra e Porto.
Nota: A partir do ano de 1998/1999 inclui os inscritos em cursos de doutoramento

Fonte: DEGSup – DSAT; GPEARI – OCES/DSEI

Interessa salientar a crescente importância do ensino privado, o qual foi peça importante na evolução do ensino superior português. Num período de 40 anos, o sistema de ensino superior português viu o sector privado crescer perto de 4000%: de pouco significativo (9% do total), passou a representar cerca de 25% de todo o sistema de ensino superior,

---

independentemente da idade. A taxa real será bastante mais baixa, próxima dos 27% em 2003/2004, de acordo com dados do GEP-ME.

concentrando-se sobretudo nos três distritos de Lisboa, Porto e Coimbra (80% dos alunos inscritos no ensino superior privado) e nas áreas de Ciências Sociais, Comércio e Direito.

Apesar desta evolução significativa na frequência do ensino superior, Portugal continua a ter um nível de qualificações da sua população muito baixo, com consequências a nível da produtividade da nossa economia. Em termos internacionais, a desvantagem do nosso país aparece de forma clara quando comparamos os valores da população que obteve um grau superior, como se pode observar pela figura seguinte.

Figura 2 – **Comparação do nível de qualificações de nível superior na população portuguesa e nos países da OCDE e EU (19) em 2005**

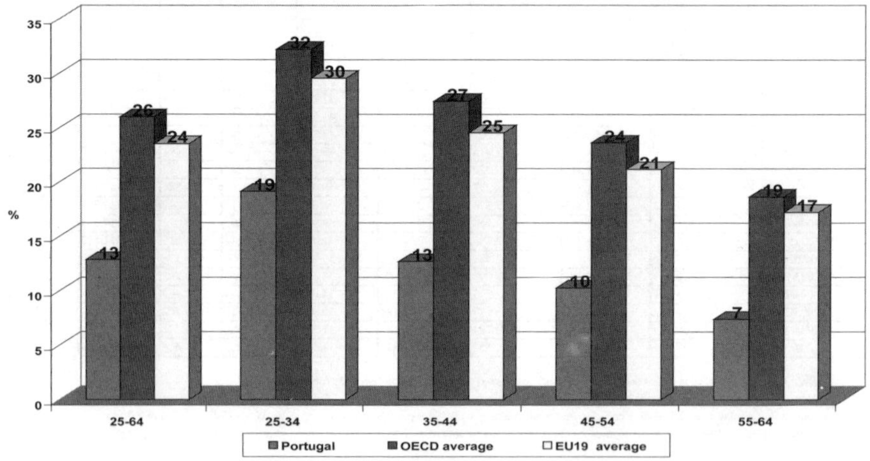

Fonte: OCDE – *Education at a Glance 2007*, Table A1.3a.

Todavia, não se pode deixar de reconhecer a evolução positiva sofrida nas últimas décadas. Segundo os dados disponíveis (DEPGEF, 1994), em 1991 haveria no país um total de cerca de 270.268 diplomados com grau de nível superior. Por sua vez, em cerca de 15 anos (de 1990/91 a 2004/2005) graduaram-se no ensino superior (bacharelatos, diplomas de estudos superiores especializados, licenciaturas, especializações pós-licenciaturas e mestrados) cerca de 774.738 diplomados, o que significa que, em pouco mais de uma década, o número de diplomados com um curso de nível superior triplicou.

2.2. *O financiamento do ensino superior – evolução recente*

O acentuado crescimento do ensino superior levou a que a questão do financiamento se viesse a colocar como uma questão central da política do ensino superior, dado que se estava perante um crescimento em flecha das necessidades orçamentais para este subsector da Educação.

No que toca às instituições de ensino superior privadas, os mecanismos de financiamento resultam, no essencial, da captação de receitas provenientes das matrículas e propinas pagas pelos estudantes, e dos capitais das entidades detentoras dessas instituições. A intervenção dos poderes públicos limitou-se inicialmente e, no que toca ao financiamento, à concessão de subsídios para propinas e, na última década, à atribuição de bolsas de estudo, generalizando este benefício a todos os estudantes.

A evolução das dotações afectas às instituições de ensino superior públicas registou um crescimento notório. No ano de 1980, a despesa efectuada com financiamento provindo do Orçamento de Estado para o chamado Orçamento de Funcionamento traduzia-se num valor próximo dos 27 milhões de euros, onde se incluía a dotação das universidades, dos institutos politécnicos e outros estabelecimentos de ensino superior tutelados financeiramente pelo então Ministério da Educação (não incluindo os serviços de acção social)[8]. Em 1990, esse valor tinha passado para cerca de 263 milhões de euros. Na década seguinte, esse crescimento continuou a ser acentuado, e no ano de 2000 atingiu-se uma despesa na ordem dos 858 milhões de euros. Para o ano de 2006, tinha-se chegado a perto de 1.102 milhões de euros. A evolução da despesa está representada na Figura 3.

[8] O Ministério da Educação, do ponto de vista financeiro, não tutelava todos os estabelecimentos de ensino superior público. Por exemplo, as escolas de enfermagem dependiam até 2001 do Ministério da Saúde, e só nesse ano vieram para o âmbito do orçamento do ME/MCTES.

Figura 3 – **Evolução da despesa do orçamento de funcionamento do ensino superior entre 1980 a 2007 (a preços correntes)**

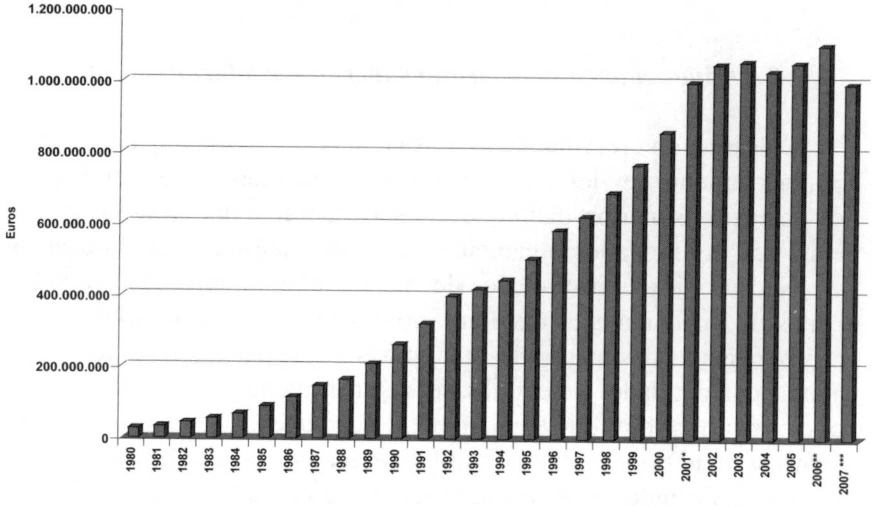

Fonte: De 1980 a 1983 GEF; de 1984 a 1998 a DGESup – DSR; de 1999 a 2007 GGF/GPEARI.

* A partir de 2001 inclui as Escolas de Enfermagem que transitaram para o ME.

** Em 2006 inclui a Escola Superior de Turismo e Hotelaria.

*** Em 2007 – Dotação Inscrita (o MCTES não dispõe ao momento do valor da despesa).

A parte mais significativa da despesa das instituições é suportada pelo Orçamento de Estado, tendo as Receitas Próprias um peso menor. Em 1989, após a saída da Lei da Autonomia das Universidades, verificava-se que o Orçamento de Estado suportava cerca de 95% das despesas do ensino superior, restando apenas uma fatia de 5% para as Receitas Próprias. O valor de receitas provinha na sua maior parte da "Venda de Bens e Serviços" e "Outros Subsídios".

Contudo, a situação tem vindo a evoluir, verificando-se uma tendência lenta para o aumento da contribuição das Receitas Próprias dos estabelecimentos, como se constata pela evolução apresentada na Figura 4.

Apesar desta tendência ser generalizada em toda a Europa e noutros países, os fundos públicos continuam a ser nos 27 países da União Europeia a fonte mais significativa. Em 2003 (Eurydice, 2008), na União Europeia cerca de 79,9% do financiamento das instituições de ensino superior provinham de fundos públicos.

Figura 4 – **Evolução do peso do Orçamento de Estado e de Receitas Próprias nas instituições de ensino superior público**

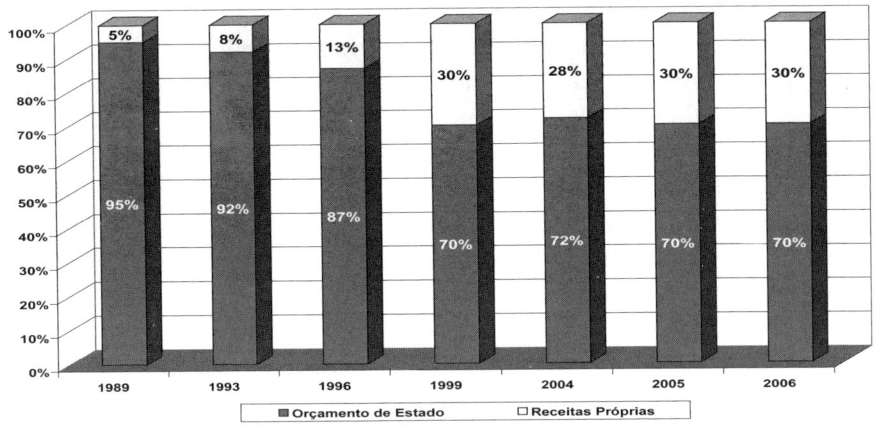

Fonte: DGESup – DSR; GGF/GPEARI.

As receitas obtidas através das propinas foram até à última década do século passado relativamente marginais para o financiamento do ensino superior público português. Até 1992, o valor da propina fixado era totalmente simbólico. Nesse ano é publicada a Lei n.º 20/92, de 14 de Agosto, com o objectivo de actualizar o valor das propinas no ensino universitário e politécnico público. De acordo com aquele diploma, a propina era calculada da seguinte forma:

- divisão da despesa de funcionamento corrente de cada instituição num determinado ano (incluindo as despesas de capital, inscritas no orçamento de funcionamento, deixando de fora as despesas de investimentos plurianuais para a construção de edifícios e o seu apetrechamento) pelo número de alunos da instituição;
- no 1.º ano de aplicação da lei os estudantes pagariam cerca de 12% da despesa/ano, nos anos seguintes seria 20% até se chegar aos 25% desse valor.

A implementação da Lei n.º 20/92 veio criar forte polémica no meio estudantil e académico, o que acabou por levar à aprovação de uma nova Lei (Lei n.º 5/94, de 14 de Maio), a qual introduziu algumas modificações na forma de cálculo da propina, destacando-se os seguintes aspectos:

– os alunos que fossem beneficiários de uma bolsa ficavam isentos de pagamentos de propina;
– os alunos cujo rendimento familiar anual ilíquido *per capita* ou global fosse inferior a determinados valores definidos anualmente pelo Ministério da Educação, beneficiavam de uma redução para metade do valor da propina.

As dotações arrecadadas através das propinas não constituíam receita do Estado, mas sim receita própria das instituições, devendo ser afectas à prossecução de acções que visassem melhorar a qualidade de ensino e a promoção do sucesso educativo.

A fixação do valor da propina era competência do CRUP (Conselho de Reitores das Universidades Portuguesas) e do CCISP (Conselho Coordenador dos Institutos Superiores Politécnicos). Contudo, aquelas entidades acabaram por se recusar fazê-lo, e nos anos lectivos de 1992/93 a 1995/96, foi o próprio Ministério da Educação que, de acordo com o previsto no enquadramento legal, acabou por calcular o valor da propina para as instituições universitárias e politécnicas.

Em 1996, com a entrada de um novo Governo, verificou-se a suspensão da Lei das Propinas, através da Lei n.º1/96, de 9 de Janeiro, voltando a fixar-se o valor da propina de acordo com o sistema anterior que data dos anos de 1950 e de 1960.

Em 1997, foi publicada a Lei de Base do Sistema de Financiamento Público (Lei n.º 113/97, de 16 de Setembro), onde se determinou o pagamento de uma propina indexada ao salário mínimo fixado para o país (no ano de 1998 o salário mínimo nacional era de 56.700$00; 283,00 euros).

O valor a arrecadar por via da receita das propinas não ultrapassava até ao ano de 2003 mais do que 8% do Orçamento Global das instituições de ensino superior (Orçamento de Estado + Propinas), como podemos ver na série de 1998 a 2003 (Quadro 2).

Defendendo uma maior comparticipação das famílias e dos estudantes, o então Ministro do Ensino Superior e da Ciência, Pedro Lynce de Faria[9], no prefácio de apresentação do livro "Ensino Superior: uma visão para a próxima época" (Simão, Santos e Costa, 2002), afirmava:

---

[9] Ministro da Ciência e do Ensino Superior do XV Governo Constitucional, de 2002 a 2004.

"Depois, em relação ao ensino público, foi sentida a necessidade de exigir dos estudantes ou das suas famílias uma comparticipação nos custos de educação. De novo e em primeiro ligar, por uma questão de princípio. Para que os estudantes compreendam que a educação superior é um investimento feito pelos portugueses, através dos impostos que pagam. Quando se diz que o ensino superior deve ser gratuito não pode esquecer-se que ele é oneroso para todos os contribuintes."

Quadro 2 – **Comparação entre a dotação de orçamento de Estado inscrita e a previsão de receitas de propinas entre 1998 a 2003**

	1998	1999	2000	2001	2002	2003
ORÇ.ESTADO	663.186.673	738.588.671	850.394.669	923.423.814	960.926.819	980.747.814
PREVISAO PROPINAS	57.704.861	63.773.725	69.892.564	75.234.114	81.754.357	85.571.112
TOTAL ENSINO SUPERIOR	720.891.534	802.362.397	920.287.233	998.657.927	1.042.681.176	1.066.318.926
PESO % PREV. PROPINAS /ORÇ.TOTAL	8,0%	7,9%	7,6%	7,5%	7,8%	8,0%

Fonte: DGESup – DSR; GGF/GPEARI

Em consequência, foi publicada a Lei n.º 37/2003, de 22 de Agosto, que no seu artigo 16.º instituiu uma taxa de frequência que pode variar entre um valor mínimo de 1,3 do salário mínimo nacional e um valor máximo que não poderá ser superior ao valor fixado no n.º 2 do artigo 1.º da tabela anexa ao Decreto-Lei n.º 31 658 de 21 Novembro de 1941, actualizado através da aplicação do índice de preços no consumidor do INE.

De acordo com Cerdeira (2003), estima-se que a receita arrecadada, caso todas as instituições universitárias tivessem fixado o valor da propina máxima, poderia representar 16% do orçamento para 2004 (para o valor da propina mínima seria próximo dos 9%). A evolução do valor da propina, desde o ano lectivo de 1993/94, está representada na Figura 5:

A única alteração que a Lei n.º 37/2003 sofreu foi a prevista na Lei n.º 49/2005, de 30 de Agosto, que veio alterar a Lei de Bases do Sistema de Educativo, tendo introduzido pequenas alterações decorrentes do processo de Bolonha, nomeadamente na cobrança de propinas dos cursos de pós-graduação, que para o caso dos chamados mestrados integrados e nos casos em que no acesso a uma determinada actividade profissional seja exigido o grau de mestre, a propina seria igual à praticada no 1.º ciclo.

Figura 5 – **Evolução do valor de propinas fixado entre 1993/1994 a 2007/2008 no ensino superior público (a preços correntes)**

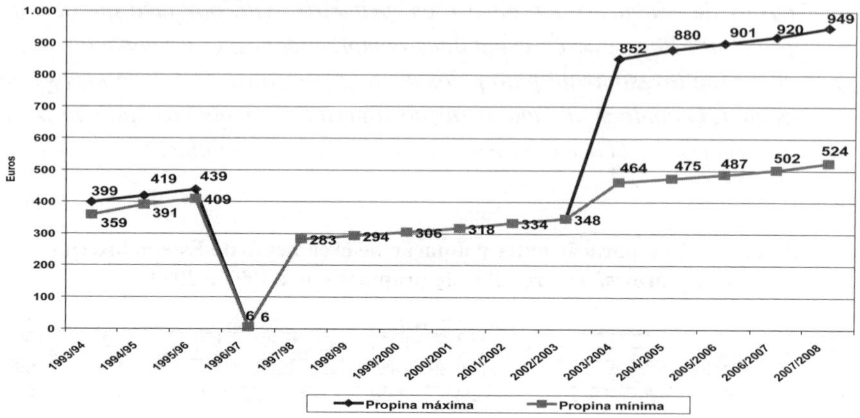

Fonte: Cerdeira (2007). *Funding for Bologna. A Perspective on the Financial Impacts of the Bologna Process.*

2.2.1. Mecanismos de orçamentação nas instituições de ensino superior público

Na década de 1980, a elaboração dos orçamentos das instituições assentava, fundamentalmente, no orçamento histórico com base no ano anterior, o qual era depois ponderado por alguns outros factores, como sejam o crescimento dos alunos da instituição, o início de funcionamento de novos cursos, etc.

Em 1986, o governo de Cavaco Silva[10] procurou com a Resolução 87/86, de 15 de Dezembro, modernizar o mecanismo, e perspectivou que a estrutura do orçamento apontasse para níveis razoáveis na distribuição entre despesas de pessoal e as outras despesas correntes e de capital, ao mesmo tempo que se previa custos por aluno, por tipo de curso, e *rationes* entre alunos/docentes e pessoal não docente/pessoal docente. Contudo, mercê das dificuldades das instituições em adaptar-se, a Resolução foi sendo abandonada, e as questões orçamentais passaram a ser uma das grandes preocupações governamentais e das próprias instituições.

[10] Primeiro-Ministro do X Governo Constitucional, de 1985 a 1987.

Na prática, as distorções perpetuavam-se, e o tecto orçamental dependia, muitas vezes, do poder negocial de cada instituição.

Em Novembro de 1990, surge o chamado "Livro Branco sobre o Financiamento Público ao Sistema de Ensino Superior", elaborado no âmbito de um Grupo de Trabalho, criado pelo Despacho 87/ME/90, onde a problemática do financiamento do ensino superior é abordada. Dizia-se nesse documento (Livro Branco sobre o Financiamento Público ao Sistema de Ensino Superior, 1990):

> *"Existe hoje um amplo consenso sobre a ineficiência, e em certos aspectos, até a perversidade do sistema de ensino superior. É evidente a sua baixa produtividade, com reduzidos graus de aproveitamento e elevados índices de abandono, e a sua falta de justiça em termos sociais."*

Em 1993, foi criado um Grupo de Trabalho pelo Despacho n.° 112/I/SEES/93 (SEES/CRUP/CCISP/DESUP) encarregue de propor uma metodologia conducente à elaboração de Contratos-Programa, baseada na definição de uma fórmula de financiamento. Uma proposta veio a ser entregue e assumida pelo poder político, sendo a base de cálculo desde o ano de 1994 até recentemente (ainda que desde 2005 tenham sido feitas muitas alterações que desfiguraram o mecanismo inicial).

De acordo com Rodrigues (2003), as *rationes* padrão por área de ensino e por aluno, definidos e quantificados, constituíram os parâmetros fundamentais da fórmula de financiamento e também da determinação dos padrões de pessoal docente ETI (equivalente em tempo integral) e não docente, necessários face às novas regras de admissão de pessoal em vigor a partir do ano de 1993/94.

Com efeito, foi introduzida uma disposição especial no decreto de execução orçamental que permitiu a fixação, por despacho do ministro da tutela, não só de contingentes padrão de docentes ETI e de não docentes, como também das regras de admissão e substituição. Em simultâneo, para as instituições que se encontravam acima ou muito próximo dos padrões de docentes ETI foram fixados contingentes extraordinários que permitiam as admissões para áreas científicas deficitárias.

Este mecanismo ganhou ainda maior consistência com a publicação do Decreto-Lei de Flexibilização da Gestão Universitária (Decreto-Lei n.° 252/97 de 26 de Setembro), o qual aprofundou este mecanismo das *rationes* no sistema universitário público. Para os Institutos Politécnicos continuou a ser necessário haver em cada ano uma menção especial no decreto de execução orçamental. A gestão de pessoal das instituições passou, assim, a ser regulada pelo despacho de contingentes de pessoal, com princípios conhecidos e estáveis.

A experiência da aplicação da fórmula e as orientações políticas do Ministério da Educação vão conduzir à Lei n.º 113/97 (a Lei de Base do Sistema de Financiamento Público), onde se definiram as responsabilidades do Estado, das instituições de ensino superior e dos cidadãos, enunciando-se as linhas mestras de financiamento do sistema. No entanto, nem a fórmula nem as *rationes* padrão foram publicados em Diário da República.

Os Contratos-Programa e os Contratos de Desenvolvimento eram instrumentos postos à disposição das instituições. Os primeiros serviriam para a resolução de alguns problemas e dificuldades pontuais (apoio a instituições em crise, encerramento de cursos, apoio a cursos em fase de arranque, apoio a projectos de investigação, e promoção da qualidade). Foram assinados entre 1998 a 1999 três Contratos-Programa entre o Estado e as instituições de ensino superior públicas (Universidade de Coimbra, Universidade de Lisboa e o Instituto de Tecnologia Química e Biológica da Universidade Nova de Lisboa) e um com a Universidade Católica Portuguesa – Viseu.

Os Contratos de Desenvolvimento serviriam para equacionar o apoio ao desenvolvimento das instituições, tendo em vista a concretização de investimentos considerados prioritários. Apesar de, ao longo dos anos, terem decorrido na Direcção-Geral do Ensino Superior trabalhos técnicos de análise dos planos estratégicos das instituições e das suas propostas de investimento, nunca até ao momento foi celebrado qualquer Contrato-Desenvolvimento com as instituições de ensino superior (exceptuam-se os contratos de desenvolvimento específicos para a área da saúde, no final de 2001).

2.2.2. A experiência de aplicação da fórmula – Anos de 1994 a 2003 e anos recentes

A aplicação da fórmula de financiamento para a fixação do tecto orçamental das instituições de ensino superior iniciou-se com o exercício de 1994, e desde esse ano tem vindo a servir de base ao cálculo do Orçamento Padrão e consequente afectação da componente de Orçamento de Estado pelo Ministério da Educação às diversas instituições universitárias e politécnicas.

De acordo com Rodrigues (2003), a fórmula de financiamento aplicada entre 1994 e 2003 pretendia introduzir critérios objectivos e transparentes de financiamento. Todavia, esse objectivo não foi conseguido, e por isso aquela autora afirma (2003, p. 3):

> *"No entanto, ao longo dos anos a fórmula de financiamento tornou-se uma fórmula distributiva das disponibilidades orçamentais e a progressiva convergência tornou-se na progressiva divergência do orçamento padrão. Assim enquanto o orçamento padrão aumentava essencialmente por efeito do acréscimo de alunos, do aumento dos vencimentos médios dos docentes (não só por maior qualificação como também pela revalorização da carreira docente efectuada de 1994 a 1999) e da triplicação da parcela para investigação, as disponibilidades orçamentais do sector apenas acompanhavam parcialmente tais acréscimos."*

De uma forma sintética, esta fórmula assentava, no início da sua aplicação, nas seguintes variáveis:

- Número de alunos por tipo de curso da instituição de ensino superior;
- Definição de rationes de pessoal docente por aluno, por tipo de curso (por exemplo: nas Engenharias, 1 docente ETI para cada 11 alunos; nas Medicinas, 1 docente para cada 6 alunos; nas Humanidades 1 docente para cada 20 alunos, etc.).
- Definição de pessoal não docente em função do pessoal docente "padrão" por tipo de curso, ao qual é somado o respeitante ao pessoal das reitorias e serviços centrais (Engenharias, 1 docente ETI padrão → 0, 75 não docente; Medicina, 1 docente → 0,85 não docente; Humanidades, 1 docente → 0,35 não docente, etc.);
- Cálculo do pessoal "padrão" para cada instituição, o qual constituía uma determinada percentagem do orçamento global da instituição;
- Se a situação real das instituições se afastava desse orçamento "virtual" de referência, perspectiva-se um período de adaptação,

com a definição de níveis de convergência anual de aproximação dessa meta, num período de quatro a cinco anos;

- No cálculo foram, ainda, acrescidas verbas para as promoções do pessoal (2%), verbas para a investigação (+2% para as universidades, 0,8% para o ensino politécnico), etc.

O Governo, apesar de aprovar o mecanismo de cálculo, não dispunha, à data, da totalidade dos meios orçamentais necessários para financiar o sistema, tendo assim de perspectivar a concessão de apenas uma parte do valor padrão. Ver Quadro 3:

Quadro 3 – **Comparação do Orçamento Padrão e o Orçamento de Estado Inscrito**[11] **entre 1994 a 2003 por tipo de instituição (a preços correntes)**

Unidade: Euros

	Universidades			Institutos Politécnicos			Total		
Anos	Orçamento Padrão =OP	Orçamento Estado Inscrito =OE	Taxa de Cobertura = OP/OE	Orçamento Padrão =OP	Orçamento Estado Inscrito =OE	Taxa de Cobertura = OP/OE	Orçamento Padrão =OP	Orçamento Estado Inscrito =OE	Taxa de Cobertura = OP/OE
1994	346.977.868	336.763.445	97%	107.100.608	88.833.247	83%	454.078.476	425.596.692	94%
1995	375.091.170	360.561.477	96%	110.529.160	97.816.228	88%	485.620.330	458.377.705	94%
1996	438.604.760	423.902.247	97%	139.724.637	122.112.868	87%	578.329.396	546.015.115	94%
1997	520.063.199	470.986.345	91%	168.883.380	140.019.901	83%	688.946.579	611.006.246	89%
1998	598.311.815	503.475.542	84%	203.148.390	159.711.131	79%	801.460.205	663.186.673	83%
1999	655.424.033	548.046.663	84%	236.842.530	190.542.009	80%	892.266.564	738.588.671	83%
2000	732.326.659	621.140.811	85%	281.990.453	229.253.858	81%	1.014.317.112	850.394.669	84%
2001	805.567.988	671.528.277	83%	309.440.476	251.895.537	81%	1.115.008.465	923.423.814	83%
2002	885.096.337	701.361.338	79%	343.248.570	259.565.481	76%	1.228.344.907	960.926.819	78%
2003	918.676.953	713.253.111	78%	368.733.449	269.516.624	73%	1.287.410.403	982.769.735	76%
Variação 2003- 1994 %	165%	112%		244%	203%		184%	131%	

Fonte: Cerdeira (2003), Rodrigues (2003)[12].

Para além das verbas do Orçamento de Estado, as instituições acederam a outras fontes para financiar o orçamento de funcionamento, como foram os fundos comunitários do PRODEP II[13] (Fundo Social Europeu),

[11] Apenas inclui a dotação calculada pela fórmula, pelo que há unidades de certas instituições cujo orçamento foi fixado fora do processo de cálculo da fórmula de financiamento.

[12] Documentos e dados elaborados por Antonieta Rodrigues e Luisa Cerdeira na Direcção Geral do Ensino Superior e na Secretária de Estado do Ensino Superior e no Gabinete do Ministro da Ciência e do Ensino Superior.

[13] PRODEP II, Programa de Desenvolvimento Educativo para Portugal, 1994 a 1999.

da Acção 5.1 – "Melhoria da Qualidade – Apoio à formação em cursos de bacharelato e licenciaturas em áreas estratégicas do ensino superior", com os quais se pretendia apoiar cursos de bacharelato e licenciatura, em particular em áreas estratégicas, através do aumento do peso relativo das despesas correntes (despesas de funcionamento) não referentes a pessoal no total do orçamento das instituições do ensino superior. Este mecanismo suplementar de apoio às verbas provindo do orçamento público perdurou entre os anos de 1995 e 1999. Apresenta-se a dotação aprovada no Quadro 4:

Quadro 4 – **Financiamento aprovado no âmbito do PRODEP II – Acção 5.1 – Melhoria da Qualidade (a preços correntes)**

	ACÇÃO 5.1 PRODEP II - FSE				
	1995	1996	1997	1998	1999
	euros	euros	euros	euros	euros
TOTAL UNIVERSIDADES	7.804.486	9.644.397	13.354.494	16.187.244	13.709.894
TOTAL INSTITUTOS POLITÉCNICOS	2.958.016	3.313.016	6.081.625	7.497.441	6.169.053
TOTAL ENSINO SUPERIOR	10.762.502	12.957.413	19.436.119	23.684.685	19.878.947

Fonte: Cerdeira (2003); Rodrigues (2003).

Do mesmo modo, a forma como foi aplicada a calculatória da fórmula de financiamento, a partir de 1998, tinha em conta a previsão do valor a arrecadar pelas instituições no que toca às receitas das propinas dos cursos de formação inicial. Esse montante era deduzido ao valor a transferir para as instituições, dado que se passou a entender que esse valor era uma receita do Estado arrecadada directamente por essas instituições (ver Quadro 5):

Quadro 5 – **Previsão de receitas a arrecadar através das propinas efectuada na aplicação da fórmula de financiamento (a preços correntes)**

	PREVISÃO DE PROPINAS DE FORMAÇÃO INICIAL					
	1998	1999	2000	2001	2002	2003
	euros	euros	euros	euros	euros	euros
TOTAL UNIVERSIDADES	41.944.234	44.971.913	47.434.568	49.684.454	54.049.625	55.750.992
TOTAL INSTITUTOS POLITÉCNICOS	15.760.627	18.801.813	22.457.996	25.549.659	27.704.732	29.820.120
TOTAL ENSINO SUPERIOR	57.704.861	63.773.725	69.892.564	75.234.114	81.754.357	85.571.112

Fonte: Cerdeira (2003); Rodrigues (2003).

Assim, se ao valor transferido do Orçamento de Estado adicionarmos as verbas que foram aprovadas no âmbito do PRODEP II (Fundo Social Europeu) e as receitas pela via das propinas, e compararmos com o valor do orçamento padrão, a taxa de cobertura é quase total nos primeiros anos e vai decrescendo no final do período, quando chega a 83% do valor de referência.

Quadro 6 – Comparação do Orçamento de Funcionamento (Orçamento de Estado, PRODEP e Propinas) *versus* o Orçamento Padrão entre 1994 a 2003

	Orçamento de Funcionamento (Orçamento de Estado + Acção 5.1 + Previsão de Propinas) /Orçamento Padrão									
	1994	1995	1996	1997	1998	1999	2000	2001	2002	2003
	euros	euros	euros	euros	euros	euros	euros	euros	euros	euros
Universidades	99,9%	98,2%	98,8%	93,1%	93,9%	92,6%	91,3%	89,5%	85,3%	83,7%
I.Politécnicos	87,0%	91,2%	89,8%	86,5%	90,1%	91,0%	89,3%	89,7%	83,7%	81,2%
Total	96,8%	96,6%	96,7%	91,5%	92,9%	92,2%	90,7%	89,6%	84,9%	83,0%

Fonte: Cerdeira (2003); Rodrigues (2003).

Esta circunstância, de divergência entre o valor de referência ou valor padrão e o que realmente era transferido para as instituições, levou a que desde 2004 os diversos governos tenham procedido a numerosas alterações na aplicação da fórmula, não só introduzindo novas variáveis, mas sobretudo deixando de usar, ou tornando menos visível, o conceito de orçamento padrão, por decidirem que havia necessidade de conter o *plafond* para o orçamento do ensino superior, face às severas condições orçamentais do país.

A evolução do orçamento padrão, dado o tipo de fórmula usada em Portugal, esteve profundamente relacionada com o crescimento do número de estudantes do ensino superior, bem como com a sua distribuição por cada área científica. Apresenta-se no Quadro 7 a evolução do número de estudantes elegíveis.

Quadro 7 – **Previsão de alunos utilizada na aplicação da fórmula de financiamento entre 1994 a 2003**

	PREVISÃO DE ALUNOS USADOS NA FÓRMULA - BACHARELATO E LICENCIATURA (inclui CESE)										Acrésc.Alu. 1994=>2003 %
	1994	1995	1996	1997	1998	1999	2000	2001	2002	2003	
	euros	euros	euros	euros	euros	euros	euros	euros	euros	euros	
UNIVERSIDADES	119.292	125.967	135.287	140.572	149.349	153.656	155.332	156.438	161.819	160.204	34,3
Var %		5,6%	7,4%	3,9%	6,2%	2,9%	1,1%	0,7%	3,4%	-1,0%	
I.POLITECNICOS	41.835	44.484	49.145	54.864	63.759	69.379	75.468	80.966	83.690	85.690	104,8
Var %		6,3%	10,5%	11,6%	16,2%	8,8%	8,8%	7,3%	3,4%	2,4%	
TOTAL	161.127	170.451	184.432	195.436	213.108	223.035	230.800	237.404	245.509	245.894	52,6
Var %		5,8%	8,2%	6,0%	9,0%	4,7%	3,5%	2,9%	3,4%	0,2%	

Fonte: Cerdeira (2003); Rodrigues (2003).

Podemos analisar a evolução do orçamento padrão por aluno (razão entre o orçamento padrão e o número de alunos financiáveis para aquele ano), e verificar que esse valor cresceu 86% entre 1994 e 2003, passando no conjunto do ensino superior de 2.818 para 5.236 euros. Se considerarmos o valor do Orçamento de Estado realmente transferido por aluno entre 1994 e 2003, vemos que há um crescimento a preços correntes de 50%, passando-se de 2.641 para 3.997 euros.

Contudo, uma parte significativa desta variação está ligada à evolução dos preços e por conseguinte interessa deflacionar os valores para que se possam realmente comparar. Assim, usando os deflactores do PIB publicados pela OCDE (base 1995=100), vemos que a variação do orçamento padrão por aluno nos dez anos analisados sobe cerca de 51% e o valor do Orçamento de Estado por aluno realmente transferido para as instituições de ensino superior por aluno apenas 10%. Ou seja, se retirarmos o efeito dos preços, podemos ver que o financiamento público por aluno em 1994 era de 2.732 euros e que em 2003 esse valor a preços constantes (base 1995) apenas tinha atingido os 3.014 euros[14] (ver os dados do Quadro 7).

Quadro 7 – **Orçamento Padrão e Orçamento de Estado por aluno (a preços correntes e preços constantes)**

Unid: Euros

	Orçamento padrão/aluno preços correntes	Orçamento de Estado/aluno preços correntes	Orçamento padrão/ aluno preços constantes	Orçamento de Estado/aluno preços constantes	Deflator Base= 1995
1994	2818	2641	2915	2732	0,967
1995	2849	2689	2849	2689	1,000
1996	3136	2961	3043	2873	1,030
1997	3525	3126	3298	2924	1,069
1998	3761	3112	3389	2804	1,110
1999	4001	3312	3494	2892	1,145
2000	4395	3685	3722	3120	1,181
2001	4697	3890	3791	3140	1,239
2002	5003	3914	3883	3038	1,289
2003	5236	3997	3949	3014	1,326
Var. 1994-2003%	86%	51%	35%	10%	

Nota: Como deflatores consideraram-se os índices de preços implicitos no PIB, publicados pela OCDE em Novembro de 2002 (1995=1,00)

Fonte: Cerdeira (2003); Rodrigues (2003).

[14] Deve ter-se em atenção que estes valores dizem respeito ao orçamento inscrito e que no período em apreço foi posteriormente reforçado ao longo do ano com outras dotações, nomeadamente com reforços para cobrir o aumento salarial.

Recentemente, a afectação dos recursos anuais para o ensino superior sofreu algumas alterações significativas, e na preparação do orçamento de 2006 o Governo adoptou novos critérios na aplicação da fórmula, com a introdução progressiva de indicadores relativos à qualidade e ao desempenho, que se passam a identificar:

- Qualificação do pessoal docente, medida pela razão entre o número de doutorados e o número total de docentes em tempo integral em cada instituição;
- Taxa de graduação, medida por dois indicadores – o número de diplomados em relação ao total dos inscritos na formação inicial e o número de mestres e doutores diplomados em relação aos doutores existentes.

Contudo, desde 2006 a calculatória tem vindo a mudar para cada ano, causando instabilidade, e impedindo que a fórmula funcione como um importante instrumento de gestão. Assinale-se que na preparação do orçamento de 2009 o Governo não utilizou nenhum indicador de qualidade.

Para além do financiamento básico calculado através do mecanismo da fórmula, foram aprovados outros financiamentos através do mecanismo dos contratos-programa com objectivos específicos. Entre 2004 e 2007 (MCTES, 2006, p.76), foram aprovados contratos-programa num valor de 36,2 milhões de euros, com as universidades a receberem 25,4 milhões e os institutos politécnicos 10,9 milhões de euros.

No relatório (OCDE, 2006) elaborado pelos peritos da OCDE nos finais de 2006, aquando do exame às políticas para a Educação – Ensino Superior, recomendava-se a revisão do processo de distribuição dos fundos de funcionamento corrente anual, propondo (2006, p. 92):

> *"[...] we recommended a further evolution in the distribution of all institutional operating funds, away from formulae that cannot work equally well for diverse institutions, toward contracts between institutions and the Government, negotiated by CCES and allocated by it subject to Government final approval. The contracts should be based on strategic plans and indicators of performance agreed to between the institutions and the Secretariat in MCTES serving CCES."*

Desta forma, vive-se nos últimos anos um processo dúbio em que se mantêm alguns dos aspectos da antiga fórmula, mas cuja aplicação global está hoje desvirtuada e não adaptada às condições actuais das instituições. Esta evolução está bem retratada na evolução da dotação calculada no processo de preparação orçamental que medeia os anos de 2005 a 2009, na qual se constata que a dotação fixada para o ano de 2009 é nominalmente inferior 2% à dotação fixada em 2006.

Acresce que as instituições passaram em 2007 a ter que pagar como entidade patronal para a Caixa Geral de Aposentações (7,5% em 2007 e 11% em 2008 e 2009) e que, entretanto, houve inflação e a subida da grelha salarial. Assim, podemos concluir que tem vindo a haver uma diminuição significativa acumulada do esforço orçamental público para o financiamento das instituições de ensino superior. Veja-se o Quadro 8, onde se identificam as dotações fixadas para as universidades e institutos politécnicos entre os anos de 2004 a 2009.

Quadro 8 – **Evolução do Orçamento de Estado inicial atribuído pela fórmula de financiamento**

	2004	2005	2006	2007	2008	2009
UNIVERSIDADES	710.319.516 €	711.453.090 €	710.850.949 €	668.849.959 €	673.652.520 €	706.460.955 €
INSTITTUTOS POLITÉCNICOS	282.638.204 €	286.243.641 €	306.240.823 €	291.150.041 €	293.647.481 €	280.025.753 €
OUTROS ESTABELECIMENTOS	23.810.952 €	23.911.644 €	5.955.263 €	0 €	0 €	0 €
RESERVA/POR DISTRIBUIR					3.300.000 €	19.673.917 €
TOTAL - EDUCAÇÃO/FÓRMULA	**1.016.768.672 €**	**1.021.608.375 €**	**1.023.047.035 €**	**960.000.000 €**	**970.600.001 €**	**1.006.160.625 €**

	Variação % Anual					
	2004	**2005**	**2006**	**2007**	**2008**	**2009**
UNIVERSIDADES		0,2%	-0,1%	-5,9%	0,7%	4,9%
INSTITTUTOS POLITÉCNICOS		1,3%	7,0%	-4,9%	0,9%	-4,6%
OUTROS ESTABELECIMENTOS		0,4%	-75,1%	-100,0%		
RESERVA/POR DISTRIBUIR						496,2%
TOTAL - EDUCAÇÃO/FÓRMULA		**0,5%**	**0,1%**	**-6,2%**	**1,1%**	**3,7%**

Fonte: Ficheiros da calculatória elaborados pelo MCTES e entregues anualmente às instituições de ensino superior.

Parece, pois, ter toda a oportunidade a implantação em Portugal de um novo mecanismo que preveja a celebração de contratos-programa com as instituições, atendendo às suas especificidades (aos politécnicos, a sua maior interpenetração da actividade empresarial e regional; a algumas universidades a centralidade da função investigação, a outras a sua capacidade de internacionalização, etc.) e que, ao mesmo tempo, utilize um algoritmo suficientemente simples para calcular os custos reconhecidos no que toca ao financiamento básico das instituições.

2.2.3. Evolução dos recursos financeiros afectos ao ensino superior

De seguida, apresenta-se no Quadro 9 a evolução dos recursos financeiros afectos ao ensino superior, com destaque para as componentes do orçamento de funcionamento (apenas a componente do Orçamento de Estado, não se incluindo as receitas próprias das instituições) e dos Investimentos do Plano. Constata-se claramente o crescimento exponencial da despesa efectuada pelos estabelecimentos do ensino superior no período que vai de 1980 a 2007.

A preços correntes, a despesa deste subsector da educação passou de um limiar de pouco mais de trinta milhões de euros[15] por ano no conjunto do orçamento de funcionamento e dos investimentos do plano para cerca de mil milhões de euros, o que obviamente é em grande parte explicado pelo próprio crescimento das instituições e do número de alunos abrangidos.

Devemos, entretanto, salientar que, no ano de 2001, as escolas de enfermagem que tinham dupla tutela do Ministério da Educação e do Ministério da Saúde passaram, do ponto de vista orçamental, para o Ministério da Educação, o que só no seu conjunto representava uma despesa de 37,3 milhões de euros em 2001. Podemos concluir, para mais considerando este facto, que a despesa do orçamento de funcionamento mostra uma acentuada travagem nos últimos anos, mesmo tendo em conta que as instituições usaram saldos de dotações de anos anteriores.

A despesa efectuada no ensino superior, considerando as fontes públicas e privadas, não ultrapassa 1% do PIB português, tendo como referência o ano de 2004, o que coloca Portugal abaixo da média dos países da OCDE e da União Europeia (UE 19)[16]. A média da OCDE situava-se nos 1,4% a da UE19 em 1,3%[17].

---

[15] Converteu-se os escudos a euros 1€=200,482 Esc., dado que não se está a fazer comparações internacionais, onde as diferenças cambiais teriam impacte.

[16] De acordo com o relatório "*Higher Education Governance in Europe, Policies, strutures, funding and academic staff*" de 2008 da Eurydice, em 2003 a despesa pública no ensino superior representava nos 27 membros da UE cerca de 1,14% do PIB.

[17] OCDE, *Education at a Glance 2007*, Indicator B2: What proportion of national wealth is spent on education?

Quadro 9 – **Evolução da despesa efectuada no ensino superior público (universidades, institutos politécnicos e escolas de enfermagem) entre 1980 e 2007**

(não inclui as receitas próprias)

(a preços correntes e preços constantes de 2007)

Unidade: Euros

	A PREÇOS CORRENTES				A PREÇOS CONSTANTES BASE 2007		
	ORÇAMENTO FUNCIONAMENTO ORÇAMENTO DE ESTADO	INV.PLANO PIDDAC+FEDER	TOTAL	Conversor * com base IPC preços constantes 2007 (INE)	ORÇAMENTO FUNCIONAMENTO RÇAMENTO DE ESTAD	INV.PLANO PIDDAC+FEDER	TOTAL
1980	26.898.809	3.715.925	30.614.733	9,658	259.791.700	35.888.815	295.680.515
1981	32.975.988	5.648.328	38.624.315	8,051	265.503.146	45.476.992	310.980.138
1982	43.812.397	7.114.295	50.926.692	6,579	288.245.930	46.805.621	335.051.551
1983	55.448.664	9.673.242	65.121.906	5,241	290.627.381	50.701.116	341.328.497
1984	67.977.699	12.267.071	80.244.770	4,054	275.558.224	49.726.491	325.284.715
1985	89.425.380	11.757.335	101.182.715	3,397	303.766.804	39.938.192	343.704.996
1986	114.844.999	26.213.141	141.058.140	3,042	349.359.255	79.740.552	429.099.807
1987	146.781.666	32.430.537	179.212.204	2,781	408.136.939	90.175.433	498.312.371
1988	164.168.514	41.948.150	206.116.664	2,537	416.490.398	106.421.148	522.911.546
1989	209.108.429	49.715.266	258.823.695	2,253	471.202.159	112.027.721	583.229.881
1990	262.786.884	58.543.520	321.330.404	1,988	522.322.818	116.362.796	638.685.613
1991	321.097.889	58.855.922	379.953.811	1,785	573.032.096	105.034.426	678.066.522
1992	398.205.495	111.019.962	509.225.457	1,639	652.560.626	181.934.345	834.494.971
1993	417.699.215	190.057.881	607.757.095	1,538	642.443.388	292.319.029	934.762.417
1994	443.246.985	92.281.429	535.528.414	1,462	647.951.898	134.899.795	782.851.693
1995	502.276.169	78.492.104	580.768.273	1,404	705.187.088	110.201.562	815.388.650
1996	582.550.379	86.212.740	668.763.118	1,361	793.119.364	117.375.245	910.494.609
1997	621.548.543	100.033.125	721.581.668	1,333	828.330.285	133.312.946	961.643.230
1998	691.467.169	105.856.915	797.324.084	1,298	897.283.348	137.365.375	1.034.648.723
1999	766.344.849	126.254.911	892.599.760	1,268	971.739.852	160.093.630	1.131.833.481
2000	857.487.156	114.432.016	971.919.172	1,233	1.057.134.915	141.075.092	1.198.210.007
2001*	998.308.924	110.031.609	1.108.340.533	1,181	1.179.463.053	129.998.054	1.309.461.107
2002	1.048.664.665	100.418.816	1.149.083.481	1,141	1.196.526.383	114.577.869	1.311.104.252
2003	1.056.229.043	75.293.425	1.131.522.468	1,105	1.166.657.636	83.165.342	1.249.822.978
2004	1.029.375.953	55.885.221	1.085.261.174	1,079	1.111.180.664	60.326.431	1.171.507.095
2005	1.053.004.882	68.112.400	1.121.117.282	1,056	1.112.480.158	71.959.489	1.184.439.647
2006**	1.102.251.135	61.657.674	1.163.908.809	1,024	1.128.966.378	63.152.070	1.192.118.448
2007 ***	993.211.904	89.153.978	1.082.365.882	1,000	993.211.904	89.153.978	1.082.365.882

Fonte: Orçamento de Funcionamento – 1980 a 1983 GEF; 1984 a 2000 DGESup; 2001 a 2007 GPEARI. PIDDAC e FEDER – 1980 a 2000 DGESup e GEF; 2001 a 2007 GPEARI.

* A partir de 2001 inclui as Escolas de Enfermagem que transitaram para o ME.

** Em 2006 inclui a Escola Superior de Turismo e Hotelaria

*** Em 2007 – Dotação Inscrita (o MCTES não dispõe ao momento do valor da despesa)

Nota: O conversor dos preços foi fornecido directamente pelo INE, com base nas médias anuais do Índice de Preços no Consumidor (IPC) referentes ao Continente, total excluindo a Habitação (1980 a 2007)

Se, entretanto, analisarmos a evolução da despesa a preços constantes entre 1980 e 2007, tendo em conta a inflação e convertendo os preços do ano de 2007[18], vemos que a evolução seguida em termos reais é ainda

[18] Solicitou-se ao INE indicação do conversor a usar na série entre 1980 e 2007, e este conversor foi fornecido com base nas médias anuais do Índice de Preços no Consu-

mais modesta, dando-se uma inflexão no ano de 2002, com a despesa do orçamento de funcionamento a cair ou a abrandar de forma acentuada.

Para 2007, ainda não se dispõe do valor da despesa realizada, usando-se por isso a dotação inscrita. Apesar de se tratar do orçamento inscrito e não de despesa[19], é evidente a significativa quebra na dotação afecta ao sector do ensino superior. Além de que o ano de 2007 é o primeiro ano em que o Governo entendeu obrigar as instituições de ensino superior, como entidades autónomas, a pagarem enquanto entidade patronal 7,5% sobre a massa salarial para a Caixa Geral de Aposentações. Este encargo é, sobremaneira, uma forte restrição orçamental para todo este subsector, o que no futuro terá de ser tido em conta para compreender a evolução da despesa do ensino superior.

Figura 6 – **Evolução da despesa efectuada no ensino superior público entre 1980 e 2007 a preços constantes (base 2007)**

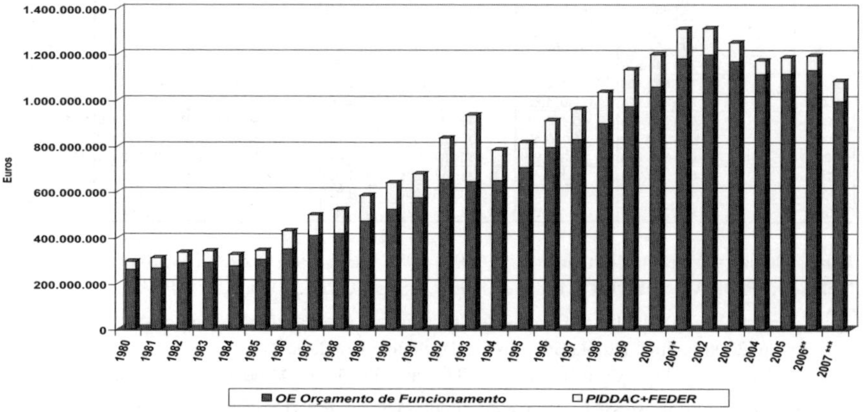

Fonte: Orçamento de Funcionamento – 1980 a 1983 GEF; 1984 a 2000 DGESup; 2001 a 2007 GPEARI. PIDDAC e FEDER – 1980 a 2000 DGESup e GEF; 2001 a 2007 GPEARI.

---

midor (IPC) referentes ao Continente, total excluindo Habitação (1980 a 2007), tendo em conta serem esses os únicos agregados disponíveis em simultâneo no momento inicial e final da série (1980 a 2007).

[19] No ano de 2007, não foram concedidos reforços para compensação do aumento salarial e do pagamento para a Caixa Geral de Aposentações. Assim, a despesa do Orçamento de Funcionamento, componente do Orçamento de Estado será muito próximo do valor inscrito, acrescido dos saldos transitados de anos anteriores.

Em relação aos investimentos do plano, podemos dizer que a execução é muito oscilante, tendo a ver, sobretudo, com as políticas de aplicação dos fundos comunitários e com a conjuntura do ciclo de cada quadro comunitário de apoio.

Para melhor percepção veja-se a Figura 6, que demonstra a evolução do orçamento de funcionamento e dos investimentos do plano a preços do ano de 2007, não incluindo as receitas próprias das instituições.

Nota síntese

Neste artigo demos conta de que Portugal assistiu nas últimas décadas do século XX a uma expansão massiva do acesso e frequência do ensino superior, tendo passado de uma participação de pouco mais de 24.000 estudantes, em 1960/1961, para próøximo de 377.000 estudantes, em 2007/2008. Em grandes traços, podemos reter como principais factores o crescimento quantitativo acentuado, o desenvolvimento do ensino politécnico, o desenvolvimento do ensino pós-graduado, a expansão da rede do ensino superior a todas as regiões do país, a implantação de um sistema de ensino privado, e a concessão da autonomia pedagógica-científica, administrativa e financeira às instituições de ensino superior público.

Por sua vez, o crescimento significativo da rede de ensino público implicou uma forte pressão sobre os meios orçamentais postos à disposição deste subsector, com exigências crescentes e com um aumento acentuado do orçamento das instituições universitárias e politécnicas.

Desde logo, pelo vigoroso plano de construção e de apetrechamento de novas instalações em todas as regiões do país. Por outro lado, o forte crescimento do sistema público repercutiu-se num esforço financeiro significativo por parte do Estado, com as questões do financiamento a ocuparem o centro das preocupações na década de 1990 e seguintes.

Perante esta pressão, e num contexto de partilha de custos, os sucessivos governos equacionaram a implementação de uma política de aplicação de propinas, dando-se o primeiro passo no ano de 1992 (Lei n.º 20/92, de 14 de Agosto) e posteriormente nos anos de 1994 (Lei n.º 5/94, de 14 de Maio), 1997 (Lei n.º 113/97, de 16 de Setembro) e finalmente em 2003 (Lei n.º 37/2003, de 22 de Agosto).

De resto, nos últimos anos a importância das receitas das propinas tem vindo a ganhar uma importância relevante para as instituições, o que é explicitamente reconhecido pelos valores inscritos no recente relatório elaborado pelo governo português no âmbito da avaliação da OCDE a Portugal (OCDE, EDU/EDPC (2008) 38/ANN, 06-Nov-2008, Anexo 5, p. 22), quando informa do aumento do peso das propinas, que passam de 11% da totalidade das receitas em 2005 para 13% em 2007.

Foi-nos, ainda, possível concluir que os mecanismos de financiamento do ensino superior português desde o final dos anos de 1980 e princípios dos anos de 1990 do século passado assentaram na aplicação de uma fórmula de financiamento (Secretário de Estado do Ensino Superior, Despacho nº 112/I/SEES/93, 12 de Agosto de 1993), e que esse mecanismo acabou por constituir um influente meio de regulação do sistema, porquanto definiu um conjunto de parâmetros (pessoal docente e não docente padrão, estrutura da despesas, etc.), que moldaram a gestão financeira das instituições públicas. Apesar de, desde 2005 e anos seguintes ter havido um forte desvirtuamento da aplicação deste mecanismo, com os governos a mudarem anualmente a metodologia e os parâmetros de referência, há que reconhecer que a utilização do cálculo do orçamento por fórmula trouxe até então alguma estabilidade e regulação ao sistema público.

O esforço público no sector do ensino superior português, se bem que se tenha registado algum progresso, é no contexto internacional ainda fraco (próximo de 1% do PIB), visto que a média dos países da OCDE e da União Europeia já era em 2004 de 1,4% e 1,3%, respectivamente.

Aliás, nos últimos anos, as instituições de ensino superior têm sido confrontadas com cortes nominais na dotação orçamental fixada pelo governo, sendo notório e visível uma tendência de descida do orçamento por aluno, caso se tenha em devida conta o nível de inflação registado e também o facto de que desde 2007 ter sido imposto às universidades e institutos politécnicos o pagamento da contribuição para a Caixa Geral de Aposentações como entidades patronais (em 2008 um valor de 11% sobre os vencimentos), o que não acontece em mais nenhum sector da administração pública.

Efectivamente, a política de financiamento do ensino superior seguida desde o orçamento de 2006 deu prioridade ao financiamento da ciência, através dos apoios concedidos pela Fundação da Ciência e Tecnologia (que passou de um orçamento inscrito de 162,4 milhões de euros de orçamento nacional para 374,2 milhões de euros em 2009, isto é, um crescimento de 130% em três anos) em detrimento da educação/ensino superior (com o orçamento de funcionamento inscrito das universidades, institutos politécnicos e outros estabelecimentos a passar de 1.166,2 milhões de euros em 2006 para 1.141,3 milhões de euros para 2009, ou seja, uma diminuição nominal de -2%), agravando a tendência referida.

Bibliografia

Cerdeira, L. (1999). *Da Contribuição das instituições de ensino superior para o desenvolvimento duma região – O Alentejo, o caso dos diplomados do ensino superior – ano lectivo de 1994/1995*, Dissertação de Mestrado, Universidade de Évora, Departamento de Pedagogia e Educação.

Cerdeira, L. (2003). *O Financiamento do Ensino Superior Português – A Experiência de Aplicação de uma Fórmula 1994-2003,* XIII Colóquio – Secção Portuguesa da AFIRSE/AIPELF, Regulação da Educação e Economia, Novembro.

Cerdeira, L. (2008). O Financiamento do Ensino Superior Português. A Partilha de custos, Dissertação de Doutoramento, Universidade de Lisboa, Faculdade de Psicologia e Ciências da Educação.

Johnstone, D.B. (2005). *Higher Educational Accessibility and Financial viability: The Role of Student loans*, World Report on Higher Education: The Financing of Universities II International Barcelona Conference on Higher Education, Global University Network for Innovation (GUNI), Barcelona, Espanha, 24-25 de Maio e 28-30 de Novembro.

MCTES (2006). *Review of National Policies for Education – Tertiary Education in Portugal, Background Report*, Lisboa, 28 de Novembro.

Rodrigues, A. (2003). *Fórmula de Financiamento do Funcionamento das Instituições do Ensino Superior Público Português – Génese e Alterações ao Longo do Tempo*, XIII Colóquio – Secção Portuguesa da AFIRSE/AIPELF, Novembro.

OCDE (2006). *Reviews of National Policies for Education – Tertiary Education in Portugal, Examiners' Report*, 13 de Dezembro, Paris, EDU/EC (206)25.

Vossensteyn, H. (2005). *Subsidizing Students, Families or Graduates?* Quebec: CMEC-OECD-Canada Seminar on Student Financial Assistance.

Woodhall, M. (2002). *Welsh Journal of Education Special International Issue on Paying for Learning: The Debate on Student Fees, Grants and Loans in International Perspective*, 11(1).

Ziderman, A. e Albrecht, D. (1995). *Financing Universities in Developing Countries*, Washington D.C: The Falmer Press.

Ismael Rodrigues e António Martins

Revisão de contas e auditoria nas PME portuguesas: uma análise empírica do seu impacto contabilístico e fiscal

Ismael Rodrigues

Mestre em Contabilidade e Finanças pela FEUC

António Martins

Professor da FEUC

RESUMO

O presente trabalho pretende estudar empiricamente as implicações contabilísticas e fiscais verificadas numa amostra de PME nacionais na sequência do início da auditoria às suas demonstrações financeiras por parte de auditores externos. A questão é a de saber, na sequência de eventuais desacordos contabilísticos e fiscais detectados, qual o impacto do trabalho de auditoria no resultado tributável das empresas.

Que importância e significado atingem os desacordos ao nível contabilístico? Qual o seu impacto fiscal, nomeadamente no que diz respeito ao Imposto sobre o Rendimento das Pessoas Colectivas? Os resultados estatísticos obtidos permitem afirmar que a auditoria provoca modificações relevantes no resultado tributável, no sentido do seu acréscimo.

Palavras-chave:
Auditoria,
Ajustamentos contabilísticos e fiscais,
Lucro tributável

ABSTRACT

This paper analyses, from an empirical perspective, the accounting and fiscal implications verified in national SME following the beginning of an auditing process by external auditors. We aim at assessing the impact of the first auditing process on the taxable income of the company. The effect of accounting changes in the taxable income, in consequence of the beginning of an auditing process, is thus our research topic. Empirical results show that auditing has a relevant effect on the taxable income.

Keywords:
Auditing,
Accounting and Fiscal Adjustments,
Taxable income

Introdução

Este trabalho – que assenta em Rodrigues (2008) – analisa as implicações contabilísticas e fiscais verificadas num amostra de PME nacionais na sequência do início da auditoria às suas demonstrações financeiras por parte de auditores externos.

Os critérios legais para a obrigação de certificação constantes do n.° 2 do artigo 262.° do Código das Sociedades Comercias originam que muitas empresas portuguesas estejam, em determinado momento da sua vida, sujeitas ao cumprimento desta regra. Assim sendo, do início da actividade de auditoria poderão surgir ajustamentos contabilísticos e fiscais, no seguimento de eventuais desacordos entre o auditor e os órgãos responsáveis pela produção da informação financeira.

Que nível de importância e significado atingem tais ajustamentos ao nível contabilístico? E, por inerência, qual o seu impacto fiscal, nomeadamente no que diz respeito ao Imposto sobre o Rendimento das Pessoas Colectivas (IRC)? Será o imposto apurado diferente? O impacto das eventuais alterações contabilísticas, na sequência do início da auditoria, no resultado fiscal apresentado é pois o tema central deste trabalho.

Segundo Moreira[1] (2006c, p.3) verifica-se em Portugal a existência daquilo a que podemos chamar *gestão de resultados*. Esta é realizada por inúmeras vias, de forma a conseguir conciliar resultados contabilísticos com resultados fiscais, geralmente subordinados à manutenção de um mínimo de imposto liquidado ajustado, como meio de tentar evitar a intervenção da Administração Fiscal (AF).

O modelo contabilístico é, como se sabe, baseado na existência de princípios e normas cuja aplicação busca a imagem fiel e verdadeira da posição financeira e do desempenho da empresa.[2] Mas estes conceitos são algo imprecisos e vagos, ficando disponível uma via importante para a utilização da *contabilidade criativa* ou *gestão de resultados*.

---

[1] Moreira, José A. C. – Are Financing Needs a Constraint to Earnings Management? Evidence for Private Portuguese Firms, Porto: CETE, Faculdade de Economia, Universidade do Porto; 2006. p. 3.

[2] Gonçalves, Armando – *Contabilidade Criativa ou engenharia contabilística*, in *Revista TOC*, 67, Outubro 2005; Lisboa: CTOC; 2005. p. 36.

De entre as definições do termo *contabilidade criativa*, vejamos a de Amat e Blake[3] (2002, p.11): *"o termo utiliza-se para descrever o processo mediante o qual os contabilistas utilizam o seu conhecimento das normas contabilísticas para manipular a informação incluída nas contas de uma empresa"*.

Este fenómeno é de uma complexidade crescente, alimentado por estruturas financeiras empresariais cada vez mais densas, num mundo dos negócios competitivo, e exerce uma importante pressão nos órgãos de gestão, o que favorece a distorção da informação contida nas demonstrações financeiras (DF).

É muito difícil precisar os contornos deste fenómeno, e assinalar com nitidez onde começa a manipulação fraudulenta e acaba o aproveitamento engenhoso das lacunas da lei e a interpretação habilidosa das normas e princípios contabilísticos, pois existe uma ampla zona intermédia em que não é possível traçar com clareza a fronteira entre ambos os comportamentos.[4]

O papel do auditor na prevenção destas adulterações de resultados e na limitação da acção de uso da contabilidade criativa é por demais reconhecido. No entanto, subjaz a questão de saber qual o impacto do trabalho de auditoria no resultado tributável da empresa.

O presente trabalho centra-se no estudo dos efeitos que os ajustamentos contabilísticos e fiscais produzem no apuramento de imposto, tendo esses efeitos surgido no primeiro ano da auditoria às DF. Que significado qualitativo e quantitativo têm estes ajustamentos nas PME portuguesas e, por consequência, que repercussão têm as correcções resultantes do trabalho dos auditores no montante do imposto sobre o rendimento? É esta pois a questão central a discutir no texto.

O estudo é composto por três partes: na primeira, procede-se a uma revisão de literatura sobre a problemática tratar; na segunda, descreve-se o modo de recolha e estudo dos dados através da distribuição de um questionário pelas sociedades de revisores oficiais de contas (SROC) em actividade registados na Ordem do Revisores Oficiais de Contas

---

[3] AMAT, Oriol; BLAKE, John – *Contabilidad Creativa*, Barcelona: Eddiciones Gestión 2000; 2002. p.11.

[4] GONÇALVES, Armando, ob. cit., p. 36.

(OROC). Por fim, na terceira parte, efectua-se a apresentação e análise dos resultados obtidos.

I – AUDITORIA FINANCEIRA: FUNÇÃO FISCAL E O SEU PAPEL NA GESTÃO DE RESULTADOS

1. O papel do auditor

Nos últimos tempos, e tal como é sublinhado por *Santos e Guevara* (2003, p.9)[5], os resultados das auditorias externas, nomeadamente da revisão de contas, ultrapassaram os interesses específicos dos administradores das entidades auditadas. As próprias leis e normas que regulam esses serviços citam os outros interessados.

Os utilizadores externos podem ser agrupados em cinco categorias: investidores, trabalhadores, clientes, fornecedores e Estado. Estes têm o mesmo grau de importância que os utilizadores internos, facto devidamente consagrado no normativo nacional e internacional de auditoria. Depreendemos, assim, que a auditoria é um serviço que se presta à empresa auditada, o qual interessa não só à própria mas também a terceiros, evidenciando a função social da auditoria.

A informação deve apresentar determinadas características qualitativas que a tornem a útil aos seus utentes. Da aplicação das principiais características qualitativas e das normas contabilísticas apropriadas deve resultar, normalmente, que as DF apresentam uma imagem verdadeira e apropriada.[6]

---

[5] Para um estudo mais detalhado ver SANTOS, Ariovaldo; GUEVARA, Ivan – *Contabilidade Criativa e Responsabilidade dos Auditores*, in *Revista Contabilidade & Finanças, 32, Maio/Agosto 2003*; São Paulo: USP; 2003; p. 7 – 22

[6] A contextualização de imagem verdadeira e apropriada consta do Decreto-Lei (DL) n.º 410/89, de 21 de Novembro, decreto que criou o actual POC, nomeadamente nos seus pontos 3 – Características da informação financeira e 4 – Princípios Contabilísticos, sendo que para uma leitura mais detalhada ver a obra de BENTO, José; MACHADO, José F. – *Plano Oficial de Contabilidade Explicado*, 27.ª edição, Porto: Porto Editora; 2005; p. 14 – 16.

Neste contexto, cabe, em Portugal, aos Revisores Oficiais de Contas (ROC), no desempenho da auditoria externa (ou financeira), expressar a sua opinião sobre se as DF apresentam uma "imagem verdadeira e apropriada" da situação económica e financeira e dos resultados.

Na legislação portuguesa, a forma como está organizada a revisão legal das contas das sociedades comerciais encontra-se prevista, fundamentalmente, no Código das Sociedades Comerciais (CSC), aprovado pelo Decreto-Lei (DL) n.° 262/86, de 2 de Setembro, e no Estatuto da Ordem dos Revisores Oficiais de Contas, regulamentado pelo DL n.° 487/99, de 16 de Novembro.[7]

De acordo com os mencionados diplomas legais, encontram-se obrigadas à revisão legal todas as sociedades anónimas, bem como as sociedades por quotas com conselho fiscal. A fiscalização das restantes sociedades por quotas consta do n.° 2 do artigo 262.° do CSC, que determina, para o caso de a sociedade não ter conselho fiscal, a obrigatoriedade de designação de um ROC sempre que durante dois anos consecutivos sejam ultrapassados dois de três limites[8], ou seja incide apenas sobre as empresas de certa dimensão económica fixada por lei. De realçar que este mesmo artigo, no seu n.° 7, possibilita que estes limites possam ser alterados por Portaria conjunta dos Ministérios das Finanças e da Justiça. Tal alteração nunca se verificou até à data, apesar de a estrutura do nosso tecido empresarial se ter modificado significativamente.[9]

O auditor exerce as suas funções no âmbito do Estatuto Jurídico da Ordem, das normas contabilísticas (POC, Directrizes Contabilísticas, Normas Internacionais de Relato Financeiro (NIRF)), do direito societário (Código das Sociedades Comerciais, Código dos Valores Mobiliários, Código Comercial), do direito fiscal (Lei Geral Tributária, Códigos Fiscais, Código do Processo e do Procedimento Tributário, Regime Geral

---

[7] Para uma análise do estatuto, consultar a ORDEM DOS REVISORES DE CONTAS, no seu *Manual do Revisor de Contas*, ou directamente no DL n.° 487/99, de 16 de Novembro.

[8] Os limites actuais foram fixados pelo DL n.° 343/98, de 6 de Novembro, e são de:

1) Total do balanço: 1.500.000,00 euros;
2) Total das vendas líquidas e outros proveitos: 3.000.000,00 euros;
3) Número de trabalhadores empregados em média durante o exercício: 50.

[9] GONÇALVES, Ana; QUIRÓS, Joaquin – *O contexto da revisão legal das contas das pequenas empresas*, in *Revista TOC*, 83, Fevereiro 2007; Lisboa: CTOC; 2007; p. 43.

das Infracções Tributárias), normativos legais estes que, com excepção feita ao referido Estatuto, também terão que ser cumpridos pelo Técnico Oficial de Contas (TOC).[10]

No que respeita à auditoria, o ROC, no presente estudo referido como auditor, segue as Normas Técnicas de Auditoria Especificas da Profissão, designadamente as nacionais (Directrizes de Auditoria, Recomendações Técnicas e Interpretações Técnicas) e internacionais (Normas Internacionais de Auditoria do *International Federation of Accountants* (IFAC)).

Guimarães (2005, p.25) refere que, no cumprimento dessas normas, o auditor desenvolve procedimentos gerais e específicos de auditoria. Estes poderão suscitar a apresentação ao órgão de gestão de recomendações para a melhoria dos sistemas de controlo interno contabilístico e administrativo, e também de ajustamentos e reclassificações contabilísticas, materialmente relevantes, com o objectivo de se traduzirem nas DF.[11]

Especialmente no que toca às reclassificações e ajustamentos contabilísticos, compete ao órgão de gestão traduzi-las ou não nas DF, sendo certo que, se o não o fizer, o ROC poderá colocar reservas ou ênfases na certificação legal das contas.

Um tema que tem vindo a provocar forte debate é o de saber se a responsabilidade do auditor se deve restringir à emissão de um parecer que contenha a sua opinião profissional em relação à aplicação dos princípios fundamentais da contabilidade, ou se deve também incluir a necessidade de informações adicionais aos utilizadores.

Como se observou, entre outros, nos casos da Enron ou da Worldcom, além das fraudes cometidas pelos seus gestores verificou-se, por parte dos auditores externos, falta de diligência na auditoria ás contas divulgadas aos utilizadores. Tais situações ilustram a conhecida complexidade dos aspectos envolventes à função do auditor.

Dada a crescente sofisticação da vida empresarial e da informação financeira, a função dos auditores assume crucial relevo na credibiliza-

---

[10] *Guimarães* desenvolve um estudo bastante detalhado sobre o enquadramento legal das profissões de ROC e de TOC em Guimarães, Joaquim F. C. – *Auditoriaàs contas e a actividade dos TOC*, in *Revista TOC*, 64, Julho 2005; Lisboa: CTOC; 2005; p. 23.

[11] Guimarães, Joaquim F. C., ob. cit. p. 25.

ção da informação disponibilizada. Dado que, entre nós, a tributação do lucro empresarial assenta na base contabilística de apuramento do resultado, facilmente se conclui pela grande relevância dos processos de auditoria no apuramento dos resultados contabilísticos e, consequentemente, fiscais.

2. Auditoria fiscal

O termo auditoria fiscal é normalmente utilizado para definir as acções de fiscalização tributária desenvolvidas pela administração fiscal. Porém, o conceito poderá apresentar conteúdos diferentes em função do sujeito que executa a auditoria.

Guimarães (1998, p.12) afirma que "*conceptualmente, podemos considerar a auditoria fiscal como uma parte da auditoria financeira, uma vez que ela pretende certificar-se de que as DF da empresa foram preparadas em estrita observância dos Princípios Contabilísticos Geralmente Aceites (PCGA) e de que não enfermam de erros que, de algum modo, possam vir a deturpar o seu resultado, influenciado negativamente o resultado fiscal, e consequentemente, o imposto devido ao Estado.*" [12]

Neste sentido, a auditoria fiscal pode ser desenvolvida numa tripla vertente:

i. Pelas entidades fiscalizadoras do Estado, i.e., a Administração Fiscal;
ii. Por auditores internos da empresa;
iii. Por auditores externos, incluindo os ROC. [13]

É o papel e influência desta última que pretendemos estudar em termos de impacto nos resultados finais a reportar para a AF. O auditor deverá, em nossa opinião, ter uma posição de análise das situações tributárias segundo as respectivas normas fiscais, e até colocar-se numa perspectiva próxima da que a AF teria perante os mesmos factos.

---

[12] GUIMARÃES, Joaquim F. C. – *Auditoria Fiscal*, in *Revista de Contabilidade e Comércio*, 217, Fevereiro 1998; Lisboa; 1998; p. 12.

[13] GUIMARÃES, Joaquim F. C., ob. cit. p. 12.

Por força do impacto da fiscalidade na imagem verdadeira e apropriada da situação económica e financeira das empresas, cabe ao auditor, entre outras funções, analisar o cumprimento da regularidade fiscal. Este objectivo está expresso na própria lei ao impor-lhe, assim como aos restantes membros dos órgãos sociais, o cumprimento dessas obrigações.

Assim, o n.° 2 do artigo 24.° "*Responsabilidade dos membros de corpos sociais e responsáveis técnicos*" da Lei Geral Tributária (LGT)[14] torna extensiva aos ROC a responsabilidade atribuída aos Órgãos de Gestão pelo incumprimento das obrigações fiscais, sempre que tal incumprimento resulte da omissão grave das suas funções.

Tendo em vista a satisfação dessas exigências fiscais, a Ordem dos Revisores Oficiais de Contas (OROC) emitiu em Abril de 2005 a Directriz de Auditoria (DRA) n.° 511, sob o título *"Verificação do cumprimento dos deveres fiscais e parafiscais"*,[15] que enuncia um conjunto de responsabilidades e procedimentos de revisão a elaborar pelo auditor.[16]

A auditoria fiscal desenvolvida pelos auditores deve assumir as particularidades tributárias, designadamente, a interpretação doutrinária das normas fiscais, analisando as situações, definindo a metodologia do trabalho a seguir, e propondo soluções tendo em vista avaliar o cumprimento das obrigações e o risco fiscal.

Sendo assim, e considerando a auditoria fiscal como parte integrante da auditoria financeira, o que se espera conseguir é quantificar o impacto provocado pelos seus propósitos e objectivos finais específicos. Guimarães (1998, p.15) esquematizou, em termos sintéticos, o processo da seguinte forma:[17]

---

[14] A LGT foi aprovada pelo DL n.° 398/98, de 17 de Dezembro. O n.° 2 do artigo 24.°, na sua última versão redigida pela lei n.° 60-A/2005, de 30 de Dezembro contempla que "a responsabilidade prevista neste artigo aplica-se aos membros dos órgãos de fiscalização e ROC's..., desde que se demonstre que a violação dos deveres tributários destas resultou do incumprimento das suas funções de fiscalização."

[15] Esta veio substituir a Recomendação Técnica (RT) n.° 4, de Agosto de 1987, da OROC sob o título *"Influência das Regras Fiscais na Certificação Legal das Contas"*, e consta do *Manual do Revisor de Contas* da OROC.

[16] Castanheira, Nuno M. C. – *Auditoria Fiscal: Conceito e âmbito de aplicação*, in *Auditoria Interna*, 21, Julho/Setembro 2005; Lisboa: IPAI; 2005; p. 21.

[17] Guimarães, Joaquim F. C., ob. cit. p. 15.

AUDITORIA FINANCEIRA		AUDITORIA FISCAL
↓	⟷	↓
Demonstrações Financeiras		Declarações Fiscais
↓	⟷	↓
Contabilidade		Fiscalidade
↓	⟷	↓
Resultado contabilístico	⟷	Resultado Fiscal

3. Obrigações do auditor no âmbito fiscal

O sistema fiscal português estabelece normas, regras e critérios que, em alguns casos, divergem dos PCGA estabelecidos no POC e nas NIRF. É prática frequente que as empresas (sobretudo PME) elaborem as suas demonstrações financeiras de acordo com as regras fiscais, em detrimento daqueles princípios contabilísticos. Desta prática resulta que, por vezes, os documentos de prestação de contas não apresentem de forma verdadeira e apropriada os resultados das operações, de acordo com os PCGA.[18]

Estas são algumas das afirmações constantes da DRA n.° 511, na qual são definidas as orientações, regras e deveres fiscais que os profissionais de auditoria deverão cumprir aquando do desenvolvimento do seu trabalho de revisão das contas. O objectivo desta directriz é o de proporcionar aos auditores orientações sobre como proceder em situações de conflito entre princípios contabilísticos e regras fiscais, e facultar orientação sobre os procedimentos de auditoria a adoptar na verificação do cumprimento pelas entidades dos seus deveres fiscais e parafiscais, de forma a poderem provar que cumpriram, de acordo com as normas profissionais, as suas funções.

---

[18] Veja-se inclusive o mencionado do parágrafo 2 da DRA n.° 511, de Abril de 2005 "Verificação do Cumprimento dos Deveres Fiscais e Parafiscais" da OROC in *Manual do Revisor de Contas*, o qual não difere muito do aqui enunciado, o que demonstra que explicitamente a OROC reconhece a existência de um tratamento contabilístico dos elementos financeiros das empresas numa óptica fiscal.

Tendo em conta a sua importância no normativo nacional que regula a auditoria, abordaremos alguns dos aspectos evidenciados por esta directiva. Muitas das situações aí mencionadas fazem parte do rol de possíveis suposições de prática de acções de gestão de resultados ou de contabilidade criativa.

No tocante aos conflitos entre princípios contabilísticos e regras fiscais, destacam-se as situações que habitualmente a eles conduzem, constantes do parágrafo 7 da DRA n.° 511:

i. Critérios de reintegração e amortização de imobilizações que não correspondem à vida útil esperada dos bens ou à sua efectiva perda de valor durante o exercício;
ii. Contabilização dos contratos de locação financeira de forma que viola os princípios a eles aplicáveis;
iii. Critérios valorimétricos das existências que incluem ganhos não realizados;
iv. Ajustamentos para depreciação de existências que não correspondem ao risco esperado da perda de valor das mesmas;
v. Ajustamentos para créditos de cobrança duvidosa e para letras descontadas que não correspondem ao risco esperado de cobrabilidade;
vi. Não reconhecimento de encargos do exercício já incorridos, quando o respectivo pagamento ocorre em datas posteriores.

Mais adiante, no referido normativo, no parágrafo 33, refere-se que, "*em consequência de todos os trabalhos e procedimentos executados no decurso do seu exame das DF, o auditor poderá obter evidência ou indicação de situações que revelem responsabilidades omitidas ou contingentes (resultantes de incertezas ou outras situações) que têm na maioria dos casos implicações fiscais, e por vezes também parafiscais. Nestas circunstâncias deve o auditor avaliar os efeitos ou possíveis efeitos de tais situações e tratar estas em conformidade com o disposto nos parágrafos 35 a 42.*".

Destes parágrafos, os últimos dois referem-se à forma legal sobre como deverão ser tratados estes efeitos ou situações, quer na certificação legal de contas, quer no relatório anual de fiscalização.

Delimitado o papel do auditor ao nível contabilístico e fiscal, parece-nos importante que abordemos de seguida um dos temas que mais impacto poderá provocar nos resultados contabilísticos apresentados pelas empresas, e no qual o auditor têm, em nossa opinião, um papel capital de controlo e prevenção, e que respeita à gestão de resultados ou contabilidade criativa.

4. Gestão de resultados e contabilidade criativa

Os ajustamentos contabilísticos que normalmente são reportados pelos auditores surgem fundamentalmente, em nossa opinião, por três vias: erros no tratamento contabilístico de determinadas operações, aplicação de regras fiscais em detrimento dos PCGA, ou na opção por registos assentes na contabilidade criativa ou gestão de resultados empreendidas pelo órgão de gestão. È sobre esta última via que incidiremos agora a nossa atenção. No respeitante ao conflito entre regras fiscais e princípios contabilísticos procuraremos abordá-lo mais detalhadamente em secção posterior.

Quando somos confrontados com as expressões "contabilidade criativa" ou "gestão de resultados" associamo-las, num primeiro momento, a uma espécie de prática artística. Trata-se, no essencial, de um meio de manipular a informação financeira que as empresas proporcionam aos utilizadores externos, sem que estes reconheçam tal procedimento. Assim sendo, quanto maior seja o nível artístico do autor, mais difícil será de detectar estas condutas ilícitas dissimuladas.[19]

Este fenómeno é de uma importância e complexidade crescente, alimentado por estruturas financeiras empresariais cada vez mais complexas, num mundo dos negócios altamente competitivo, exercendo significativa pressão nos órgãos de gestão, fomentando e favorecendo a distorção da informação contida nas demonstrações financeiras. É assim muito difícil precisar os contornos deste fenómeno, e assinalar com nitidez onde começa a manipulação fraudulenta e acaba o aproveitamento engenhoso das lacunas da lei e da interpretação habilidosa das

[19] GONÇALVES, Armando – *Contabilidade Criativa ou engenharia contabilística*, in *Revista TOC*, 67, Outubro 2005; Lisboa: CTOC; 2005; p. 36. Neste artigo o autor procura abranger de forma bastante pormenorizada as vertentes práticas e quais os objectivos finais que os diferentes agentes procuram atingir com o uso da contabilidade criativa ou gestão de resultados.

normas e princípios contabilísticos, pois existe uma ampla zona intermédia em que não é possível traçar com clareza a fronteira entre ambos os comportamentos.

As informações prestadas pela contabilidade ultrapassam, em larga escala, o âmbito da empresa e dos seus mais directos colaboradores, revestindo interesse para um vasto conjunto de utilizadores: investidores, credores, financiadores, administração local, outros agentes económicos e público em geral. Assim, será fundamental que a informação contabilística seja preparada com base nos métodos e procedimentos comummente aceites, de molde a que se produzam documentos credíveis que possam ser interpretados e comparados com os de outras entidades.

Com efeito, o modelo contabilístico é baseado na existência de princípios e normas cuja aplicação pretende mostrar a imagem fiel e verdadeira da posição financeira e do desempenho da empresa, conduzindo à apresentação de uma verdade formal. Ou seja, a "imagem fiel" deve ser o corolário da aplicação de forma sistemática e regular dos princípios contabilísticos, entendendo-se estes como o mecanismo capaz de expressar a realidade económica das operações realizadas pela empresa. Todavia, como este conceito é impreciso e vago, fica disponível uma via importante para a possibilidade de utilização da contabilidade criativa.

Esta tem sido uma das problemáticas mais debatidas desde os anos 90 em todo o mundo. Diversos autores têm apresentando perspectivas e interpretações relativamente ao tema, pelo que consideramos relevante apresentar algumas das mais significativas.

Griffiths (1986, p.1), numa óptica de especialista em contabilidade empresarial, afirma: *"Todas as empresas do País (Reino Unido) manipulam os seus proveitos. Todas as contas publicadas têm por base livros que foram delicadamente cozinhados, ou completamente "assados". As demonstrações financeiras disponibilizadas duas vezes por ano aos investidores públicos foram todas modificadas de forma a proteger o culpado. È o maior truque, desde o cavalo de Tróia... estas frases como "cozinhar os livros", "manipular as contas", podem conduzir as pessoas a inferir que estamos perante algo ilegal nestas artimanhas. De facto estas fraudes são totalmente legítimas. É contabilidade criativa.*[20]

[20] GRIFFITHS, Ian – *Contabilidad Creativa: como hacer que los benefícios aparezcan de modo más favorable*; Bilbao: Ediciones Duesto; 1988.

Jameson (1988, p.7), sustenta que: "*O processo contabilístico consiste em lidar com diferentes tipos de opiniões e em resolver conflitos entre aproximações diferentes, para a apresentação dos resultados dos eventos e transacções financeiras. É esta subjectividade e necessidade de julgamento que é a grande força da contabilidade, mas ao mesmo tempo é também a sua fraqueza. Enquanto, por um lado, precisa de continuar suficientemente flexível, de forma a lidar com a ampla variedade de situações e assim representá-las correctamente nas contas, por outro lado, esta flexibilidade fornece-se as oportunidades para a manipulação, engano e adulteração. Estas actividades – praticadas pelos elementos menos escrupulosos da profissão contabilística – começaram a ser conhecidas como contabilidade criativa. A contabilidade criativa não é contra a lei. Opera com a lei e o padrão contabilístico, mas é claramente contra o espírito de ambas.*".[21]

Smith (1992, p.4), baseando-se na sua experiência como analista de investimentos, afirma: "*Dá-nos a impressão que grande parte do aparente crescimento dos ganhos, ocorrido nos anos 80, foi mais o resultado de um jogo de mãos dos contabilistas do que um genuíno crescimento económico, e queremos expor as principais técnicas envolvidas e dar exemplos de empresas que estão a utilizar estas técnicas.*".[22]

Naser (1993, p.1), sublinha: "*A contabilidade, tal como outras disciplinas das ciências sociais e das actividades humanas, é claramente um produto resultante do ambiente envolvente. O ambiente envolvente da contabilidade consiste nas condições sociais, económicas, políticas e legais, suas restrições e influências variáveis ao longo do tempo. Contabilidade criativa é a transformação das imagens da contabilidade financeira do que elas são actualmente para o que se deseja que sejam, aproveitando as normas existentes ou ignorando algumas delas.*".[23]

Amat e Blake (2002, p.11), consideram que: "*O termo contabilidade criativa utiliza-se para descrever o processo mediante o qual os*

---

[21] JAMESON, Michael – *A pratical guide to creative accounting*; London: Kogan Page, 1988.

[22] SMITH, Terry – *Accounting for growth*; London: Century Business, 1992.

[23] NASER, Khader – *Creative Financial Accounting: its nature and use*; London: Prentice-Hall, 1993.

contabilistas utilizam o seu conhecimento das normas para manipular a asserções incluídas nas contas de uma empresa.".[24]

Amat e Blake (2002, p.12) apresentam uma análise do fenómeno que pensamos estar, em traços gerais, de acordo com o caso português. Assim:

i. O normativo contabilístico permite escolher entre diferentes métodos contabilísticos. Por exemplo, a possibilidade de uma empresa optar por uma política de considerar os custos com despesas de desenvolvimento no mesmo momento em que se realizam, ou amortizá-los ao longo da vida do projecto em causa. A empresa interessada na contabilidade criativa poderá escolher a política que permita a obtenção da melhor imagem pretendida.

ii. Certos registos contabilísticos implicam um apreciável conteúdo de estimativas, opiniões e previsões. Em certos casos, como a estimativa da vida útil de um activo para calcular a sua amortização, é normal que estas estimativas sejam realizadas internamente na empresa, e o contabilista criativo tem a oportunidade de ser mais ou menos optimista na estimativa.

iii. Podem registar-se transacções artificiais, tanto para manipular valores de balanço, como para transferir proveitos ou custos entre os diferentes exercícios. Isto consegue-se registando duas ou mais transacções relacionadas com uma terceira parte. Suponhamos, por exemplo, que se acorda a venda de um activo a um banco, e de seguida se contrata em regime de *lease-back* para o resto da sua vida útil. O preço de venda desta operação pode realizar-se acima ou abaixo do valor actual do activo.

iv. Determinadas transacções extraordinárias podem calcular-se de forma que se dê a impressão contabilística desejada. Suponhamos, como ilustração, que uma entidade tem um imóvel valorizado, ao custo histórico, por um milhão de euro, o qual pode ser facilmente vendido, no momento actual, por três milhões de euro. A administração da empresa pode decidir em que ano irá proceder à venda do investimento e, como tal, qual o exercício em que os ganhos sofrerão um incremento.

---

[24] AMAT, Oriol; BLAKE, John – *Contabilidad Creativa*, Barcelona: Eddiciones Gestión 2000; 2002.

v. Em alguns casos podem-se alterar os critérios contabilísticos de um ano para o outro, continuando ainda assim a satisfazer o princípio contabilístico da consistência[25]. Este princípio poderá ser derrogado, em certo exercício económico, com base no motivo segundo o qual as operações não são usuais, desde que tal facto seja mencionado no anexo[26].

Salientadas algumas das principais vias para a prática da designada "contabilidade criativa", vejamos de seguida alguns aspectos com ela relacionados, tais como as razões da sua existência, os objectivos que pretende atingir e o papel do auditor.

4.1. *Razões de fundo para a sua existência*

Entre as razões possíveis para a manipulação das contas das empresas, são de destacar as seguintes:

i. Manipulação dos proveitos ao longo dos anos
As empresas preferem geralmente evidenciar uma tendência estável de crescimento dos proveitos, em vez de divulgar proveitos voláteis. Isto pode conseguir-se criando, nos anos bons, elevadas e desnecessárias provisões, de forma que estas possam reduzir-se nos anos maus, melhorando o resultado destes. Outra manipulação possível dá-se quando uma empresa que apresenta um mau resultado tenta maximizar as perdas realizadas nesse ano, para que os anos futuros pareçam melhores.

ii. Registo de empréstimos financeiros (ou outros financiamentos externos)

---

[25] "*Considera que a empresa não altera as suas políticas contabilísticas de um exercício para o outro. Se o fizer e a alteração tiver efeitos materialmente relevantes, esta deve ser referida de acordo com o anexo*" definição constante do Decreto-Lei (DL) n.° 410/89, de 21 de Novembro, que aprovou o POC em vigor.

[26] A nota do anexo em que tal derrogação deverá ser mencionada é a nota 1 "Indicação das disposições do POC que, em casos excepcionais, foram derrogadas e dos respectivos efeitos nas DF's,...", consultável em Bento, José; Machado, José F. – *Plano Oficial de Contabilidade Explicado*, 27.ª edição, Porto: Porto Editora; 2005, p. 16 e p. 407.

É bastante corrente que, no caso de contratos de empréstimos bancários, se inclua uma restrição quanto à importância que uma empresa pode obter, calculada como múltiplo do capital total e reservas. Quando uma empresa tem empréstimos de valores próximos desse limite, há uma motivação para escolher métodos contabilísticos que incrementem os lucros reportados e, consequentemente, as reservas.

iii. Montante de Imposto a liquidar

Os proveitos influenciam o montante de impostos a liquidar, nomeadamente o IRC, e o montante de dividendos a distribuir. No primeiro caso podem existir empresas interessadas em reduzir os proveitos para liquidar menos imposto. Para os dividendos, dependerá se interessa distribuir mais ou menos, e assim a motivação para subir ou baixar os proveitos será diferente.

A ausência de um controlo contabilístico e fiscal prestado por profissionais de auditoria, conjugado com as actuais pressões financeiras que se verificam nas PME, podem constituir um ambiente propício à motivação de algumas administrações para recorrerem a acções de contabilidade criativa ou de gestão de resultados que permitam a melhoria da imagem das suas DF.

4.2. *Objectivo a atingir com a sua prática: financeiro versus fiscal*

A problemática da contabilidade criativa tem sido analisada por Moreira (2006c, p.3), que, em estudo recente, testa, relativamente a uma amostra de pequenas empresas portuguesas não cotadas, duas proposições:

i. As pequenas empresas têm incentivos para efectuar a gestão de resultados.

ii. A necessidade de financiamento destas empresas é um incentivo à gestão de resultados, bem como o objectivo de manipulação, no sentido decrescente, do rendimento tributável.[27]

---

[27] Moreira, José A. C. – Are Financing Needs a Constraint to Earnings Management? Evidence for Private Portuguese Firms, Porto: CETE, Faculdade de Economia, Universidade do Porto; 2006; p. 3.

Refere ainda o autor que as taxas de imposto sobre o rendimento são consideradas como uma motivação para as empresas adoptarem acções que conduzam à diminuição dos seus rendimentos, reduzindo assim o seu lucro tributável ou a taxa efectiva de imposto. Tal é especialmente observado em ambientes nos quais as empresas são geridas pelos proprietários, e em que se verifica um forte alinhamento entre a contabilidade e o sistema fiscal.

Contudo, a necessidade de dívida financeira, que tende a afectar principalmente as empresas com elevadas necessidades de financiamento, pode funcionar como um constrangimento a este tipo de acções de diminuição de rendimentos, permitindo que estas empresas proporcionem um sinal de qualidade aos seus financiadores bancários.

As referidas hipóteses obtiveram suporte empírico, mostrando que as empresas com baixas necessidades de financiamento tendem a concentrar-se na minimização dos seus impostos, e as que apresentam elevadas necessidades de meios financeiros estão mais empenhadas em relatar lucros elevados.

O autor afirma ainda que, e esta é uma conclusão importante para o presente estudo, as empresas com contas auditadas aparentam uma menor probabilidade para relatar lucros sobrevalorizados, possivelmente porque estão mais constrangidas ao uso de acções de contabilidade criativa ou de gestão de resultados, ou ainda porque a auditoria à contabilidade actua como um sinal de qualidade.

Assim, as empresas portuguesas têm duas formas principais e distintas de incentivos para manipular os seus ganhos. Primeiro, todas as empresas estão motivadas para reduzir os seus impostos. Tal funciona como uma gestão de resultados resultante da ligação entre a lei contabilística e a lei fiscal. Contudo, não podemos afirmar que o objectivo principal seja o de relatar prejuízos, pois a probabilidade de as empresas serem sujeitas a inspecção à contabilidade, por parte da Administração Fiscal, é mais elevada para as empresas que relatam prejuízos. Este receio pode conduzir as empresas a adoptar o aumento dos seus rendimentos como forma de evitar o relato de prejuízos e, assim, de uma visita indesejada da AF. O imposto sobre o rendimento motiva as empresas a reduzir os seus níveis de tributo a pagar, mas não a relatarem perdas.

O segundo incentivo que as empresas portuguesas têm para a gestão de resultados é a sua relação com o sistema bancário. A maioria delas apresenta uma estrutura de endividamento onde a componente mais importante é o financiamento externo, principalmente bancário. A probabilidade de obter os fundos necessários, a um custo razoável, está directamente relacionada com a qualidade das suas DF, sendo que é também com base nestas – embora não só - que a banca toma as suas decisões de crédito.

4.3. *Amplitude do problema e o princípio do conservantismo*

Procurando enquadrar, em termos genéricos, a problemática da contabilidade criativa ou da gestão de resultados em Portugal, a propensão que o nosso sistema contabilístico e fiscal apresenta à sua prática e o nível de probabilidade do seu uso por parte das empresas portuguesas, são algumas das questões a analisar.

Tendo presente as conclusões evidenciadas anteriormente, podemos afirmar que, nos sistemas, como o português, onde existe um alinhamento[28] próximo entre a contabilidade e a fiscalidade, se verifica uma maior disposição à prática de comportamentos de gestão de resultados. A atitude e tipo de acção das empresas é fundamentalmente baseada na dicotomia: capacidade de financiamento bancário com baixos custos de capital versus montantes de impostos a liquidar reduzidos. No entanto não se pode deixar de considerar que, apesar de tudo, no caso português a minimização do imposto liquidado é sempre um objectivo presente.[29]

Como já se referiu, e de acordo com o normativo nacional, as DF devem proporcionar uma imagem verdadeira e apropriada da posição financeira e do resultado das operações da empresa.[30]As características qualitativas da informação financeira (relevância, fiabilidade e

[28] Arelação existente entre contabilidade e fiscalidade em Portugal é muito próxima, sendo frequente a influência de regras fiscais na elaboração contabilística. Veja-se por exemplo o tratamento de amortizações e reintegrações do imobilizado, realizado com base em decreto fiscal (DR n.° 2/90).

[29] Referenciadas anteriormente e apresentadas por Moreira, José A. C., ob. cit., p. 22.

[30] De acordo com o DL 410/89, de 21 de Novembro, a consultar em Bento, José; Machado, José F. ob. cit., p. 16.

comparabilidade)[31], juntamente com conceitos, princípios e normas contabilísticas adequadas, conduzem à obtenção da imagem verdadeira e apropriada. Este é o objectivo primordial, pelo que a derrogação de um determinado normativo ou princípio para a sua obtenção não é visto como algo imperfeito, sendo até por vezes aceite como a atitude correcta[32].

Neste sentido, será oportuno analisarmos o impacto nas DF do princípio do conservantismo, aplicado pela via do tratamento assimétrico dos ganhos e das perdas potenciais por parte das empresas. Este poderá ser classificável como um tipo de acção de contabilidade criativa ou de gestão de resultados empreendida pelas empersas, no intuito de procurarem que as suas DF não apresentem o que podemos chamar de "más notícias"[33].

O princípio do conservantismo, por via do tratamento assimétrico dos ganhos (boas notícias) e das perdas (más notícias) potenciais, tem um impacto negativo sobre os resultados, principalmente para aquelas empresas que apresentam resultados pré-manipulação ligeiramente negativos e que tenham observado "más notícias" no período. Tais entidades apresentam uma probabilidade acrescida para a tomada de medidas que permitam a manipulação dos resultados, no sentido de evitar o reporte de perdas.

4.4. *Papel do auditor: controlo e prevenção*

Em nosso entender, a contabilidade criativa ou a gestão de resultados não pode ser entendida apenas como uma forma de manipulação

---

[31] As Características da informação financeira (DL 410/89, de 21 de Novembro), podem ser extensamente analisadas na obra de Bento, José; Machado, José F. ob. cit., p. 14-15.

[32] Veja-se por exemplo uma reclassificação contabilística, de um exercício para outro, de forma a melhor adequar um determinado custo à rubrica correcta, ou noutro caso, por exemplo a alteração de politica de amortizações praticada. Efectivamente em determinado momento poderá a empresa verificar que está a amortizar o seu imobilizado produtivo à taxa máxima quando deveria ser à taxa mínima, promovendo a sua alteração em determinado exercício poderá alterar significativamente a comparabilidade entre exercícios.

[33] O termo é usado por Moreira, José A. C. – *Manipulação para Evitar Perdas: O impacto do Conservantismo*, Porto: CETE, Faculdade de Economia, Universidade do Porto; 2006, p. 3.

dos lucros ou prejuízos de uma entidade empresarial. O seu objectivo é mais amplo, e implica outras alterações que podem ser feitas no sentido de se alterarem, além dos resultados, variáveis que possam influenciar o apuramento de certos índices, calculados com base nas demonstrações financeiras.

Apesar de a auditoria se iniciar nas empresas portuguesas por imposição legal, é comum, após o primeiro ano de certificação de contas, os órgãos de gestão verem neste serviço um meio de validação e reconhecimento da veracidade das DF perante os utilizadores externos.

O desenvolvimento da actividade profissional dos auditores requer uma importante componente comportamental. Muitas vezes, o processo de tomada de decisões pode estar mais ligado aos princípios e valores éticos elementares do que aos aspectos técnicos. O auditor é continuamente submetido a questões de carácter ético, devendo adoptar uma de várias alternativas de decisão, assumindo muitas vezes riscos relacionados com a sua imagem profissional.

O órgão de gestão e o próprio TOC têm que, no acto de certificação das contas, entregar a "Declaração do Órgão de Gestão" na qual assumem a responsabilidade pela preparação das DF, que estas apresentam de forma verdadeira e apropriada a posição financeira da empresa e o resultado das operações, e na qual também devem confirmar que não foram praticados nem omitidos quaisquer actos ou factos que afectem o património da sociedade.[34]

Neste sentido, assistimos à existência de um *expectation gap* cada vez mais significativo entre o que os profissionais de auditoria consideram ser a delimitação bastante clara das suas responsabilidades, e aquelas que os utilizadores da informação esperam que sejam quando tomam as suas decisões com base nas DF por estes certificadas.

A sensação de segurança dos utilizadores de que as DF não contém manipulações, e que tal lhes assegura a necessária confiança para a

[34] Parágrafo 20 da Norma Técnica de Auditoria1, constante do *Manual do Revisor Oficial de Contas*, da OROC: "Sendo da responsabilidade do órgão de gestão a preparação de DF's que apresentem de forma verdadeira e apropriada a posição financeira, o resultado das operações,..., deve o revisor/auditor solicitar àquele órgão que subscreva uma declaração confirmando tal responsabilidade, as asserções contidas nas DF's e as informações que prestou no decurso da revisão/auditoria.".

tomada de decisões, é reforçada por expressões como "as demonstrações financeiras dão uma imagem verdadeira e apropriada da posição financeira e do resultado das operações", constantes nos pareceres de auditoria, e nomeadamente na certificação legal de contas, discutindo-se, face ao aumento da problemática da contabilidade criativa, se os auditores não deveriam reflectir sobre a possibilidade de considerar a indicação específica da inexistência deste tipo de acções.[35]

A referência mais próxima, no normativo nacional e internacional, relativamente a esta problemática é a Norma Internacional de Auditoria (ISA) 240 sob o título "*A responsabilidade do auditor ao considerar a fraude numa auditoria de Demonstrações financeiras*", que produz orientações para os auditores relativamente ás suas responsabilidades e ás atitudes a tomar perante uma situação de fraude ou erro, estabelecendo uma clara diferença entre o erro e a fraude. A diferença fundamental está na intenção da prática da irregularidade, tornando-a sinónimo de fraude.[36]

O normativo define o termo fraude como "um acto intencional", clarificando que fraude pode envolver manipulação, falsificação ou alteração de registos e documentos, apropriação indevida de activos, supressão ou omissão de consequências de transacções nos registos e documentos, registo de transacções sem comprovação e aplicação indevida de políticas contabilísticas.

Perante esta situação, o auditor deve incluir na sua planificação certos procedimentos específicos que visem identificar, ao menos, a existência de acções de contabilidade criativa mais comuns. Na suposição de que sejam identificadas acções deste tipo, e que a administração se negue corrigi-las, o auditor deverá ter o papel preventivo que lhe cabe, incluindo no seu parecer a respectiva ressalva ou os parágrafos de ênfase que julgar necessários. Dependendo da materialidade destas práticas, poderá inclusive chegar à *escusa de opinião*. Tal posição do auditor exporá a empresa a uma apreciação pública menos positiva, e poderá fazer com que a administração reveja a sua posição em relação às acções de contabilidade criativa ou gestão de resultados.

---

[35] Santos, Ariovaldo; Guevara, Ivan, ob. cit., p. 18.

[36] Parágrafo 8 da ISA n.° 240, em vigor desde 15 de Dezembro de 2004, in *Manual do Revisor Oficial de Contas*, da OROC.

Pode-se concluir-se que o papel do auditor independente, perante o fenómeno das acções de contabilidade criativa ou gestão de resultados constantes nas DF dos seus clientes, não é fácil de definir, para mais quando esta problemática parece ter a sua origem na crise de valores éticos da sociedade contemporânea, mais do que na indefinição técnica normativa.

Conclusão

Procurámos, neste primeiro ponto, interpretar e analisar a função da auditoria financeira, ao nível contabilístico e fiscal, e qual o seu papel na prevenção do surgimento de desacordos contabilísticos e fiscais.

Como mencionamos, ao referir a DRA n.° 511, o auditor, no decurso do seu trabalho, poderá obter evidência ou indicação de situações que revelem responsabilidades omitidas ou contingentes, resultantes de incertezas ou outras situações que têm, na maioria dos casos, implicações fiscais.

Da detecção de situações anómalas, ou simplesmente incongruentes, resultam as divergências entre os auditores, o órgão de gestão, e por vezes com o TOC, originando ajustamentos a realizar para que as DF estejam de acordo com a imagem verdadeira e apropriada da situação financeira da empresa.

Os ajustamentos contabilísticos que normalmente são reportados pelos auditores surgem fundamentalmente, como vimos, por três vias: erros no tratamento contabilístico de determinadas operações, aplicação de regras fiscais em detrimento dos PCGA, ou na opção por registos assentes na contabilidade criativa ou gestão de resultados empreendidas pelo órgão de gestão.

O sistema fiscal português estabelece normas, regras e critérios que, em alguns casos, divergem dos PCGA estabelecidos no POC e nas NIRF. As empresas (sobretudo PME) elaboraram muitas vezes as suas demonstrações financeiras de acordo com as regras fiscais, em detrimento daqueles princípios contabilísticos. Desta prática resulta que, em certos casos, os documentos de prestação de contas não apresentem de forma verdadeira e apropriada os resultados das operações, de acordo com os PCGA.

Entre nós, a fiscalidade, nomeadamente em sede de Imposto sobre o Rendimento das Pessoas Colectivas, está intimamente ligada à contabilidade, como se verifica no código deste imposto, contemplando diversas referências a termos e conceitos contabilísticos (v.g. custos, proveitos, amortizações, provisões).

Concluída esta breve síntese da literatura, o estudo empírico é o nosso próximo passo, procedendo, em primeiro lugar, à descrição dos métodos de recolha de dados definidos e utilizados, para, em seguida, apresentar e interpretar os elementos recolhidos.

Assim, procuraremos detectar evidência empírica de relacionamento entre regras fiscais e princípios contabilísticos. Analisaremos, depois, o impacto que o início da auditoria às DF poderá ter na diminuição ou controlo de práticas de contabilidade criativa e ou gestão de resultados e, em consequência, se as medidas propostas pelos auditores têm repercussão no resultado fiscal (lucro tributável).

II – ANÁLISE EMPÍRICA: METODOLOGIA USADA

1. Objectivos

Tal como referimos no capítulo I, questões como: *Que nível de importância e significado atingem os eventuais desacordos, no âmbito da revisão de contas, ao nível contabilístico? E, por inerência directa, qual o seu impacto ao nível fiscal, nomeadamente no que diz respeito ao Imposto sobre o Rendimento das Pessoas Colectivas? Será o imposto apurado diferente?*

São estas as interrogações a que se pretende responder na parte empírica.

Após a análise das implicações contabilísticas relevantes para o apuramento do resultado contabilístico (base do cálculo do lucro tributável, ou do prejuízo fiscal), resultantes do trabalho realizado pelo auditor na certificação das DF, pretende-se determinar o efeito que estas têm no apuramento de lucro fiscal apurado pelas empresas.

O estudo incidirá nas variáveis necessárias para o cálculo do lucro tributável, em particular nas correcções fiscais ao resultado contabilístico. Assim:

Lucro Tributável { **Resultado do exercício**
Variações Patrimoniais
Correcções fiscais (Quadro 07 – Modelo 22)

2. A recolha de dados

Os objectivos explicitados e o desenho da investigação foram os elementos básicos para definir as técnicas de recolha de informação a usar. A natureza dos elementos necessários ao desenvolvimento empírico do estudo conduziu à decisão de utilizar o questionário como instrumento de recolha.

A natureza quantitativa da investigação determinou que fossem concebidas questões fechadas, por não nos parecer correcto formular questões abertas sobre matéria tão específica e concreta. As questões fechadas, com intervalos de valores ou parâmetros, permitiram-nos pois obter respostas objectivas às questões colocadas.

Construímos assim um questionário de preenchimento simples, mas que conseguisse recolher a informação, qualitativa e quantitativa, acerca das empresas alvo, que se encontrassem em qualquer um dos exercícios de 2004, 2005 e 2006 no primeiro ano de revisão de contas e auditoria, quer seja por imposição legal ou por opção.

3. Questionário: composição, destinatários e taxa de resposta

O questionário foi estruturado em três grupos de perguntas: um primeiro, direccionado para a caracterização geral das empresas alvo, um segundo, dedicado à recolha de informação relacionada com o impacto da auditoria ao nível contabilístico, e ainda um terceiro grupo, desenhado para recolher informação relativa ao impacto fiscal.

O conjunto de questões que considerámos imprescindíveis para atingirmos os nossos objectivos apresenta-se de seguida.

1. Caracterização Geral das empresas que se encontrem nos exercícios de 2004, 2005 e 2006 no primeiro ano de revisão/auditoria

1.1. Empresas objecto de auditoria.
1.2. Média anual, por exercício, do n.° de trabalhadores de cada uma das empresas.
1.3. Distribuição das empresas de acordo com o seu volume de negócios.
1.4. Disposição tendo em conta o regime legal de sociedade das empresas em causa.

2. Caracterização do impacto da auditoria ao nível contabilístico

2.1. No decorrer da auditoria às DF anuais das empresas em análise, em quantas delas se deparou com a necessidade de propor ajustamentos contabilísticos?
2.2. Nestas empresas com resposta positiva, foram os ajustamentos globalmente realizados pelo órgão de gestão ou pelo TOC?
2.3. De forma a conseguirmos quantificar os ajustamentos que propôs, explicite os que influenciam os resultados antes de impostos (RAI) do exercício em causa, sendo que valores negativos significam aqueles que diminuem proveitos ou aumentam custos.
2.4. Nas empresas cuja auditoria se iniciou no período 2004 a 2006, em quantas delas verificou a existência de atitudes classificáveis como sendo prática de *contabilidade criativa (C.C.)* ou *gestão de resultados (G.R.)*, entendo-se estas nunca como atitudes fraudulentas, mas antes como a manipulação dentro da fronteira estrita da actuação permitida por lei?
2.5. A Certificação Legal das Contas (CLC) foi emitida com que opinião?. (Cada empresa deverá ser indicada quantas vezes seja a sua situação em cada exercício).

3. Caracterização do impacto da auditoria ao nível fiscal

3.1. Para as empresas cuja auditoria se iniciou nos períodos em análise, indique se dos ajustamentos contabilísticos referidos nos pontos anteriores resultaram igualmente correcções fiscais a realizar no quadro 07 da declaração modelo 22?

3.2. Quantifique, distribuindo as entidades pelas duas situações possíveis no apuramento do Resultado Fiscal (ou Lucro Tributável) no quadro 07 da declaração de rendimentos modelo 22, sendo que as que apresentem impacto nulo não são registáveis.
3.3. E relativamente às Variações Patrimoniais?

4. Se desejar, expresse a sua opinião acerca das problemáticas retratadas.

O público-alvo foi constituído pelas Sociedades de Revisores Oficiais de Contas (SROC) e das empresas de auditoria inscritas na OROC que se encontrassem com a sua inscrição activa, fazendo assim parte da "lista dos ROC" [37], pois são estas as entidades que, legalmente, podem exercer a actividade de auditoria em Portugal.

Assim, à data da selecção da amostragem a utilizar, as entidades possíveis de contactar por uma das formas de envio do questionário que vieram ser adoptadas era de 164 SROC. Este foi o nosso universo, tendo todas sido contactadas pelo menos uma vez. A primeira via de contacto utilizada foi a do envio através de correio postal – com possibilidade de resposta via RSF, FAX ou E-MAIL, via pela qual todas as 164 SROC foram contactadas.

As respostas então obtidas foram diminutas. Decidimos, assim, em alternativa, obter os endereços electrónicos das SROC da amostra (recolhemos cerca de 70 endereços) e proceder ao reenvio do questionário. O índice de respostas obtidas melhorou, mas continuávamos ainda aquém do limite mínimo de elementos para qualquer possibilidade de tratamento de dados, o qual tínhamos fixado em pelo menos 20% de respostas válidas (equivalendo a cerca de 33 SROC).

Numa derradeira tentativa, decidimos proceder ao reenvio do questionário em simultâneo pela via postal e por e-mail, nas condições ini-

[37] O artigo 126.° do DL n.° 422-A/93 de 30 de Dezembro, revogado pelo DL n.° 487/99, de 16 de Novembro, DL que regulamenta o regime jurídico dos auditores oficiais em Portugal, i.e. os Revisores Oficiais de Contas, prevê a elaboração, pelo conselho de inscrição, de uma lista pública dos Revisores Oficiais de Contas, e respectivas sociedades, inscritas na Ordem, e assim habilitadas ao exercício da actividade de auditoria em Portugal.

ciais, reforçando a importância das respostas que viessem a ser proporcionadas. Esta decisão possibilitou que, ao fim de cerca de mais um mês de espera, se obtivesse um total de cerca de 37 respostas válidas, significando 23% da amostra total, valor que considerámos suficiente para a obtenção de evidência empírica.

Temos então que de uma população total de 164 SROC recebemos a resposta de 38 delas, sendo que uma das respostas não cumpria os parâmetros definidos no questionário. A nossa amostra de PME resultou pois da resposta de 37 SROC, significando igual número de questionários recebidos.

É desde já de realçar o facto de, em mais 90% das respostas, estas serem compostas por mais do que uma empresa auditada em cada um dos anos de resposta. Assim, o número de empresas que compõem a nossa amostra é superior ao de respostas obtidas das SROC, ou seja, ultrapassaram em cada um dos exercícios em análise a centena de empresas, pois cada SROC auditou várias PME[38]. Das 37 SROC para as quais se obtiveram respostas válidas resultou que foram auditadas, pela primeira vez, num dos 3 exercícios, mais de 400 PME.

Por fim, deve-se referir que os resultados obtidos se encontram na sua generalidade enquadrados em valores médios, i.e., o tratamento dos dados obtidos evidenciou a existência de grupos de intervalos mais representativos em cada uma das questões.

4. A questão em estudo

O objectivo do estudo é, como já se salientou, o de *analisar e interpretar o impacto no resultado tributável dos ajustamentos de auditoria*. Ou seja, será que o início do trabalho de auditoria[39] nas PME portuguesas

[38] Apesar de nos pontos seguintes procedermos à análise estatística dos dados recolhidos nos questionários, destacamos o número total de empresas constantes das respostas válidas obtidas: em 2004: 139 empresas; 2005: 127 empresas e em 2006: 154.

[39] Como já havíamos referenciado na primeira parte do presente estudo, encontram-se obrigadas à revisão legal todas as sociedades anónimas e as sociedades por quotas com conselho fiscal. A fiscalização das restantes sociedades por quotas (e que são o alvo do presente estudo) está disposta no número 2 do artigo 262.° do CSC, que deter-

provoca ajustamentos contabilísticos e fiscais que produzem um impacto significativo no resultado tributável apurado? As questões a colocar ao longo do questionário devem pois relevar para a obtenção de evidência empírica que permitisse aferir acerca das asserções formuladas[40].

Da observação global dos questionários recebidos e posteriormente tratados, parece-nos que os objectivos de recolha foram globalmente sucedidos. Com efeito, foi possível recolher informação que possibilita a obtenção de algumas conclusões acerca da proposição que esteve na base do presente estudo: ***qual a incidência no resultado tributável dos ajustamentos de auditoria?***

III – RESULTADOS

1. Resultados obtidos: generalidades

O universo de empresas (SROC) alvo de tentativa de recolha de resposta aos questionários foi de 164, sendo que obtivemos resposta de 38 delas, considerando como respostas válidas 37 pois uma das respostas não cumpria os parâmetros de resposta necessários e bem definidos no questionário.

A amostra representa assim 23% da população potencial de SROC. No entanto, não é possível afirmar qual o seu peso relativamente ao total de PME que, nos exercícios em análise, viram as suas contas serem auditadas pela primeira vez, tendo em conta que não existe qualquer base

---

mina, para o caso de a sociedade não ter conselho fiscal, a obrigatoriedade de designação de um ROC sempre que durante dois anos consecutivos sejam ultrapassados dois dos três limites. Os limites actuais foram fixados pelo DL n.º 343/98, de 6 de Novembro, e são de:

1) Total do balanço: 1.500.000,00 euros;

2) Total das vendas líquidas e outros proveitos: 3.000.000,00 euros;

3) Número de trabalhadores empregados em média durante o exercício: 50.

[40] As quais foram ao longo de todo o presente estudo bem evidencias, sendo que no entanto podemos inclusive esquematiza-las em hipóteses de estudo:

Hipótese esperada: A incidência no resultado tributável dos ajustamentos de auditoria não é relevante.

Hipótese alternativa: A incidência no resultado tributável dos ajustamentos de auditoria é relevante.

de dados que contenha esta informação nacional agrupada. De todo o modo, ao usar uma amostra com mais de 400 PME em início de auditoria temos, por certo, um número de casos suficientemente largo para retirar conclusões sólidas.

Os dados analisados dizem, no total dos três anos, respeito à informação de 420 PME, subdividas da seguinte forma pelos exercícios económicos: 139 em 2004; 127 em 2005, e 154 no ano de 2006.

Estas apresentam uma estrutura de média anual de trabalhadores relativamente idêntica em cada um dos exercícios. Verificamos que nos primeiros dois anos em análise todas as PME se encontram no intervalo até 99 trabalhadores, sendo que, em 2006, até este limite se encontram 97% dos registos.

Quadro 1 – **"Distribuição das empresas segundo o n.° de trabalhadores"**

(empresas)	2004	%	2005	%	2006	%
<25	102	73,38%	85	66,93%	120	77,92%
>=25 e <50	30	21,58%	38	29,92%	26	16,88%
>=50 e <100	7	5,04%	4	3,15%	4	2,60%
>=100 e <150	0	0,00%	0	0,00%	0	0,00%
>=150 e <250	0	0,00%	0	0,00%	0	0,00%
>=250	0	0,00%	0	0,00%	4	2,60%
Total	**139**	**100,00%**	**127**	**100,00%**	**154**	**100,00%**

Gráfico 1 – **"Distribuição das empresas de acordo com o n.° médio de trabalhadores"**

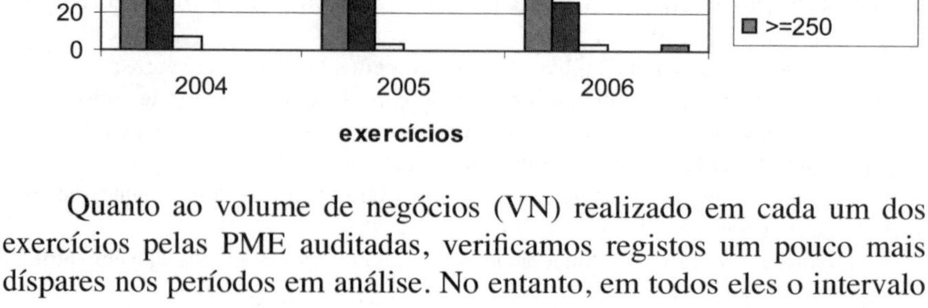

Quanto ao volume de negócios (VN) realizado em cada um dos exercícios pelas PME auditadas, verificamos registos um pouco mais díspares nos períodos em análise. No entanto, em todos eles o intervalo de VN inferior a 1.500.000,00 euro representa mais de 50% das PME. O exercício económico que regista uma percentagem mais elevada de empresas neste primeiro intervalo é o de 2004, onde se verifica um registo de 80%, sendo que, por seu turno, 2006 é o período em que a distribuição apresenta mais de 20% das 154 PME nos intervalos com VN superiores a 3.500.000,00 euro.

Quadro 2 – **"Distribuição das empresas segundo o volume de negócios"**

(milhares euros)	2004	%	2005	%	2006	%
<1.500	111	79,86%	72	56,69%	86	55,84%
>=1.500 e <3.500	16	11,51%	41	32,28%	36	23,38%
>=3.500 e <5.000	4	2,88%	2	1,57%	13	8,44%
>=5.000 e <7.500	3	2,16%	6	4,72%	1	0,65%
>=7.500	5	3,60%	6	4,72%	18	11,69%
Total	139	100,00%	127	100,00%	154	100,00%

Gráfico 2 – **"Distribuição das empresas de acordo com o volume de negócios médio"**

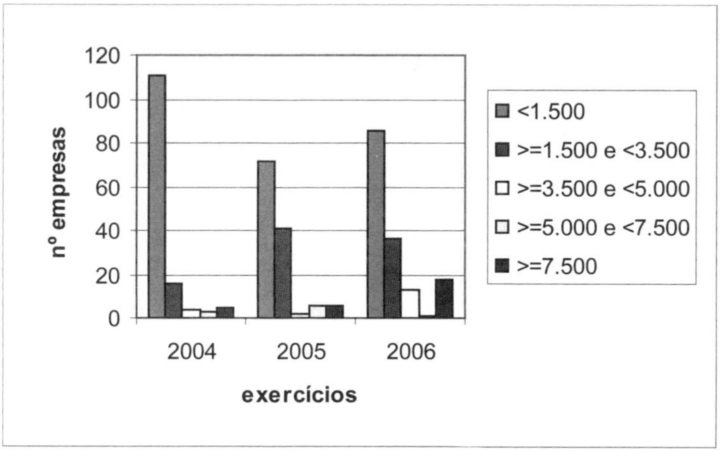

A amostra apresenta uma característica qualitativa que podemos observar após este primeiro grupo de questões. É o facto de relativamente à distribuição das empresas em cada um dos exercícios, 90 % estar enquadrado nos primeiros dois intervalos de cada uma das questões colocadas, i.e., nos intervalos inferiores, o que nos permite afirmar que a nossa amostra de PME é composta na sua generalidade por unidades de pequena dimensão, dentro do universo das pequenas e médias unidades.

No tocante à forma jurídica, podemos concluir que pouco mais de 50%, em cada um dos exercícios, (a excepção é 2004, com 60%) das PME da amostra apresentam como regime legal de sociedade o regime de *Sociedade Anónima* (SA), representando as *Sociedades por Quotas* cerca de 40% em cada um dos exercícios. Os restantes valores enquadram-se na rubrica prevista de *Sociedades por Quotas* que tivessem solicitado os serviços de auditoria às suas contas por opção "pessoal". Os dados podem ser observados no gráfico 3.

Gráfico 3 – **"Distribuição de acordo com o regime legal de sociedade"**

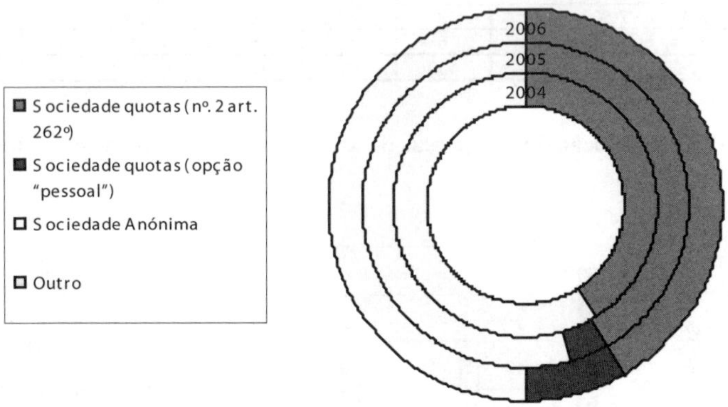

Podemos agora acrescentar que a amostra, além de, como já referimos, ser constituída fundamentalmente por PME de pequena dimensão, é também composto sobretudo por *Sociedades Anónimas*. Genericamente, podemos classificar a amostra como sendo composta maioritariamente por "Sociedades Anónimas de reduzida dimensão".

2. Quantificação do impacto da auditoria nas demonstrações financeiras

Quanto à parte do questionário que podemos considerar como sendo mais dedicada à recolha dos elementos relativos à informação contabilística, verificamos que os dados recolhidos se assemelham entre os exercícios estudados.

É de salientar o facto de a média de empresas que apresentaram, fruto de proposta do auditor, necessidade de realizarem ajustamentos contabilísticos às DF pré-auditoria ser idêntica em cada dos anos: é, em 2004, de 43%; e em 2005 e 2006 obtemos uma percentagem de cerca de 49%.

Gráfico 4 – **"Peso das empresas com ajustamentos contabilísticos (por exercício)"**

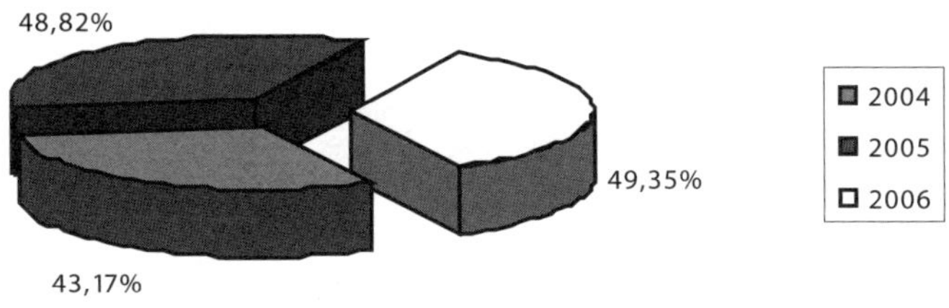

Um número bastante significativo de PME, cerca de metade da amostra em cada exercício, não apresenta necessidade de os auditores proporem qualquer ajustamento contabilístico resultante do trabalho de auditoria, desenvolvido no primeiro exercício económico auditado.

Nas empresas em que foram propostos ajustamentos por parte dos auditores, representadas no gráfico 4, procurámos analisar a sua realização efectiva por parte do órgão de gestão ou pelo TOC, sendo os resultados obtidos os esperados. Isto é, a quase totalidade das PME viram serem registados nas suas DF os ajustamentos propostos pelo trabalho de auditoria. Somente em 2005 se registam valores um pouco mais discrepantes, ainda assim com taxas de efectivação de ajustamentos na ordem dos 90%.

Quadro 3 – **"Distribuição das empresas com ajustamentos de acordo com a realização efectiva destes"**

(empresas)	2004	%	2005	%	2006	%
Sim	59	98,33%	56	90,32%	75	98,68%
Não	1	1,67%	6	9,68%	1	1,32%
Total	60	100,00%	62	100,00%	76	100,00%

Procurámos, ainda, de forma a quantificar as respostas obtidas das PME com necessidade de procederem a ajustamentos contabilísticos, balizar estes em intervalos de valores, tentando com isso proporcionar um mais rigoroso registo dos dados recolhidos.

Com este objectivo, o de conseguir quantificar os ajustamentos propostos pela auditoria, solicitámos a explicitação, nos intervalos mencionados, dos ajustamentos que influenciam resultados antes de impostos (RAI) das PME em análise, sendo que os valores negativos significam aqueles que diminuem proveitos ou aumentam custos. Aqui, os valores obtidos já são díspares entre os exercícios em análise, apresentando, no entanto, sempre cada um deles um intervalo de valores com registos iguais ou superiores a 40%.

Quadro 4 – **"Distribuição das empresas de acordo com o valor dos ajustamentos a realizar"**

(euros)	2004	%	2005	%	2006	%
<=-30.000	20	33,33%	31	50,00%	30	39,47%
>-30.000	0	0,00%	0	0,00%	0	0,00%
>-20.000	0	0,00%	0	0,00%	1	1,32%
>-10.000	2	3,33%	1	1,61%	6	7,89%
>0 e <10.000	33	55,00%	14	22,58%	11	14,47%
<20.000	0	0,00%	2	3,23%	8	10,53%
<30.000	0	0,00%	0	0,00%	1	1,32%
<50.000	0	0,00%	2	3,23%	4	5,26%
>=50.000	1	1,67%	0	0,00%	6	7,89%
sem influência	4	6,67%	12	19,35%	9	11,84%
Total	60	100,00%	62	100,00%	76	100,00%

Em 2004, o intervalo com mais expressão é o que compreende os registos com valores entre 0 e 10.000 euro, contendo 55% das PME. O intervalo de valores superiores a 30.000 euro negativos regista 33,3%. O exercício de 2005 apresenta um peso relativo dos intervalos precisamente oposto, i.e., 22,5% no intervalo entre 0 e 10.000 euro, e de 50% no intervalo de valores superiores a 30.000 euro negativos, sendo ainda de destacar que 19% das PME registaram a necessidade de ajustamentos que não representam qualquer influência no RAI.

O ano de 2006 é o período em que se verifica uma distribuição mais equitativa dos registos pelos intervalos propostos no questionário. Assim, o intervalo com o maior número de registos é o de valores superiores a 30.000 euro negativos, com cerca de 40% das PME, verificando-se três outros intervalos com registos de cerca de 10% das PME, a saber, entre 0 e 10.000 euro, até 20.000 euro positivos, e os registos sem influência no RAI. O gráfico 5 mostra os registos constantes do quadro 4.

Gráfico 5 – **"Distribuição da influência dos ajustamentos verificados na auditoria"**

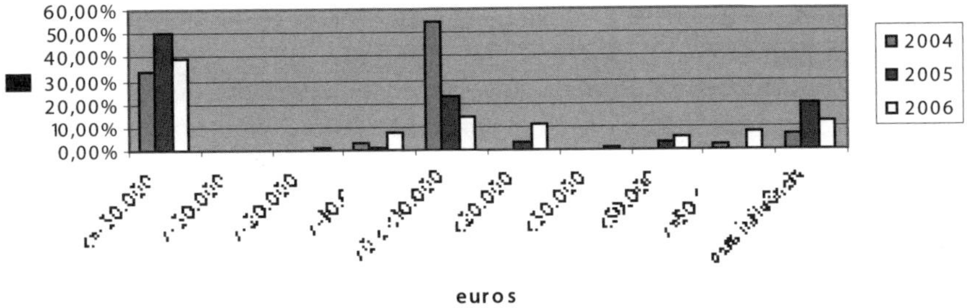

Observa-se uma certa equidade entre os exercícios no que diz respeito aos intervalos com maior peso relativo em cada um deles. Globalmente, podemos afirmar que aquele no qual se verifica o maior número de registos é o dos ajustamentos contabilísticos com influência no RAI de valores superiores a 30.000 euro negativos, seguido pelo intervalo de valores entre 0 e10.000 euro, e os registos sem influência.

Relativamente à certificação legal de contas, decidimos incluir uma questão relacionada directamente com a opinião com que as mesmas foram emitidas. Tendo em conta que solicitámos que cada PME fosse incluída não só uma vez, mas as vezes necessárias pelo tipo de opinião em causa no exercício em estudo, não podemos afirmar em média qual o nível de ênfases ou reservas que as PME vêm ser emitidas na sua primeira certificação. No entanto, podemos tecer algumas considerações relativamente aos dados recolhidos.

Como se observa no quadro 5, pode afirmar-se que a percentagem de empresas que têm a sua certificação "limpa"[41], sendo inclusive esta a situação que maior peso apresenta em todos os exercícios, é de, respectivamente, 41%, 40,5% e 38%. As certificações emitidas com ênfases constituem o segundo grande grupo, também em cada um dos exercícios em estudo.

[41] "Limpa", leia-se sem ênfases e reservas de qualquer nível, i.e., uma CLC em que os auditores não apresentam, tendo em conta o nível de materialidade considerado, qualquer dúvida ou oposição às demonstrações financeiras auditadas.

Quadro 5 – **"Opiniões expressas nas CLC no total da amostra"**

(empresas)	2004	%	2005	%	2006	%
Sem Reservas/Sem Ênfases	64	41,03%	53	40,46%	64	38,10%
Com Ênfases	58	37,18%	43	32,82%	61	36,31%
Com Reserva por limitação de âmbito	23	14,74%	31	23,66%	43	25,60%
Com Escusa de opinião	2	1,28%	0	0,00%	0	0,00%
Com Reserva por desacordo	9	5,77%	4	3,05%	0	0,00%
Com Opinião adversa	0	0,00%	0	0,00%	0	0,00%
Total	156	100,00%	131	100,00%	168	100,00%

Gráfico 6 – **"Distribuição das opiniões expressas nas CLC"**

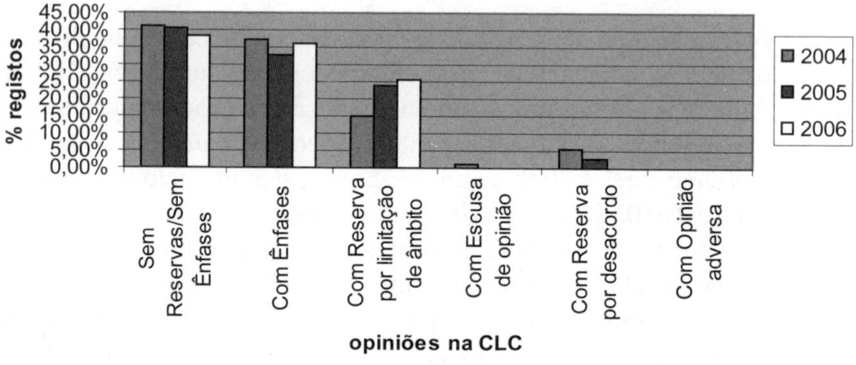

3. É relevante a existência de práticas de contabilidade criativa?

Apresentaremos de seguida os resultados obtidos relativamente à questão de saber da existência ou não de práticas de *contabilidade criativa,* ou de *gestão de resultados,* nas PME objecto do nosso estudo. Esta é, sem dúvida, uma questão de primordial importância aquando do desenvolvimento do trabalho de auditoria.

A questão suscitada no questionário aludia à obtenção de dados relativos à verificação, por parte do auditor, da existência de atitudes classificáveis como sendo da prática de contabilidade criativa, ou gestão de resultados, nos exercícios em análise. Sublinhe-se o facto de que deveriam ser entendidas não como atitudes fraudulentas, mas antes como a manipulação dentro da fronteira estrita da actuação permitida pela lei.

Quadro 6 – **"Distribuição das PME de acordo com a existência de práticas de contabilidade criativa"**

(empresas)	2004	%	2005	%	2006	%
Sim	43	30,94%	40	31,50%	44	28,57%
Não	96	69,06%	87	68,50%	110	71,43%
Total	139	100,00%	127	100,00%	154	100,00%

A primeira observação que retiramos dos dados recolhidos é que, em média, em cada um dos exercícios estudados, 70% das PME não apresentam a existência de procedimentos que se pudessem considerar classificáveis como de práticas de contabilidade criativa ou de gestão de resultados. De destacar que, mais uma vez, se verifica uma elevada semelhança entre as percentagens dos diferentes períodos em análise.

Gráfico 7 – **"Distribuição das empresas segundo a presença de atitudes de contabilidade criativa"**

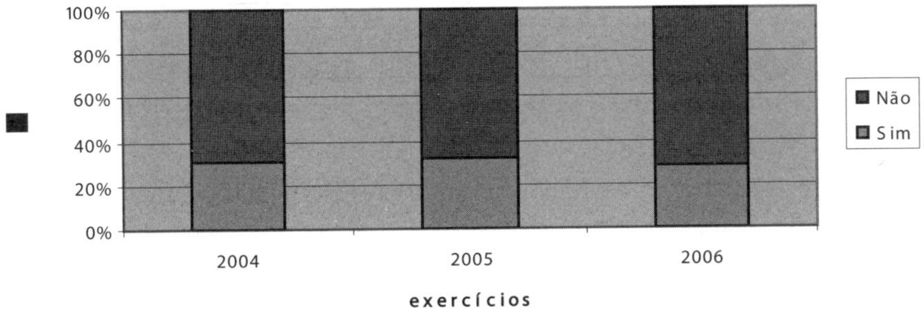

4. Repercussão no resultado fiscal: quadro 07 da declaração modelo 22

De forma a caracterizar o impacto da auditoria ao nível fiscal, e na sequência das questões analisadas anteriormente, procurámos recolher informação genérica que permitisse aferir da existência de relação entre os efeitos contabilísticos e os fiscais resultantes dos ajustamentos propostos pelos auditores.

Esta informação permitiu que procedêssemos à análise específica da relação entre os ajustamentos contabilísticos e os fiscais; ou melhor, à representatividade dos ajustamentos contabilísticos associados à existência posterior de contingências fiscais.

Tratar-se-ão de contingências tributárias se não forem realizadas as respectivas correcções fiscais, mesmo que o TOC ou o órgão de gestão procedam às devidas correcções contabilísticas. Assim, solicitámos que nos fosse indicado, tendo em conta os ajustamentos contabilísticos referenciados, quais tinham produzido igualmente ajustamentos fiscais, através da sua inserção no quadro 07 (Q07) da declaração de rendimentos modelo 22 (M22).

Assim, das respostas obtidas, recolhemos os dados que podem ser observados no quadro 7, e que reflectem as PME com correcções fiscais tendo em conta o total de ajustamentos contabilísticos apurados no decorrer da auditoria, já anteriormente descritos.

Quadro 7 – **"Distribuição das empresas com ajustamentos fiscais, em função dos ajustamentos contabilísticos propostos pela revisão"**

(empresas)	2004	%	2005	%	2006	%
Sim	43	71,67%	29	46,77%	48	63,16%
Não	17	28,33%	33	53,23%	28	36,84%
Total	60	100,00%	62	100,00%	76	100,00%

Antes de mais, é de realçar que, no rol de questões analisadas, as PME em análise apresentaram valores díspares entre os exercícios considerados. De notar que, os valores absolutos 60, 62 e 76 representam – vide quadro 3 supra - o total de empresas que, respectivamente, em 2004, 2005 e 2006, teve propostas de ajustamento contabilístico por parte dos auditores na primeira revisão de contas. Observa-se que, em 2004, dessas 60 empresas, um total de 43 (71,67%) registou propostas de ajustamento fiscal. Já em 2005, é de 53,2% a percentagem de empresas que não procedeu a ajustamentos fiscais em face das alterações contabilísticas resultantes da revisão de contas. Em 2006, volta a ser maioritária (63,1%) a percentagem de empresas que efectuou ajustamentos fiscais.

Estes dados mostram que, no presente estudo, os ajustamentos contabilísticos detectados pelos auditores conduziram, maioritariamente, à proposta de ajustamentos fiscais, a realizar através de correcções a efectuar no quadro 07 da declaração de rendimentos modelo 22. Se estas correcções foram, em regra, *a acrescer* ou *a deduzir* ao resultado contabilístico e qual a sua magnitude, é algo que analisaremos adiante.

Gráfico 8 – **"Distribuição das PME com ajustamentos fiscais de acordo com a existência de correcções contab."**

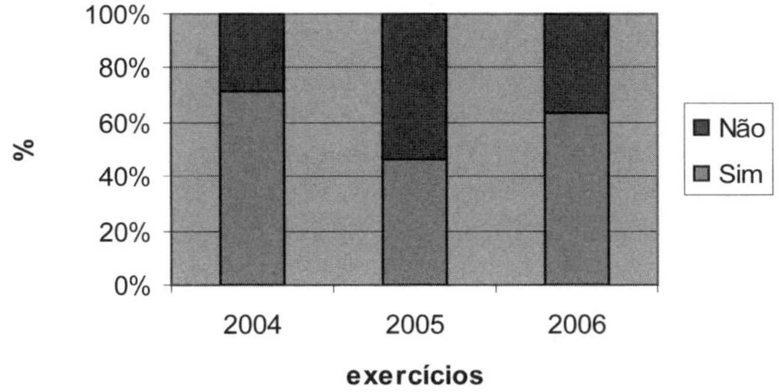

5. Resultado fiscal: a auditoria altera o resultado a tributar?

É agora a altura de evidenciar a possível influência fiscal, no plano quantitativo, do impacto do início do trabalho de auditoria na amostra de PME inquiridas. Este impacto compreende fundamentalmente os ajustamentos fiscais com impacto no quadro 07 da declaração de rendimentos modelo 22.

Os dados recolhidos permitem a construção de alguns elementos descritivos, relativos à distribuição dos dados da amostra pelos diferentes intervalos de valores estipulados no questionário, bem como retirar algumas conclusões acerca do peso relativo de cada um deles no total da amostra.

Vejamos então as respostas obtidas no que diz respeito à distribuição quantitativa das entidades pelas duas situações possíveis[42] do Q07 da M22 – apuramento do Resultado Fiscal.

Os ajustamentos fiscais em resultado da auditoria são, sem dúvida, um elemento importante na análise. Conforme mostra o gráfico 9, os

[42] Correcções a Acrescer ou a Deduzir.

ajustamentos a acrescer são os que mais relevo têm nos períodos em análise, representando, em todos eles, mais de 50% dos valores. Em 2004 os acréscimos no quadro 07 registam valores superiores a 90%. Os ajustamentos a deduzir são aqueles que, em média, representam menor peso no total, não ultrapassando os 25% em nenhum dos períodos.

Gráfico 9 – **"Distribuição de valores totais por tipo de ajustamento do quadro 07 da modelo 22"**

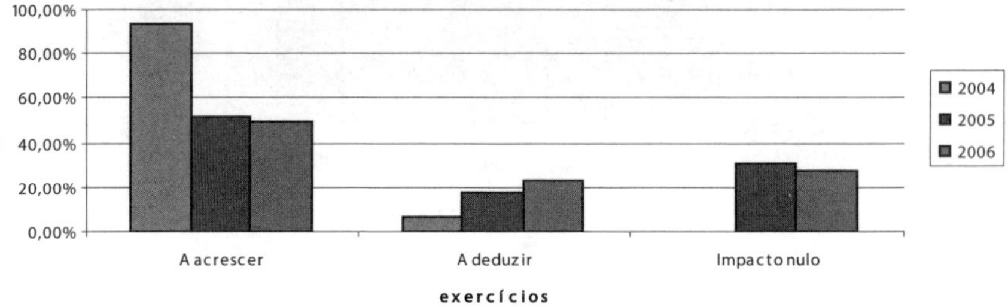

Para uma melhor descrição, decidimos dividir os dados recolhidos em três grupos, evidenciados nos quadros 8, 9 e 10: *A acrescer*; *A deduzir*; *Total (onde se inclui o impacto nulo)*.

Quadro 8 – **"Distribuição dos ajustamentos fiscais de acordo com o impacto no Q07 da M22: *A acrescer*"**

	A acrescer					
(euros)	2004	%	2005	%	2006	%
>0 e <5.000	16	37,21%	6	20,69%	6	12,50%
<10.000	2	4,65%	4	13,79%	11	22,92%
<15.000	21	48,84%	2	6,90%	3	6,25%
<20.000	1	2,33%	0	0,00%	1	2,08%
<30.000	0	0,00%	3	10,34%	0	0,00%
>=30.000	0	0,00%	0	0,00%	3	6,25%
Impacto nulo						
Total	40	93,02%	15	51,72%	24	50,00%

Quadro 9 – **"Distribuição dos ajustamentos fiscais de acordo com o impacto no Q07 da M22: *A deduzir*"**

	A deduzir					
(euros)	2004	%	2005	%	2006	%
>0 e <5.000	3	6,98%	4	13,79%	3	6,25%
<10.000	0	0,00%	0	0,00%	1	2,08%
<15.000	0	0,00%	1	3,45%	0	0,00%
<20.000	0	0,00%	0	0,00%	0	0,00%
<30.000	0	0,00%	0	0,00%	1	2,08%
>=30.000	0	0,00%	0	0,00%	6	12,50%
Impacto nulo						
Total	3	6,98%	5	17,24%	11	22,92%

Quadro 10 – **"Distribuição dos ajustamentos fiscais de acordo com o impacto no Q07 da M22: *Total*"**

	TOTAL					
(euros)	2004	%	2005	%	2006	%
>0 e <5.000	19	44,19%	10	34,48%	9	18,75%
<10.000	2	4,65%	4	13,79%	12	25,00%
<15.000	21	48,84%	3	10,34%	3	6,25%
<20.000	1	2,33%	0	0,00%	1	2,08%
<30.000	0	0,00%	3	10,34%	1	2,08%
>=30.000	0	0,00%	0	0,00%	9	18,75%
Impacto nulo	0	0,00%	9	31,03%	13	27,08%
Total	43	100,00%	29	100,00%	48	100,00%

A situação "*A acrescer*" ao Lucro Tributável (LT) é, sem dúvida, a mais representativa.

Estes elementos estão sintetizados no gráfico 10.

Gráfico 10 – "Ajustamentos do quadro 07 da modelo 22, distribuídos de acordo com o exercício económico"

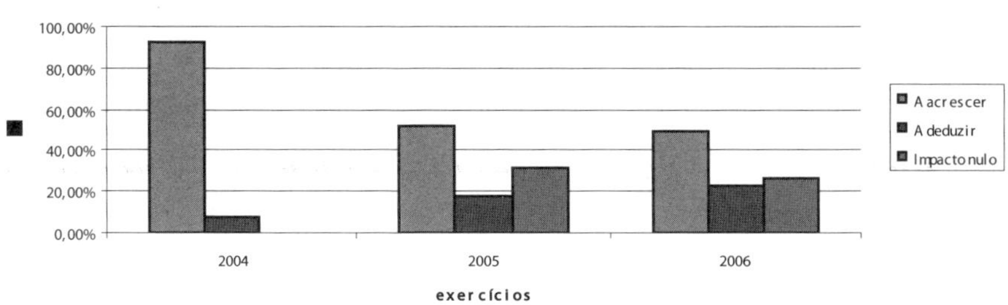

Pela observação dos totais, onde consta a devida individualização do impacto nulo, constatamos que a situação *impacto nulo* é a segunda mais representativa da amostra nos exercícios de 2005 e 2006, sendo que em 2004 todas as PME do estudo[43] registavam uma situação com impacto material no RF[44].

Na verdade, em 2004, mais de 90% das 43 PME para as quais os auditores detectaram a necessidade de procederem a ajustamentos tributários, apresentavam acréscimos fiscais ao resultado líquido do exercício, incrementando assim o resultado fiscal. Destes, cerca de 50% estavam compreendidos no intervalo de valores entre os 10.000 e os 15.000 euro, e 37% no intervalo entre 0 e 5.000 euro. Pode assim afirmar-se que, neste exercício, a auditoria[45] originou um incremento positivo do resultado fiscal pré-auditoria.

Gráfico 11 – **"Distribuição por exercício das correcções fiscais *A acrescer* no quadro 07 da modelo 22"**

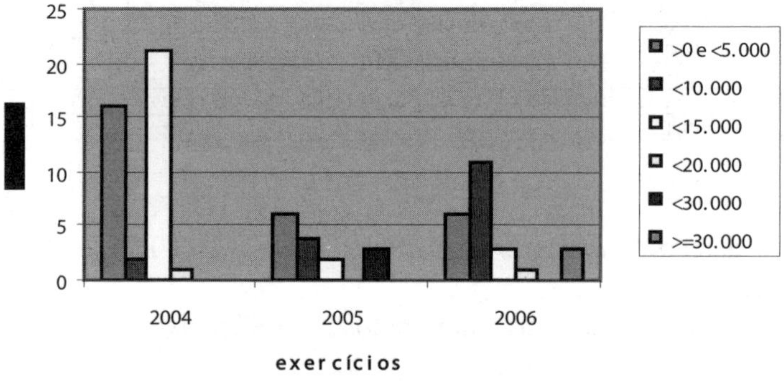

[43] Leia-se todas as PME que apresentavam a necessidade de proceder a ajustamentos fiscais, ou seja as 43 do total de 139 deste exercício.

[44] O resultado fiscal pode apresentar uma de duas formas possíveis: prejuízo para efeitos fiscais ou lucro tributável, sendo que o que se pretende interpretar é o impacto global em qualquer um deles, dos ajustamentos contabilísticos e fiscais propostos pela auditoria.

[45] Pelas respostas recolhidas na questão 1.4. as 139 PME totais de 2004 estavam todas em situação de obrigatoriedade de verem as suas demonstrações financeiras serem auditadas por motivo legislativos. Em 2005 existiam 5 empresas que haviam optado por terem auditoria às DF por motivos pessoais, sendo esta última situação, em 2006, de 13 PME.

Com efeito, em qualquer um dos períodos, os ajustamentos fiscais a acrescer ao *quadro 07* são sempre em maior percentagem. Ora sendo eles complementados por mais cerca de 30% de correcções sem impacto material no RF, significam que pelo menos 80% do total das PME da amostra registam correcções fiscais positivas ou nulas.

O gráfico 12 mostra a distribuição dos montantes a deduzir, os quais se concentram, em 2004 e 2005, nos escalões mais baixos. Apenas em 2006 existem 6 casos de deduções no que designámos por escalão máximo (>30 000 euro).

Gráfico 12 – **"Distribuição por exercício das correcções fiscais *A deduzir* no quadro 07 da modelo 22"**

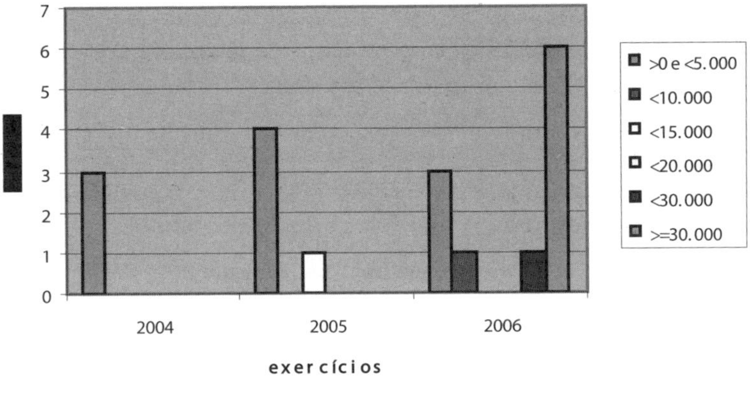

Para este ano de 2006, em que os 23% correspondentes às 11 PME com ajustamentos fiscais a deduzir ao resultado fiscal apresentam, com maior número de registos, dois intervalos de valores: o inferior, com cerca de 6%, e o intervalo superior (> =30.000 euro) com cerca de 12%. Os ajustamentos fiscais a acrescer também apresentam dois intervalos mais significativos: igualmente o inferior com 12%, e com 22,9% o de valores entre 5.000 euro e 10.000 euro, no tocante ao total de acréscimos (igual a 50% das 48 PME).

Estamos assim convictos de que os ajustamentos fiscais propostos pela primeira auditoria às demonstrações financeiras das PME da amostra analisada contribuíram, em larga medida, para o aumento do lucro tributável, ou, em situação análoga, para a diminuição do prejuízo fiscal, por via do Q07 da M22.[46]

Para melhor visualizar o que já se mencionou, vejamos os gráficos 13 e 14 nos quais podemos observar as descrições de dados realizadas, nomeadamente a distribuição intervalar por períodos económicos da amostra.

Gráfico 13 – **"Distribuição quantitativa das correcções fiscais *A acrescer* no quadro 07 da modelo 22"**

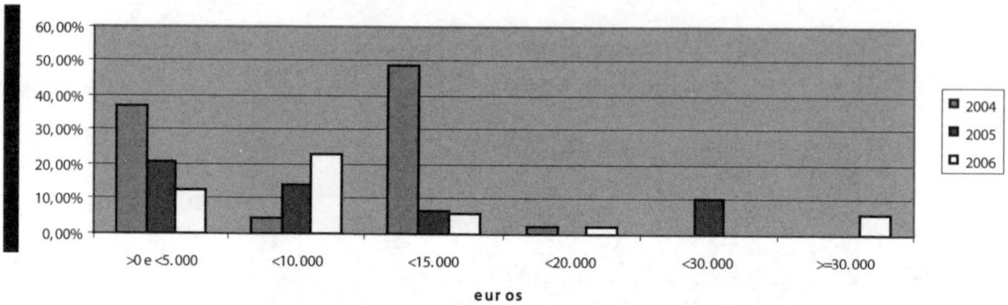

Gráfico 14 – **"Distribuição quantitativa das correcções fiscais *A deduzir* no quadro 07 da modelo 22"**

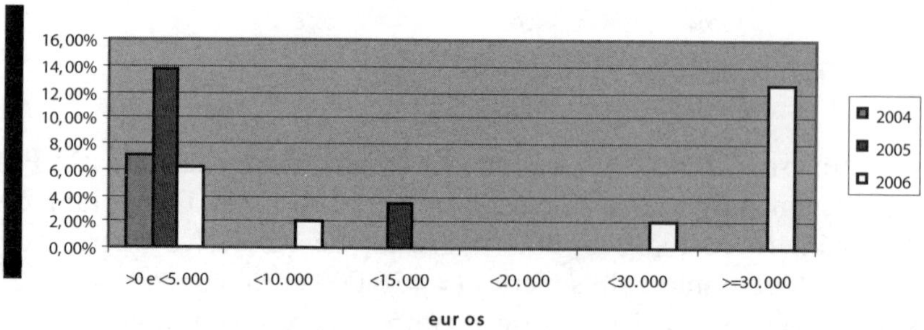

[46] Convém ressalvar novamente que esta conclusão se refere às PME que necessitaram de correcções fiscais.

5. Uma visão conclusiva dos resultados obtidos

Resta-nos agora tecer algumas considerações gerais relativamente aos resultados obtidos.

Assim, podemos classificar, em termos médios, as empresas da nossa amostra como sendo maioritariamente compostas por PME de pequena dimensão, i.e., cerca de 70% destas não tem mais de 25 trabalhadores, e mais de 20% das restantes não ultrapassa o limite de 50. Relativamente a esta característica, não será necessário individualizá-la por período económico, tendo em conta que cada um deles apresenta discrepâncias em relação á média global inferiores a 5%.

Quanto à distribuição das empresas de acordo com o seu volume de negócios (VN), os dados recolhidos evidenciam uma situação que corrobora a afirmação anterior de estarmos perante PME de pequena dimensão, tendo em conta que, em termos médios, mais de 80% regista VN inferiores a 3.500 mil euro. A amostra de PME é, em termos de regime legal, fundamentalmente composta por Sociedades por Quotas e Sociedades Anónimas, apresentando este último tipo uma ligeira superioridade, podendo ser dito que, nos três exercícios, a sua média ultrapassa os 55%.

O estudo empírico realizado recaiu sobre uma amostra de PME nacionais abrangidas pelo número 2 do artigo 262.° do CSC, e procurou abordar o impacto que o início da auditoria obrigatória às DF e se as correcções propostas pelos auditores têm repercussão no resultado antes de impostos e no resultado fiscal, por via dos ajustamentos contabilísticos e fiscais.

Os dados foram recolhidos com base num questionário distribuído pelas SROC em actividade no ano de 2007, às quais foram solicitados elementos relativos às suas clientes PME que se encontrassem nas condições referidas.

Da observação global dos questionários tratados, pode afirmar-se que os objectivos de recolha foram globalmente sucedidos, tendo sido possível inferir acerca da proposição por nós colocada e origem do presente estudo: a incidência no resultado tributável dos ajustamentos de auditoria é ou não relevante?

Assim, do trabalho de análise da amostra, resultou que os ajustamentos contabilísticos e fiscais propostos pela primeira auditoria às DF das PME da amostra contribuíram para o incremento da matéria tributável ou para a diminuição do prejuízo fiscal. Ou seja, a auditoria de primeiro ano das PME da amostra produziu alterações que vão no sentido do incremento do resultado fiscal.

As conclusões formuladas ao longo deste último capítulo são reforçadas pelo comportamento das diferentes PME entre exercícios económicos, o qual se mostrou sempre muito similar. O reforço das semelhanças entre os períodos analisados contribui para a solidez das conclusões obtidas, tendo em conta os importantes efeitos qualitativos e quantitativos provocados quer ao nível contabilístico, quer ao nível fiscal, incrementando positivamente, e de forma relevante, os resultados antes de impostos e os resultados fiscais.

Referências Bibliográficas

AMAT, Oriol; BLAKE, John – *Contabilidad Creativa*, Barcelona: Eddiciones Gestión 2000; 2002.

BENTO, José; MACHADO, José F. – *Plano Oficial de Contabilidade Explicado*, 27.ª edição, Porto: Porto Editora; 2005.

BORRALHO, João – *A Associação entre a Manipulação dos Resultados Contabilísticos e a Opinião dos Auditores*, Lisboa: APOTEC; Lisboa; 2008. p. 326-336.

CANADAS, Natália – *Normalização Contabilística: oportunidades*, in *Região de Leiria, 3723, Julho 2008*; Leiria, 2008.

CASTANHEIRA, Nuno M. C. – *Auditoria Fiscal: Conceito e âmbito de aplicação,* in *Auditoria Interna, 21, Julho/Setembro 2005*; Lisboa: IPAI; 2005; p. 21.

CHIOU, Jing-Yuan – *Good News Only, Please: An (In-) Equivalence Result of Collusion under Hard and Soft Information*, in *Social Science Research Network*; EUA: SSRN; 2007.

DEVESA, Jaime; MARCELINO, Manuel J. – *IRS-IRC-EBF*, Coimbra: Almedina; 2006.

FARIA, Maria J. S. – *Contabilidade criativa navega de acordo com as conveniências,* in *Jornal de Contabilidade, 363, Julho 2007*; Lisboa: APOTEC; Lisboa; 2007. p. 224 – 228.

FERNANDES, José D. S. – *O Código do IRC e as Directivas Contabilísticas da União Europeia*, in *Revisores & Empresas Outubro/Dezembro de 2003*; Lisboa: Ordem dos Revisores Oficiais de Contas; 2003; p. 26-29.

FERREIRA, Eugénio – *Auditoria Financeira,* in *O Economista, 15, Outubro 2002*; Lisboa: Ordem dos Economistas; 2002. p. 112-119.

FERREIRA, Rogério F. – *Estratégia Fiscal*, in *Jornal Técnico de Contas e da Empresa, 394, Outubro 1998*; Lisboa; 1998.

FERREIRA, Rogério F. – *Fiscalidade e o Lucro – distorções possíveis*, in *Jornal Técnico de Contas e da Empresa, 417, Outubro 2000*; Lisboa; 2000.

FERREIRA, Rogério F. – *Ainda a Fiscalidade e o Lucro Real*, in *Jornal Técnico de Contas e da Empresa, 421, Outubro 2000*; Lisboa; 2000.

FERREIRA, Rogério F. – *Estará o fisco a prejudicar a evolução contabilística?*, in *Semanário Económico, 27 de Outubro 2006*; Lisboa; 2006.

FREITAS PEREIRA, Manuel H. – *A periodização do lucro tributável*; Lisboa: Centro de Estudos Fiscais; 1988.

FREITAS PEREIRA, Manuel H. – *Sistema Fiscal: Algumas prioridades,* in *O Economista, 15, Outubro 2002*; Lisboa: Ordem dos Economistas; 2002; p. 103 – 107.

FREITAS PEREIRA, Manuel H. – *Fiscalidade;* Coimbra: Almedina; 2007.

FREEMAN, Edward R.; VEA, John Mc. – *A Stakeholder Approach to Strategic Management*, in *Social Science Research Network*; EUA: SSRN; 2001.

GONÇALVES, Ana; QUIRÓS, Joaquin – *O contexto da revisão legal das contas das pequenas empresas*, in *Revista TOC, 83, Fevereiro 2007*; Lisboa: CTOC; 2007; p. 41 – 48.

GONÇALVES, Armando – *Contabilidade Criativa ou engenharia contabilística*, in *Revista TOC, 67, Outubro 2005*; Lisboa: CTOC; 2005; p. 36-48.

GRIFFITHS, Ian – *Contabilidad Creativa: como hacer que los benefícios aparezcan de modo más favorable*; Bilbao: Ediciones Duesto; 1988.

GUERREIRO, António L. – *Lei Geral Tributária – Anotada*; Lisboa: Editora Rei dos Livros; 2001.

GUEVARA, Ivan R.; COSENZA, José P. – *Los auditores independientes Y la contabilidad creativa: estudio empírico comparativo*, in *Compendium*, Junho 2004; 2004; p. 5 – 24.

GUIMARÃES, Joaquim F. C. – *Provisões para Créditos de Cobrança Duvidosa: Algumas questões a resolver pela administração Fiscal,* in *Revisores & Empresas Outubro/Dezembro de 1996*; Lisboa: Ordem dos Revisores Oficiais de Contas; 1996; p. 28-37.

GUIMARÃES, Joaquim F. C. – *Auditoria Fiscal,* in *Revista de Contabilidade e Comércio, 217, Fevereiro 1998*; Lisboa; 1998.

GUIMARÃES, Joaquim F. C. – *O Sistema Contabilístico e Fiscal Português: Uma abordagem aos relatórios e contas das empresas*; Lisboa: Vislis Editores; 2000.

GUIMARÃES, Joaquim F. C. – *Contabilidade – Fiscalidade – Auditoria: Breves reflexões*, Braga: Joaquim Fernando da Cunha Guimarães; 2001.

GUIMARÃES, Joaquim F. C. – *Estudo do Resultado Contabilístico ao Resultado Fiscal*, in *Jornal Técnico de Contas e da Empresa, 433, Outubro 2001*; Lisboa; 2001; p. 620-628.

GUIMARÃES, Joaquim F. C. – *O Sistema Fiscal Português – Uma breve análise*, in *Boletim APECA, Maio 2005*; Lisboa; 2005.

GUIMARÃES, Joaquim F. C. – *Auditoriaàs contas e a actividade dos TOC*, in *Revista TOC, 64, Julho 2005*; Lisboa: CTOC; 2005; p. 22 – 30.

GUIMARÃES, Joaquim F. C – *As variações Patrimoniais (POC e CIRC)*, in *www.infocontab.com.pt/*.

GUIMARÃES, Joaquim F. C – *As Correcções Relativas a Exercícios Anteriores (POC e CIRC)*, in *www.infocontab.com.pt/*.

HAYMAN, J. M., – *Investigación y Educación*, Barcelona: Paídos Educador 3ª ed.; 1991.

JACOBS, Ian F. – Measurement of income tax on period profit, either fiscal accounts or otherwise, both exact and simple, in *Social Science Research Network*; EUA: SSRN; 2002.

JAMESON, Michael – *A pratical guide to creative accounting*; London: Kogan Page, 1988.

KETELE, Jean-Marie; ROEGIERS, Xavier – *Metodologia da recolha de dados: Fundamentos dos métodos de observações, de questionários, de entrevistas, e de estudo de documentos*, Colecção: Epistemologia e Sociedade; Instituto PIAGET; Lisboa; 1999.

MARTINS, António – *A influência da fiscalidade na Estrutura de Capital das empresas*, in *Notas Económicas, 9, Dezembro 1997*; Coimbra; 1997. p. 36 – 50.

MARTINS, António – *Notas sobre a tributação do rendimento das sociedades*, in *Notas Económicas, 13, Outubro 1999*; Coimbra; 1999. p. 23 – 39.

MARTINS, António – *Aspectos da gestão financeira das PME*, in *Jornal de Contabilidade, 361, Abril 2007*; Lisboa: APOTEC; Lisboa; 2007. p. 133 – 136.

MARTINS, António – *Financial information and corporate governance: perceptions of portuguese students and professionals*, Universidade de Coimbra; Coimbra; 2004

MENDES, Cláudia; RODRIGUES, Lúcia – *Análise da Fiabilidade da Informação Contabilística: O Alisamento de Resultados*, in *Jornal de Contabilidade, 357, Dezembro 2006*; Lisboa: APOTEC; Lisboa; 2006. p. 404 – 418.

MILESI-FERRETTI, Gian – *Good, Bad or Ugly? On the effects of fiscal rules with creative accounting*, IMF – Working Paper, EUA: IMF; 2000.

MOREIRA, José A. C. – *Manipulação para Evitar Perdas: O impacto do Conservantismo*, Porto: CETE, Faculdade de Economia, Universidade do Porto; 2006.

MOREIRA, José A. C. – *"Accruals" Discricionários: o Erro de estimação Induzido pelo Conservantismo*, Porto: CETE, Faculdade de Economia, Universidade do Porto; 2006.

MOREIRA, José A. C. – *Are Financing Needs a Constraint to Earnings Management? Evidence for Private Portuguese Firms*, Porto: CETE, Faculdade de Economia, Universidade do Porto; 2006.

MOREIRA, José A. C. – *A Manipulação dos Resultados das Empresas: um contributo para o estudo do caso português*, Lisboa: APOTEC; Lisboa; 2008. p. 112 – 125; 144 – 153.

MORIN, E. – *Sociologia*, Madrid: Tecnos; 1995.

NASER, Khader – *Creative Financial Accounting: its nature and use*; London: Prentice-Hall, 1993.

ORDEM DOS REVISORES DE CONTAS – *Manual do Revisor de Contas* [CD-ROM Versão 26]; Lisboa: OROC; 2006.

RODRIGUES Ismael, *Revisão de contas e auditoria nas PME: impacto contabilístico e fiscal*, Tese de Mestrado em Contabilidade e Finanças, Coimbra, FEUC, 2008

SALDANHA SANCHES, J. L. – *As novas regras do direito contabilístico*, in *Estudos de Direito Contabilístico e Fiscal;* Coimbra: Coimbra Editora; 2000.

SALDANHA SANCHES, J. L. – *Sobre a hipótese de um imposto sobre o património das empresas*, in *Estudos de Direito Contabilístico e Fiscal;* Coimbra: Coimbra Editora; 2000.

SALDANHA SANCHES, J. L. – *Os Limites do Planeamento Fiscal: Substância e forma no direito fiscal português, comunitário e internacional;* Coimbra: Coimbra Editora; 2006.

SAMPAIO, Maria F. R. – Contabilização do imposto sobre o Rendimento das Sociedades; Lisboa: Vislis Editores; 2000.

SANTOS, Ariovaldo; GUEVARA, Ivan – *Contabilidade Criativa e Responsabilidade dos Auditores*, in *Revista Contabilidade & Finanças, 32, Maio/Agosto 2003*; São Paulo: USP; 2003; p. 7 – 22.

SHROFF, Pervin; VENKATARAMAN, Ramgopal; ZHANG, Suning – *The conservatism Principle and the Asynmetric Timeliness of Earnings: An Event-Based Approach*, in *Social Science Research Network*; EUA: SSRN; 2004.

SHING, Dongsoo; YUN, Sungho – *Granting Exit Option to Conduct an Audit*, in *Social Science Research Network*; EUA: SSRN; 2007.

SILVA, A. Rocha – Na senda de uma base tributária comum, in *Revista TOC, 65, Agosto 2005*; Lisboa: CTOC; 2005; p. 37 – 45.

SILVA, Joaquim A. O. – *IRC 2005 – Apuramento do lucro tributável e cálculo do imposto, Quadros 07 e 10 da declaração Mod. 22*, Maia: APECA; 2005.

SMITH, Terry – *Accounting for growth*; London: Century Business, 1992.

STOLOWY, Hervé; BRETON, Gaétan – *A framework for the classification of accounts manipulations*, in *Social Science Research Network*; EUA: SSRN; 2000.

ZENG, Tão – *Taxpayers' tax and financial reporting decisions and Auditing in a game theoretical model*, in *Social Science Research Network*; EUA: SSRN; 2001.

António Gervásio Lérias

Do capital social na sociedade ao capital próprio na empresa

António Gervásio Lérias
Mestre em Gestão;
Economista; Revisor Oficial de Contas

RESUMO

Simplificadamente, a lei das sociedades comerciais cuida das relações da entidade que exerce actividades económicas, numa perspectiva essencialmente formal e orgânica; as normas contabilísticas cuidam da informação sobre essas entidades, numa perspectiva essencialmente substancial e funcional.

Sob o ponto de vista de um economista e contabilista, analisam-se aspectos da entidade com actividades económicas, tendo por base o capital social da sociedade e o capital próprio da empresa.

Deseja-se entrosar duas perspectivas complementares fundadas em ramos diferentes do desenvolvimento do conhecimento científico: o jurídico e o contabilístico.

Palavras-chave:

Capital social
Capital próprio
Conservação do capital
Garantia dos credores
Sociedade
Empresa

ABSTRACT

In simple terms, the law of incorporated companies refers to the relationships of business entities, mainly in a formal and organic perspective, whereas the accounting standards refer to information about those entities, in a substantial and functional perspective.

This article focuses on some aspects of an entity as an incorporated company and as a business organisation, considering respectively the share capital and the equity, from the point of view of an economist and accountant.

It aims at interconnecting two complementary perspectives grounded on two different branches of the development of the scientific knowledge: law and accountancy.

Keywords:

Share capital
Equity
Capital maintenance
Creditors' protection
Corporation
Enterprise
Business organisation

1. O capital social pela lei comercial

1.1. "São sociedades comerciais aquelas que tenham por objecto a prática de actos de comércio e adoptem [necessariamente] o tipo de sociedade em nome colectivo, de sociedade por quotas, de sociedade anónima, de sociedade em comandita simples ou de sociedade em comandita por acções"[1]. Completando, tem-se que "contrato de sociedade é aquele em que duas ou mais pessoas[2] se obrigam a contribuir com bens e serviços para o exercício em comum de certa actividade económica, que não seja de mera fruição, a fim de repartirem os lucros resultantes dessa actividade"[3]. São designadas por entidades públicas empresariais as pessoas colectivas de direito público, com natureza empresarial[4], criadas pelo Estado e sujeitas a regime legal específico[5], o qual remete para as normas das sociedades comerciais em tudo o que não regula especialmente.

O capital social[6] nas sociedades comerciais, ou o capital estatutário[7] nas entidades públicas empresariais, é, em termos gerais, a expressão do valor dos bens e direitos contribuídos para o exercício das actividades e

---

[1] Cfr. art. 1.º, n.º 2 e 3, do Código das Sociedades Comerciais (CSC).

[2] Contrariando a noção fundamental de contrato de sociedade, verifica-se que podem existir "sociedades" comerciais cujo capital seja detido apenas por uma pessoa, como é o caso das "sociedades unipessoais por quotas" (art.º 270.º-A e seg. do CSC), das sociedades anónimas constituídas com domínio total por uma sociedade (art.º 488.º, n.º 1, do CSC) e das sociedades cujo domínio total por outra sociedade seja superveniente (art.º 489.º, n.º 1, do CSC).

[3] Cfr. art. 980.º do Código Civil (CC).

[4] A análise da "natureza empresarial" das entidades públicas empresariais (EPE) transcende os propósitos deste texto, apenas se avançando que estas entidades exercem actividades económicas e/ou seguem princípios de governação, organização e actuação correspondentes aos das sociedades.

[5] Cfr. Decreto-Lei n.º 558/99, de 17 de Dezembro, alterado e republicado pelo Decreto-Lei n.º 300/2007, de 23 de Agosto (Regime Jurídico do Sector Empresarial do Estado – RJSEE), *maxime* art. 23.º, n.º 1.

[6] O capital social é elemento obrigatório do contrato de sociedade. Cfr. art.º 9.º, n.º 1 f), do CSC.

[7] Cfr. art.º 26.º, n.º 1 do RJSEE.

a referência sobre direitos e obrigações da ou das pessoas, individuais ou colectivas, que realizaram as entradas[8].

Mais concretamente, a doutrina e a lei têm diversas acepções para o capital social[9], seja como quantia nominal, formal, fixa e expressa no segundo membro do balanço, seja como somatório das entradas de bens e direitos para realização do compromisso assumido na subscrição, constituindo os meios evidenciados no primeiro membro do balanço.

Como simbiose, tem-se uma perspectiva dual do capital social; como uma quantia formal ou nominal, tendencialmente estável, com correspondência substancial ou real em recursos entrados na sociedade, que se vão alterando em extensão e natureza.

Muito ligados a estes conceitos, a doutrina coloca vários princípios a observar pelo capital, relevando (i) a determinação e inscrição da quantia nominal no contrato de sociedade, com formalismo legal para a sua alteração, (ii) a efectividade e idoneidade das entradas, com certas obrigações quanto à realização e (iii) a integridade do capital, com impedimento para a restituição das entradas e limitação à aquisição de parcelas do capital e às distribuições de bens aos titulares.

1.2. Em linha com os conceitos e os princípios, podem ser reconhecidas várias funções para o capital social, seja na perspectiva formal/nominal, seja na perspectiva substancial/real. Destaca-se (i) o capital nominal como referência para a qualificação, a posição jurídica e o poder dos titulares, (ii) o capital substancial como referência de recursos para as actividades, (iii) o capital substancial como referência para a verificação e distribuição de lucros e (iv) o capital nominal como referência da garantia para os credores. Vejamos.

A) As participações no capital definem *a qualidade, a posição jurídica e o poder* dos seus titulares.

---

[8] Ao longo deste texto, fala-se em capital social embora algumas vezes também em aspectos particulares do capital estatutário.

[9] Sobre os aspectos jurídicos do capital social segue-se, em geral, Domingues, Paulo de Tarso "Do capital social – Noção, princípios e funções", 2.ª edição, BFDUC, *Studia Iuridica*, 33, Coimbra Editora, Coimbra, 2004.

A qualidade de titular adquire-se com a subscrição da participação no capital, a que se há-de seguir a realização da entrada correspondente. E as participações no capital permitem medir os direitos e obrigações dos titulares no conjunto e, regra geral, as relações de poder entre eles, manifestadas pelo exercício do direito de voto.

Porém, os direitos de voto nem sempre correspondem à proporção da participação no capital, podendo haver direitos especiais (p. ex. *golden shares*). Também no caso de participações em cascata pode acontecer que a percentagem de participação difira da percentagem de direitos de voto controlados. Suponhamos que a sociedade *A* detém 30% das acções do capital da sociedade *C* e 60% das acções do capital da sociedade *B* e que a sociedade *B* detém 25% das acções do capital da sociedade *C*. Neste caso, *A* em relação a *C* detém interesse financeiro de 45% (60% x 25% + 30%) e controla 55% dos direitos de voto (30% directamente e 25% através de *B*).

Nas sociedades comerciais, a posição jurídica é relevante designadamente no âmbito (i) das obrigações de entrada com bens susceptíveis de penhora e de quinhoar nas perdas e (ii) dos direitos a quinhoar nos lucros, a participar nas deliberações sociais, a obter informação sobre a sociedade e a ser designado para os órgãos da sociedade[10].

B) As entradas dos detentores do capital constituem *recursos para as actividades* tendo por finalidade o lucro. Se as entradas forem em espécie concorrerão directamente para as actividades; se forem em numerário poderão ser utilizadas directamente, se aquelas forem de natureza financeira, ou através da conversão em outros recursos utilizáveis.

Todavia, com a substituição ao longo do tempo, deixa de ser possível a identificação dos bens e direitos contribuídos, sejam os obtidos por entrega em espécie, sejam os adquiridos por investimento de entregas em numerário. E mesmo que assim não fosse, a depreciação, a imparidade ou a mensuração por base diferente do custo inicial alterariam o valor das contribuições afastando-o da quantia inicial pela qual tiveram correspondência com o capital nominal.

---

[10] Cfr. arts. 20. e 21.º do CSC.

Ademais, nem os titulares do capital concorrem apenas com os recursos económicos entregues para realização da quantia subscrita, nem a sociedade dispõe de recursos económicos na exacta medida em que foram contribuídos pelos titulares do capital. As entradas são acrescidas ao longo do tempo pela parte dos lucros gerados que não seja distribuída e diminuídas pelos prejuízos não cobertos. E os recursos suportados em empréstimos têm tido expressão crescente.

Ainda por outras situações se vê a ligação imprecisa dos bens e direitos detidos ao capital nominal. Um exemplo tem-se a propósito da Lei n.º 11/90, de 14 de Abril, que sujeita a certas regras os processos de reprivatização de meios de produção nacionalizados em 1974/75. O entendimento é de que estão sujeitas à Lei as entidades públicas empresariais e as sociedades comerciais que tenham tido na origem meios de produção nacionalizados (directamente ou através dos títulos representativos de capital). Ora, após o decurso dos anos, os meios de produção não são os mesmos, não faz sentido considerar que os seus sucessores serviram apenas a reposição da mesma capacidade produtiva e não se pode dizer que o valor actual da entidade ou sociedade vem integralmente dos meios de produção nacionalizados, podendo até resultar de novas entradas de capital pelo Estado. Também não faz sentido que, pela fusão de uma entidade pública empresarial ou sociedade comercial com ligação às nacionalizações com outra sem qualquer relação, todos os meios de produção agregados sejam considerados como tendo sido nacionalizados. Acaba por se sujeitar todo o capital nominal actual às regras das reprivatizações e por sujeitar a totalidade do produto da alienação às regras de afectação das receitas das reprivatizações. Embora a Lei fale em meios de produção, que poderiam constituir um capital substancial à data da nacionalização, o entendimento jurídico tem-nos confundido com o capital nominal actual da entidade ou sociedade que tenha algum "parentesco" com esses meios do passado. Este entendimento mostra como se preferiu a via formal globalizante em detrimento da via substancial de especialização, à qual se podia chegar com aperfeiçoamento da Lei, permitindo alguns cálculos baseados na evolução do valor aquisitivo da moeda e em taxas de rendimento.

C) A *verificação e a distribuição de lucros* pressupõem o apuramento de excedentes pela sociedade face à quantia do capital substancial, podendo este ser superior ao capital nominal caso tenha havido prémio/ágio.

O lucro é determinado na óptica económica, como diferença entre os rendimentos e os gastos, logo independentemente do momento em que, respectivamente, constituíram receita e recebimento ou despesa e pagamento. É formado, não só pelos rendimentos e gastos abrangidos pelo conceito de resultado, mas também por outros que não sejam como tal reconhecidos. Pode referir-se a um exercício ou ser acumulado, por exemplo desde a formação do capital nominal.

São identificados o lucro final ou de liquidação (diferença entre o património remanescente e o capital social), o lucro de balanço (diferença entre o património líquido e a soma do capital social e das reservas indisponíveis) e o lucro do exercício (diferença entre património líquido no fim e no início do exercício)[11]. No meio empresarial a designação de lucro circunscreve-se geralmente ao excedente do exercício que tenha cabimento no conceito de resultado.

Juntando ao capital os lucros acumulados e subtraindo as distribuições aos titulares obtém-se uma quantia que pode ser designada por património líquido, por situação líquida, ou por capital próprio. Corresponde à quantia dos bens e direitos no momento da verificação, líquida da quantia das dívidas ou outras responsabilidades.

A quantia dos lucros acumulados e, consequentemente, a do património líquido constantes nas demonstrações de relato contabilístico[12] são influenciadas pelo normativo adoptado na contabilização dos efeitos das transacções realizadas, dos acontecimentos ocorridos e das circunstâncias existentes. Nota-se que a transição para o normativo suportado pelas *International Financial Reporting Standards* (IFRSs) pode trazer alterações muito significativas nessas quantias.

---

[11] DOMINGUES, op. cit., p. 249 e seg.

[12] Usam-se aqui os termos "demonstrações de relato contabilístico" ou "demonstrações contabilísticas" e não o termo consagrado "demonstrações financeiras". Prefere-se terminologia que não seja ambígua ou redutora face às perspectivas económica, financeira e de caixa dos factos contabilísticos da entidade, embora se reconheça que a informação de raiz contabilística releva para ajuizamento sobre os fluxos financeiros dos utilizadores.

No conceito de sociedade comercial está como fim a repartição dos lucros resultantes da actividade económica exercida para prossecução do objecto, ou seja, a finalidade de criação e distribuição de excedentes face ao capital. Mas isto não significa nem a possibilidade nem a obrigatoriedade de distribuição da totalidade dos lucros. A distribuição de bens aos titulares do capital nas sociedades, tendo por correspondência lucros do exercício e/ou valores de reservas ou redução do capital, está tutelada pela lei.

Assim, "sem prejuízo do preceituado quanto à redução do capital social, não podem ser distribuídos aos sócios bens da sociedade quando a situação líquida desta, tal como resulta das contas elaboradas e aprovadas nos termos legais, for inferior à soma do capital e das reservas que a lei ou o contrato não permitam distribuir aos sócios ou se tornasse inferior a essa soma em consequência da distribuição"[13]. Por outro lado, "não podem ser distribuídos aos sócios os lucros do exercício que sejam necessários para cobrir prejuízos transitados ou para formar ou reconstituir reservas impostas pela lei ou pelo contrato de sociedade", nem "enquanto as despesas de constituição, de investigação e de desenvolvimento não estiverem completamente amortizadas, excepto se o montante de reservas livres e dos resultados transitados for, pelo menos, igual ao dessas despesas não amortizadas"[14].

Sobre a formação ou reconstituição de reservas impõe a lei que "uma percentagem não inferior à 20ª parte dos lucros da sociedade é destinada à constituição da reserva legal e, sendo caso disso, à sua reintegração, até que aquela represente a 5.ª parte do capital social" e que a reserva legal só pode ser utilizada para cobertura de prejuízos que não possam ser cobertos por outra via ou para incorporação no capital[15]. Mais: produz nulidade a violação dos preceitos legais relativos à constituição, reforço ou utilização da reserva legal, bem como de preceitos cuja finalidade, exclusiva ou principal, seja a protecção dos credores ou do interesse público[16].

---

[13] Cfr. art. 32.º do CSC.
[14] Cfr. art. 33.º, n.º 1 e 2, do CSC.
[15] Cfr. Art. 296.º do CSC.
[16] Cfr. art. 69.º, n.º 3, do CSC.

A estas limitações na utilização da reserva legal estão sujeitas também as reservas resultantes (i) de ágios na emissão de acções e de obrigações com direitos de subscrição ou de conversão em acções ou em entradas em espécie, (ii) de excedentes de reavaliações monetárias ou (iii) de doações[17].

Então, em condições normais, a sociedade acumulará junto ao capital social quantias que o complementam e que devem ser igualmente tidas em conta na referenciação dos meios estáveis para a produção de novos lucros e para garantia ou protecção dos credores.

Salvaguardadas todas as limitações referidas anteriormente, podem determinar-se os bens distribuíveis aos accionistas, por contrapartida de lucros ou de reservas.

Para os lucros do exercício tem-se uma regra supletiva de distribuição mínima: "salvo diferente cláusula contratual ou deliberação tomada por maioria de três quartos dos votos correspondentes ao capital social em assembleia-geral para o efeito convocada, não pode deixar de ser distribuída aos sócios [accionistas] metade do lucro do exercício que, nos termos desta lei, seja distribuível"[18].

Os sócios verão nos lucros valor criado, enquanto investimento, podendo ser convertidos em sua receita, seja através de dividendos periódicos, seja através da venda futura da sua posição no capital social, incorporando então os lucros mantidos na sociedade e os rendimentos adicionais com eles obtidos. A deliberação sobre a parte a manter na sociedade, sendo perfeitamente racional, atenderia a múltiplos factores, entre os quais se teriam a magnitude dos lucros, as necessidades futuras de recursos da sociedade e as expectativas de rendimento futuro para os valores retidos.

D) O capital é tido como referência da *garantia dos credores* perante riscos para os seus interesses financeiros, sendo esta a função do capital mais enfatizada na doutrina e na lei.

A relevância desta função surgiu no passado, quando a sociedade de pessoas, em nome colectivo, com responsabilidade ilimitada e solidária dos sócios, cedeu lugar às sociedades de capitais, anónimas, com

[17] Cfr. art. 295.º, n.º 2, do CSC.

[18] Cfr. art. 217.º, n.º 1, e art. 294.º, n.º 1, do CSC.

responsabilidade dos accionistas limitada à sua participação, ou às sociedades por quotas, com responsabilidade dos sócios correspondente à sua participação e à parte não realizada do capital social. Com esta viragem, os sócios deixaram de assumir plena responsabilidade pelos efeitos das actividades da sociedade perante os credores, passando apenas a expor-se à perda do investimento.

Nesta situação, a par de alguma garantia pessoal ou patrimonial específica, aos credores resta a garantia geral, accionável com certas condições processuais, tendo subjacentes os bens e direitos da sociedade susceptíveis de penhora, e não a quantia que esteja como capital social ou lucros retidos.

Se à data das entradas de capital estas eram susceptíveis de penhora, não significa que posteriormente todos os bens e direitos contabilizados o sejam e que assegurem o valor necessário. Podem mesmo existir casos em que os benefícios económicos espectáveis só sejam possíveis em continuidade das actividades e/ou não sejam possíveis autonomamente, como é o caso do *goodwill*. Por outro lado, numa realização forçada, podem obter-se para os bens e direitos quantias inferiores àquelas pelas quais estão contabilizados.

Vejamos em mais detalhe. O capital apenas tem correspondência exacta em determinados bens e direitos no momento em que ocorrem as entradas dos subscritores, o qual será um dos menos prováveis em que terceiros irão fazer execuções para ressarcimento dos seus créditos. Se a realização for feita por contrapartida de reservas ou equivalentes, apenas se está a afectar uma parcela ideal do valor do conjunto dos bens e direitos, correspondente a lucros retidos.

Pela dinâmica das actividades da sociedade, os bens e direitos entrados ou afectos idealmente na realização de capital social podem valorizar-se, desvalorizar-se, substituir-se por iguais ou diferentes, gerar novos bens e direitos, ou ser dados em garantia de dívidas ou responsabilidades específicas.

Nota-se ainda que também os credores concorreram com meios para a sociedade, pelo que, aritmética e conceptualmente, a necessidade destes virem reclamar sobre a parcela ideal relativa ao capital social apenas ocorrerá se o valor do conjunto dos bens e direitos tiver diminuído, o que pode acontecer por perdas nos bens e direitos iniciais ou nos seus sucessores detidos ou porque da utilização ou realização resultou benefício inferior ao custo.

Os bens e direitos da sociedade no seu conjunto terão de servir prioritariamente para ressarcimento dos detentores de créditos, mas depois, residualmente, revertem em favor dos detentores de participações no seu capital social. Isto leva a considerar que a sustentação do valor dos activos para salvaguardar a quantia do capital social e outras afins é do interesse, tanto dos credores, como dos participantes. Posto isto, completar-se-ia dizendo que o capital social e as quantias que o complementem são um indicador do grau de protecção, não só dos credores, mas também dos detentores do capital.

Outra questão normalmente associada à protecção dos credores é a extensão do capital social. Nos países continentais a exigência de capital mínimo para as sociedades comerciais vem de longa data, ao contrário do que acontece nos países de influência inglesa.

Entre nós, o limite mínimo para o capital social é de € 5.000 nas sociedades por quotas[19] e de € 50.000 nas sociedades anónimas[20]. Para as entidades públicas empresariais não existe limite, mas orientação de que o capital estatutário é destinado a responder às respectivas necessidades permanentes[21], mais apropriada do ponto de vista económico e para protecção dos credores.

O propósito da exigência de capital mínimo é a credibilização na criação das sociedades, bem como a sujeição dos fundadores a algum risco pela perda do capital investido. Mas, por serem limites gerais acabam por ser baixos, apenas em pequenas empresas se podendo pensar que servem para evitar a sub-capitalização. A exigência de capital social mínimo pouco servirá a benefício da protecção dos credores, cujos créditos até podem vir a ser muito superiores aos existentes ou previstos na altura da constituição da sociedade.

Por último, nota-se que a extensão do capital social e de rubricas assimiláveis ou ainda a natureza dos bens e direitos a que possam corresponder podem perder relevância quando a sociedade for subordinada a, ou totalmente dominada por, outra sociedade. Isto porque a sociedade

---

[19] Cfr. art. 201.º do CSC.

[20] Cfr. art. 276.º, n.º 3, do CSC.

[21] Cfr. art. 26.º, n.º 1, do RJSEE.

directora é responsável pelas obrigações da sociedade subordinada, constituídas antes ou depois da celebração do contrato de subordinação, até ao termo deste, sendo a mesma regra aplicável em situação de domínio total[22].

2. O capital próprio pelas normas contabilísticas

2.1. Na conceptualização contabilística clássica, no balanço vêemse, não só bens e direitos no activo e obrigações no passivo, mas também, no 2º membro, as origens dos recursos ou capitais, próprios ou alheios, que a empresa dispõe para as suas actividades ou em resultado delas e, no 1.º membro, os efeitos da aplicação desses recursos financeiros em património, expressando aquisições de meios e *stocks* ou já receitas a receber ou recebidas, incorporando elas excedentes que reforçaram os capitais utilizados.

Os activos são vistos como efeitos da aplicação de recursos, chegando os utilizáveis ou consumíveis nas actividades a terem-se como "custos em suspenso" que entrarão mais tarde como componente negativa na formação do resultado. O resultado vem das transacções realizadas e, só acidentalmente, da detenção de activos, mantendo-se estes com o valor pelo qual foi registada inicialmente a despesa com a aquisição ou a receita pelo rédito, deduzido da depreciação e de perdas potenciais na cobrança ou realização.

Na conceptualização potenciada pela cultura anglo-saxónica, vêem-se os activos como recursos e os passivos como responsabilidades que implicam a saída de recursos, no contexto dos negócios. Cabem no activo os recursos que sejam controlados e não apenas os que sejam detidos por direitos de propriedade. Cabem no passivo, não só as obrigações com valor definido, mas também os encargos estimáveis por outras responsabilidades (encargos ambientais, encargos com derivados, etc.). Aos recursos controlados e às obrigações/responsabilidades que os reclamam associam-se as expectativas de criação ou sacrifico de benefícios económicos futuros. Em parte dos activos e em alguns passivos a quan-

[22] Cfr. art. 501.º e art.º 491.º do CSC.

tia inicial é ajustada recorrentemente com base no valor de mercado ou no valor descontado, ainda que os benefícios económicos apenas sejam efectivados no futuro.

A conceptualização baseada na óptica dos negócios impôs-se à baseada na óptica do património, nos extremos da globalização e do liberalismo, dos mercados de capitais e do capital financeiro e está agora a substituir, também em Portugal, as abordagens anteriores, por isso sendo adoptada aqui na análise baseada no capital próprio.

2.2. Seguindo então a Estrutura Conceptual do IASB[23] e a Estrutura Conceptual do SNC[24], o capital próprio é o interesse residual[25] nos activos da entidade depois de deduzir todos os seus passivos[26]. Um activo é um recurso controlado pela entidade como resultado de acontecimentos passados e do qual se espera que fluam para ela benefícios económicos no futuro. Um passivo é uma obrigação presente originada por acontecimentos passados, cuja liquidação se espera que resulte num fluxo de saída de recursos da entidade incorporando benefícios económicos.

Os acontecimentos passados traduzem-se em transacções realizadas, em acontecimentos ocorridos e em circunstâncias verificadas, genericamente se podendo designar por factos contabilísticos. Os benefícios económicos futuros consistem no potencial de contribuir, directa ou indirectamente, para entradas de dinheiro ou de equivalentes na entidade, tendo natureza produtiva no âmbito das actividades da entidade ou forma de convertibilidade em dinheiro ou em equivalentes ou a capacidade de

---

[23] International Accounting Standards Board, cujo objectivo é o desenvolvimento, no interesse público, de um conjunto de normas globais de alta qualidade que requeiram informação transparente e comparável nas demonstrações contabilísticas de utilização geral. As normas do IASB são essencialmente aplicadas por entidades empresariais.

[24] Sistema de Normalização Contabilística, tendo por base o Decreto-Lei n.º 158/ /2009, de 13 de Julho.

[25] O termo "interesse residual" pretende significar que é determinado por diferença entre outras grandezas. Daí que, para tradução de "*equity*" fosse melhor o termo "situação líquida". Contrariando o que se esperaria, ao falar-se em "capital próprio" (e em capital alheio), o ponto de referência é o titular do capital e não a entidade.

[26] Cfr. Estrutura Conceptual do IASB – EC, §49. Embora o texto pretenda incidir sobre a "empresa", fala-se inicialmente em "entidade" por respeito às definições da EC.

reduzir saídas de dinheiro ou de equivalentes, como acontece quando um processo alternativo de fabricação baixa os custos de produção[27].

Inicialmente, o capital próprio da empresa é constituído pelos activos resultantes das entradas dos fundadores a título de capital social (eventualmente deduzidos de passivos se a entrada for constituída pelo património de um negócio)[28]; pode posteriormente ser reforçado por novas entradas.

Ao longo da vida da empresa, se as actividades económicas cumprirem a sua finalidade, ocorrem aumentos nos activos sem contrapartida em iguais aumentos nos passivos, do que vão resultar excedentes económicos[29] engrossando o capital próprio, a benefício dos titulares do capital social. Na medida em que haja distribuição de bens a esses titulares (normalmente dinheiro correspondente a excedentes apurados), verifica-se redução do activo e do capital próprio.

Assim, as variações no capital próprio decorrem de relações com os titulares do capital nessa qualidade e de excedentes ou défices económicos das actividades, sendo parte destes normalmente designados por resultados e, mais particularmente, por lucros ou prejuízos.

2.3. O património (funcional) da empresa pode ser visto tanto pelo lado do capital próprio como pelo lado dos activos e passivos que o determinam, sendo alterado quantitativa e qualitativamente pelo efeito dos factos contabilísticos.

Os factos podem ser (i) permutativos, provocando apenas alterações qualitativas (de natureza) no conjunto dos activos e passivos existentes, (ii) modificativos, apenas alterando a extensão ou o valor no conjunto dos activos e passivos, ou (iii) modificativo-permutativos, alterando a extensão e a qualidade no conjunto dos activos e passivos.

Uma operação de compra de mercadorias é um facto permutativo, pois faz aumentar o item relativo aos inventários e diminuir o item relativo a caixa ou a depósitos à ordem ou aumentar o item relativo a forne-

[27] Cfr, EC, §53.

[28] Caso de processos de cisão e fusão.

[29] Adopta-se o termo "excedentes" para acepção alargada que envolve o lucro e outras variações patrimoniais decorrentes das actividades reconhecidas em outras rubricas do capital próprio.

cedores, sendo que em qualquer dos casos não altera a diferença entre o activo e o passivo. Já uma operação de venda dessas mercadorias é um facto modificativo-permutativo, pois à redução no item relativo a inventários associa-se o aumento no item relativo a caixa, a depósitos à ordem ou a clientes, pressupostamente por quantia diferente, afectando a diferença o capital próprio. E uma alteração da quantia de um activo existente por revalorização, imparidade ou outra alteração de valor, com contrapartida no capital próprio, é um facto apenas modificativo de valor.

As entradas a título de capital social (inicial ou aumento) ou para cobertura de prejuízos são factos modificativos de extensão, aumentando ou repondo itens do activo por contrapartida de aumento do capital próprio, se bem que tendo expressão, respectivamente, no capital social ou nos resultados transitados e não no resultado das actividades do período. A distribuição de dividendos é igualmente um facto modificativo de extensão, reduzindo um item do activo com contrapartida no capital próprio, mas como redução de excedentes anteriormente criados e não como resultado das actividades realizadas. Por último, a incorporação de resultados acumulados (reservas) em capital social poderá ser vista como facto permutativo dentro do capital próprio, tendo cariz apenas jurídico-formal, visto que não altera a natureza, extensão ou valor de activos ou passivos[30].

Os efeitos no capital próprio da venda das mercadorias têm por base a permuta entre itens patrimoniais, constituindo um resultado realizado. Mas no caso de alteração do valor de um activo (ou passivo), os efeitos consistem apenas em modificação num item já existente, sem que o resultado se possa qualificar como realizado. Sê-lo-á quando o item for desreconhecido ou à medida que for usado. Quanto às transacções com os detentores do capital social, substanciais ou formais, viu-se já que não têm efeito na criação de resultado.

2.4. **O reconhecimento[31] dos factos contabilísticos faz-se no momento** da sua realização, ocorrência ou verificação, independente-

[30] Vêem-se aqui as transacções com os titulares do capital social no quadro dos factos contabilísticos, se bem que geralmente isso não seja teoricamente explícito.

[31] Reconhecimento é o processo para incorporar no balanço ou na demonstração dos resultados um item que cumpre a definição de um elemento (activo, passivo, capital

mente do momento de recebimento ou pagamento, incluindo-se como item nas demonstrações de relato contabilístico no período a que respeitam (regime do acréscimo). A mensuração[32] dos efeitos dos factos em condições normais tem como pressuposto a continuidade das actividades.

Mesmo cumprindo a definição de activo ou de passivo, para o reconhecimento de um item, é ainda necessário que seja suficientemente certa a possibilidade de fluxo de benefícios económicos e determinável com fiabilidade um custo ou um valor. Então, tem de admitir-se que o património contabilístico não abranja o efeito de todos os factos associados às actividades da empresa, como é o caso do *goodwill* gerado internamente. É uma limitação que se coloca a estudiosos, profissionais e utilizadores da contabilidade.

Na visão clássica da contabilidade, têm-se princípios fundamentais na escrituração, um dos quais é a prudência, levando a considerar a mensuração pelo custo, com ajustamentos que traduzam perdas potenciais. Actualmente, relevam mais as características qualitativas da informação dada pelo relato contabilístico, entre as quais aqui se destacam a fiabilidade (incluindo, p. e., a prudência e a substância sobre a forma) e a relevância (confirmativa e preditiva).

Em abono da fiabilidade na representação dos factos, faz-se prevalecer a substância e realidade económica face à forma legal. Um exemplo corrente surge com a contabilização dos activos em regime de *leasing* financeiro pela empresa que os usa e não pela empresa proprietária. Também responsabilidades e as perdas por imparidade previsíveis são reconhecidas independente de existir obrigação formal. E em geral os efeitos das transacções são reconhecidos pelas partes quando os riscos e vantagens sejam substancialmente transferidos e não necessariamente mediante a formalização delas. Logo, este princípio, seguido em obedi-

---

próprio, rendimento ou gasto) e satisfaz os critérios para reconhecimento (Cfr. EC, §82). A retirada total ou parcial de um item é designada por desreconhecimento. O IASB liga os factos directamente ao relato contabilístico e não à escrituração contabilística, na qual eles se exprimem em lançamentos e registos.

[32] Mensuração é o processo para determinar as quantias monetárias pelas quais os elementos das demonstrações de relato contabilístico devem ser reconhecidos e mantidos no balanço e na demonstração dos resultados, seguindo uma base de mensuração ou um modelo ou método nela fundado (Cfr. EC, §99). O uso deste vocábulo ajuda a desambiguar os significados que a "valorização" tem entre nós.

ência ao regime do acréscimo e em abono da qualidade da informação de origem contabilística, determina o momento em que os factos influenciam o capital próprio

Em respeito pela relevância adoptam-se várias bases de mensuração: o custo histórico, o custo corrente, o valor realizável, o valor descontado e, mais recentemente, o justo valor. As quantias do balanço espelham agora uma matriz de bases, modelos e métodos de mensuração[33] traduzindo não só o efeito de transacções, mas também, e muito, captando os efeitos de acontecimentos e circunstâncias.

Estas outras bases pretendem alcançar as quantias que seriam obtidas, no momento da mensuração, pela alienação ou cobrança de activos ou dispendidas pela aquisição de activos ou liquidação de passivos, tendo por referência preços em mercado (p. ex. cotações) ou modelos de cálculo adoptando dados de mercado (p. ex. taxas de juro e volatilidades).

O uso de bases de mensuração além do custo contribui para melhor informação sobre o valor económico criado ou acumulado. Mas, ao serem aplicadas a activos e passivos que permanecem, ajustam sucessivamente a estimativa sobre os benefícios económicos futuros (gerados ou sacrificados), trazendo para o capital próprio efeitos não realizados (potenciais). Existe o risco de a quantia efectivamente obtida ou dispendida pelo desreconhecimento futuro do item vir a ser significativamente diferente da quantia correntemente atribuída, neutralizando, anulando, ou invertendo o efeito que a mensuração teve no capital próprio.

Note-se que, mesmo fora da mensuração prudencial, há muito se utilizam estimativas e bases distintas do custo histórico (provisões, juro pelo método efectivo, revalorizações, etc.). Contudo, é a emergência do justo valor que tem exacerbado posições, discussões e clivagens entre estudiosos e profissionais relacionados com a contabilidade.

Segundo as normas do IASB, o justo valor é a quantia pela qual um activo poderia ser trocado ou um passivo liquidado entre partes conhecedoras e interessadas, numa transacção em que não estejam relacionadas. São apresentadas várias considerações para ajudar na obtenção do justo valor.

---

[33] Apenas o custo corrente (de substituição/reposição) terá menor expressão na mensuração de activos e passivos do balanço.

O IASB colocou em discussão uma proposta[34] na qual se define que "justo valor é o preço que seria recebido pela venda de um activo ou pago para transferir um passivo numa transacção ordenada entre agentes de mercado na data da mensuração". Clarifica-se que o justo valor é um preço de saída, ainda que sem concretização de tal saída, e que se contrapõe ao preço de transacção (pago ao adquirir um activo ou recebido ao assumir um passivo), como preço de entrada e definindo o custo histórico. Propõem-se três níveis de *inputs* para mensuração pelo justo valor: no nível 1, encontram-se as cotações de itens idênticos em mercado activo; no nível 2, encontram-se outros *inputs* que sejam observáveis, directa ou indirectamente, em mercado; no nível 3, ficam os *inputs* não baseados em dados observados em mercado.

O modelo proposto vai dar contributo positivo para a consistência e comparabilidade na mensuração baseada no justo valor, mas manter-se-ão riscos inerentes a uma mensuração captando resultados potenciais.

Na falta de cotação em mercado, as avaliações periciais podem ser subjectivas e os modelos calculatórios podem usar pressupostos distorcidos (p. ex. projecções de taxas de juro ou de cotações). Com mercado activo, pode tomar-se a "certeza" da cotação, não se atendendo a que pode estar influenciada por comportamentos especulativos, reacções psicológicas, manipulações etc. cujos efeitos sejam instáveis, tornando-a desaconselhada para mensurar itens que não vão ser rapidamente transaccionados ou liquidados.

Os preços de mercado podem ser voláteis, pelo que o recurso a eles para a mensuração traz volatilidade para a quantia dos excedentes e para todo o capital próprio. Por outro lado, crê-se que o justo valor influencia e é influenciado nas fases do ciclo económico, positivamente na fase de expansão/euforia, negativamente na fase de contracção/depressão. Talvez se encontrem ainda modelos que eliminem ou reduzam os efeitos desta espiral, balizando ou regulando o justo valor, reduzindo os riscos de volatilidade e de não realização futura para os excedentes ou défices reconhecidos.

Além disto, umas empresas têm no balanço mais itens cuja mensuração se baseia no justo valor do que outras e, para aqueles em que haja

---

[34] *Exposure Draft (ED/2009/5) – Fair Value Management*, Maio de 2009.

opção pelo justo valor nas normas contabilísticas, umas poderão escolhê-la e outras não, de tudo decorrendo a possibilidade de diferentes graus resultados não realizados nos capitais próprios; logo diferentes graus de exposição aos riscos de perdas no valor.

2.5. Os excedentes ou défices evidenciados no capital próprio são detalhados em várias rubricas; uma respeita ao resultado apurado no exercício e as restantes exprimem os resultados retidos na empresa ou o efeito de factos modificativos que a normalização contabilística afasta do resultado. Entre estes contam-se as doações, os subsídios para activos, os acréscimos por revalorização de activos, os ajustamentos no capital próprio de subsidiárias e associadas, as variações de justo valor de activos financeiros disponíveis para venda e as variações de justo valor em instrumentos de cobertura de fluxos de caixa ou de investimentos líquidos em unidades estrangeiras. Porém, muitas alterações de valor são incluídas no resultado o que é discutível, tanto pela natureza do facto, como comparativamente.

A crescente inclusão de efeitos de factos modificativos de extensão ou valor fora do resultado (de permeio com reservas fundadas em lucros) tem criado miscelânea no capital próprio. Por isso, foi criada uma nova demonstração contabilística para explicar as alterações do capital próprio. Mais recentemente, o IASB criou o *comprehensive income statement*[35] abrangendo não só o resultado do exercício mas também o efeito de outros factos modificativos de extensão ou valor nele não incluídos.

2.6. Os excedentes e a manutenção do capital podem ser vistos segundo o conceito de capital financeiro[36] (como dinheiro investido ou como poder de compra investido) e segundo o conceito de capital físico ou potencial operativo (como capacidade produtiva). As demonstrações

[35] Traduzido por "demonstração do rendimento integral". Cfr. Regulamento n.º 1126/2008, de 12 de Dezembro.

[36] Cfr. EC §102 e seg.. Estes conceitos parecem ser entendidos na perspectiva do investidor; daí a qualificação de "financeiro" (como activo financeiro daquele). O mesmo parece acontecer quando se usa a designação consagrada de "demonstrações financeiras"; para a entidade, essas demonstrações evidenciam os efeitos de factos em que esteve envolvida, tratados na óptica económico-financeira ou patrimonial.

de relato contabilístico são geralmente preparadas segundo o conceito de capital financeiro nominal (unidades monetárias nominais).

Pelo conceito de manutenção do capital financeiro, existe excedente/lucro[37] apenas se a quantia dos activos líquidos de passivos no fim do período exceder a correspondente quantia no seu início, depois de excluir quaisquer distribuições aos, e contribuições dos, titulares do capital durante o período (medindo os capitais por unidades nominais ou segundo o poder aquisitivo).

Lembra-se que podem existir transacções, acontecimentos ou circunstâncias que não cumprem os requisitos para reconhecimento[38], levando a que os seus efeitos não estejam incluídos nos excedentes e no capital próprio.

Tanto os excedentes gerados num período (resultado e outras variações no capital próprio associadas às actividades), como o capital próprio vindo do período anterior, entram em conta não só com factos contabilísticos modificativo-permutativos (efeitos realizados) como também com os factos contabilísticos modificativos de valor (efeitos não realizados); logo, são influenciados pelas bases, modelos e métodos de mensuração.

Com mais rigor, na determinação do capital financeiro e dos excedentes devem isolar-se os efeitos dos factos modificativos de valor prevenindo distribuições de bens aos titulares do capital que contem com excedentes positivos originados por mensuração de itens não prontamente transaccionáveis ou liquidáveis, evitando as saídas de fundos da empresa, não só antecipadamente, como passíveis de não ser compensadas com a realização de tais excedentes. Isto é ainda mais relevante quando for adoptado no normativo contabilístico nacional o conceito de "rendimento integral" que vai agora ser aplicado segundo as IFRS.

---

[37] A EC usa o vocábulo "lucro", mas prefere-se aqui "excedente", visto que entre nós o lucro está muito ligado ao resultado positivo de um exercício.

[38] O reconhecimento contabilístico requer que haja suficiente certeza quanto à obtenção de benefícios económicos e que exista um custo ou valor fiavelmente determinável. Como exemplo: os benefícios económicos de intangíveis gerados internamente apenas são reconhecidos se forem envolvidos numa transacção; pela entidade geradora, através por incorporação na contrapartida obtida pela transacção, e pela entidade adquirente, pela explicitação como *goodwill* na aquisição, mas apenas se âmbito de operação de concentração de actividades empresariais.

Deve ter-se em conta que as empresas com mais activos mensurados segundo o justo valor (como é o caso de empresas do sector financeiro da economia), em períodos de crescimento, acumulam ganhos significativos derivados de mensuração no capital próprio; mas no caso de retracção, sentirão mais o efeito de perdas. Em contexto de crise, as variações negativas no capital próprio por perdas de valor tenderão a surgir antes das perdas pelas transações e dos efeitos nos fluxos de tesouraria. Logo, os prejuízos terão significados diferentes; nuns casos podem estar ainda a anular ganhos potenciais incorporados nos itens do balanço e noutros podem estar já reflectir os efeitos de transacções realizadas.

2.7. Na linha da prevalência da substância e realidade económica sobre a forma legal aplicada ao tratamento dos factos, a contabilidade enfatiza a óptica da entidade económica em relação à óptica da entidade jurídica. Consequente, num grupo de empresas prefere-se a informação que espelhe a imagem do conjunto delas como se de uma única entidade se tratasse, dada pelas demonstrações contabilísticas em base consolidada.

Daí que, no normativo do IASB, quando se fala em demonstrações de relato contabilístico e tratando-se de grupo, estão subjacentes demonstrações de relato contabilístico consolidadas. E são cuidadosas as regras para definição das entidades a incluir no perímetro da consolidação, sendo abrangida qualquer entidade em que a substância da relação com a empresa consolidante indique ser controlada por esta[39]. Isto ajuda a evitar operações *off balance sheet,* designadamente as realizadas através de *special propose entities (SPE)* ou *strutured investment vehicles (SIV).*

A extensão do capital próprio pode ser diferente para o grupo e para a empresa-mãe, ainda que esta contabilize as participações nas suas subsidiárias e associadas em função do capital próprio destas. Isso decorre de o processo de consolidação agregar os activos e passivos das subsidiárias aos da empresa-mãe pela totalidade dos seus valores, ainda que a participação não seja a 100%, compensando-se com a criação de uma

[39] Cfr. SIC 12 do IASB.

rubrica expressiva da quantia atribuível a titulares de capital não pertencentes ao grupo.

Ora, como os activos e os passivos são integrados globalmente, também o capital próprio reúne a expressão de todos os interessados titulares de capital, juntando-se a quantia expressiva dos interesses minoritários ao capital próprio da empresa-mãe.

Tendo em conta que às quantias dos activos e dos passivos da empresa-mãe se juntam[40] as das subsidiárias e ao capital próprio os interesses minoritários, a estrutura das demonstrações contabilísticas consolidadas afastar-se-á da estrutura das demonstrações contabilísticas da empresa-mãe. A mesma empresa apresenta capital próprio, activos e passivos diferentes, conforme se esteja em presença de relato em base individual ou de relato em base consolidada[41].

Destarte, as entidades relacionadas com a empresa-mãe, mesmo os credores, preferem as demonstrações contabilísticas consolidadas, pelas quais avaliam o desempenho passado e perspectivam a tendência futura de criação de valor, face às demonstrações contabilísticas individuais, onde constam os activos cuja penhora está ao alcance. Vê-se a capacidade de gerar excedentes que assegurem juros e reembolso aos mutuantes e dividendos ou mais-valias aos titulares do capital mais do que os activos que cobrem os capitais contribuídos e mutuados.

3. Sinopse de reflexão

3.1. Pela doutrina e pela lei comercial, a sociedade poderá ser entendida como um centro de relações jurídicas com os titulares do capital e com terceiros ao abrigo e por força das quais se realizam actividades

---

[40] Com maior rigor, deve dizer-se que a agregação é complementada com a eliminação dos efeitos de transacções realizadas entre as empresas envolvidas na consolidação.

[41] Isto assim é porque na consolidação se segue agora a óptica da entidade económica, incluindo os interesses minoritários no capital próprio. Já pela óptica da entidade proprietária seriam incluídos no passivo e pela óptica mista seriam apresentados em rubrica própria entre o capital próprio e o passivo. Nestas últimas ópticas, a extensão do capital próprio não difere nas demonstrações de relato contabilístico individual e consolidado.

económicas com vista ao lucro. O património da sociedade é a expressão dos bens, direitos e obrigações resultantes dessas relações jurídicas. O capital social tem certas características e funções no âmbito das relações jurídicas da sociedade com os seus titulares e com os credores em geral.

Requer-se que determinados excedentes gerados pelas actividades sejam retidos, impedindo-se que concorram para distribuições aos titulares do capital; pela lei, essencialmente a benefício da protecção dos credores (reservas legais), e pelo contrato de sociedade, a benefício do seu desenvolvimento ou sustentação (reservas livres). Requer-se ainda que fiquem retidas as diferenças entre as entregas para realização de capital e a quantia nominal (ágios/prémios).

Mas nada se tem dito quanto aos resultados gerados por ganhos em mensurações e aos excedentes que são agora reconhecidos fora do resultado e de permeio com reservas. Os conceitos de lucro, de lucro distribuível e de conservação do capital da lei comercial têm estado em linha com a manutenção do valor histórico nos activos detidos e passivos incorridos, sendo insuficientes para tutelar os significativos excedentes não realizados, que agora afectam significativamente o capital próprio.

Por impulso da adopção dos normativos contabilísticos, o legislador alterou o art. 32.º do CSC[42] para colocar alguma limitação às distribuições aos sócios baseadas em efeitos positivos nos resultados ou outras componentes do capital próprio por adopção do justo valor na mensuração.

Contudo, não se precisou a indisponibilidade desses ganhos para incorporação no capital ou para cobertura de prejuízos, nem se falou de outros ganhos não realizados, como sejam os baseados em lucros não distribuídos por empresas participadas, reconhecidos por aplicação do método da equivalência patrimonial.

3.2. Pela teoria e pela norma contabilística, a empresa pode verse como um centro de actividades, baseadas em recursos, das quais se espera a criação de excedentes e de valor para os titulares do capital. O património da empresa é composto pelos activos como recursos necessários ao, ou decorrentes do, exercício das actividades, e pelos passi-

---

[42] Cfr. Decreto-Lei n.º 185/2009, de 12 de Agosto.

vos como obrigações necessárias ao, ou decorrentes do, exercício dessas actividades e que vão absorver recursos. O capital próprio é o interesse residual nos activos após dedução de todos os passivos, sendo o capital social um elemento histórico de referência ao qual se juntam excedentes e défices reconhecidos como efeitos de factos no decurso das actividades, deduzidos de distribuições aos titulares de capital.

A extensão do capital próprio, do activo e do passivo depende não só dos efeitos dos factos reconhecidos como também das bases, modelos e métodos usados na mensuração; consequentemente dependem do normativo contabilístico adoptado e diferem ainda na presença de relato em base individual e em base consolidada.

Os excedentes incluem benefícios económicos potenciais, alguns deles podendo ser voláteis e trazendo riscos à estabilidade ou manutenção do capital próprio, defendendo-se, por isso e em favor da qualidade da informação, a segmentação entre excedentes realizados e não realizados, ao arrepio da normalização contabilística internacional que preferiu a miscigenação, de que é exemplo o novo conceito de *comprehensive income*.

O interesse sobre os excedentes pode ser diferente na empresa de accionistas empresários e na empresa para accionistas investidores. Os empresários estão ainda próximos da perspectiva de um proprietário e temperarão entre dividendos que aumentam a riqueza financeira de imediato e retenções para desenvolvimento sustentado da empresa que vá aumentar a riqueza financeira no futuro. Os investidores não vêm ligações de propriedade nas suas participações e procuram majorar os dividendos para aumento da sua riqueza imediata, arbitrando eles novas aplicações para criação de riqueza financeira futura. As administrações são alinhadas com os interesses dos accionistas predominantes, orientando as estratégias e a gestão para a sustentação de excedentes a prazo ou para a criação e distribuição de excedentes de imediato.

Em períodos de euforia, os empresários ainda atendem ao risco de reversão a prazo dos ganhos imediatos e potenciais, enquanto os investidores jogam na oportunidade de potenciação desses ganhos. Na fase de depressão, os investidores saem quanto antes, deixando para outros o impacto das perdas.

3.3. Algumas vezes, os mutuantes parecem preocupar-se menos com o respeito pelas regras sobre a conservação do capital do que com a capacidade de sustentação do serviço da dívida (juros e reembolso), perspectivada em função de excedentes passados e futuros. Por vezes nem enfatizam a sustentação do reembolso, quando pensam não haver no futuro restrições à oferta de capital que os impeçam de renovar a dívida ou a outrem de tomar posição numa operação de refinanciamento.

Nestas circunstâncias, os accionistas tendem a minimizar o peso dos seus contributos e a levar as administrações a recorrer aos capitais de terceiros quando esteja subjacente "efeito de alavanca" positivo, ou seja quando a taxa de rendibilidade dos activos supera a taxa do custo médio dos capitais alheios. Nessas condições, quanto menor for o peso do contributo dos accionistas, maior é o excedente unitário gerado para eles e menor é a taxa do custo médio ponderado dos capitais investidos[43].

Algumas vezes os accionistas e os administradores[44] utilizam estratégias sobre o capital social e o capital próprio. Pela amortização de acções próprias ou redução do capital, contrariando o princípio da fixidez ou da estabilidade, cada accionista que se mantenha passará a ter maior parcela nos excedentes futuros. Por distribuições de dividendos agressivas, converte-se valor em riqueza financeira dos accionistas e reduz-se o preço da empresa para o caso de transacção de posições de controlo ou influência. Substituindo entradas de capital por suprimentos, os sócios libertam-se das limitações que a rigidez do capital social lhes coloca ao reembolso, podendo ainda ter ganho pela aceitação dos juros como gasto fiscal.

Se, no caso de estratégias baseadas na amortização de acções e de redução do capital, a norma legal define condições para protecção dos credores e dos accionistas, já no caso de estratégias baseadas na distribuição de dividendos apenas se aplicam as normas gerais sobre a conservação do capital e a distribuição de bens aos seus titulares, se bem que nesta matéria o legislador tenha introduzido agora alguma cautela.

---

[43] WACC – *weighted average cost of capital.*

[44] Tomam-se por referência as sociedades anónimas, mas as situações que se referem podem, eventualmente com adaptações, verificar-se também relativamente a sócios noutros tipos de sociedades.

3.4. As estratégias financeiras usadas para criação de excedentes e de valor para os accionistas que as controlam têm directa ou indirectamente suporte nos mercados de capitais e dependem do funcionamento da vertente financeira da economia, nem sempre se dimensionando os riscos.

Em situação de crise financeira, quebra-se a espiral de lucros, reduz-se ou desarticula a massa dos capitais oferecidos e cria-se desconfiança nas operações financeiras. As empresas podem ter restrições na quantidade e no preço do crédito, limitando, não só a "alavancagem" financeira, mas também a renovação da dívida ou mesmo a realização de investimentos.

O capital social poderá ter assumir mais relevo para sustentação da empresa. Mas nem sempre o accionista vê esse caminho quando os resultados se ressentem por alterações nos ganhos pela estrutura financeira e pela reversão de ganhos potenciais incluídos nos itens do balanço e, a seguir, por desequilíbrios nas actividades. Isto ainda mais quando se tem peso significativo de accionistas investidores, que possivelmente não são os mesmos que beneficiaram antes do efeito dos ganhos.

3.5. Para combinação entre os contributos de accionistas e os empréstimos dos credores, os intervenientes nem sempre atendem a folga de meios para garantia geral dos credores; o capital social mínimo, a conservação do capital nas distribuições de lucros e a sub-capitalização são vistos quase apenas como regras determinadas pelo direito das sociedades ou pelo direito fiscal.

De facto, é relevante também atender a factores económico-financeiros (rendibilidades, estrutura financeira, etc.)[45], ponderando o efeito dos ganhos potenciais por mensuração no activo, passivo e capital próprio.

Adicionalmente, em respeito pela conservação do capital, deveria ser retirada ao resultado do período (mesmo que fosse ou ficasse negativo) a quantia correspondente à actualização do capital social em função

---

[45] Além do indicador de *financial leverage* (FL), já falado, releva, p. ex., o dos *earnings before interest, taxes, depreciation and amortization (EBITDA)*, sobre os excedentes económicos livres para remunerar os interessados (accionistas, credores e Estado) e para reposição de investimento. Frequentemente, este indicador é visto impropriamente como representativo de fluxo de caixa.

da alteração geral dos preços e, como se disse antes, afastados do lucro distribuível os ganhos potenciais, estejam nos resultados do período ou em outras rubricas do capital próprio.

Tudo considerado, sustentava-se a continuação da empresa, dos juros e dos lucros. Logo, poderia não se ter estabilidade do capital, mas sustentava-se a estabilidade da sociedade, mitigando riscos, no interesse dos credores e dos accionistas.

Isto seria facilitado e estimulado com um modelo dual de relato contabilístico, dando (i) informação baseada nos valores históricos (preços de entrada), privilegiando o apuramento de resultados realizados, e (ii) informação baseada em valores de benefícios económicos (preços de saída), estendendo-se aos resultados potenciais. Julga-se que tal modelo seria útil para todos os que integram o amplo e diversificado leque de interessados na informação contabilística e evitaria constrangimentos a aprofundamentos na vertente da contabilidade orientada pelo valor económico.

A crise financeira de 2007-2009 e as suas diversas implicações globais (A propósito da reunião do G-20 de 2 de Abril de 2009)

José Renato Gonçalves

Professor da Faculdade de Direito da Universidade de Lisboa.
Doutor em Direito (Ciências Jurídico-Económicas)

RESUMO

Perante os desafios da crise de 2007-2009, o Grupo dos 20, na cimeira de Londres de Abril de 2009, comprometeu-se a tudo fazer para restaurar a confiança e o crescimento, reparar o sistema financeiro, reforçar a regulação e financiar e reformar as instituições financeiras. O Plano será apropriado?

Palavras-chave:
Grupo dos 20 (G-20)
Cimeira de Londres de 2009 (do G-20)
Crise financeira de 2007-2009

ABSTRACT

Facing the financial crisis of 2007-2009, the Group of Twenty, met in London on 2 April 2009, committed to do whatever is necessary to restore confidence and growth, to repair the financial system, to strengthen regulation and to fund and reform the financial institutions. Is the Plan adequate?

Keywords:
Group of Twenty (G-20)
The London Summit 2009 (of G-20)
Financial crisis of 2007-2009

1. A crise financeira de 2007-2009 (ou de 2007-2010...) distingue-se de outras crises financeiras, em primeiro lugar, pela sua inusitada dimensão, a par das suas implicações, a uma escala verdadeiramente global. Apesar de se ter manifestado primeiro nos Estados Unidos e no Reino Unido, foi sobretudo no primeiro dos dois países que se tornou verdadeiramente assustadora e dificílima de controlar – em particular quando, após o final do Verão e começo do Outono de 2008, todo o sistema financeiro atingiu um elevado risco de colapso, receando-se, justificadamente, as consequências catastróficas, para aquela economia e, em geral, para a economia mundial, que hoje abrange virtualmente todos os países do mundo, interdependentes entre si como nunca o foram ao longo da história.

Nos últimos anos, em especial desde o virar do milénio, não faltaram os arautos dos males irremediavelmente decorrentes de múltiplos desequilíbrios, défices económicos e financeiros registados em vários países, a começar pelos EUA. No entanto, e sem prejuízo de importantes excepções, todos os avisos de desgraça iminente nunca chegaram a ser levados verdadeiramente a sério pela generalidade dos públicos. Parecia acreditar-se, e desejar-se, que, mesmo que os desequilíbrios fossem muito significativos, nunca seria de excluir que o ajustamento pudesse ser (sempre?) adiado, ou que só ocorresse a um ritmo suave. Os cenários negros, que alguns (muito poucos em tempos de expansão económica e de especulação nos mercados) ousaram apresentar como possíveis, nunca chegaram a ganhar grande projecção mediática, ou mesmo a ser considerados como tal, excepto talvez a título de mera curiosidade e junto de públicos restritos.

Ainda no último trimestre de 2008, diversos responsáveis governamentais de países europeus (da Alemanha a Portugal, passando pela França e pela Espanha) não hesitaram em declarar que a crise financeira, com origem inequívoca nos EUA, teria, precisamente por essa razão, os seus efeitos mais graves e nocivos confinados às fronteiras daquele país, nem se admitindo que as consequências pudessem atingir, significativamente, o velho continente. Nesse sentido, «ter-se-ia» de concluir, como se fez, que o combate ao problema caberia no essencial aos governantes norte-americanos. Uma vez mais, e até ao nível mais elevado da governação, parecia desconhecer-se tanto a natureza como a dimensão dos desafios e, talvez ainda mais impressionantemente, o próprio sentido do sistema financeiro e o seu modo de funcionamento – objecto de análises aprofundadas ao longo das últimas décadas, sem esquecer a sua evolução desde o século XIX. Escassos meses antes da crise financeira de 2007-2009 se ter manifestado com todo o vigor, poucos admitiam como possíveis cenários assustadores como aqueles que os institutos oficiais confirmariam depois.

2. Se a surpresa foi quase total para a maioria das pessoas quanto ao momento em que a crise eclodiu, ou mesmo quanto à velocidade e intensidade com que alastrou à escala quase universal, o mesmo não se pode dizer quanto à percepção da necessidade, ou inevitabilidade, de ajustamento, em face dos desequilíbrios acumulados. Note-se, a título de exemplo, a preocupação recorrente com os défices ditos «gémeos» (externo e orçamental) dos EUA, que fizeram correr muita tinta, tanto em publicações especializadas como mais genéricas, e de militâncias várias, atendendo à sua impressionante dimensão absoluta (em termos relativos, os desequilíbrios eram, e continuam a ser, mais graves noutras paragens, incluindo bem próximas, como Portugal e Espanha, no que toca ao défice externo).

Tudo isso resultou das alterações económicas (e sociais, políticas, culturais...) ocorridas nos últimos anos, por efeito do processo correntemente designado por globalização. A abertura ao comércio externo, implantada passo a passo desde o final da Segunda Guerra Mundial, só poderia conduzir a uma reconfiguração global, assente num conjunto de instituições e de princípios jurídico-económicos fundamentais, sedimentados em torno de organizações de inspiração capitalista, como o Fundo Monetário Internacional (FMI) e o Acordo Geral sobre Tarifas Aduaneiras e Comércio (GATT), e, mais recentemente, a Organização Mundial do Comércio (OMC) – restringindo o enunciado ao campo universal. É o que tem sucedido; é o que, admissivelmente, continuará a suceder, ao ritmo determinado pelo número e pela natureza dos entraves que vierem a ser erigidos por cada país e pelo concerto encontrado por todos.

Habituada a mundos compartimentados («Primeiro Mundo», «Segundo Mundo», «Terceiro Mundo», «Quarto Mundo»), a humanidade não poderia permanecer impassível perante o desmoronamento das velhas fronteiras políticas, económicas, culturais, ideológicas... As novidades do processo evolutivo, ora incorporadas com naturalidade, dadas as vantagens que oferecem, ora dando lugar a apreensões ou fortes resistências, junto de amplos grupos sociais e profissionais. É difícil a adaptação a certas mudanças, sobretudo para os que se habituaram a viver bem, porque a abertura do «Primeiro (ou de qualquer outro) Mundo» aos restantes «Mundos» implica, mesmo que a ritmos díspares, uma repartição distinta das benesses do crescimento, tanto entre povos e países como entre grupos sociais e profissionais.

A crise financeira de 2007-2009, como outras grandes crises que o mundo teve de enfrentar, traduz certamente uma etapa, entre outras, num processo mais vasto. Em função das suas consequências espaciais (continentais, nacionais, regionais), justifica percepções divergentes consoante a latitude. Para a maior parte dos habitantes dos países mais desenvolvidos, é naturalmente penoso perceber, «na pele», que deixaram ou deixarão de perdurar as taxas de crescimento a que «todos» se tinham habituado, em parte devido à nova participação no concerto mundial dos «irmãos do sul». O balanço do fenómeno da globalização diverge nos países (menos desenvolvidos) do sul, cujas taxas de crescimento, em termos médios e ao longo dos últimos anos, têm ultrapassado amplamente as registadas nos países do hemisfério norte (comparativamente mais desenvolvidos), prevendo-se que esse sentido de evolução se aprofunde mais no futuro.

Em qualquer caso, e independentemente dos múltiplos casuísmos nacionais, apenas evocados, não subsistem dúvidas quanto à profundidade e gravidade dos desafios.

3. A crise financeira de 2007-2009 manifestou-se primeiro com as graves dificuldades de liquidez que atingiram importantes empresas

financeiras, nuns casos conducentes à falência, noutros exigindo auxílios financeiros por parte do Estado. A escassez de liquidez deveu-se à excessiva «alavancagem», por estratégias de crescimento demasiado arriscadas, a à fraca qualidade dos activos, debilidades facilitadas por juros reduzidos, desde o final da última década do século XX. Como muitos dos activos não eram realizáveis, dada a sua «toxicidade», as tesourarias ficaram prejudicadas. Os programas de reestruturação e de redução de custos, apoiados por mais auxílios do Estado, foram insuficientes para evitar a insolvência e o encerramento de empresas, também do sector financeiro.

Muitos dos apoios públicos a instituições de crédito foram mal compreendidos pelas opiniões públicas, por não se perceber facilmente qual a utilidade de intervenções mais radicais, incluindo o velho instituto da nacionalização, agora revitalizado. Mesmo assim, e como salientaram alguns dos principais responsáveis políticos, admitia-se que as dificuldades financeiras, concentradas de início em países como os EUA, o Reino Unido e a Islândia, não atingissem outras com intensidade. Mas esta perspectiva teve de ser revista à medida em que se revelaram as implicações económicas e financeiras da crise e em que se recordou a estreita conexão entre o sistema financeiro e a designada economia real.

A interconexão íntima entre o sistema financeiro e a economia real só parece ter sido percebida, por certos responsáveis políticos de vários países, após a divulgação de novos dados estatísticos de sentido negativo, atinentes aos mais relevantes agregados económicos – como os do comércio internacional e da produção, incluindo a evolução do emprego. Embora muito divergentes de país para país, o seu sentido geral afigurava-se claro: dificuldades sérias e persistentes, sem afastar a hipótese de um desastre económico e social em vários países – cenário que obrigou a sucessivas revisões em baixa das anteriores previsões, por organizações como o FMI, o Banco Mundial, ou a OCDE e a União Europeia.

As novas previsões para o ano de 2009 admitiam que os países mais desenvolvidos pudessem registar, em média, uma quebra do PIB superior a 5%, enquanto os restantes, ditos menos avançados e independentemente da dimensão, como a China ou a Índia, veriam a sua taxa de crescimento baixar para cerca de (+) 6,5% do PIB (no primeiro caso, 4,5% no segundo). Independentemente das incertezas que sempre acompanham as previsões, ampliadas em épocas de grandes crises, afigurava-se seguro que, a acreditar naquelas antecipações e pela primeira vez em décadas, o conjunto da economia mundial pudesse cair pronunciadamente, o mesmo sucedendo com o comércio internacional, de forma também abrupta[1].

4. Todas estas mudanças rápidas não são geograficamente uniformes. Nos diversos países e actividades, tanto a norte como a sul, procura-se, no essencial, uma adaptação o menos dolorosa ou tumultuosa e o mais frutífera possível, a fim de obter as máximas vantagens comparativas, formando assim uma nova estrutura económica internacional, a que corresponderá uma nova ordem, de contornos ainda imprecisos, mas que dificilmente comportará maiores barreiras ao comércio e às liberdades de circulação de pessoas, de capitais e de pagamentos – apesar dos vários sinais e vozes com sentido contrário.

De qualquer modo, perante profundas divergências nas capacidades produtivas nacionais, a necessária adaptação aos novos desafios não será idêntica, mesmo que isto só aparente preocupar poucos países. A Alemanha, por vários motivos, incluindo o seu peso económico das relações

---

[1] Em vários relatórios publicados entre o último trimestre de 2008 e o início do mês de Maio de 2009, o Fundo Monetário Internacional (a par de outras organizações económicas, de âmbito mais ou menos alargado, incluindo a OCDE e a União Europeia) procedeu a análises exaustivas da situação económica e financeira internacional, regional e nacional e previu, com base nas referidas análises, uma quebra cada dia mais acentuada da produção das várias economias, em especial dos países mais desenvolvidos. Embora concretizadas em dezenas de relatórios do FMI, publicados na altura, as principais previsões desta organização internacional foram incluídas no seu *World Economic Outlook*, de Abril de 2009, em que se admite, para o mesmo ano, um decréscimo do PIB de (-) 1,3% para a economia mundial, um decréscimo de (-) 3,8% para as economias avançadas (-2,8% para os Estados Unidos da América; -4,2% para a Zona Euro; -6,2% para o Japão; -5,6% para os novos países industrializados da Ásia) e um crescimento de (+) 1,6% para as economias emergentes de mercado e em vias de desenvolvimento (2% em África; -6% na Rússia; 6,5% na China; 4,5% na Índia; -1,3% no Brasil; -3,7% no México). Cfr. FMI, *World Economic Outlook*, Washington, Abril de 2009 (também disponível no sítio internet < fmi.org >. No que respeita à conexão recorrentemente atribuída entre o comércio internacional e o crescimento e desenvolvimento económicos, e para além de numerosa doutrina sobre o tema, designadamente no domínio das relações económicas internacionais ou da economia internacional, pode confrontar-se, por último, o estudo de P. Love / R. Lattimore (2009), *International Trade. Free, Fair and Open?*, OCDE, Paris.

internacionais e o impressionante historial de estabilidade monetária na segunda metade do século XX, é o país que mais tem sido acusado de precaução «excessiva» (sem precedente, a sua chefe do governo critica agora abertamente a política monetária laxista, alegadamente prosseguida pelos principais bancos centrais do mundo: a Reserva Federal e o *Bank of England*). Outros países optaram por políticas expansionistas, provavelmente com justificação bastante e sem hesitação, embora fazendo tábua rasa dos anteriores e muito generalizados credos na estabilidade monetária[2].

A adaptação às novas circunstâncias é penosa, pouco podendo evitá-lo. Às maiores exigências de adaptação, num quadro concorrencial global, contrapõem-se por vezes resistências, ora alicerçadas num passado ou num imaginário de direitos económicos e sociais «adquiridos», ou «conquistados», mesmo que cedo ou tarde entrem em confronto com tendências avassaladoras de pendor liberalizante, de que podem resultar efeitos humanamente injustos – desde a exclusão pessoal, como a decorrente do desemprego, até à pobreza extrema e às desigualdades económicas e sociais profundas.

5. A confirmação de um cenário de crise financeira gravíssima levou a que os responsáveis políticos procurassem um conjunto de instrumentos apropriados para o enfrentar. As previsões económicas cada dia mais negativas obrigaram, por pressão das opiniões públicas, a uma forte intervenção pública. Esses esforços foram mais visíveis nos países onde se tinham realizado eleições há pouco tempo e as esperanças de

---

[2] Dir-se-ia que, tal como antes se tinha acolhido praticamente sem reservas a crença total no valor da estabilidade monetária – uma espécie de panaceia suficiente para a resolução dos principais problemas económicos –, muito mais recentemente todos ou quase todos parecem sustentar e dispõem-se a adoptar, sem qualquer crítica maior, uma política de sinal precisamente inverso. Nada, afinal, que já não tivesse acontecido, e repetidamente, no passado (tornando decerto a suposta «excepção» em regra, como notou a esse propósito John Kenneth Galbraith). Todavia, precisamente no dia seguinte à inédita intervenção crítica da chanceler Angela Merkel, em 2 de Junho de 2009, o responsável máximo da Reserva Federal dos EUA, Ben Bernanke, sublinhou, no Congresso, que a política orçamental adoptada seria insustentável no médio prazo, para além de produzir efeitos inevitavelmente nocivos no crescimento, sendo por isso urgente equacionar quanto antes uma solução para o défice orçamental.

mudança eram mais intensas, como nos EUA, com a eleição, em Novembro de 2008, de Barack Obama.

O estado calamitoso da economia não afastava a hipótese de um colapso «sistémico», em consequência da crise financeira manifestada com maior nitidez após o dia 15 de Setembro de 2008 ([3]). Se dúvidas houvesse até essa data sobre a dimensão da crise – quando já se conheciam os problemas sérios que tinham atingido outras importantes empresas financeiras norte-americanas, durante o mesmo ano, como o Bear Stearns, a Fannie Mae ou o Freddie Mac, para além da Merrill Lynch, da AIG e do Lehman Brothers –, logo se desvaneceram quanto às probabilidades de agravamento e disseminação dos problemas do sector financeiro.

No início, não faltou quem julgasse que os EUA seriam os únicos responsáveis pela crise e que esta se confinaria às fronteiras daquele país, a quem deveria competir a responsabilidade exclusiva da sua resolução. Com o decorrer do tempo, percebeu-se que nem os efeitos se limitariam àquele território, nem as medidas a adoptar pelas respectivas autoridades bastariam. Pior: os governos de cada vez mais países aperceber-se-iam que, para além da crise financeira, com todas as suas implicações, importava levar em conta os seus efeitos sobre a economia real: produção, emprego, circulação, consumo. A crise económica, subsequente à crise financeira, com forte quebra da produção e do emprego, com «recessão», que a todos ou quase todos aflige, seria mais grave do que se as dificuldades se confinassem aos mercados financeiros e seus operadores.

Apesar de se ter tornado quase moda o ataque aos mercados financeiros e seus operadores, como se todos os que a eles recorrem ou neles operam fossem parasitas ou até infractores, muitos tiveram oportunidade para constatar, nos últimos meses de 2008 e em 2009, que não só os mer-

---

[3] Foi nesse dia, recorde-se, que as autoridades norte-americanas decidiram salvar a gigantesca seguradora AIG (American International Group), a maior do mundo – mediante um empréstimo de 85 mil milhões de dólares contra o controlo de 80% do capital social do gigante financeiro – mas não o conhecido banco de investimentos Lehman Brothers – que teve de recorrer ao regime de falência, a maior da história, e de, nesse quadro, alienar importantes divisões e os próprios edifícios da sede ao banco britânico Barclays –, ao mesmo tempo que se anunciou a aquisição da Merril Lynch – fortemente penalizada pelo crédito *subprime* e pela crise do mercado imobiliário, conducentes a fortes quebras da respectiva cotação bolsista – pelo Bank of America.

cados financeiros oferecem, desde há muito, uma função absolutamente essencial a toda a economia – de financiamento, a par de outras –, como a estreita interconexão entre as duas componentes (financeira e real) da economia torna praticamente irrealizável o desejo declarado de alguns de impor (sendo isso possível) uma proibição legal de incomunicabilidade das dificuldades entre ambas as componentes. Sendo comunicáveis os problemas da economia financeira para a economia real, só se poderia esperar um impacto real calamitoso da crise de 2007-2009, com forte quebra da produção, do emprego e do consumo. Excepto se os governos pudessem e decidissem prosseguir políticas activas aptas a atalhar a crise financeira, impedindo a sua propagação. Daí as grandes esperanças das opiniões públicas nas capacidades de uma acção política completamente eficaz, sobretudo quando exercida por dirigentes recém-eleitos em quem muito se confiara (como Barack Obama).

6. A exigência de uma intervenção pública «máxima», segundo os cânones passados, ou «suficiente», segundo os actuais, cuja delimitação sempre poderia levantar controvérsia, tendo por objectivo travar a concretização das previsões negativas, passou a merecer apoio amplo nos mais diversos países, como se se tratasse de uma intervenção normal ou «habitual» – o que correspondia a uma importante inovação no campo das políticas económicas.

Surpreendia que países pouco ou nada habituados a uma forte intervenção do Estado na economia, como os EUA, se tornassem nos primeiros e mais convictos defensores desse tipo de iniciativa, ao aprovarem gigantescos programas financeiros de apoio, tanto ao sistema financeiro como à economia real, comprometendo, por outro lado, as tradicionais regras de equilíbrio orçamental e de sustentabilidade financeira. As consequências iriam perdurar, em termos de desequilíbrios e de insustentabilidade financeira, com prováveis efeitos nocivos no crescimento, como acabou por advertir a Reserva Federal, na linha dos alertas de organismos e serviços independentes, tanto internacionais como nacionais, incluindo os serviços de orçamento do próprio Congresso (advertindo em geral para o impacto orçamental e patrimonial de médio e de longo prazo), para além das resistências da oposição. Admitiu-se um agravamento da notação da dívida pública do país, inédito no caso dos Estados Unidos.

Para além da necessidade de intervenção pública na economia – para a estimular, ou, pelo menos, procurar travar a sua quebra brusca, repetidamente anunciada com alarme –, cedo se percebeu que não bastava uma intervenção nacional, mesmo se levada a cabo com toda a firmeza pela maior economia do mundo. Os efeitos nocivos da instabilidade financeira tinham alastrado assustadoramente, transpondo todas as fronteiras e parecendo confirmar os piores receios de ineficácia das medidas monetárias já adoptadas, algumas delas concertadas entre os mais importantes bancos centrais do mundo, a fim de manter em funcionamento os mercados interbancários.

A paralisia dos mercados monetários interbancários repercutir-se-ia no funcionamento de todo o sistema financeiro, em especial dos subsistemas bancário e de pagamentos, prejudicando toda a actividade económica e podendo atingir o ponto funesto de colapso do sistema de pagamentos. Os problemas eram mais graves do que alguma vez o tinham sido ao longo das últimas décadas, desde a Grande Depressão (ocorreram várias crises financeiras muito graves, em geral restritas ao espaço nacional – por exemplo, a crise mexicana, nos anos oitenta e nos anos noventa, a crise argentina, no início da primeira década do século XXI –, mas nem sempre – como foi o caso da crise financeira asiática, no final da década de noventa, a que se voltará a fazer referência).

Devido à gravidade do problema, com risco de alastramento global, não bastava o recurso aos instrumentos nacionais. A actuação do Estado, mesmo do mais poderoso do mundo, não era suficiente. Não se tratava, propriamente, de questão nova. Depois da Segunda Guerra Mundial, em diversas ocasiões, foi necessário recorrer à cooperação económica e financeira internacional. O sistema monetário internacional e o FMI, tal como o Banco Mundial, resultaram precisamente da cooperação económica entre Estados, o mesmo tendo acontecido com vários compromissos de estabilização cambial. Na sequência dos problemas financeiros asiáticos de 1997-1998, quando os riscos de alastramento se agravaram e mais uma vez se evidenciou a insuficiência dos recursos financeiros do FMI para acorrer às dificuldades, houve que dar passos no sentido de solucionar e prevenir problemas. Foi, aliás, nesse contexto que nasceu o «G-20», agora solicitado a responder às dificuldades decorrentes da crise financeira de 2007-2009 e a oferecer uma reforma institucional que evite a repetição deste tipo de problemas no futuro.

7. O G-20 surgiu por iniciativa do G-7, em Setembro de 1999, quando os ministros das finanças e os governadores dos bancos centrais dos países mais industrializados do mundo (o G-7: Estados Unidos da América, Japão, Alemanha, França, Reino Unido, Itália e Canadá) propuseram a ampliação do diálogo em questões centrais de política económica e financeira a todas as economias «sistemicamente relevantes», a fim de alcançar um crescimento económico global «estável e sustentável» em benefício de todos. Nesse sentido, foram convidados os responsáveis de um número de países «sistemicamente relevantes» das várias partes do mundo para uma reunião em Berlim, em Dezembro do mesmo ano. O Grupo dos 20 (G-20) inclui 19 países (África do Sul, Alemanha, Arábia Saudita, Argentina, Austrália, Brasil, Canadá, China, Estados Unidos da América, Federação Russa, França, Índia, Indonésia, Itália, Japão, México, Reino Unido, República da Coreia e Turquia) e a União Europeia. Nas reuniões dos ministros das Finanças e dos governadores dos bancos centrais do G-20 participam também o director do FMI e o presidente do Banco Mundial, bem como os presidentes do Comité Monetário e Financeiro Internacional e do Comité de Desenvolvimento[4].

O G-20 agrupa economias avançadas e economias emergentes mas «sistemicamente relevantes», representando cerca de 85% do PIB e de 2/3 da população mundial. Na sua origem, conforme se referiu, esteve outra grave crise financeira internacional, a crise asiática, que atingiu primeiro a Tailândia, em meados de 1997, e se estendeu depois a outras economias emergentes da Ásia, intensificando-se nos dois anos seguintes, para atingir, designadamente, tanto a Rússia como a América Latina. Entre as causas mediatas dessa crise estiveram as profundas alterações ocorridas na economia internacional desde os anos 70 (do século XX).

---

[4] De acordo com a deliberação dos ministros das finanças do G-7, adoptada em Colónia em Junho de 1999, pretendia-se que os participantes trabalhassem em conjunto «com o objectivo de estabelecer um mecanismo informal para o diálogo entre países sistemicamente importantes no quadro do sistema institucional de Bretton Woods». Cfr. G-7, *Statement of G-7 Ministers and Central Bank Governors*, Washington, D.C., (25 de Setembro de) 1999; Idem, *Report of G-7 Finance Ministers to the Köln Economic Summit*, Colónia, Alemanha, (18–20 Junho de) 1999; M. Sobel / L. Stedman, *The Evolution of the G-7 and Economic Policy Coordination*, *oc. paper* 3, U. S. Department of the Treasure, Washington, 2006; G-20, *The Group of Twenty: A History*, Western Cape, África do Sul, 2007, pp. 7 e ss.

Para as principais economias industrializadas, teria sido possível continuar a resolver entre si os principais problemas, como o haviam feito no âmbito do G-5 e, depois, do G-7, desde os anos 70 e 80. Mas essa metodologia tornara-se mais complexa com o avançar dos anos 90, à medida em que caía o peso do G-7 na economia mundial, dado o rápido crescimento dos países emergentes.

Com essa evolução, a economia internacional tornou-se crescentemente integrada. O comércio transfronteiriço acelerou em resposta à liberalização promovida primeiro sob os auspícios GATT e, depois, da OMC. Entre 1991 e 2006, o comércio internacional como proporção do produto (PIB) aumentou de cerca de 40% para 62%, dado o reforço do peso dos mercados emergentes, em consequência da transição de economias centralmente planificadas (típicas do sistema socialista) para economias abertas de mercado (típicas do sistema capitalista). No mesmo período, a proporção no comércio externo dos países do G-20 não incluídos no G-7 quase duplicou, de 11% para 19%.

A liberalização dos mercados de capitais, nas economias industrializadas e, depois, nas emergentes, contribuiu também para o aumento dos fluxos monetários transfronteiriços, tornando diversas economias emergentes, a começar pela China, receptoras principais de investimento directo estrangeiro. O mesmo aconteceu com o volume de reservas detidas por esses países, ampliadas nos últimos anos no quadro de uma estratégia de defesa contra crises futuras. A proporção de reservas externas dos Estados do G-20 não pertencentes ao G-7 passou de 14% para 43% entre 1991 e 2006. O maior *stock* de reservas em divisas pertence hoje à China, que ultrapassou a posição cimeira do Japão em várias décadas. Em meados de 2008, a Rússia ocupava a terceira posição nesse *ranking*; depois, sofreu uma redução drástica de reservas em resultado do impacto da crise, da excessiva exposição ao crédito internacional e da forte dependência das receitas de produtos energéticos (como o gás natural e o petróleo, cujo preço chegou a cair cerca de 70% em meio ano, recuperando depois).

A maior interdependência dos países, devido à expansão do comércio e dos fluxos de capital transfronteiriços, aumentou a exposição aos choques externos, tornando imprescindível o reforço da cooperação internacional. Foi já neste contexto que surgiu o projecto de cooperação económica da Ásia e do Pacífico (APEC), em 1989, incluindo três membros do G-7 (Canadá, EUA e Japão) e cerca de duas dezenas de outros países. Mais tarde, na sequência da crise do peso mexicano, os dirigentes máximos do G-7, reunidos em Halifax, em Junho de 1995, também entenderam como absolutamente essencial o apoio de um número de economias industrializadas emergentes para o fortalecimento da arquitectura financeira internacional.

A preocupação de incluir as mais importantes economias emergentes e outras industrializadas com forte peso foi um objectivo deliberado do G-7, em particular dos EUA, com o fim de encorajar a participação e a assumpção de maiores responsabilidades por parte daqueles países no funcionamento do sistema financeiro internacional, ampliando assim a cooperação económica e financeira para além do âmbito restrito do G-7 e do G-10.

8. Independentemente da maior ou menor extensão dos êxitos alcançados pelo G-20, que agora não cabe desenvolver ou pormenorizar, o certo é que os grandes problemas da economia mundial passaram a poder ser debatidos num outro fórum, mais abrangente e mais diversificado e representativo do mundo actual do que o selecto e «tradicional» G-7 – sem prejuízo de este se manter, em composição estrita ou como G-8[5].

A preocupação com as repercussões da crise de 2007-2009 conduziu à convocação de uma reunião do G-20, para 15 de Novembro de 2008, em Washington, apesar de não terem faltado os que logo questionaram a sua utilidade, dado que o anfitrião, o presidente dos EUA, se encontrava em fim de mandato, tendo já sido eleito o seu sucessor. Alguns governantes, como o presidente da França, Nicolas Sarkozy, reclamaram a presença na cimeira do presidente americano eleito, Barack Obama, que, no entanto, o recusou, sublinhando que em cada momento só existe

---

[5] Sobre a evolução e os progressos alcançados pelo G-20 desde a sua criação – em domínios que vão desde a preocupação em enfrentar as crises financeiras até aos acordos para o crescimento, para a redução dos abusos no sistema financeiro, para a adopção de padrões internacionais de transparência financeira, para o combate à lavagem de dinheiro e a outras actividades ilícitas, incluindo a evasão fiscal e o financiamento do terrorismo – podem confrontar-se os comunicados oficiais e outros documentos, em G-20, *The Group of Twenty: A History*, cit., M. Sobel / L. Stedman, *The Evolution of the G-7 and Economic Policy Coordination*, cit., para além do sítio internet < g20.org >.

um presidente federal, sendo esse, ainda, na altura, George W. Bush. Na cimeira, os chefes de Estado e de Governo e os ministros das finanças do G-20 concordaram na aplicação de um plano destinado a pôr cobro à crise internacional e a reforçar os meios de transparência e de fiscalização dos mercados, bem como a intensificar a regulação, promover a integridade dos mercados financeiros, consolidar a cooperação e reformar as instituições financeiras internacionais, através de medidas imediatas, a concretizar antes do final do mês de Março de 2009, e de outras medidas de médio prazo.

Na reunião de Washington, os membros do G-20 comprometeram-se a encontrar-se de novo em Abril de 2009, em Londres e aceitaram defender uma economia global aberta, implicando, entre outras obrigações, a não discriminação negativa dos bens produzidos no exterior, promessa que, todavia, a maior parte dos presentes iria violaria, de acordo com os relatórios de acompanhamento elaborados, designadamente pelo FMI, cujo Director-Geral, Dominique Strauss-Kahn, por declaração de 13 de Fevereiro, em Roma, na véspera da reunião do G-7, advertiu os governos contra práticas proteccionistas «pela porta dos fundos», com o objectivo de auxiliar a economia nacional em face da queda generalizada da produção e do comércio, com recurso a cláusulas do tipo «buy American», presentes no plano de estímulo dos EUA[6].

Nos meses que se seguiram, entre o final de 2008 e Abril de 2009, a situação económica da generalidade dos países, tanto nos mais avançados como nos emergentes, continuou a deteriorar-se aceleradamente, como indicavam quase todos os dados estatísticos e estudos sobre os mesmos divulgados por diversos organismos, incluindo governos nacionais, bancos centrais, institutos de estatísticas e organizações internacionais como o FMI, o Banco Mundial, a OMC, ou, a uma escala mais

[6] Para além das declarações, comunicados e documentos do G-20, disponíveis no sítio internet < g20.org >, acabado de referir, importa ter em conta diversos estudos sobre a crise financeira de 2007-2009 elaborados por vários organismos públicos e privados, tanto nacionais como internacionais, sendo de salientar os do FMI. No que respeita sobretudo às diversas implicações globais da crise, podem citar-se alguns relatórios de organizações como a OCDE, a Organização Munidal do Comércio ou, entre os numerosos organismos privados, o Centre for Economics and Business Research, com o seu recente *Global Prospects Report* (< imf.org >, < oecd.org >, < wto.org >, < cebr.com >).

restrita, a OCDE e os vários serviços da União Europeia. As quebras na produção, no comércio, no crédito e no emprego, entre outros indicadores fundamentais, foram das maiores registadas desde a criação dos índices. Nem se podia duvidar da dimensão da crise, nem da gravidade das suas consequências, ou tão-pouco estranhar que tanto as declarações oficiais como os títulos e ideias mais correntes e repetidas em todo o tipo de publicações sobre o tema se referissem à «crise mais grave dos tempos modernos»[7].

Conscientes da gravidade dos problemas, e riscos elevados a pontos difíceis de imaginar, aumentando a desconfiança dos agentes e paralisando os mercados de crédito, sobretudo o interbancário, sucederam-se os esforços governamentais para restabelecer a confiança nas instituições financeiras, dada a sua função essencial no funcionamento de toda a economia. Entre as medidas adoptadas, evidenciaram-se os auxílios financeiros à economia e, sobretudo, os refinanciamentos às instituições de crédito e outras empresas financeiras, em volumes sem precedente, mediante injecções de liquidez quase ilimitadas visando, em primeira linha, impedir o seu colapso, pelos efeitos sistémicos que daí decorreriam. Foram adoptadas também medidas «não convencionais» de estímulo à economia, recordando as outrora pouco consideradas receitas keynesianas de aumento geral da despesa pública. Para discussão parecia restar apenas, basicamente, a questão de apurar se as medidas aplicadas e sucessivamente reforçadas seriam suficientes ante o estado lastimoso da economia, para além das comparações inevitáveis entre volumes de recursos alocados e outros instrumentos a que cada Estado deitou mão nos programas de recuperação.

---

[7] Desde o final de 2008 surgiram também estudos sobre a reformulação da regulação e supervisão financeira em face da crise, incluindo, no âmbito da União Europeia, o *Relatório sobre a Supervisão Financeira na União Europeia*, da autoria de um grupo de especialistas de alto nível presidido por Jacques de Larosière, apresentado em Bruxelas em 25 de Fevereiro de 2009 (disponível no sítio internet da Comissão, < europa.eu >), referência dos novos projectos de regulação e supervisão financeira no quadro da União Europeia, em desenvolvimento por parte da Comissão. À escala global, merecem relevo os citados relatórios do FMI, tendo em vista a preparação da cimeira do G-20, de 2 de Abril de 2009, e das reuniões do FMI, do Banco Mundial e também do G-20 no final do mesmo mês, em Washington, durante o habitual encontro da Primavera (disponíveis no sítio internet do FMI, < imf.org >).

Dada a relevância da comparação entre os vários programas nacionais de estímulo e entre os montantes dos recursos envolvidos, organizações como o FMI e a OCDE desenvolveram estudos sobre a determinação da eficácia de cada medida e do seu conjunto e sobre as suas múltiplas consequências, incluindo a questão, que mais tarde ou mais cedo terá de ser equacionada, da sustentabilidade financeira no médio e no longo prazos. Esta advertência, seguida depois por tantos outros, foi feita pelo FMI, depois de ter sido (talvez surpreendentemente, em razão das suas posições tradicionais) um dos primeiros a apontar a insuficiência dos programas internos de recuperacção e a necessidade do seu reforço. Estas críticas dirigiram-se a vários países europeus, incluindo a Alemanha, dada a solidez das contas públicas, porque o seu programa de estímulo teria um impacto muito inferior, por exemplo, ao dos Estados Unidos. No entanto, o governo alemão contrapôs que as comparações efectuadas desconsideravam o peso dos «estabilizadores automáticos» do país (e, em geral, europeus). Independentemente da relevância de todas estas questões, como os efeitos últimos da crise financeira de 2007-2009 dependerão de outros factores, para além dos dados de partida (de cada país, de cada sector, de cada empresa), importa ponderar tudo o que estiver a ser feito, ou não, para enfrentar e solucionar os desafios do presente.

9. Tendo-se salientado a multiplicidade de implicações da crise de 2007-2009 – ao nível continental, nacional, regional, sectorial, empresarial, também pessoal –, pode acrescentar-se a circunstância de vários observadores europeus, nas vésperas da reunião do G-20, de 2 de Abril de 2009, terem admitido como desejável uma reunião *de facto* de um «G-3», em que estivesse presente a «Europa», em vez de uma mera reunião de um «G-2», reclamada nas duas capitais do grupo mais restrito de superpotências: Washington e Pequim. Como acontecera entre os EUA e o Reino Unido, após a Segunda Guerra Mundial, em Bretton Woods, com o desenho do novo sistema monetário internacional, e depois em diferentes momentos, a presença de mais países na mesa das negociações económicas internacionais, segundo se alegou, serviria mais para compor o cenário ou, quando muito, para dar legitimidade ao grupo, do que para outra finalidade.

Lembrou-se que as deliberações fundamentais do G-20, como do G-7 e de outras importantes cimeiras internacionais, já estariam tomadas por quem realmente detém o poder – por um «G-2», dada a repetida «ausência real» da Europa, apesar do número de cadeiras reservadas, por cada um dos «presentes-ausentes» defender, aparentemente, posições muito diferentes. Provavelmente receoso do eventual predomínio de um «G-2», o presidente francês fez saber que, se as suas ideias e as da chanceler alemã (segundo ele, amplamente coincidentes) não fossem aceites, restar-lhe-ia o abandono da cimeira – ameaça que fez diminuir as expectativas criadas, pelas preocupações crescentes sobre a evolução cada vez mais negativa da economia mundial, em consonância com as sucessivas revisões em baixa das previsões anteriores.

O desfecho da cimeira de Londres não confirmou os receios de que se pudesse estar perante uma espécie de «G-2», ou de «G-3», apenas formalmente revestido de G-20 – para evitar a acusação de falta de legitimidade, na medida em que visa regular e tratar do destino das finanças, da economia e, em geral, da sociedade mundial. Não só nenhum dos governantes presentes abandonou os trabalhos, como os resultados pareceram satisfazê-los a todos, presentes e até ausentes, incluindo os mercados financeiros – habitualmente muito sensíveis, até a mudanças de humor. As cotações bolsistas reagiram em alta, sentido de modo algum alheio à linha de recuperação iniciada algumas semanas antes nas praças americanas, com base fundamentalmente nas informações sobre a evolução de recuperação de algumas das principais instituições de crédito, nos primeiros meses de 2009. Independentemente da evolução permanecer instável em todo o sector financeiro e da tempestade não ter passado, as medidas públicas de auxílio, incluindo financiamentos «ilimitados» às instituições de crédito, pareciam estar a produzir alguns dos efeitos pretendidos.

10. Ao satisfazer todos os participantes e também quem nela não esteve directamente representado, desde os países mais pobres e menos avançados do mundo até aos erráticos mercados bolsistas, a cimeira do G-20 de 2 de Abril de 2009 deve ser considerada um êxito.

Em face do maior desafio da economia mundial contemporânea, da primeira «crise global», concordou-se na necessidade de uma solução global, em que todos os países devem participar (comunicado final, n.º 2).

Acreditando que «a prosperidade é indivisível», que o crescimento, para ser sustentável, tem de ser partilhado, e que o «plano global» de recuperação deve ter por referência central as necessidades e os empregos das famílias trabalhadoras, tanto nos países desenvolvidos como nos países emergentes e nos países mais pobres, quis-se defender os interesses das populações actuais e também os das gerações futuras. A preocupação de todos incluir foi conjugada, no comunicado, com a declaração de fé numa globalização sustentável e no crescimento da prosperidade para todos, assente numa economia mundial aberta, baseada nos princípios do mercado e da regulação efectiva e em instituições globais fortes (n.º 3).

No comunicado da cimeira de Londres enunciam-se os objectivos fundamentais a prosseguir em conjunto com vista a retirar a economia mundial da recessão e prevenir a ocorrência de crises idênticas no futuro. Para isso, importa fazer tudo o necessário para (i) restaurar a confiança, o crescimento e o emprego, (ii) recuperar o sistema financeiro e restabelecer o financiamento da economia, (iii) reforçar a regulação financeira a fim de repor a confiança, (iv) financiar e reformar as instituições financeiras internacionais de modo a superar a crise e prevenir a ocorrência de crises futuras, (v) promover o comércio e o investimento globais, sustentando a prosperidade, e (vi) edificar uma «recuperação inclusiva, verde e sustentável». Estes objectivos são concretizados no comunicado por medidas de acção destinadas a restaurar o crescimento e o emprego (n.º 6 a 12) – incluindo uma «expansão orçamental concertada e sem precedentes, que salvará ou criará milhões de empregos [...] e que, até ao final do próximo ano, atingirá 5 triliões de US dólares, aumentando a produção em 4% e acelerando a transição para uma economia verde» –, a reforçar a regulação e supervisão financeira (n.º 13 a 16), a reforçar as instituições financeiras globais (n.º 17 a 21), resistindo ao proteccionismo e promovendo o comércio e o investimento globais (n.º 22 a 24) e garantindo uma recuperação justa e sustentável para todos (n.º 25 a 28).

Saliente-se o compromisso de triplicar os fundos do FMI para 750 mil milhões de (US) dólares, permitindo uma nova alocação de Direitos de Saque Especiais (no valor de 250 mil milhões de dólares), o financiamento dos bancos multilaterais de desenvolvimento (em pelo menos 100 mil milhões de dólares), a ajuda ao comércio (em 250 mil milhões de dólares) e a utilização dos recursos adicionais provenientes da venda de ouro do FMI para a concessão de crédito aos países mais pobres, num total de 1,1 biliões de dólares, para restauração do crédito, do crescimento e do emprego globais.

Em conjunto com as medidas adoptadas por cada país ao nível nacional, estamos perante um «plano global de recuperação a uma escala sem precedentes», em que os participantes se comprometem a trabalhar concertadamente, com urgência e determinação, para concretizar o plano comum, bem assim a encontrar-se de novo antes do final de 2009 para reapreciar os progressos entretanto alcançados.

11. Importa analisar quer o âmbito preciso e as implicações de cada uma das medidas quer os efeitos do «plano global» – mesmo que este não seja efectivamente global, por depender e variar muito em função da natureza e da dimensão da componente nacional, que é a decisiva.

Como não se está perante um plano global único, mas múltiplos planos nacionais – mesmo que alguns destes tenham sido objecto de alguma concertação –, será fundamentalmente ao nível nacional que importa examinar as suas implicações: quanto à saída da crise, à recuperação e à sustentabilidade do crescimento e do emprego, e à sustentabilidade financeira e ecológica, no médio e no longo prazo.

Isto em nada prejudica a necessidade de uma resposta global a desafios colocados por uma crise também global, como ensaiado no âmbito do G-20, primeiro em Washington, depois, com maior clareza e amplitude, na cimeira de Londres de Abril de 2009, através de um plano a concretizar tanto ao nível internacional (sobretudo no quadro do FMI) como nacional.

Para a profunda reconfiguração da economia internacional, que inevitavelmente resultará do período pós-crise de 2007-2009, importa o plano global e, mais ainda, a qualidade, a natureza e todas as implicações dos planos nacionais sobre a estrutura económica.

De tudo isso resultará o novo peso de cada país em relação aos restantes, formando um novo concerto mundial, em que uns inevitavelmente perderão e outros (inevitavelmente) ganharão. As pedras do jogo estão lançadas.

Pasquale Pistone

XXIV Jornadas Latinoamericanas de Derecho Tributario: Los principios tributarios ante las nuevas formas de imposición sobre la renta*

Pasquale Pistone

Professor Associado de Direito Fiscal Europeu e Internacional da Universidade de Salerno (Itália) e Professor EURYI-ESF de Direito Fiscal Europeu e Internacional da Universidade de Economia e Gestão (WU) de Viena de Áustria. Organizou seis livros, é autor de duas monografias, e de 80 artigos em matérias de Direito Fiscal Europeu e Internacional, escritos e/ou traduzidos em diversas línguas. Nos últimos 15 anos tem leccionado em diversas universidades e participado em diversas conferências em todo o mundo. Pasquale Pistone é membro da Junge Kurie da Academia de Ciências Austríaca, Co-director da Intertax, e do comité científico de diversas outras revistas internacionais de Direito Fiscal na Europa e América do Sul, é membro da Task Force do Tribunal de Justiça da CFE e do Conselho Executivo do Ramo Italiano da IFA. É fluente em sete línguas da UE e tem noções básicas de russo.

* El autor agradece la asistencia de Pablo Sergio Varela (Argentina) para la redacción de este trabajo.

RESUMO

Este artigo foi apresentado pelo autor, como relator geral, nas XXIV Jornadas Latino-americanas de Direito Tributário e analisa a forma como a complexidade da tributação sobre o rendimento poderá ser substituída por um sistema linear e um novo quadro para a distribu~ição de competências entre Estados Membros, sem colocar em risco os princípios básicos de tributação.

Palavras-chave:
Tributação do rendimento
Simplificação
Distribuição de competências entre Estados

ABSTRACT

This article was presented by the author as general reporter to the "XXIV Jornadas Latinoamericanas de Direito Tributario "and focuses on how complexity of income taxation could be replaced by a streamlined system and a new framework for interjurisdictional allocation of taxing powers without harming the basic principles of taxation.

Keywords:
Income taxation
Simplicity
Allocation of taxing powers

XXIV Jornadas Latinoamericanas de Derecho Tributario

A publicação deste artigo foi iniciada no número anterior da Revista e termina agora

TEMA II – LOS PRINCIPIOS TRIBUTARIOS ANTE LAS NUEVAS FORMAS DE IMPOSICIÓN SOBRE LA RENTA

PONENCIA GENERAL

3.1.4. *El impuesto sobre las rentas excedentes (windfall profit tax)*

Algunos ordenamientos tributarios aplican también un impuesto para gravar las rentas excedentes producidas en algunos sectores o actividades particulares, como por ejemplo, el sector de la energía o de la explotación de los recursos naturales. La naturaleza de este tributo es muy variable, ya que su objetivo consiste en gravar los rentas excedentes, denominándose alternativamente *"impuesto a los beneficios extraordinarios" o "impuesto a las excedencias de renta"*, procedentes de algunos sectores de actividad. Con frecuencia, este objetivo se conjuga con el de los tributos con finalidades de la explotación de los recursos o de la protección del medioambiente.

La propuesta de su introducción en Argentina durante los años '70 originó abundantes críticas en la doctrina[1], mientras que su aplicación en Bolivia genera numerosos problemas. En particular, el ordenamiento boliviano aplica este tipo de impuesto, denominado impuesto directo a los hidrocarburos (IDH) no para gravar la excedencia de renta que puede proceder de la actividad de producción y explotación de los hidrocarburos, sino en realidad, como instrumento de imposición de los ingresos potenciales de realización futura, de forma que, la base imponible se compone por el valor de la producción (o sea los ingresos brutos, pero con independencia de que hayan sido percibidos) y el hecho generador se

[1] Véase en ese respecto la ponencia nacional boliviana de Villegas Aldazosa, A., cit., apdo. 4.

perfecciona con la entrega de los hidrocarburos al Estado[2]. Sin embargo, por efecto de la aplicación de otros tributos en relación directa con los mismos hechos, ese impuesto termina por tener efectos de imposición confiscatoria, afectando su capacidad de representar un nuevo y eficaz instrumento de imposición alternativo de la renta.

La introducción de un *windfall profit tax* es objeto de discusión en Italia entre las medidas propuestas para su incorporación en la *Legge Finanziaria* para 2009, especialmente para aquellas categorías de empresas que se han beneficiado con un excedente (extraordinario) de renta por efecto de la situación internacional, como por ejemplo ocurre, en este momento, en el sector del petróleo y de los hidrocarburos. Sin embargo, es fundamental que la aplicación de estas medidas se acompañe con disposiciones específicas, para evitar que el impuesto pueda ser objeto de traslación en los precios, ya que de otra forma, se transformarían en vehículos que conducirían a la inflación.

3.2. *La segunda categoría: la nueva dimensión de los viejos impuestos y de los mecanismos de imposición sobre la renta*

La evolución del sistema de imposición sobre la renta puede estructurarse fundamentalmente en tres fases.

En la primera fase se establecen los impuestos sobre la renta con naturaleza básicamente cedular a fin de gravar, antes con tipos proporcionales y luego con tipos progresivos, las distintas manifestaciones de riqueza que, paulatinamente, se tipifican como tales en virtud a la teorización doctrinal y a las disposiciones legislativas.

La segunda fase se centra en la transformación de la imposición sobre las rentas ya que, la introducción de sistemas del tipo de renta complesiva permite reemplazar los impuestos cedulares, precedentemente aplicados, en un único impuesto, gravando el conjunto de las rentas de un sujeto de acuerdo a un concepto unitario de renta definido por el legislador.

---

[2] En ese sentido, la doctrina tributaria italiana configura a la declaración de rentas como una *dichiarazione di scienza qualificata*.

La tercera fase representa una reacción frente las imperfecciones del sistema de imposición sobre la renta complesiva de las personas físicas, así como también respecto a los tipos confiscatorios que, después de la segunda guerra mundial, se habían aplicado en diversos países. Fruto de la teorización de los años '70 y '80, algunos ordenamientos tributarios han progresivamente aportado derogaciones a su sistema de imposición sobre la renta global, no sólo por medio de la erosión de la base imponible (plasmado a través del dictado de beneficios y excepciones), sino además, a través del desarrollo de los nuevos impuestos analizados previamente en nuestra ponencia, ejercitando las nuevas modalidades respecto de los instrumentos tradicionales de la imposición sobre la renta. Ello ha ocurrido, por ejemplo, a través de la aplicación de las retenciones en la fuente, con la liberación de la obligación de declarar la renta a través de su sometimiento como base imponible bajo la imposición progresiva. Otra modalidad surgida en la etapa bajo análisis, consistió en la aplicación de impuestos sustitutivos, es decir, aquellos que se aplicaban en lugar de la imposición sobre la renta con base imponibles y hechos generadores de diversa naturaleza y envergadura.

En este sentido, la tercera fase de esta evolución supuso una nueva dimensión para la imposición sobre la renta, como así también para sus instrumentos tradicionales de imposición. La composición de la segunda categoría es objeto de análisis en esta sección de la ponencia general. Opinamos que la diferencia entre el hecho de gravar la renta sólo por medio de retenciones en la fuente, por un lado, y la aplicación del mismo instrumento para llevar a cabo el cobro de impuestos que no gravan la renta, sino indicadores de riqueza que sean parecidas a la renta misma, por otro, carece de un carácter estructural tal, que pueda justificar un análisis separado a los fines de este trabajo. En ambos casos, el legislador tiende a abandonar el mito de la progresividad y de la generalidad de la imposición, para una o más categorías de la base imponible objeto de la tradicional imposición sobre la renta complesiva, aplicando tales gravámenes en forma inmediata y final en la oportunidad en que se perfecciona el pago al contribuyente.

Se trata de una modificación fundamental en la entera teoría de la obligación tributaria, ya que el agente retenedor pierde su función de pagador a cuenta, para llegar a ser el sujeto que finaliza el cobro de todo el impuesto y, el sujeto pasivo soporta la retención en la fuente y declara al retenedor su situación personal, así como la eventual presencia de deducciones o el derecho a la aplicación del mínimo exento.

En ese sentido, en la medida en que sea posible superar el mito de la progresividad de la imposición, parece también natural que el legislador aplique una centralización en la recaudación, de manera que, la retención se transforme en algunos ordenamientos tributarios en un impuesto propiamente dicho o, aun en un impuesto sustitutivo, por efecto de la opción del propio contribuyente, como ocurre en Italia. La naturaleza del impuesto sustitutivo se centra, tal como lo indicamos, en la posibilidad de gravar, en forma alternativa, la capacidad contributiva, a pesar de la obligación general del contribuyente de someter su renta a la imposición ordinaria. La experiencia de las últimas décadas nos indica que las imposiciones sustitutivas no siempre gravan la renta ni la renta neta, tal como lo instrumenta el sistema ordinario de imposición, pero sin embargo, permiten al contribuyente lograr una imposición con tipos más favorables, a condición de aceptar una base imponible bruta. En este sentido, el tradicional dilema entre renta bruta y renta neta encuentra una nueva dimensión, ya que en tal mecánica, se habilita al contribuyente a optar por tributar sobre la renta bruta, de manera que su aceptación puede evitar cualquier problema de vulneración de la capacidad contributiva efectivamente manifestada.

La tendencia a la "cedulación" o "cedularización" se ha fortalecido mucho en las últimas décadas, como adicionalmente lo prueba la reforma que someterá a imposición cedular del 25% a las rentas del capital en Alemania desde el 1° de enero de 2009, así como también los similares mecanismos que se encuentran en Austria y Bélgica desde ya hace algunos años. Efectivamente, queremos en primer término destacar que, este tipo de imposición no evidencia diferencias fundamentales entre, el hecho de aplicar retenciones finales para gravar la renta determinada en vía ordinaria (o sea, por medio de las reglas que se aplican al impuesto sobre la renta complesiva de las personas físicas) y, la aplicación misma de dichas retenciones sobre bases imponibles determinadas mediante modalidades estructuralmente diferentes, es decir, con conceptos diversos, como el caso de la renta bruta. Adicionalmente, en segundo orden, debemos remarcar que la imposición bajo análisis presenta rasgos similares a los nuevos impuestos en sentido estricto, y en particular con el impuesto lineal y el impuesto dual. Por todo ello, a nuestro juicio, la diferencia entre los tres grupos de impuestos, sólo se sustancia en la definición de los tipos y/o de las bases imponibles, ya que todos ellos son, en realidad, expresiones de imposición cedular sobre la(s) renta(s).

En consecuencia, en la medida en que las recientes teorizaciones doctrinales demuestran que la progresividad de la imposición sobre la renta, en los hechos, sólo se obtiene en los sistemas tributarios con recaudación eficiente y que partiendo del supuesto que dicho impuesto recauda la mayor parte de los ingresos tributarios de un Estado, podríamos colegir en que, aún existen tres inconvenientes para poder abandonar definitivamente los impuestos sobre la renta complesiva de las personas.

En primer lugar, como bien lo indicaba la misión Shoup a Venezuela después de la segunda guerra mundial, la existencia de impuestos cedulares puede dificultar la estructuración misma del sistema de imposición sobre la renta, ya que el contribuyente deberá elegir la categoría de renta y seguir las reglas que se aplican para gravarla Sin embargo, creemos que, en realidad, ello también ocurre actualmente con la aplicación del impuesto unitario sobre la renta complesiva, pues el contribuyente no sólo declara sus rentas, sino que además, debe calificarlas[3] tipificando a qué categoría ellas pertenecen y, en consecuencia, cómo deben ser gravar. Tal circunstancia nos permite adoptar una nueva posición respecto a este problema tradicional de la imposición sobre la renta, al sostener que, en la medida en que la estructuración de un sistema sea simplificada, y limite las excepciones y derogaciones, aquellos inconvenientes desaparecerán. De todos modos, el hecho de que se aplique un impuesto único sobre la renta no soluciona tales problemas, cuando dicho impuesto establezca más que una modalidad para su aplicación.

En segundo lugar, se ha argumentado durante muchos años que la existencia de impuestos cedulares no permitía lograr la aplicación y

[3] Así, por ejemplo, al no gravar las rentas hasta 50 y al aplicar sobre las rentas excedentes, una tasa única de 20%, los sujetos con renta hasta 50 no quedarían sometidos a la imposición, mientras que quienes posean una renta de 100, tendrían que pagar un impuesto igual a 10 (lo que implicaría una percepción impositiva de 10% sobre la entera renta)- Aquellos con una renta de 200 tendrían que pagar un impuesto igual a 30 (con una percepción impositiva de 15%); los que poseean una renta de 1000, pagarían un impuesto de 190 (con una percepción impositiva de 19%) y finalmente, aquéllos con una renta de 10000 quedarían sometidos al impuesto a un tipo efectivo muy cercano al 20%.

el pago de un solo tributo, que se corresponda a la renta complesiva neta del contribuyente. Efectivamente, este problema se encuentra tradicionalmente en la experiencia de todo impuesto cedular, así como en muchos sistemas de imposición dual. Sin embargo, opinamos que existe una solución a dichos inconvenientes, como lo demuestra la experiencia italiana, donde la aplicación de un *Modello Unico di Dichiarazione* permite a cada contribuyente compensar automáticamente todo crédito y deuda de cualquier impuesto, pese a la eventual diferencia entre bases imponibles y hechos generadores. En otras palabras, se realiza una integración a nivel de la recaudación de los gravámenes, y no al momento de liquidarlos individualmente. De esta forma, los contribuyentes liquidan cada impuesto en forma separada y sólo pagan el neto que es adeudado frente a las distintas manifestaciones mediatas e inmediatas de capacidad contributiva. Sin duda, la evolución de las tecnologías informáticas facilita esa nueva dimensión del cobro tributario, ya que el verdadero problema no está constituido por la existencia de muchos tributos, sino, por el contrario, en la complicación en la estructura y en las reglas de liquidación de ellos. En este tópico, queremos destacar que aún, un solo y único impuesto, en la medida en que su formulación sea complicada, puede ser fuente de mayores problemas para la administración tributaria que aquéllos que hallaríamos frente a la aplicación de una pluralidad de gravámenes cedulares con estructura simplificada, aun cuando éstos no tengan reglas coincidentes. También, en este sentido, resultan superadas algunas de las perplejidades tradicionales respecto a los impuestos con tasa proporcional.

En tercer lugar, queda pendiente el problema de los efectos de la progresividad de la imposición sobre los sujetos con una capacidad contributiva mayor. Aquí, no enfocaremos las cuestiones de redistribución, que ya han sido abordadas anteriormente, sino que apuntaremos a la incidencia del tributo respecto a los sujetos más ricos, en función de sus recursos. En otras palabras, siempre se ha favorablemente sostenido la aplicación de tasas impositivas mayores a los sujetos que más renta tengan, ya que las teorías del sacrificio económico demuestran que ello facilita una igualdad en la incidencia del tributo respecto a los que poseen una renta inferior. Al respecto, no se puede negar que la aplicación de un impuesto con tasa única y proporcional, tal como gradualmente este trabajo está argumentando, tendría efectos sustancialmente regresivos para los sujetos con una mayor capacidad contributiva. Para evitar dicha situación no deseada, es posible en primer lugar, abordarla en forma directa al momento de fijar los distintos impuestos cedulares o mediante diferentes impuestos.

Pero adicionalmente, opinamos que cuando se opte en favor de un impuesto lineal, será posible generar efectos de progresividad a través de la aplicación de un monto mínimo no sometido a la imposición, reduciendo así la incidencia del tributo sobre los sujetos que tengan rentas imponibles de dimensiones pequeñas y medianas. Por el contrario, tal mínimo no imponible afectará en menor medida a los que posean rentas más elevadas[4].

En razón de lo previamente expuesto, creemos que la aplicación de uno o más impuestos proporcionales sobre la(s) renta(s), de un monto no imponible y un tipo único (o tipos sustancialmente equivalentes) y de una base imponible determinada en función de pautas homogéneas que reflejen el sentido común de la equidad impositiva, representan la dirección hacia donde los sistemas de imposición sobre la renta tendrán que dirigirse en el futuro. Personalmente, opinamos que el impuesto lineal, aplicado a la base imponible excedente respecto a un monto mínimo que resulte apropiado para el legislador, conjuntamente con las deducciones personales citadas en secciones precedentes, constituye el modelo que mejor se adaptaría al nuevo contexto de la globalización económica, sin abandonar la tradición de la imposición sobre la renta.

Problemas distintos puede ocasionar la aplicación de gravámenes cedulares, creados no en función de tipos o categorías de rentas, sino en función de personas o calidad de sujetos que las obtienen. Esto ocurre en muchos países miembros del ILADT – como por ejemplo España y Uruguay – respecto a los no residentes. En el caso de España, este tópico podría causar problemas inmediatos de compatibilidad con el derecho comunitario europeo, atento las pautas sustanciales ofrecidas por el Tribunal Europeo de Justicia y su vinculación a los Estados miembros de la Unión Europea.

[4] Cfr. *amplius* la ponencia nacional italiana de La Scala, A.E., cit., I.3, que manifiesta una posición crítica en ese respecto.

3.3. *Los otros nuevos impuestos*

En esta sección, es importante considerar todos los impuestos que no gravan ni el patrimonio, ni la renta (o indicadores parecidos de riqueza) y sin embargo, forman parte de los sistemas tributarios conjuntamente con los impuestos indirectos (como el IVA y el impuesto sobre la transmisión de bienes inmobiliarios).

En conformidad con las directrices que hemos formulado, los ponentes nacionales y comunicantes técnicos han indicado la existencia de tributos principalmente relacionados con las actividades productivas y con la explotación o afectación del medioambiente.

Por esta razón, analizaremos a continuación ciertas cuestiones relevadas en el marco de estas dos categorías de tributos.

3.3.1. *El impuesto sobre las actividades económicas*

Los tributos sobre las actividades económicas representan una forma de imposición con naturaleza mixta directa-indirecta, a través de los cuales se grava el resultado de las actividades económicas como tal, es decir, sin consideraciones relativas al incremento o acrecimiento patrimonial personal, que es típico de la renta, o al valor añadido de los bienes y servicios destinados al consumo, que se somete al IVA[5]. Se trata de una forma de imposición que la doctrina anglosajona normalmente define con la expresión *business tax*, y que se encuentra tanto en Europa (Alemania, España, Francia, Hungría e Italia), como en Latinoamérica (Venezuela, entre otros).

La doctrina tributaria italiana ha insistido sobre la posibilidad de que este impuesto pueda representar una manifestación de capacidad contributiva distinta de la ya sometida con el impuesto sobre la renta. Finalmente, también por efecto de la sentencia 156 de 2001 de la *Corte*

---

[5] En este respecto, cabe destacar que el Tribunal de Justicia Europeo, en la sentencia de 3 de octubre de 2006, asunto C-475/03, Banca Popolare di Cremona, ha negado la incompatibilidad del IRAP con el sistema común de imposición sobre el valor añadido, sin dejar de generar algunas críticas en la doctrina tributaria italiana, así como de otros países europeos, centradas en sus interferencias sustanciales con dicho impuesto.

Costituzionale, se ha tenido que admitir la posibilidad de gravar una autónoma organización productiva conjuntamente con lo que ya se hallaba sometido al impuesto sobre la renta[6]. Críticas no menores se han generado sobre este tipo de impuesto en Venezuela, donde se han manifestado problemas de deficiente conceptuación técnica, así como también de regresividad y como posible fuente de inflación y distorsiones[7].

En razón de dichas críticas y a pesar de su fuerte rendimiento (que dificultan su eliminación en el ordenamiento tributario italiano), no creemos que el impuesto sobre actividades económicas pueda tener una función propia indispensable dentro de un sistema tributario moderno, fuera de la de representar una forma de imposición sustancialmente patrimonial a la capacidad de producción, la que es propia de la organización empresarial de los bienes, y que puede desincentivar el trabajo, así como el desarrollo económico.

3.3.2. *Los tributos relacionados a la protección y a la explotación del medioambiente*

La aplicación de los tributos relacionados con la protección y explotación del medioambiente representa una de las nuevas fronteras de la tributación, ya que somete a imposición hechos que no necesariamente implican una manifestación de capacidad contributiva en el sentido tradicional, sino en realidad, una capacidad de afectar las condiciones del medioambiente, debiendo ser aplicados a un nivel geográfico lo más amplio posible para ser eficaces. En este sentido, destacamos que se trata de tributos con finalidades principalmente extrafiscales y que, no obstante ello, incrementan su importancia en el contexto de globalización económica, así como también por el efecto de la necesidad de reducir la contaminación.

Vale destacar la actualidad de este tema en la doctrina tributaria europea, como así también, la dimensión del rendimiento de los impues-

6 Cfr. *amplius* la ponencia nacional italiana de La Scala, A.E., cit., I.3, que manifiesta una posición crítica en ese respecto.

7 Cfr. en ese respecto la ponencia nacional venezolana de Palacios Márquez, L., Korody Tagliaferro, J.E., cit., I.3.

tos ambientales en España e Italia, la que se encuentra entre el 2 y el 3% del producto interno bruto, respectivamente (y llega muy cerca de 6% en Dinamarca). No obstante ello, el tema todavía no se ha desarrollado acabadamente en el contexto latinoamericano a nivel tributario, ya que los sistemas nacionales normalmente se limitan a aplicar incentivos fiscales (como en el caso de Uruguay y Venezuela), con la excepción de la tasa retributiva y compensatoria medio-ambiental en Colombia.

Creemos que la discusión en el marco de estas XXIV Jornadas del ILADT, así como en las ocasiones futuras, permitirá realizar un análisis adecuado de esta problemática, para averiguar primeramente, en qué medida la explotación del medioambiente pueda representar un cuarto factor de producción, y en forma paralela, cómo determinar una apropiada utilización de este tipo de impuesto para finalidades extrafiscales también en Latinoamérica. En este sentido, los impuestos sobre emisiones de dióxido de carbono, así como los impuestos sobre energía y la posibilidad de gravar el comercio de los derechos de explotación de las emisiones en el medioambiente (*emission trading*) son ejemplos importantes para estructurar una política tributaria de protección ambiental.

Además, una posibilidad interesante también está dada en comprobar, hasta qué punto dichos impuestos puedan tener una finalidad principalmente extrafiscal, ya que, como recuerda el ponente nacional argentino, sería posible también destinar el rendimiento de ese nuevo factor de producción para financiar las rebajas a los impuestos que gravan otros factores, y en particular, en lo que se refiere a la renta del trabajo[8].

SECCIÓN SEGUNDA (II)
IMPUESTOS TRADICIONALES Y NUEVOS IMPUESTOS SOBRE LA RENTA EN EL PLANO INTERNACIONAL

La presente sección traslada los resultados del análisis en el contexto internacional, cuya importancia es, en realidad, por muchas razones, mayor de la que tradicionalmente se ha reconocido en el pasado en

[8] Cfr. la ponencia nacional argentina, Fernández, L.O., cit., apdo. 5.1.

Latinoamérica a la evolución de la imposición sobre la renta complesiva de las personas.

En primer lugar, las ponencias nacionales y comunicaciones técnicas no dudan en destacar a la globalización económica, entre los factores que han inducido a muchos sistemas a abandonar los esquemas de la imposición complesiva sobre la renta en favor de sistemas cedulares de imposición. Esto ocurre, en particular, respecto a la aplicación de los sistemas duales de imposición sobre la renta, ya que se intenta limitar la imposición del capital, cuya movilidad facilita la captación por parte de los sistemas tributarios más favorables.

En segundo lugar, los sistemas tradicionales de imposición sobre la renta consideraban la aplicación de los impuestos en el contexto internacional, como un fenómeno excepcional, ya que se han desarrollado en un momento en que, la economía de la tierra era todavía dominante y se hallaba en presencia de restricciones muy fuertes a los intercambios internacionales y a los movimientos de divisas.

En tercer lugar, las teorías de la renta producto, fundadas en la centralidad de la imposición a la renta en su fuente de producción, han tradicionalmente generado una tendencia en los países latinoamericanos, a privilegiar en forma exclusiva, la imposición en el país de la fuente. Esto ha reducido la importancia de la imposición en base a renta mundial, que entre tanto, se había difundido en la mayoría de los ordenamientos tributarios como instrumento para lograr una imposición sobre la renta complesiva de los sujetos, como incremento patrimonial según los esquemas de Haig – Simons.

Por estas razones y muchas más que se encuentran en las distintas secciones de este trabajo, creemos que una reforma de la imposición sobre la renta de las personas en Latinoamérica, debería tener en cuenta también los aspectos de relevancia internacionales.

1. Imposición territorial y mundial de la renta

Nuestro análisis de los aspectos internacionales de la imposición se pone en marcha con la diferenciación tradicional entre los dos elementos que conforman la conexión entre la renta y la potestad impositiva del Estado. Se trata de aspectos que atañen a la localización del hecho generador, más que de la fuente de la renta, como normalmente se entiende en la doctrina tributaria internacional. La diferencia es muy importante para Latinoamérica, ya que al aceptar un concepto generalmente de renta producto, nunca ha resultado aceptable la posibilidad de gravar la renta en un país distinto de aquél en que se encuentra su fuente. En otras palabras, a pesar de que todo ordenamiento tributario de Latinoamérica reconozca la fundamental importancia de que la imposición se realice con arreglo al principio de capacidad contributiva, los sistemas tributarios latinoamericanos han tradicionalmente considerado que, la producción de la renta fuera del territorio nacional no justifica la actuación de la potestad impositiva.

Durante muchas décadas se ha asistido a un conflicto entre los países latinoamericanos, que se han ubicado como extremos defensores de la legitimación de la imposición exclusiva en la fuente, y los países desarrollados, que por el contrario, han entendido la imposición territorial de la renta sólo como una de las dos formas para gravar la renta. En la percepción de los sistemas tributarios de los países desarrollados, existen dos formas de conexión entre la renta y la potestad impositiva, o sea la imposición territorial y la imposición de base mundial. El primer tipo de conexión permite al Estado ejercer su potestad impositiva para gravar la renta como tal y, como producida en su propio territorio, mientras que el segundo, grava la renta en función al sujeto que la ingresa, efectuando una conexión personal de la imposición, ya que dicho sujeto, al ser residente en el territorio del Estado, está también sujeto a la potestad impositiva del mismo. Como ya se mencionaba antes, los ordenamientos tributarios de los países desarrollados logran, en este modo, no sólo extender su potestad impositiva más allá de sus confines territoriales, sino también, aplicar los tributos sobre la capacidad contributiva complesivamente (es decir, en base al criterio de la renta mundial) manifestada por el contribuyente. Las consecuencias de esa concepción globalista se entienden inmediatamente en términos de creación de la doble (o en algunos casos múltiple) imposición internacional, ya que al gravar la renta producida en el propio territorio, así como la renta mundial de los sujetos residentes, es inevitable que la renta producida en el extranjero resulte objeto de una conexión, tanto con la obligación tributaria en el Estado de residencia, como en el (o en los) Estado(s) de la fuente.

En los sistemas de imposición global, que se han progresivamente adoptado también en muchos países latinoamericanos – como por ejemplo, Argentina, Brasil, Colombia, México, Perú y Venezuela –, la delimitación territorial no cumple sólo con la función de determinar el territorio en que se aplican los tributos o se encuentra la fuente de la renta (las llamadas *sourcing rules*), sino también, cumple en definir las reglas que se aplican respecto a los sujetos pasivos y cuando se puede gravar la renta de los no residentes. Por el contrario, la diferenciación entre residentes y no residentes no tendría, en principio, una razón de ser en los sistemas tributarios territoriales, a pesar de advertirse formas (a mi juicio injustificadas) de imposición diferenciada y más onerosas para los sujetos no residentes, tal como ocurre en Bolivia y en Uruguay. Remarcamos que, si se grava la renta, no en función de quien la reciba sino sólo como tal, por su carácter, no se entiende por qué los no residentes deberían tributar en dichos países, un monto mayor a lo que pagarían sus residentes que percibieren la misma renta.

Los fenómenos de doble imposición internacional han sido objeto de estudio y clasificación por los expertos de esa rama del Derecho tributario, el cual en muchos países, ha gradualmente alcanzado un espectro bien demarcado y separado de las demás áreas jurídicas del fenómeno impositivo. La existencia de la doble imposición internacional se revela ante la aplicación del mismo tipo de impuesto por parte de dos Estados en el mismo año y respecto al mismo contribuyente. En este sentido, la doctrina ha progresivamente diferenciado entre estas situaciones de doble imposición. Cuando afecta al mismo sujeto en sentido estrictamente legal, se han llamado con el término de doble imposición jurídica internacional. En otras situaciones, donde se afecta a dos sujetos distintos, pero relacionados o vinculados, por ejemplo en el mismo grupo de empresas, es decir expresiones del mismo sujeto en sentido económico, se han denominado consecuentemente con el término doble imposición económica internacional.

Los fenómenos de doble imposición jurídica internacional han sido objeto de medidas de desgravación, adoptadas tanto por los Estados de la residencia, como por los Estados de la fuente, y cuya naturaleza puede ser tanto unilateral (es decir, establecida por la Ley interna del Estado), como bilateral y multilateral (al ser objeto de acuerdos internacionales negociados con uno o más países). La necesidad de concluir acuerdos de doble imposición ha sido generalmente muy poco percibida por los países latinoamericanos, ya que en la falta de cualquier pretensión de gravar los hechos generadores realizados fuera de sus territorios, no se advertía la importancia de entrar en negociaciones con otros países y de ese modo, limitar el ejercicio de la soberanía tributaria en los propios territorios nacionales. Sin embargo, aquélla también ha sido una importante falencia de los países latinoamericanos en el pasado, ya que la presencia de la doble imposición internacional perjudica, sin duda alguna, las actividades internacionales. Además, como bien lo demuestra la historia de los convenios de doble imposición internacional concluidos por Brasil, por ejemplo, la existencia de un acuerdo internacional no sólo resuelve el problema de la doble imposición internacional, sino también vincula al otro Estado contratante a respectar las cláusulas contenidas en el acuerdo. A pesar de que el ejemplo normalmente mencionado en ese tópico por los tratados de derecho tributario internacional consiste en la posibilidad de limitar la imposición en la fuente (lo que por su propia naturaleza no representaría un resultado muy interesante desde la perspectiva latinoamericana), creemos que los convenios brasileños de doble imposición, justamente, demuestran las ventajas que este país sudamericano ha podido gozar en las últimas cuatro décadas de relaciones tributarias con los países desarrollados. Brasil ha incluido en sus convenios de doble tributación, cláusulas de crédito "nocional" (o crédito ficto), conocidas como *tax sparing* y *matching credit*, los que permiten, en algunos casos y refiriendo a las condiciones establecidas en los convenios de doble imposición, la no afectación de los beneficios fiscales concedidos por el Estado de la fuente, aun cuando el Estado de la residencia elimine la doble imposición a través del método del crédito o de la deducción.

Algunas consideraciones sobre los métodos de desgravación de la doble imposición jurídica internacional resultan, a esta altura, necesarias para bien entender las consecuencias que acabamos de indicar, respecto al caso brasileño.

En principio, los convenios de doble imposición internacional incluyen cláusulas para distribuir y asignar la potestad impositiva sobre los supuestos transfronterizos, es decir, respecto a los cuales ambos puedan legítimamente gozar de pretensiones impositivas. Dicha asignación de potestad tributaria puede plasmarse por medio de cláusulas que evitan la doble imposición jurídica internacional, como ocurre respecto de las atribuciones exclusivas de potestad impositiva a un Estado contratante, o que resuelven la misma, mediante una desgravación otorgada en el Estado de la residencia respecto a los impuestos aplicados en el Estado de la fuente en situaciones en que ambos Estados conserven(en todo o en parte), su propia potestad impositiva sobre dicho supuestos.

En algunos casos, la doble imposición no se elimina, sino que en realidad, se reduce, por efecto de medidas "desgravatorias" parciales, mientras que en otras circunstancias, se trata de contemplar los efectos de los dos métodos normalmente aplicados. Nos referimos al método de la exención y al de la deducción (o crédito).

La aplicación del método de la exención no implica un ejercicio de la potestad impositiva por el Estado de residencia, de manera que se logran efectos, en principio, similares a los que logra la no imposición, dejando de lado posibles diferencias relativas al régimen de las pérdidas o quebrantos y otros desvíos de menor importancia. En este caso, los impuestos aplicados en el país de la fuente se transforman en impuestos finales, sin sumarse a los que se adeudarían en el país de la residencia sobre la misma renta y que no se pueden aplicar en virtud de la vigencia del convenio. Así, cualquier beneficio reconocido en el país de la fuente (por ejemplo, en favor de la importación de capitales, como normalmente ocurre con las relaciones entre países latinoamericanos y europeos) podría efectivamente lograr el objetivo de fomentar la inversión, ya que el contribuyente podría gozar de la aplicación de los tipos reducidos, también después de que su país de residencia determine y cuantifique su situación reditual.

Por el contrario, la aplicación del método de la deducción (o crédito), se fundamenta en un argumento imperfecto, al sostener la neutralidad fiscal respecto de la exportación de los capitales. En efecto, cada menor imposición en el Estado de la fuente, se transforma automáticamente en una menor deducción (es decir, crédito) del impuesto debido sobre la renta mundial debida en el Estado de la residencia, donde se incluye también la renta producida y gravada en el Estado de la fuente. De esta forma, el beneficio otorgado por el Estado de la fuente se transforma en la posibilidad para el Estado de la residencia, de aplicar más impuestos propios para compensar los menores impuestos pagados en el Estado de la fuente y así, llegar a los mismos niveles de imposición que se hubieran aplicado en el caso de la generación de la renta complesiva integralmente en el país de residencia[9]. Esa situación puede ser aun peor en el caso en que los impuestos en el Estado de la fuente, resultaren más onerosos de los que se aplicarían en el Estado de la residencia. En este supuesto, el Estado de residencia no permitiría una deducción más allá del nivel de imposición correspondiente a su propia imposición nacional, por lo que el sujeto estaría obligado a pagar más impuestos de los que se hubieran aplicado sobre la misma renta si ésta fue generada en el territorio de su Estado de residencia.

En sentido contrario, a pesar de la aplicación del mecanismo del crédito, su versión "a la brasileña", es decir en forma de crédito "nocional" (crédito ficto), permite al Estado de la fuente impedir, en cualquier caso, la compensación por parte del Estado de la residencia, ya que este último, tendría que otorgar un crédito por un monto que sería por definición igual a los impuestos que se pagarían sobre la misma renta en el Estado de residencia[10].

Sin embargo, cabe destacar que al aplicar los convenios internacionales, la doble imposición jurídica internacional no se desgrava o elimina respecto a cualquier tipo de imposición o tributo, sino tan sólo de aquéllos impuestos respecto a los cuales los dos Estados contratantes se han comprometido a limitar el ejercicio pertinente de sus respectivas soberanías tributarias. En este sentido, destacamos un problema muy importante que se puede presentar con motivo de la transformación de los actuales sistemas tributarios en sistemas de tipo cedular. La formulación de los convenios de doble imposición, especialmente en lo que se refiere al modelo redactado por la Organización de Cooperación y Desarrollo

---

[9] En este sentido, el Estado de residencia no afectaría las decisiones de política fiscal de fomento a la inversión en el Estado de la fuente. A pesar de que los EE.UU.AA. normalmente sean contrarios a la inclusión de dicho crédito en sus convenios, concordamos con Hines, J. R. Jr., Tax Sparing and Direct Investment in Developing Countries, en Working Paper 6728 – National Bureau of Economic Research, Septiembre 1998 y Margaliot, Y., Tax Competition, Foreign Direct Investments and Growth: Using the Tax System to Promote Developing Countries, en Virginia Tax Review Vol. 23:157, 2003, págs. 157-200 por lo que la inclusión de este método en los convenios internacionales entre países desarrollados y países en desarrollo representa un instrumento fundamental para lograr la equidad fiscal internacionales.

[10] Cfr. en este sentido Brauner, Y., *An International Tax Regime In Crystallization"* (Winter 2003). New York University School of Law; en 56 Tax Law Review 259, pág. 8.

Económico (OCDE), incluye una cláusula para permitir que el convenio de doble imposición se aplique no sólo a los impuestos expresamente mencionados en el convenio bilateral concluido por los Estados contratantes, sino además, a cualquier otro impuesto que remplace a los existentes y que conserve su estructura, función y finalidades. Se trata de una cláusula de tipo abierto para asegurar la posibilidad de una sucesión entre los tributos sin necesidad de que se deba negociar un nuevo convenio. En este sentido, se suscita el problema y la incógnita de lo que ocurriría en el caso de sustitución de los actuales impuestos tradicionales sobre la renta complesiva de las personas físicas y de las sociedades con impuestos de naturaleza cedular, incluido los impuestos lineales y duales.

En este sentido, opinamos que no se deberían generar inconvenientes particulares, por lo menos en el caso en que, los nuevos impuestos en su conjunto graven rentas que antes eran sometidas a la imposición en el marco del impuesto sobre la renta complesiva de las personas físicas y de las sociedades. Creemos que esa conclusión se podría eventualmente aplicar también a los impuestos sustitutivos, en la medida en que la base imponible gravada por éstos, no se aleja demasiado de la imposición sobre la renta misma. Es obvio que desde la perspectiva de los convenios internacionales, ello no ocurriría en presencia de imposiciones sobre renta bruta o sobre renta ficta.

Ahora bien, a pesar de la importancia relativa que los problemas de la doble imposición jurídica internacional encuentren habitualmente su solución en el marco de los convenios internacionales, es necesario destacar que la formulación de dichas complejidades, en la historia de los últimos cincuenta años, se ha desarrollado en torno a los modelos de convenio.

Después de los primeros modelos formulados por la Sociedad de Naciones entre las dos guerras mundiales, así como inmediatamente después de la segunda, los países desarrollados han elaborado sus propios convenios bilaterales según un modelo, redactado por la Organización de Cooperación y Desarrollo Económico (OCDE) y complementado por comentarios técnicos a sus disposiciones, que fue por primera vez publicado en 1963, luego en 1977, y que desde 1992 es objeto de modificaciones constantes con periodicidad anual (siendo las modificaciones de 2008 recién publicadas).

Tradicionalmente, el modelo de la OCDE se ha constituido en intérprete de las exigencias de los países exportadores de capitales, de manera que sus cláusulas han limitado, en lo posible, la imposición en el país de la fuente (claros ejemplos de este tipo, se encuentran en las disposiciones relativas a los pagos de dividendos, intereses y, en particular, de regalías). Tal circunstancia indujo a los países importadores de capitales, y marcadamente a los países latinoamericanos, a manifestar una natural oposición al modelo de la OCDE[11], de forma que en los años '80, las Naciones Unidas llegaron a formular su propio modelo para fomentar la negociación de convenios entre países desarrollados y en vías de desarrollo. Las consecuencias de ese enfrentamiento han resultado, a mi juicio, muy negativas, ya que la difusión o aplicación extensiva del modelo de la OCDE siempre ha sido muy limitada por diversas razones. Entre ellas, incluimos no sólo la menor fuerza negocial de los países en vías de desarrollo respecto a la de los países desarrollados, sino también, la actividad menos frecuente de actualización llevada a cabo por las NN.UU. en comparación con los constantes informes producidos por la OCDE.

Así, los convenios entre países latinoamericanos han quedado, en general, fuera de los esquemas típicos del modelo de la OCDE, mientras que, de hecho, muchos convenios latinoamericanos con países desarrollados sí lo aplican[12]. Se trata de una "contradicción necesaria" en la política de los convenios fiscales internacionales, que creemos resultará modificable en el futuro, posiblemente mediante el apoyo de las teorizaciones plasmadas por la doctrina latinoamericana en el marco del ILADT.

En este sentido creemos que, en ocasión de una reconsideración de los sistemas de imposición sobre la renta de las personas físicas y de las sociedades en Latinoamérica, resulta importante, adicionalmente, aprovechar un trascendente elemento para adecuarse a la situación vigente en el contexto internacional, y marcadamente, respecto de las relaciones

---

[11] Cfr. en este sentido Brauner, Y., *An International Tax Regime In Crystallization*" (Winter 2003). New York University School of Law; en 56 Tax Law Review 259, pág. 8.

[12] Así, por ejemplo, el convenio bilateral entre Argentina y Bolivia y la Decisión 578 de la Comunidad Andina de Naciones, que en este momento representa el más importante convenio fiscal multilateral en Latinoamerica, permiten una imposición ilimitada de dividendos, intereses e regalías en el pais de la fuente.

planteadas con los países desarrollados. Estas consideraciones son aun de mayor envergadura en el momento en que la tradicional diferenciación resulta material básico de una evolución sustancial, como lo testimonia el nacimiento del grupo de países BRIC, que incluye Brasil, Rusia, India y China. Esto de por sí demuestra las exigencias de política económica internacional, que son intermedias entre las que han sido hasta ahora propias de los países desarrollados y de los en vía de desarrollo.

En ese contexto, proponemos que los países latinoamericanos fortalezcan sus redes de convenios internacionales y no sigan en el enfrentamiento con el modelo de la OCDE, ya que se trata de un constante conflicto de consecuencias adversas para los citados países durante las últimas décadas, habiendo sólo afectado negativamente las condiciones de competitividad en el contexto internacional.

Por el contrario, proponemos que los países latinoamericanos tengan en cuenta una importante reforma en la interpretación de los convenios para evitar la doble imposición que se ha aplicado por efecto de los párrafos 32.1 y ss., que han sido añadido en el año 2000 al comentario al Artículo 23 del modelo de la OCDE, por lo que resuelve los conflictos de calificación, permitiendo a la calificación según el derecho tributario del Estado de la fuente de prevalecer sobre la que sería aplicable según el derecho del Estado de la residencia. Como consecuencia de ello, creemos que las XXIV Jornadas del ILADT pueden ofrecer a la doctrina latinoamericana la oportunidad de una reflexión profunda sobre este tópico, ya que sería posible fortalecer sus prerrogativas como Estados de la fuente y tradicionalmente importadores de capitales según nuevos caminos y criterios, como por ejemplo, a través de una expansión del concepto de establecimiento permanente.

En lo que se refiere a las relaciones entre los países de Latinoamérica, por el contrario, creemos que el futuro de la imposición internacional no se visualizará tanto en las disposiciones de los convenios bilaterales contra la doble imposición, sino en particular, a través de acuerdos regionales aplicables al derecho tributario. Me refiero a las formas de integración regional como vigentes, y que todavía no han llegado a funcionar de manera apropiada, como la Comunidad Andina de Naciones y el Mercosur. En ese respecto, la decisión 578 de la Comunidad Andina de Naciones representa un primer ejemplo de instrumento multilateral para la solución de los problemas de doble imposición en Latinoamérica, que se puede desarrollar en el futuro, gracias también a la actividad del Instituto Latinoamericano de Derecho Tributario[13].

2. Imposición de la renta de los residentes y de los no residentes

En principio, la diferencia entre residentes y no residentes a los fines fiscales sólo es necesaria en los sistemas que gravan la renta mundial, ya que los mismos necesitan diferenciar entre aquellos contribuyentes que quedan sometidos a la imposición sobre la renta sin limitaciones geográficas y los otros, que por el contrario, sólo tributan su renta por el hecho de la fuente en el territorio nacional.

La tributación de la renta en su fuente representa una forma de imposición real y de naturaleza objetiva, es decir, allí el Estado se ocupa de gravar la renta como tal y no en función de quien la obtenga. En virtud a ello, opinamos que en dichos sistemas, cualquier diferenciación entre sujetos residentes y no residentes que no sea debidamente justificada por razones especiales de la situación personal del contribuyente, resulta estructuralmente inapropiada. En consecuencia, creemos que la aplicación de impuestos separados para no residentes, como en Uruguay, o de tipos más elevados para la renta de los no residentes, constituye, en principio, una fuente de injustificada discriminación. Además, a nuestro juicio, la naturaleza objetiva de la imposición de la renta de los no residentes es tal que no sería incorrecto llegar a las mismas conclusiones respecto a los países que tributan la renta mundial de sus residentes. En este sentido, creemos que aún dichos países deberían, en principio, aplicar reglas similares para gravar la renta de fuente territorial tanto a los residentes como a los no residentes, salvo la posibilidad de establecer medidas fiscales adicionales para adecuar la imposición de los residentes a su situación personal y a la capacidad contributiva complesiva. No olvidemos que ésta se determina tomando en cuenta también la renta de fuente

[13] En las XXIII Jornadas Latinoamericanas de Derecho Tributario, el Comité Directivo nos ha encargado esa tarea en un comité compuesto también por los profs. Jacques Malherbe (Bélgica) y Heleno Torres (Brasil). Algunos aspectos del trabajo que se está llevando adelante, serán ilustrados en el marco de un seminario sobre la imposición internacional, en el marco de estas XXIV Jornadas del ILADT.

extranjera. Así, creemos que la aplicación de un impuesto separado para gravar a los no residentes, como ocurre en España, o algunas diferenciaciones en la imposición de la renta de los no residentes, como ocurre en Italia, representan posibles formas alternativas de discriminación desde una perspectiva estructural. Además, dichos problemas generan cuestiones de incompatibilidad con el derecho tributario comunitario europeo, como ya lo veremos en otras secciones de esta ponencia general.

Sin embargo, entendemos que la posibilidad de comparar la situación de residentes y no residentes en el Estado de la fuente ha sido tradicionalmente afectada en los países desarrollados por el sentido común de la interpretación del convenio modelo de la OCDE. El artículo 24 de los convenios bilaterales que siguen dichas pautas, incluye una cláusula de no discriminación que obliga el Estado de la fuente a no aplicar regímenes más onerosos sobre los no residentes respecto a los que se aplican a los residentes en condiciones similares. Ahora bien, en principio muchas normas nacionales de los países latinoamericanos que aplican tipos o regímenes diferentes, podrían en principio, representar formas de discriminación en el sentido de esta cláusula, en la medida de la vigencia de un convenio bilateral que la incluya. En realidad, sin embargo, la doctrina tributaria internacional siempre ha rechazado la posibilidad de comparar la situación de residentes y no residentes, de manera que, en muchos sistemas tributarios, los primeros se someten a la imposición progresiva y tributan de forma personal, mientras que los segundos, quedan gravados de forma real, es decir, por medio de retenciones en la fuente (o aún como impuestos diferentes, como lo hemos enunciado), sin derecho a tributar por medio de declaración y de autoliquidación o a deducir sus gastos[14].

Por ende, el marco de aplicación del Artículo 24 del modelo de la OCDE – que fue recién objeto de modificación en la interpretación contenida en la versión de 2008 del comentario al modelo – constituyó una barrera de contención al desarrollo de la prohibición de discriminación en el derecho tributario internacional, que a nuestro juicio, resultará necesario reformar en el futuro. En Europa, esta función muy limitada del principio de discriminación en el derecho tributario internacional parece

[14] Cfr. Figueroa, A. H., El principio de no discriminación en la tributación internacional, en Visión renovada de la imposición directa, CPCECABA, Buenos Aires, 2001.

evidente al compararse el Artículo 24 con la visión del mismo principio conforme el despliegue de la jurisprudencia del Tribunal Europeo de Justicia en materia de derecho tributario, hallándose alrededor de las disposiciones contenidas en el Tratado CE en el tema de libertades fundamentales comunitarias a partir de su sentencia en el fallo Schumacker[15].

Creemos que los principios jurídicos enunciados en dicha sentencia – así como también en las sucesivas que se dictaran en torno a la aplicación de la primera, adicionalmente extendida en medidas concretas dictadas por el Estado de la residencia con el fin de disuadir al contribuyente de producir su renta en el extranjero – resultan fundamentales para elevar al sujeto beneficiario a una nueva dimensión mundial del principio de no discriminación en los sistemas de imposición de la renta. Asimismo, dicho principio brinda alcance concreto y protección bilateral contra cualquier forma de tratamiento diferenciado, en aquellos casos que se carezca de en una efectiva diferencia entre las dos categorías de contribuyentes.

En consecuencia, indicamos así brevemente algunos de los pasos fundamentales en la evolución de la jurisprudencia fiscal del Tribunal Europeo de Justicia.

En primer lugar, el Tribunal no compara residentes y no residentes en términos abstractos, sino más bien, remarca con atención la situación actual de cada sujeto no residente que se encuentre sometido a una imposición diferencial de la que se le aplicaría a un residente que obtuviese la misma renta. En ese sentido, a pesar de que siga los principios internacionales de la imposición – es decir residentes y no residentes no se encuentren normalmente en la misma posición, por efecto de que sus rentas quedan gravadas, respectivamente, en forma subjetiva y objetiva – el Tribunal admite que, en la medida en que la situación subjetiva del contribuyente no haya sido tomada en cuenta por el Estado de la residencia[16], el Estado de la fuente deba quedar obligado a tratar al no residente como si fuese un residente.

---

[15] Tribunal Europeo de Justicia, sentencia 14 de febrero de 1995, asunto C-279/93, *Roland Schumacker* (texto español disponible en http://www.europa.eu.int/eur-lex/es/search/search_case.html).

[16] En el fallo Schumacker, ello ha ocurrido por efecto de que la aplicación del método de la exención para desgravar la doble imposición internacional y, la falta de

En segundo lugar, se añaden los fallos Saint-Gobain[17] y Gerritse[18], donde se reafirma que los contribuyentes no residentes gozan del derecho a no ser sometidos a una imposición más alta respecto a la que se aplica a los sujetos residentes en condiciones comparables.

Finalmente, en las sentencias Marks & Spencer[19] y Cadbury Schweppes[20] obliga al Estado de la fuente a no aplicar medidas que puedan tener efectos de disuasión respecto al ejercicio de producir rentas en el extranjero.

A pesar de que no sea posible indicar hasta qué punto, se realizará la influencia de los principios del Tribunal Europeo de Justicia en la fiscalidad internacional, es importante destacar que, desde la sentencia Skatteverket vs. A[21], queda clara la aplicación de dichos principios también a las relaciones con países no miembros de la Unión Europea, por la necesidad de no afectar la circulación mundial de los capitales y

---

renta con fuente interna a dicho país implica la falta total de renta imponible en el Estado de la residencia.

[17] Tribunal Europeo de Justicia, sentencia de 21 de septiembre de 1999, asunto C-307/97, *Compagnie de Saint-Gobain, Zweigniederlassung Deutschland*, (texto español disponible en www.curia.europa.eu).

[18] Tribunal Europeo de Justicia, sentencia 12 de junio de 2003, asunto C-234/01, *Arnoud Gerritse* (texto español disponible en www.curia.europa.eu).

[19] Tribunal Europeo de Justicia, sentencia de 13 de diciembre de 2005, asunto C-446/03, *Marks & Spencer* (texto español disponible en www.curia.europa.eu). El asunto trata de la obligación para el Estado de residencia de una holding, en presencia de un régimen de imposición de grupo, a aplicar dicho régimen para consolidar también las pérdidas de las sociedades filiales residentes en otros Estados miembros de la Unión Europea.

[20] Tribunal Europeo de Justicia, sentencia de 12 de septiembre de 2006, asunto C-196/04, *Cadbury Schweppes* (texto español disponible en www.curia.europa.eu). El asunto trata de la prohibición para el Estado de residencia de una sociedad de aplicar medidas fiscales (de tipo CFC) para compensar los menores tributos aplicados sobre los beneficios de una sociedad filial extranjera en su Estado de residencia.

[21] Tribunal Europeo de Justicia, sentencia de 18 de diciembre de 2007, asunto C-101/05, *Skatteverket vs. A* (texto español disponible en www.curia.europa.eu). Para un comentario a las consecuencias de esa sentencia véase *amplius* Pistone, P., Ups and Downs in the Case Law of the European Court of Justice and the Swinging Pendulum of Direct Taxation, en Intertax 4/2008, págs. 146-153.

pagos[22]. Se trata de una vinculación unilateral que obliga sólo a los Estados miembros de la Unión Europea[23] y que sin embargo, no tardará en producir sus efectos en el sistema de la economía globalizada.

Entendemos que las fronteras alcanzadas por el principio de no discriminación de los no residentes (y de los residentes respecto a su renta de fuente extranjera) todavía se encuentra muy alejada de las perspectivas futuras de desarrollo de la imposición sobre la renta en Latinoamérica. Sin embargo, existen ejemplos en Latinoamérica, como por ejemplo la Decisión 578 de la Comunidad Andina de Naciones, que interpretan el principio de no discriminación en forma más amplia de lo que ocurre en su aplicación equivalente en el modelo de la OCDE[24]. Además, creemos que la atención recién manifestada por la OCDE respecto al alcance y dimensión bilateral del principio de no discriminación en el derecho tributario comunitario, indica que la evolución de la fiscalidad internacional sin duda alguna se mueve en esa dirección. Por ello, no dudo que los principios del derecho tributario comunitario europeo puedan incrementar los niveles de protección de los derechos de los contribuyentes también en los sistemas tributarios latinoamericanos[25], Ejemplo de ello, lo representaría hoy una total equiparación en las condiciones de imposición de la renta entre residentes y no residentes en los países donde la modalidad en cuestión es territorial. En 1986 el Tribunal Europeo de Justicia empezó su largo camino jurisprudencial en el sector de la impo-

---

[22] Para una vision del tema, tanto de las perspectivas de los Estados miembros de la UE, como de los países terceros, véase Lang, M., Pistone, P. (eds.), The EU and Third Countries, Linde Verlag y Kluwer Law International, 2007, págs. 1-1072.

[23] Sobre la teorización de este sistema véase Schoueri, L.E., European Erga Omnes Liberalization on Capital and Payments in the EC Treaty, en Tax Notes International, January 29, 2007, págs. 345 y ss.

[24] Compartimos respecto a la formulación e interpretación del Artículo 18 de la Decisión 578 de la Comunidad Andina de Naciones las conclusiones del ponente nacional boliviano Villegas Aldazosa, A., cit., apdo. 3.

[25] Coincidimos en este aspecto, con la ponencia nacional argentina de Fernández, L.O., cit., apdo. 3.1.

sición sobre la renta respecto a un fallo[26] de discriminación de un no residente con establecimiento permanente en Francia[27].

3. La doble imposición económica internacional

La importancia de la jurisprudencia del Tribunal Europeo de Justicia es aún mayor respecto al análisis de los problemas de doble imposición económica internacional, ya que normalmente, este grave problema no se soluciona con los convenios internacionales para evitar la doble imposición, lo que representa una de las cuestiones más debatidas de la imposición sobre la renta en el contexto internacional.

Como ya lo hemos mencionado anteriormente, la doble imposición económica representa una situación en que la duplicación impositiva sobre la renta no recae en el mismo sujeto, ni sobre la misma renta en el sentido estricto, sino en realidad, en el sentido sustancial, lo que ocurre por ejemplo, respecto a la imposición de los beneficios en cabeza de la empresa y luego, de los dividendos recibidos por los accionistas. En la sección primera de esta ponencia general, hemos indicado que – a diferencia de lo que ocurre en la Unión Europea así como en otras partes del mundo – no todos los sistemas latinoamericanos presentan problemas de doble imposición económica, ya que en algunos casos, realizan una integración a nivel tanto de la sociedad, como del socio. Sin embargo, desde la perspectiva de entender las razones de las crisis de la imposición sobre la renta complesiva de las personas, es importante también poner el acento sobre los problemas de doble imposición económica.

En principio, podemos afirmar que, hace algunos años, muchos sistemas tributarios eliminaban la doble imposición económica respecto a los dividendos sólo cuando éstos habían sido distribuidos por sociedades residentes. Si consideramos que los convenios internacionales de doble imposición sólo se ocupan de este problema respecto a los precios de

---

[26] Tribunal Europeo de Justicia, sentencia de 28 de enero de 1986, asunto 270/83, Comisión vs. Francia (texto español disponible en *http://www.europa.eu.int/eur-lex/es/search/search_case.html*).

[27] Como ya es sabido, la renta de las sociedades en Francia se grava exclusivamente por aplicación del principio de la fuente.

transferencias entre empresas asociadas, podemos afirmar que, en este contexto específico, el derecho tributario comunitario ha realizado una radical transformación del marco legal en las últimas dos décadas.

En primer lugar, los Estados miembros de la Unión Europea han introducido en 1990 una directiva comunitaria para establecer un régimen común sobre la imposición de los dividendos (o distribución de utilidades) en las relaciones entre una matriz y sus filiales colocadas en otros Estados miembros de la Unión Europea. La aplicación de esa directiva, modificada en 2003, ha generado una fuerte armonización tributaria, pues no permite al Estado donde se ubica la filial gravar (por medio de retención en la fuente, como antes ocurría) los dividendos (o utilidades distribuidas) pagados a su sociedad matriz situada en otro Estado miembro, obligando a este último país, a aplicar medidas a efectos de desgravar la doble imposición económica. La nueva frontera de la armonización en Europa es ahora la construcción de una base imponible común consolidada para imposición de las sociedades (CCCTB)[28]: se trata de un objetivo muy ambicioso y cuyas dificultades todavía no permiten definir si la propuesta que se publicará a fines del 2008, llegará a ser aprobada por los Estados miembros. En el caso afirmativo, Europa generaría en los impuestos sobre sociedades, una situación de armonización que resulta análoga a la que tuvo lugar en los años '70 del siglo pasado respecto al IVA.

Fuera de ese contexto, y respecto a los dividendos recibidos por una persona física, la evolución ha sido principalmente el resultado de la integración negativa[29] plasmada por medio de la interpretación del Tribunal de Justicia en algunas importantes sentencias. Allí, quedaron plasmadas claramente las pautas para el Estado de la residencia y el de la fuente (es decir, de la residencia de la sociedad que obtiene el beneficio)

[28] Sobre las problemáticas técnicas de la CCCTB (o BICCIS en español) véase amplius Lang, M., Pistone, P., Schuch, J., Staringer, C. (eds.), Common Consolidated Corporate Tax Basis, Linde Verlag, 2008.

[29] Integración negativa es una expresión de uso común en la terminología tributaria técnica española europea. Ella señala los efectos de la eliminación de obstáculos fiscales que el Tribunal de Justicia Europeo realiza en vía interpretativa como consecuencia de las limitaciones a la soberanía tributaria de los Estados miembros, imponiendo en sus sentencias la férrea garantía de la primacía de las libertades fundamentales comunitarias por sobre el derecho nacional.

Desde la perspectiva del Estado de la residencia del socio o accionista, el Tribunal ha afirmado que, aun cuando los Estados miembros todavía mantengan el derecho de aplicar sus regímenes nacionales, sus prerrogativas deberán ser ejercidas de forma tal que no se produzca modo alguno discriminación o restricción a las libertades fundamentales, como ha ocurrido en el fallo *Manninen*[30] respecto a Finlandia. En este caso, Finlandia desgravaba la doble imposición económica en el contexto nacional, sin hacer lo mismo respecto a los dividendos distribuidos por sociedades extranjeras. Según el Tribunal Europeo de Justicia, pese a que los Estados miembros quedaran libres de decidir, si y como proceder a integrar los dos niveles de imposición, ellos deben asegurar condiciones análogas a los dividendos transfronterizos. En el fallo *Meilicke,* dicha obligación ha llegado al punto de obligar el Estado de la residencia a reconocer un crédito respecto a los impuestos extranjeros pagados sobre los beneficios, aún cuando dichos impuestos eran más elevados de los que este Estado aplicaba[31]. De manera distante, en el fallo *Lenz*[32], el mismo Tribunal había permitido a Bélgica aplicar su sistema de integración cedular, sin obligar a este país a otorgar una mayor desgravación en pos de eliminar la doble imposición económica, originada en la mayor imposición sobre sociedades (y por tal, su mayor onerosidad aplicada en el país extranjero de la fuente).

Desde la perspectiva del Estado de la fuente, es decir, desde la sociedad que realiza el beneficio y distribuye el dividendo, en la sentencia *Denkavit France,* el Tribunal Europeo de Justicia ha afirmado que, cuando se exoneran o eximen los dividendos pagados a socios residentes en el mismo país, es necesario que ocurra lo mismo respecto a los divi-

[30] Tribunal Europeo de Justicia, sentencia 7 de septiembre de 2004, asunto C-319/02, *Petri Mikael Manninen* (texto español disponible en www.curia.europa.eu). Así, por efecto de la sentencia *Manninen,* el Estado de residencia, al momento de gravar los dividendos, ha tenido que reconocer un crédito respecto a los impuestos pagados por la sociedad extranjera sobre sus beneficios.

[31] Tribunal Europeo de Justicia, sentencia 6 de marzo de 2007, asunto C-292/04, *Wienand Meilicke* (texto español disponible en www.curia.europa.eu).

[32] Tribunal Europeo de Justicia, sentencia 15 de julio de 2004, asunto C-315/02, *Anneliese Lenz* (texto español disponible en www.curia.europa.eu).

dendos pagados a socios o accionistas no residentes[33]. Esta sentencia refleja en sustancia la posición que el Tribunal de la Asociación Europea de Libre Comercio (EFTA) tomó en el fallo *Fokus Bank ASA*[34].

Este proceso nos permite colegir que, las relaciones entre el impuesto sobre la renta de las personas físicas y el impuesto sobre la renta de las personas jurídicas, deben ser las mismas con independencia de que éste último haya sido pagado en otro Estado miembro de la Unión Europea. Sin embargo, ello no implica la obligación de eliminar la doble imposición económica, ya que sigue permitiéndose la aplicación de los sistemas clásicos de imposición. Las consecuencias de esa jurisprudencia fiscal del Tribunal Europeo de Justicia han determinado una nueva tendencia en la estructuración de las relaciones entre la imposición de las sociedades y aquélla sobre la renta de las personas físicas. Numerosos Estados en Europa abandonan los métodos de integración efectiva entre los dos impuestos, a efectos de aplicar impuestos de tipo cedular, ya que, en este último caso, no quedan obligados al necesario compromiso de otorgar el crédito por los impuestos sobre sociedades pagados en el extranjero. Se trata, a mi juicio, de un elemento importante de evaluación para entender que, la crisis de los sistemas de imposición de la renta complesiva en Europa encuentra un elemento más para acelerar la evolución hacia las formas alternativas de imposición. Ese fenómeno tiene una importancia no sólo limitada a Europa y a mi criterio, indica los problemas que pueden acontecer en el futuro por efecto de la globalización económica y de la necesidad misma de eliminar los obstáculos fiscales a las relaciones

---

[33] Tribunal Europeo de Justicia, sentencia 14 de diciembre de 2006, asunto C-170/05, *Denkavit Internationaal BV* y *Denkavit France SARL* (texto español disponible en www.curia.europa.eu). Sobre los problemas del Estado de la fuente y relacionado con los convenios de doble imposición, cfr. La comunicación técnica española presentada por Almudí Cid, J., Tributación en la fuente y derecho comunitario: la progresiva erosión de la potestad tributaria de los Estados miembros de la Unión Europea y el papel de los convenios de doble imposición.

[34] Tribunal de la Asociación Europea de Libre Commercio (EFTA), sentencia 23 de noviembre de 2004, asunto E-1/04, *Fokus Bank ASA* (texto oficial disponible sólo en ingles en www.eftacourt.lu).

internacionales, para lograr una mayor competitividad de las empresas[35]. Además, creemos que también, en este momento, la experiencia europea podría orientar a algunos países latinoamericanos – como por ejemplo a Argentina[36] – en la importancia de abordar el problema de la doble imposición económica tanto en el contexto nacional, como internacional.

SECCIÓN TERCERA (III)
IMPUESTOS TRADICIONALES Y NUEVOS IMPUESTOS SOBRE LA RENTA FRENTE A LOS PRINCIPIOS CONSTITUCIONALES

La estructura de nuestra ponencia general se ha articulado de forma que, el análisis de los principios constitucionales de la imposición no resultare antepuesto sino, sucesivo al tratamiento de los impuestos vigentes en los ordenamientos tributarios nacionales de los países miembros del ILADT y, de las cuestiones críticas que se generan en ese contexto. De este modo, creemos que resultaría menos complejo discutir sobre las tendencias de la imposición sobre la renta y las posibles direcciones en que evolucionará, en el contexto de la globalización económica, considerando a los principios constitucionales como pauta para orientar o limitar el propio devenir de los mentados mecanismos. Todo ello en pos que coincida con los valores jurídicos fundamentales que son propios de una comunidad nacional, o que la misma comparte con los sistemas análogos, como en el caso de los países miembros del ILADT[37].

---

[35] Véase en ese respecto la comunicación técnica española presentada por Caamaño Anido, M.A., Calderón Carrero, J.M., La incidencia de la globalización en la configuración del ordenamiento tributario del siglo XXI.

[36] Cfr. en ese respecto la ponencia nacional argentina de Fernández, L.O., cit., apdo. 3.2.

[37] Esta ponencia general ha puesto su enfoque sobre en los problemas específicos de la imposición de la renta y por ello, no ha tratado los principios constitucionales relativos a las fuentes del derecho tributario, como por ejemplo el principio de legalidad. Sin embargo, de la ponencia y comunicaciones técnicas venezolanas, entendemos que existen evidentes vulneraciones a los principios constitucionales, que son propios de todos ordenamientos tributarios de los países miembros del ILADT, debido a la introducción o

Por efecto de esta función, la presente sección tercera no representa una actualización de la reflexión sobre los principios fundamentales de la imposición, sino cumple con la exigencia de tratar, en forma sintética, los puntos críticos que han surgido de las precedentes expresiones de este trabajo, así como también de las ponencias nacionales y comunicaciones técnicas.

En particular, se tratará de analizar los problemas relativos a los siguientes seis principios: (i) deber de solidaridad; (ii) principio de igualdad (en sentido formal y sustancial); (iii) principio de capacidad contributiva; (iv) principio de progresividad; (v) principio de generalidad; (vi) principio de no confiscatoriedad.

4. El deber de solidaridad

El deber de solidaridad es un principio fundamental de los Estados modernos, como lo reconoce la casi totalidad de las Constituciones nacionales de los países miembros del Instituto Latino-Americano de Derecho Tributario. Entre otro, el deber de solidaridad justifica la aplicación de la exención fiscal para asegurar las condiciones mínimas de existencia (llamada exención del mínimo vital o mínimo no imponible).

Se trata de un valor que trasciende los principios tributarios y que encuentra su manifestación, en general, en la necesidad de que todo miembro de la comunidad tenga derecho a recibir asistencia, en la medida en que el legislador considere apropiado y con los recursos financieros de que la comunidad misma disponga.

Respecto a nuestra rama del Derecho y al tema objeto de estas XXIV Jornadas, un primer punto de atención en el nuevo contexto de la globalización, se plantea en relación con la posibilidad de que este valor pueda ser objeto de compromiso mediante la exigencia de que el sistema tributario necesita lograr características de competitividad. En otras palabras, la falta de competitividad reduce los recursos financieros de que el sistema tributario dispone, para permitir a los contribuyentes ser efectivamente solidarios, a través del pago de los tributos, con los otros

modificación de tributos a través de actos del Ejecutivo Nacional de la República Bolivariana de Venezuela.

que menos tienen y cuya situación económica los sitúe en condiciones de disponer sólo de lo que es necesario para vivir (o en algunos casos, en condiciones de pobreza en que tampoco se dispone de esto).

En principio, coincidimos con la necesidad de disponer de recursos financieros suficientes para llevar acabo finalidades concretas de solidaridad. Sin embargo, no creemos que dichas exigencias puedan llegar a justificar un sistema, que extravíe sus otros principios para hacer tributar cuanto más impuestos sea posible. De otra forma, si ello fuera de este modo, la necesidad de disponer de recursos suficientes podría justificar cualquier falta de equidad en el sistema constitucional tributario. En este sentido, creemos que el mismo principio debe justificar, no sólo la exención del mínimo vital respecto a la aplicación de los tributos sobre la renta, sino también producir repercusiones en cada uno de los otros sectores de la realidad económica, por supuesto en la medida en que el Presupuesto General del Estado pueda efectivamente soportar. En este sentido, encontramos que este deber de solidaridad no puede ni debe justificar el establecimiento de un estado de bienestar para que no existan recursos financieros suficientes, ya que el nuevo contexto de la globalización obliga a los Estados a una eficiente gestión, no sólo de sus finanzas públicas, sino también de la imposición y recaudación tributaria. En otras palabras, el deber de solidaridad no puede justificar cualquier intervención en favor de los que menos tienen, pero exige que el Estado utilice efectivamente y eficientemente los recursos financieros ingresados por la recaudación de los tributos para realizar acciones en favor de los que menos tengan. Las continuas crisis financieras internacionales nos obligan a reflexionar sobre este punto, ya que se trata de tocar las verdaderas herramientas de la imposición: no pagamos sólo para financiar el Estado, sino también y especialmente, para permitir al Estado cumplir con los objetivos y asegurar, de este modo, la actuación de los principios que se encuentran en la Constitución.

Un segundo punto crítico está representado por el ámbito territorial del deber de solidaridad. A pesar de que eso pueda ser obviamente limitado a la comunidad de los ciudadanos de un determinado Estado, la evolución del proceso de integración en Europa demuestra que se está realizando un desplazamiento hacia el nivel europeo, de manera que no sería posible justificar discriminaciones en favor de los nacionales en aplicación del deber de solidaridad, como ha ocurrido hace algunos años en una cuestión de libre acceso a los museos nacionales, que Italia permitía a los mayores de 65 años a condiciones que fuesen ciudadanos italianos[38].

Un tercer punto de interés está constituido por las interferencias entre este principio y la imposición de la renta de los no residentes. En este plano, nos preguntamos si y en qué medida sería correcto aplicar impuestos más onerosos sobre la renta de los no residentes e invocar como justificación, la necesidad de financiar el gasto público para finalidades de solidaridad. A nuestro juicio y por las razones que hemos anteriormente indicado, la imposición de la renta de los no residentes tiene que fundarse en elementos objetivos y relativos a la renta cuya fuente se encuentra en el territorio de dicho Estado.

Finalmente, a la luz de las consideraciones contenidas en las ponencias nacionales y comunicaciones técnicas, no creemos que el deber de solidaridad pueda justificar la obligación de que el impuesto sobre la renta de las personas físicas se aplique con tasas progresivas, ya que se ha puesto de manifiesto, la incapacidad de que ese impuesto, en la realidad actual, efectivamente realice las funciones de redistribución que han sido teorizadas en el pasado.

A la luz de lo que hemos antepuesto, en tanto principio fundamental de los Estados modernos y en relación a las consecuencias que produce dentro de nuestra rama del Derecho, no creemos que el deber de solidaridad pueda representar un obstáculo a que los nuevos sistemas de imposición sobre la renta puedan remplazar en todo o en parte, al sistema de imposición complesiva actualmente existente.

5. El principio de igualdad

El principio de igualdad es un postulado básico del Estado de derecho y refleja la exigencia de que cada ciudadano tenga los mismos derechos ante la ley. Muchas Constituciones nacionales destacan los perfiles de igualdad, no sólo en sentido formal, sino también sustancial, es decir

[38] Cfr. amplius sobre ese tema en Pistone, P., Discriminazione tariffaria nell'accesso al patrimonio culturale degli enti locali e compatibilità con la normativa comunitaria, en Aedon, 2/2003 – www.aedon.it.

con el objetivo de suprimir todo obstáculo que dificulta la realización de una efectiva igualdad entre los ciudadanos. En este sentido, el principio de igualdad justifica, en nuestra rama del Derecho, los tributos con finalidades de redistribución, pero dichas finalidades no son imprescindibles en ellos, ya que es posible alcanzar los mismos resultados a través de otras medidas, por ejemplo de naturaleza financiera, como con los subsidios. Como bien lo indica Fernández Junquera en su comunicación técnica, la igualdad entre las personas no implica necesariamente la uniformidad de la imposición, y en este sentido, creemos que los trabajos presentados en el marco de estas Jornadas permiten a nuestra ponencia general afirmar con vehemencia que este principio no es un instrumento para justificar la necesidad de un impuesto complesivo sobre la renta de las personas. Más allá de las cuestiones relativas a la posibilidad de diferenciar entre las distintas categorías de rentas (por ejemplo del trabajo y del capital), de los sujetos (residentes y no residentes) y las dimensiones de las empresas (por un lado las PyMEs, y por el otro, las grandes empresas) creemos que no se puede obligar al legislador a aplicar un sistema único de imposición sobre cada manifestación de capacidad contributiva, sino por cierto, obligar al mismo a fundar las herramientas del sistema tributario en pautas claras, así también como razonables y respaldadas en situaciones sustanciales de igualdad.

En este tema, no creemos que sea razonable la posibilidad de aplicar formas de tributación en base a renta bruta sólo para limitadas categorías de sujetos (al tributar los demás en renta neta), salvo que resulte absolutamente justificado por razones sustanciales más bien que por efecto de afirmaciones dogmáticas del legislador en este sentido. Ni tampoco puede ser razonable la aplicación de impuestos progresivos para algunos sujetos y proporcionales para otros, salvo que, como en el caso de Italia, eso haya ocurrido por efecto de una opción manifestada por el contribuyente mismo.

La evolución del principio de igualdad se encuentra en forma muy nueva en el contexto internacional, donde durante muchas décadas, se había totalmente ignorado cualquier problema acontecido a los contribuyentes. En Europa, el derecho a la no discriminación está estrechamente vinculado a la dimensión nacional y constitucional del principio de igualdad, de forma que, los mismos marchan en direcciones convergentes y que luego llegaran a coincidir[39]. En América Latina, los trabajos presentados en estas XXIV Jornadas nos incentivan a admitir la posibilidad que la evolución del principio de no discriminación, tanto por efecto de las elaboraciones doctrinales, como en razón de pautas reconocidas por uno o más Estados (por ejemplo el Artículo 18 de la Decisión 578 de las Comunidad Andina de Naciones), pueda logre en breve una efectiva protección del principio de igualdad, también en el contexto internacional.

Sin embargo, opinamos que uno de los puntos más controvertidos de los nuevos impuestos en relación al principio de igualdad consiste en la posibilidad de gravar las rentas del trabajo de forma más onerosa de lo que ocurre respecto a las rentas de los capitales. Entendemos bien las posibles diferencias existentes entre las dos categorías de renta, que por cierto, producen repercusiones también en los sujetos que las practican. Sin embargo, no creemos que el principio de igualdad pueda permitir una diferenciación de este tipo, especialmente en la medida en que no se tenga en cuenta los elementos que hemos indicados en las secciones precedentes de nuestro trabajo y que sugieren la necesidad de comparar la carga impositiva de la renta del capital, acumulando también los impuestos aplicados a nivel de la sociedad. De toda forma, no nos parece que exista algún respaldo sustancial de equidad impositiva en el hecho de que, se puedan gravar más las rentas fruto del trabajo respecto a las que originan de la disponibilidad del capital. En consecuencia, en la medida en que el legislador prefiera estructurar un sistema tributario según los esquemas de la imposición dual, será fundamental buscar compensaciones para los trabajadores, tanto por medio de otras medidas tributarias, como por efecto de la posible financiación a través de otros impuestos (por ejemplo, con los ingresos de los tributos medioambientales), de forma que resulte posible acercar los tipos impositivos entre rentas del trabajo y del capital.

---

[39] En este sentido, concordamos con que la experiencia europea de integración puede ser también de fundamental importancia para cumplir con el principio de igualdad en las áreas de integración regional y continental en Latinoamérica. Cfr. amplius en ese respecto la comunicación técnica española de Ferreiro Serret, E., Imposición sobre la renta: las perspectivas de la armonización al servicio del principio del servicio de la igualdad en la Unión Europea y en el Mercado Común del Sur.

A pesar de la no necesariedad de gravar toda la renta en forma igual, y no obstante la admisibilidad de sistemas de imposición cedular que graven las distintas formas de renta según reglas y tipos diferentes, el desarrollo de las consideraciones que hemos antepuesto nos induce a expresar una preferencia en favor de los sistemas lineales de imposición sobre la renta. No lo hacemos por cumplir con una interpretación literal del principio de igualdad, ya que, este principio se vulneraría también al aplicar un régimen igual a situaciones distintas. Por el contrario, creemos que este tipo de impuesto genera una simplificación radical de los sistemas de imposición sobre la renta, condición necesaria para la evolución de este impuesto en el contexto de la globalización económica. Además, así se permite también lograr el resultado estructural muy importante consistente en eliminar los incentivos fiscales que se han acumulado en cada sistema de imposición sobre la renta en favor de determinadas categorías de rentas o contribuyentes[40]. Asimismo, al haberse quebrado en la realidad actual la función de redistribución que ponía el impuesto complesivo sobre la renta como un instrumento para realizar la igualdad sustancial, la aplicación de un impuesto lineal con una fuerte exención mínima, permitiría lograr resultados muy positivos en el respecto del principio de igualdad. Ello implica que nuestro análisis profundizará – en el marco de las dos secciones sucesivas – las conexiones con los principios de capacidad contributiva y de progresividad de la imposición.

6. El principio de capacidad contributiva

Tradicionalmente, el principio de capacidad contributiva es el más importante postulado de naturaleza fiscal que se encuentra en forma explícita o implícita, en las Constituciones nacionales de los países miembros del Instituto Latino-Americano de Derecho Tributario y que, por el contrario, queda implícito en el principio de igualdad en la Cons-

[40] Coincidimos en este respecto con la evaluación positiva realizada por el ponente nacional español López Díaz, A., cit., apdo. IV.2.

titución alemana, o aún no mencionado o no considerado en los sistemas tributarios de muchos otros países[41].

A pesar de ser formulado en ciertos casos según distintas modalidades, o con distintos matices (por ejemplo, como principio de capacidad económica en la Constitución española de 1978), no cabe duda de que este principio representa un fundamental instrumento de justicia social, colaborando en el reparto de la carga tributaria con arreglo a la efectiva aptitud económica del contribuyente. Como consecuencia de este principio, el legislador, por un lado, está obligado elegir los hechos imponibles en función de su relevancia para contribuir a soportar el gasto público y, por el otro, a repartir la carga fiscal en la forma que se corresponde con la riqueza de cada contribuyente. En principio, muchos argumentan que el postulado de capacidad contributiva impone automáticamente al legislador la obligación de gravar cualquier hecho que manifieste la aptitud económica del sujeto[42]. A pesar de compartir la importancia de esa noción sustancial en dicho principio, opinamos que, en la realidad, se debe permitir al legislador elegir cómo, cuándo y en qué medida gravar los hechos que manifiestan capacidad contributiva, hasta el punto en que por razones fundadas y respaldadas en los objetivos de política fiscal, pueda llegar hasta la no imposición. Sin embargo, es fundamental que las decisiones de políticas fiscales no sean irrazonables y no conlleven consecuencias negativas respecto al conjunto de los principios constitucionales, lo que permite a los Tribunales Constitucionales ejercer también un control de constitucionalidad efectivo y global respecto a los instrumentos normativos establecidos por el legislador.

---

[41] Sin embargo, en el congreso de 2008 de la Asociación Europea de los Profesores de Derecho Tributario, que tuvo lugar en Cambridge (Inglaterra), muchos ponentes han destacado la posibilidad de entender que el principio de capacidad contributiva, por efecto de la jurisprudencia del Tribunal Europeo de Justicia – y en particular de la sentencia de 18 de julio de 2007, asunto C-182/06, Lakebrink, apdo. 34 – y de la primacía del derecho comunitario europeo por sobre los sistemas tributarios nacionales, representa hoy un fundamental valor de la imposición también en aquéllos sistemas donde todavía no ha sido reconocido.

[42] En sentido contrario, existen muchas opiniones en la doctrina. Entre los trabajos presentados en estas Jornadas, véase por todos la ponencia nacional española de López Díaz, A., cit., apdo. IV.3.

Las consideraciones que hemos desarrollados en el marco de nuestra ponencia general nos inducen a afirmar que, los nuevos impuestos puedan fortalecer la dimensión sustancial del principio de capacidad contributiva. *Prima facie* puede ser opinable que se pueda lograr ese resultado, a través de la supresión de un impuesto progresivo sobre la renta y, con la aplicación en su lugar, de impuestos cedulares, o de un impuesto lineal o dual. Sin embargo, creemos que la estructura actual del impuesto complesivo sobre la renta resulta en sustancia muy diferente de lo que el mismo impuesto reflejaba en sus teorizaciones iniciales: no logra efectos de redistribución, erosiona su base imponible por efecto de la presencia de numerosos beneficios y no es de fácil gestión, de forma que se aleja, en la realidad, de los principios de justicia impositiva, como por supuesto el de capacidad contributiva, que habían justificado su propia creación.

Mejor que determinar quien resulta obligado a pagar los impuestos, creemos que la efectiva aplicación de ellos constituye un elemento fundamental y sustancial de justicia social. No importa sólo sostener que quien tenga una renta mayor, tiene que pagar más impuesto sobre la renta, sino también asegurar que ese pago se perfeccione en forma efectiva. Así, opinamos que el principio de capacidad contributiva no tiene sólo una dimensión sustancial, sino también una relevancia procedimental, ya que la carga tributaria no se debe considerar sólo en términos nominales y teóricos, sino también respecto a los tributos que el Estado efectivamente recauda e ingresa. En ese sentido, creemos que la deficiente aplicación de dichas actividades repercute significativamente en el plano del reparto sustancial de la carga impositiva, incumpliendo así, de hecho, con las exigencias de la función de justicia social, que es propia del principio de capacidad contributiva. En algunos casos, esos problemas pueden producirse como consecuencia de la ineficiencia de la administración tributaria; en otros, por causa de la excesiva complejidad del sistema tributario, en términos absolutos o relativos, es decir, respecto a la capacidad de comprobación e investigación de la administración tributaria. Además, a pesar de que la exigencia de gravar la capacidad contributiva efectiva – y por eso ni presunta, ni siquiera por efecto de *minimum taxes* – sea un fundamental elemento de justicia social, entendemos que ese legítimo objetivo no pueda justificar para algunos contribuyentes – como por ejemplo, para las pequeñas empresas y para algunos profesionales – costes excesivos para llevar los libros contables y/o cumplir con las obligaciones formales (llamados *compliance costs*) que devienen necesarias para permitir la precisa aplicación de los tributos sobre la efectiva renta que los mismos gravan. En ese sentido, la dimensión no sólo sustancial, sino también procedimental del principio de capacidad contributiva, exige que el legislador no añada al impuesto sobre la renta, otros elevados costes, ya que, de otra forma, se vulneraría la función de justicia social, que es propia del principio de capacidad contributiva.

7. El principio de progresividad

El principio de progresividad es un complemento de algunos de aquellos principios que se han precedentemente mencionado en este trabajo, ya que implica la necesidad de gravar de forma más que proporcional a los sujetos, y en consecuencia, también a sus rentas. Ello genera una tributación proporcionalmente mayor en aquellos sujetos que posean una capacidad contributiva más elevada. En ese sentido, el principio de progresividad del sistema tributario cumple también objetivos de justicia social e igualdad en sentido sustancial y, sirve para lograr los objetivos de redistribución, que la doctrina tributaria italiana suele llamar con el término de *perequazione tributaria*.

Normalmente, no se considera que este principio deba implicar la progresividad de cada impuesto, ni siquiera del impuesto sobre la renta de las personas jurídicas. Sin embargo, creemos que, en la perspectiva de la reformas de los sistemas de imposición sobre la renta, resulta importante abordar el tema de la progresividad desde la perspectiva sustancial y no sólo desde un punto de vista formal.

En este sentido, si el impuesto complesivo sobre la renta es progresivo, pero no cumple – como ocurre hoy en la mayoría de los países – con la función de redistribución sobre la renta, otrora el fundamento de su estructuración progresiva, se genera el problema de si la progresividad de la imposición debe ser sólo un objetivo o, por el contrario, un instrumento para permitir al sistema tributario ser justo y conforme al principio contenido en la Constitución. Desde esta perspectiva, y en el espíritu de provocar el debate, opinamos que una vulneración del principio de la progresividad de la imposición no se puede excluir tampoco en presencia de la aplicación de un impuesto sobre la renta complesiva articulado en tramos progresivos.

En este sentido, creemos que la progresividad de los sistemas de imposición de la renta no se ha reducido en los últimos años, por la tendencia a la reducción del número de tipos aplicados en cada impuesto de este estilo. Sin embargo, si se produjo tal reducción de la progresividad por el efecto del acrecimiento o incremento de la complejidad de las normas impositivas y del número de las excepciones, exoneraciones y beneficios establecidos por el legislador en los distintos países.

Ahora bien, si la progresividad de la imposición nos obliga a establecer un sistema que logre objetivos sustanciales de justicia impositiva, no importa cuantos sean los impuestos progresivos, ni cuanta progresividad los mismos contengan, sino más bien cuantos efectos de redistribución resultan posibles de lograr mediante los mismos. En este sentido, la creación de impuestos lineales no es en principio incompatible con el principio de progresividad, ya que en una precedente sección de nuestra ponencia, hemos demostrado que dicha postura resulta técnicamente posible también en tal sistema por efecto de la creación de un mínimo no imponible. Sin embargo, y aquí ponemos nuestro acento sobre las perspectivas de reforma, creemos que la función actual del principio de progresividad de la imposición se encuentra en el hecho de ser instrumento de la justicia impositiva, más que en un dogma o en un valor jurídico en si mismo. Por ende, en la medida en que la evolución de los sistemas tributarios llegue a demostrar, en algún momento, que dicha función ya no es indispensable, o que otros instrumentos pueden realizarla, no sería inapropiado pensar en una modificación de las disposiciones constitucionales que todavía mencionen a la progresividad expresamente, logrando así una adecuación al nuevo contexto. De toda forma, cualquier fenómeno está sujeto a evolución y el mismo impuesto sobre la renta no nació progresivo, sino llegó a ser tal en un momento de su historia y por efecto de la evolución teórica. En virtud a ello, nada impide que, por las mismas razones, vuelva a ser cedular y proporcional si eso resulta en principio más apropiado para lograr los objetivos de justicia y equidad en la imposición en el nuevo contexto de la globalización.

8. El principio de generalidad

El principio de generalidad de la imposición exige el concurso de todos a la imposición y por esta razón, se entiende en algunos sistemas constitucionales como una de las expresiones propias del mismo principio de capacidad contributiva, o en otros, como un corolario del principio de la igualdad. Sin embargo, opinamos que la excesiva proliferación de normas de excepción, así como de beneficios fiscales para categoría específicas de contribuyentes, ha representado uno de los problemas más significativos en la involución de los sistemas de imposición sobre la renta complesiva de las personas físicas, como lo demuestran muchas comunicaciones técnicas y ponencias nacionales. Por esta razón, no tenemos duda de que los nuevos impuestos, al lograr efectos de simplificación radical en los sistemas tributarios, permitirán también acercar la imposición a este principio, que por su naturaleza, constituye la principal garantía contra la iniquidad de las inmunidades y de las normas excepcionales para otorgar beneficios a categorías específicas de contribuyentes.

En otras palabras, que todos los contribuyentes con capacidad contributiva paguen los impuestos con arreglo a su aptitud económica y sin invocar causas especiales de no "imposibilidad": ésta es la solución para lograr una simplificación de los sistemas de imposición sobre la renta y así, llevar adelante una reforma impositiva justa y eficaz en el contexto de la globalización de la economía.

9. El principio de no confiscatoriedad

Finalmente, en el momento de redactar las directrices para la redacción de las ponencias nacionales y comunicaciones técnicas, nos ha parecido justo incluir una referencia específica también al principio de no confiscatoriedad, ya que un sistema justo y moderno de imposición sobre la renta, no puede afectar la esfera de la propiedad privada de un sujeto, de hecho privándolo de la riqueza que tal individuo en términos generales había generado[43]. Ahora bien, a pesar que el principio de no con-

---

[43] La reciente jurisprudencia del Tribunal Europeo de los Derechos Humanos demuestra, en este sentido, que resulta posible una evolución en el sector del derecho

fiscatoriedad no está consagrado de forma explícita en la mayoría de las Constituciones nacionales[44], eso representa un elemento fundamental de la constitución material de muchos países por el hecho de representar un objetivo de justicia social y de establecer un límite a la posibilidad de que el legislador cree los tributos para repartir el gasto público. La dimensión propia de ese principio presenta características de elevada flexibilidad, ya que la definición común y homogénea de un tributo confiscatorio todavía no ha sido alcanzada con precisión. Asimismo, los tipos de imposición aceptados en algunos Estados (por ejemplo en los EE.UU.AA. o nuevos Estados miembros de la Unión Europea) son claramente inferiores a los que se ha aplicado en otros (por ejemplo en los viejos Estados miembros de la Unión Europea, y especialmente en los países nórdicos) durante décadas. Sin embargo, creemos que la reflexión común podrá permitir en el marco de las XXIV Jornadas Latinoamericanas entender que este principio impone la limitación de la presión fiscal y en consecuencia, permitirá analizar con atención las nuevas formas de imposición sobre la renta como instrumentos para modernizar el sistema tributario en un contexto de reforma de los impuestos tradicionales progresivos sobre la renta de las personas físicas. Sin embargo, aquí no se trata sólo de postular una reducción de los tipos nominales y reducir el número de tramos impositivos, sino de buscarle a este principio una nueva dimensión. Por un lado, esta nueva dimensión tendrá en cuenta la necesidad de considerar a la imposición de la renta en su conjunto, es decir, sumando los impuestos

---

tributario, fundada en el Art. 1 del 1° Protocolo de la Carta Europea de los Derechos Humanos. Cfr. amplius en este tema, en Pistone, P., The Protection of Taxpayers' Rights in European Tax Law, in Nykiel, W. (ed.), The Protection of Taxpayers' Rights, Kluwer Law International, 2008, en prensa. Además, muchas ponencias nacionales relativas a sistemas (como los de Argentina, Colombia, Perú, Uruguay y Venezuela) cuyas Constituciones no contienen a este principio de forma expresa, han argumentado, a la luz de la jurisprudencia que, la vigencia de tal postulado surge a partir del principio de la protección de la propiedad privada. En el mismo sentido, se habían pronunciado Naveira de Casanova, G., El principio de no confiscatoriedad. Estudio en España y Argentina, Mc Graw Hill, Madrid, 1997, pág. 448, así también como en España, la mayoría de la doctrina, véase ello en la comunicación técnica presentada por López Espadafor, C.M., Encuadre del principio de no confiscatoriedad en el Derecho originario de la Unión Europea, apdo. 2.

[44] La excepción más importante se encuentra en la Constitución española, que consagra este principio en la parte final de su Artículo 31.1.

sobre la renta de las personas físicas y de las sociedades, y por el otro, no se limite a la situación determinada dentro de un sólo ordenamiento tributario, sino que se extienda en el plano internacional. Todo ello, para averiguar si se generan efectos de imposición excesiva, por su naturaleza no reconciliable con dicho principio. Esa nueva visión de la prohibición del alcance confiscatorio de los tributos es fundamental en un contexto de globalización mundial de la economía, ya que de otra forma, los capitales internacionales quedarían fuera del país, con consecuencias negativas para el conjunto de la repartición de la carga impositiva entre los sujetos y sin el mismo grado de movilidad.

SECCIÓN CUARTA (IV)
LAS PERSPECTIVAS DE REFORMA DEL IMPUESTO SOBRE LA RENTA: UN ENFOQUE DE POLÍTICA FISCAL

En virtud de la evolución de los sistemas de imposición, el objetivo de esta ponencia general ha sido analizar, si la imposición sobre la renta complesiva de las personas físicas y de las sociedades, cumplen y en su caso, en qué medida, características adecuadas para asegurar una imposición eficiente en el contexto de la globalización económica y conforme a los principios constitucionales aplicables en los ordenamientos tributarios de los países miembros del ILADT.

El concepto tradicional de renta producto representa el punto de partida de una evolución que ha llegado a incluir, como materia imponible, cualquier forma de acrecentamiento o incremento patrimonial que el contribuyente logre durante el período fiscal. Ello permite poner en discusión, también en el contexto latinoamericano, el carácter central asignado a la imposición a la renta en base exclusivamente territorial. Ello no implica necesariamente que la ponencia general sugiera abandonar la imposición exclusiva en el país de la fuente, sino la necesidad de tomar en cuenta que, casi la mitad de los países latinoamericanos adoptaron como modalidad de tributación a la renta mundial y que, adicionalmente, aplican la imposición territorial para gravar la renta de los no residentes.

Tampoco parece racional continuar el enfrentamiento con el modelo de la OCDE por razones de una defensa formal de los derechos de los países importadores de capitales, cuando en la realidad, de los convenios bilaterales, la mayoría de los países latinoamericanos acepta las cláusulas del modelo de la OCDE por efecto de la mayor fuerza negocial de los países desarrollados. Asimismo, esta ponencia general ha demostrado la importancia de los convenios internacionales de doble imposición y la existencia de medidas más eficaces (como por ejemplo, los créditos "nocionales" o fictos) para proteger la integridad de las decisiones nacionales de política fiscal respecto a los inversionistas extranjeros en virtud de la vigencia de convenios de doble imposición.

La crisis de la imposición sobre la renta complesiva de las personas físicas y de las sociedades no ha sido objeto de elaboración en el marco de la ponencia general, sino una constatación empírica, que ha surgido de las ponencias nacionales y comunicaciones técnicas presentadas hasta la fecha de entrega de nuestro trabajo. En este sentido, hemos por el contrario, investigado los factores de tal crisis, causante de una "cedulación" o "cedularización" de la imposición sobre la renta – que ya no cumple efectivamente con su función de redistribución que había determinado su éxito y difusión como tributo – así como una tendencia a favorecer la aplicación de nuevos impuestos para gravar la renta en su conjunto (por ejemplo, el impuesto lineal) o las rentas en forma individual o particular(por ejemplo el impuesto dual o los impuestos cedulares). Por otro lado, creemos que la falta o insuficiencia de la integración entre el impuesto sobre la renta de las personas físicas y el de las sociedades ha jugado un papel muy importante en la evolución de los sistemas alternativos de imposición, los que con frecuencia, se ofrecen en forma opcional a los contribuyentes. La crisis de la integración es aun más marcada en el contexto internacional, que siempre ha sido considerado marginal en las elaboraciones doctrinales originarias de la imposición sobre la renta y que, *contrario sensu*, constituye hoy la piedra angular en virtud de la actual fase de globalización económica.

A pesar de que sea tradición en el Instituto Latinoamericano del Derecho Tributario la facultad para el ponente general de formular una propuesta de recomendaciones, no queremos adelantar aquí nuestras conclusiones en forma más detallada, ni reproducir aquéllas a las que lleguemos en el marco de nuestro trabajo. Creemos preferible y conveniente que, las recomendaciones puedan ser el resultado espontáneo y genuino de la reflexión de los delegados durante las sesiones de trabajo y, partiendo de las consideraciones elaboradas en forma escrita por el ponente general, así como también por cada ponente nacional y comunicante técnico.

Por el contrario, no queremos concluir nuestro trabajo sin citar a dos autores latinoamericanos, que a nuestro juicio, perfectamente expresan las dudas del ponente general y han inspirado el trabajo:

> *"La imposición a la renta, la más usada de las imposiciones directas, surgió al considerar el rédito o la renta como la base de imposición más representativa de la capacidad contributiva en los estados modernos y también como índice de la participación del contribuyente en los beneficios que deparan los servicios públicos. A pesar de que, ya hace un tiempo, se comienza a dudar sobre el papel de este tributo, su ajuste a la capacidad contributiva global y su efecto en relación a la política de estabilización y desarrollo económico, aún se lo defiende como criterio de distribución más adecuado de las cargas presupuestarias según las funciones de las finanzas clásicas, y en relación con los objetivos de las finanzas modernas."*

(Addy Mazz, Los modelos de imposición sobre la renta y el proyecto uruguayo de imposición a la renta personal, en Revista tributaria N° 193, julio-agosto 2006, pág. 527)

> *"Mientras que durante el siglo XX la aspiración de la doctrina era que el impuesto personal debía ser global y progresivo y así lo fue en la mayoría de los países, el siglo XXI nos muestra una tendencia, incipiente aún pero continuada y creciente, a volver a formas de imposición cedular, con alícuotas proporcionales para las rentas derivadas de inversiones de capital y alícuotas progresivas sólo para las rentas del trabajo, aunque la doctrina que inspira estos cambios propone alícuotas proporcionales también para ellas, admitiendo cierta progresividad simplemente por razones políticas."*

(Angel Schindel, Antiguos y nuevos desafíos para la delimitación cualitativa y cuantitativa de la base gravable de las ganancias empresariales, en Obra en homenaje de Dr. Enrique J. Reig, denominada "Visión renovada de la imposición directa", Consejo Profesional de Ciencias

Económicas de la Ciudad Autónoma de Buenos Aires, Abril de 2001, pág. 181)

A pesar de las dudas, críticas y consideraciones articuladas que hemos manifestado en el marco de la ponencia general, creemos que el futuro de la imposición a la renta, se sustenta en la aplicación de impuestos radicalmente simplificados y, para Latinoamérica en la aplicación de un impuesto lineal[45], con un elevado mínimo exento, sobre la renta mundial, que realiza una integración con la imposición sobre las sociedades según el modelo estoniano, es decir, que sólo grave los beneficios en el momento de su distribución y lo haga con el mismo tipo base aplicable a las personas físicas. De este modo, se fomentaría prima facie el desarrollo económico en forma muy sencilla, sin dar lugar a complicaciones en la recaudación del tributo. La eficiencia del sistema tributario de imposición sobre la renta es a nuestro criterio, un elemento fundamental para evitar el gasto público improductivo, que genera la obligación de recaudar más ingresos tributarios y desvirtúa el desarrollo económico, tanto de los países en desarrollo, como de los países desarrollados.

[45] En este sentido, compartimos las conclusiones de José Luis Shaw, comunicante técnico uruguayo, en favor de un impuesto lineal, más que en apoyar un impuesto dual; a pesar de que el principio de igualdad no implique la uniformidad de los tributos, creemos que este último impuesto – por lo menos, fuera del contexto nórdico en que fue desarrollado – somete el respeto de los principios constitucionales y de los valores sustanciales a las exigencias de la globalización económica.

O Imposto do Selo na Mediação de Seguros por Instituições de Crédito

Manuela Duro Teixeira*
Mestre em Direito

* Este artigo foi concluído em Agosto de 2009. As opiniões aqui expressas pela autora são-no a título estritamente pessoal.

RESUMO

A qualificação de instituições de crédito como mediadores de seguros operada pelo Decreto-Lei n.º 144/2006, de 31 de Julho, fez surgir dúvidas quanto ao enquadramento das comissões cobradas neste âmbito em Imposto do Selo. A administração fiscal portuguesa publicou recentemente uma posição controversa a este respeito, objecto de análise crítica neste artigo.

Palavras-chave:
Imposto do Selo;
Comissões;
Mediação de seguros por instituições de crédito.

ABSTRACT

Under Decree Law no. 144/2006, of 31 July, credit institutions may qualify as insurance intermediaries, which raises doubts as to the stamp tax treatment of commissions paid for these services. The Portuguese tax authorities have recently published their (controversial) opinion on this subject, which is critically analysed in this article.

Keywords:
Stamp tax;
Commissions;
Insurance mediation by credit institutions.

O Imposto do Selo é o imposto mais antigo do sistema fiscal português[1], tendo sobrevivido a várias reformas que, de facto, mais não conseguiram do que ir eliminando alguns factos tributários já irrelevantes e adaptando as normas a uma realidade em constante evolução. Esta adaptação tem, no entanto, sido lenta, o que, associado à falta de clareza de várias das normas relevantes, contribui para que o imposto continue a não ter um verdadeiro enquadramento conceptual, sendo um imposto irracional, sem um qualquer fio condutor que permita a sua justificação para além da necessidade de receita[2]. As empresas portuguesas, que não podem legitimamente evitar o imposto no seu dia a dia, são prejudicadas na concorrência que enfrentam nos mercados internacionais, nomeadamente o comunitário, perante empresas de países que não contemplam este tipo de tributação. Já no caso dos particulares, o imposto mais não é do que um sobrecusto de empréstimos, juros, comissões ou aquisições de imóveis. Onde encontrar manifestações de capacidade contributiva na maior parte destes casos, é um mistério[3].

Por outro lado, perante normas que frequentemente são pouco precisas e perante a referida ausência de sistematicidade do imposto, não é de estranhar que seja difícil o enquadramento de novas realidades.

---

[1] Baseamos esta afirmação no preâmbulo do Código do Imposto do Selo (que, curiosamente, apenas foi introduzido pela republicação operada pelo Decreto-Lei n.º 287/2003, de 12 de Novembro), onde se afirma que este imposto "*é o imposto mais antigo do sistema fiscal português (foi criado por alvará de 24 de Dezembro de 1660)*".

[2] Na "Apresentação" do *Código do Imposto do Selo* publicado pelo Ministério das Finanças (Lisboa: Editora Rei dos Livros, 1999, pág. 12), o Ministro das Finanças justificava a existência do imposto da seguinte forma: "*este imposto existe porque se denota uma qualquer manifestação de capacidade contributiva que foi considerada relevante pelo legislador, a quem a Constituição atribui tal poder*". A dificuldade de justificação da manutenção do imposto é flagrante, já que esta afirmação, que significa simplesmente que o imposto existe porque o legislador assim o entendeu, é retirada (sem que tal seja referido, note-se) *ipsis verbis* do *Relatório da Comissão para o Desenvolvimento da Reforma Fiscal*, (Ministério das Finanças, [S.l.]: [s.n.], 1996, pág. 730)...

[3] Por exemplo a propósito da tributação da utilização de crédito, considera Carlos Baptista Lobo, em *As operações financeiras no Imposto do Selo: enquadramento constitucional e fiscal*, Revista de Finanças Públicas e Direito Fiscal, Ano I, 1, pág. 86, que "*os fundamentos da legitimação deste tipo tributário estão no limite da constitucionalidade*", baseando-se num "*enriquecimento temporário virtual ou aparente*".

É o caso do regime introduzido pelo Decreto-Lei n.º 144/2006, de 31 de Julho, que entrou em vigor em 27 de Janeiro de 2007, e que regula as condições de acesso e de exercício da actividade de mediação de seguros ou de resseguros. À partida, trata-se de uma matéria alheia ao domínio tributário: como se verá, o legislador veio regular a actividade de mediação de seguros, definindo-a e estabelecendo diversas classificações para efeitos de autorização e desenvolvimento da actividade. No entanto, a qualificação da actividade desenvolvida por instituições de crédito como mediação de seguros, operada pelo diploma referido, suscitou a questão do enquadramento respectivo para efeitos de Imposto do Selo. E, quase três anos após a publicação do diploma em causa e mais de dois anos desde a respectiva entrada em vigor, a administração fiscal entendeu pronunciar-se a este respeito.

É esta a matéria que, de forma sumária, abordamos no presente artigo.

1. A actividade de mediação de seguros e os mediadores de seguros no âmbito do Decreto-Lei n.º 144/2006, de 31 de Julho

O artigo 5.º do Decreto-Lei n.º 144/2006, de 31 de Julho, define como mediação de seguros "*qualquer actividade que consista em apresentar ou propor um contrato de seguro ou praticar outro acto preparatório da sua celebração, em celebrar o contrato de seguro, ou em apoiar a gestão e execução desse contrato, em especial em caso de sinistro*". Mediador de seguros é, por outro lado, ainda nos termos da norma em causa, qualquer "*pessoa singular ou colectiva que inicie ou exerça, mediante remuneração, a actividade de mediação de seguros*". O "contrato de seguro" é entendido, para estes efeitos, como não só o contrato de seguro mas também as operações de capitalização, "*todos celebrados, nos termos legais e regulamentares em vigor, por empresas de seguros autorizadas a operar no território português*".

São as seguintes as categorias de mediadores de seguros elencadas no artigo 8.º do diploma referido:

- Mediador de seguros ligado – implica o exercício da actividade em nome e por conta de uma empresa de seguros ou, com autorização desta, de várias empresas de seguros; o mediador de seguros não recebe prémios ou somas destinados aos tomadores de seguros, segurados ou beneficiários e actua sob inteira responsabilidade da ou das empresas de seguros no que se refere à mediação dos respectivos produtos ou em complemento da sua actividade profissional, sempre que o seguro seja acessório do bem ou serviço fornecido no âmbito dessa actividade principal;

- Agente de seguros – exerce a actividade em nome e por conta de uma ou mais empresas de seguros ou de outro mediador de seguros, nos termos do ou dos contratos que celebre com essas entidades;
- Corretor de seguros – exerce a actividade de forma independente face às empresas de seguros, baseando a sua actividade numa análise imparcial de um número suficiente de contratos de seguro disponíveis no mercado que lhe permita aconselhar o cliente tendo em conta as suas necessidades específicas.

A maior parte das instituições de crédito que operam em Portugal são mediadores de seguros quanto a parte da actividade desenvolvida envolvendo seguros, enquanto entidades que exercem actividades que consistem em apresentar ou propor um contrato de seguro[4] ou praticar outro acto preparatório da sua celebração ou em apoiar a gestão e execução de um contrato de seguro, sendo enquadradas, para efeitos das qualificações em causa, como "*agente de seguros*". Desta qualificação decorre a exigência de verificação de várias condições de acesso específicas previstas no diploma em análise.

Enquanto agentes de seguros, as instituições de crédito podem receber prémios para transferência para as empresas de seguros, mas apenas se tal for convencionado por escrito com as empresas em causa. Por outro lado, o número 3 do artigo 42.º do Decreto-Lei n.º 144/2006, de 31 de Julho, prevê que "[o]*s prémios entregues pelo tomador de seguro ao agente de seguros autorizado a receber prémios relativos ao contrato são considerados como se tivessem sido pagos à empresa de seguros (...)*".

O número 5 do mesmo artigo 42.º prevê que os prémios recebidos por qualquer tipo de mediador para serem entregues às empresas de segu-

[4] Cabendo neste âmbito, conforme referido, as operações de capitalização.

ros devem ser depositados em contas abertas em instituições de crédito em seu nome, mas identificadas como conta "clientes". O mediador de seguros deve manter um registo detalhado e actualizado dos movimentos efectuados na conta "clientes" relativamente a cada contrato de seguro. O número 7 da norma em análise prevê que se presume, "*para todos os efeitos legais, que as quantias depositadas em conta 'clientes' não constituem património próprio do mediador de seguros*"[5].

De referir, por fim, que, de acordo com o artigo 4.º do Decreto-Lei n.º 144/2006, de 31 de Julho, o regime previsto no diploma é aplicável à mediação no âmbito de fundos de pensões geridos, nos termos legais e regulamentares em vigor, por empresas de seguros ou sociedades gestoras de fundos de pensões autorizadas a operar no território português[6].

---

[5] A este respeito, poderia colocar-se a questão de saber qual é a entidade obrigada à liquidação do Imposto do Selo sobre o prémio de seguro, previsto no artigo 22 da Tabela Geral deste imposto, e respectiva entrega ao Estado quando as instituições de crédito recebem, como agentes de seguros, prémios "*com vista a serem transferidos para as empresas de seguros*". A alínea e) do número 1 do artigo 2.º do Código do Imposto do Selo estabelece que as entidades obrigadas à liquidação e entrega ao Estado do imposto sobre os prémios são as "*empresas seguradoras relativamente ao prémio do seguro*" cobrado. Nos termos do mesmo artigo, as instituições de crédito apenas são (especificamente) sujeitos passivos do imposto enquanto entidades concedentes de crédito, credoras de prémios, juros, comissões e outras contraprestações. Fora deste contexto, quaisquer "*entidades que intervenham em actos ou contratos*" são sujeitos passivos de imposto. No caso concreto, porque a intervenção das instituições de crédito enquanto agentes de seguros se restringirá sempre, nos termos da lei, ao "*recebimento com vista à transferência para a empresa de seguros*", aquelas não poderão ser considerados como credores dos mesmos prémios. Em conformidade, não lhes será aplicável, neste contexto específico, a regra antes referida, que os enquadra como sujeitos passivos do imposto apenas quanto a montantes de que são credoras. Por outro lado, e embora a lei não seja muito clara a este respeito, da mesma resulta que os prémios "*são considerados como se tivessem sido pagos à empresa de seguros*", pelo que os mesmos são, para todos os efeitos, cobrados (ou não) pela empresa de seguros. Em conformidade, a responsabilidade pela liquidação do Imposto do Selo e respectiva entrega ao Estado mantém-se ao nível das seguradoras.

[6] Note-se que da "*mediação de planos de pensões*" não resulta nem a qualificação das instituições de crédito como mediador de seguros nem a qualificação da actividade desenvolvida como mediação de seguros. A sujeição da actividade de "*mediação de planos de pensões*" aqui prevista e sujeita a regime equivalente ao da mediação de seguros e resseguros não produz assim qualquer impacto fiscal, pelo que o regime fiscal aplicável nas relações entre as instituições de crédito e as seguradoras ou entre as instituições de crédito e os fundos de pensões neste âmbito se manteve inalterado.

A excepção a princípio geral enunciado nestes termos respeita às regras relativas ao exercício da actividade no território de outros Estados membros da União Europeia por mediador de seguros ou de resseguros registado em Portugal.

2. A incidência de Imposto do Selo na actividade de mediação de seguros desenvolvida por uma instituição de crédito

A incidência de Imposto do Selo na prestação de serviços por uma instituição de crédito envolvendo a intervenção na celebração de contratos de seguros pode ser analisada a dois níveis:

- O do artigo 22.2 da Tabela Geral do Imposto do Selo, que sujeita a imposto, à taxa de 2%, as "*comissões cobradas pela actividade de mediação*" de seguros;
- O do artigo 17.2.4 da mesma Tabela Geral, que sujeita a imposto, à taxa de 4%, as comissões cobradas e contraprestações por serviços financeiros em operações realizadas "*por ou com a intermediação de instituições de crédito, sociedades financeiras ou outras entidades a elas legalmente equiparadas e quaisquer outras instituições financeiras*".

É que o legislador do artigo 17.2.4 da Tabela Geral do Imposto do Selo não restringe o tipo de comissões cobradas pelas entidades do tipo das aí referidas a um qualquer sentido estrito de operações financeiras, bastando-se, para efeitos de sujeição a imposto, com a circunstância de as mesmas serem cobradas por determinados tipos de entidades.

Naturalmente que as actividades permitidas aos bancos (o caso que agora nos interessa) são limitadas, por força do artigo 4.º do Regime Geral das Instituições de Crédito e das Sociedades Financeiras[7], o que,

[7] Nos termos desta norma, os bancos "*podem efectuar as operações seguintes: a) Recepção de depósitos ou outros fundos reembolsáveis; b) Operações de crédito, incluindo concessão de garantias e outros compromissos, locação financeira e* factoring*; c) Operações de pagamento; d) Emissão e gestão de meios de pagamento, tais como cartões de crédito, cheques de viagem e cartas de crédito; e) Transacções, por conta própria ou da clientela, sobre instrumentos do mercado monetário e cambial, instrumen-*

em condições normais, assegurará que apenas são cobradas comissões por operações cuja prática o legislador reservou aos bancos ou lhes permitiu expressamente, o que de alguma forma contribui para restringir o sentido das "comissões" sobre as quais incide imposto. Em qualquer hipótese, a mediação de seguros consta expressamente do elenco das operações cuja prática é permitida aos bancos, nos termos do artigo 4.º do Regime Geral das Instituições de Crédito e Sociedades Financeiras.

Por outro lado, também da norma segundo a qual a incidência e não isenção de Imposto sobre o Valor Acrescentado (IVA) relativamente a uma determinada operação determina a não incidência de Imposto do Selo[8] funciona, na prática, como uma restrição ao conceito de "comissão" relevante para efeitos de Imposto do Selo, porque as operações não financeiras praticadas por bancos não beneficiam de isenção de IVA[9].

---

tos financeiros a prazo, opções e operações sobre divisas, taxas de juro, mercadorias e valores mobiliários; f) Participações em emissões e colocações de valores mobiliários e prestação de serviços correlativos; g) Actuação nos mercados interbancários; h) Consultoria, guarda, administração e gestão de carteiras de valores mobiliários; i) Gestão e consultoria em gestão de outros patrimónios; j) Consultoria das empresas em matéria de estrutura do capital, de estratégia empresarial e de questões conexas, bem como consultoria e serviços no domínio da fusão e compra de empresas; l) Operações sobre pedras e metais preciosos; m) Tomada de participações no capital de sociedades; n) Mediação de seguros; o) Prestação de informações comerciais; p) Aluguer de cofres e guarda de valores; q) Locação de bens móveis, nos termos permitidos às sociedades de locação financeira; r) Prestação dos serviços e exercício das actividades de investimento a que se refere o artigo 199.º-A, não abrangidos pelas alíneas anteriores; s) Outras operações análogas e que a lei lhes não proíba".

[8] Cfr. número 2 do artigo 1.º do Código do Imposto do Selo.

[9] Note-se que já desde a redacção introduzida pelo Decreto-Lei n.º 195/89, de 12 de Junho, que o Código do IVA não utiliza, na norma de isenção, a expressão "operações bancárias e financeiras" que constava da redacção originária. Estão actualmente isentas de IVA, nos termos do número 27 do artigo 9.º do Código deste imposto, "*a) A concessão e a negociação de créditos, sob qualquer forma, compreendendo operações de desconto e redesconto, bem como a sua administração ou gestão efectuada por quem os concedeu; b) A negociação e a prestação de fianças, avales, cauções e outras garantias, bem como a administração ou gestão de garantias de créditos efectuada por quem os concedeu; c) As operações, compreendendo a negociação, relativas a depósitos de fundos, contas correntes, pagamentos, transferências, recebimentos, cheques, efeitos de comércio e afins, com excepção das operações de simples cobrança de dívidas; d) As operações, incluindo a negociação, que tenham por objecto divisas, notas bancárias e moedas, que sejam meios*

Desta forma, sobre estas operações será devido IVA e não Imposto do Selo.

A qualificação da actividade de intermediação na celebração de contratos de seguros desenvolvida pelos bancos como "mediação de seguros", a que o Decreto-Lei antes referido procede, determinaria assim, nos termos da lei, a subsunção das comissões a cobrar a seguradoras no âmbito daquela actividade às duas normas de incidência antes referidas: a do artigo 22.2 da Tabela Geral do Imposto do Selo porque se trata de comissões cobradas pela actividade de mediação de seguros; a do artigo 17.2.4 da mesma Tabela Geral porque se trata de comissões cobra-

---

legais de pagamento, com excepção das moedas e notas que não sejam normalmente utilizadas como tal, ou que tenham interesse numismático; e) As operações e serviços, incluindo a negociação, mas com exclusão da simples guarda e administração ou gestão, relativos a acções, outras participações em sociedades ou associações, obrigações e demais títulos, com exclusão dos títulos representativos de mercadorias e dos títulos representativos de operações sobre bens imóveis quando efectuadas por um prazo inferior a 20 anos; f) Os serviços e operações relativos à colocação, tomada e compra firmes de emissões de títulos públicos ou privados; g) A administração ou gestão de fundos de investimento;". A dificuldade de subsunção de vários tipos de serviços que podem ser relevantes neste contexto à linha interpretativa do Tribunal de Justiça das Comunidades Europeias, segundo a qual os serviços estarão isentos de IVA se formarem um conjunto distinto, apreciado em termos globais, e se tiverem como efeito preencher as funções específicas dos serviços isentos, é salientada a vários níveis, nomeada e especialmente pela Comissão Europeia, que tem vindo a desenvolver diversas iniciativas em matéria de tributação dos serviços financeiros em IVA, reconhecendo a obsolescência da legislação comunitária pensada e criada há mais de 30 anos. Neste contexto, a Comissão apresentou, em finais de 2007, uma proposta de directiva que visa, nos seus próprios termos, e entre outros objectivos, "*aumentar a segurança jurídica dos operadores económicos e das administrações fiscais nacionais, reduzir os encargos administrativos decorrentes da correcta aplicação das regras de isenção do IVA nos serviços financeiros e de seguros e reduzir o impacto do IVA oculto nos custos dos prestadores de serviços financeiros e de seguros*" (cfr. *Proposta de Directiva do Conselho que altera a Directiva 2006/112/CE do Conselho relativa ao sistema comum do imposto sobre o valor acrescentado no que diz respeito aos serviços financeiros e de seguros*, COM (2007) 747 final/2). A Comissão Europeia apresentou igualmente, na mesma ocasião, uma proposta de regulamento em que são enumerados casos abrangidos pela isenção do IVA nos serviços financeiros e de seguros ou excluídos dessa isenção (cfr. *Proposta de Regulamento do Conselho que estabelece medidas de aplicação da Directiva 2006/112/CE do Conselho relativa ao sistema comum do imposto sobre o valor acrescentado, no que diz respeito aos serviços financeiros e de seguros*, COM (2007) 746 final/2).

das em operações realizadas por uma instituição de crédito[10]. Seriam igualmente aplicáveis, simultaneamente, as diferentes regras relevantes quanto à entidade obrigada à liquidação do imposto e respectiva entrega ao Estado, bem como quanto à entidade que deve suportar o imposto:

- O imposto sobre as comissões de mediação deve ser liquidado e entregue ao Estado pela empresa de seguros à qual os serviços de mediação são prestados e o encargo do imposto é do mediador[11];
- O imposto sobre as comissões cobradas por instituições de crédito deve ser cobrado e entregue ao Estado pelas mesmas instituições de crédito e o encargo do imposto é do cliente ao qual os serviços são prestados[12].

A conclusão antes descrita, de sujeição dos serviços de mediação a dois impostos, não configuraria, em rigor, uma dupla tributação jurídica, na medida em que o sujeito passivo não é o mesmo nos dois impostos, nem uma duplicação de colecta, já que, de facto, não se verificaria a identidade de sujeito passivo ou de devedor do imposto que são exigidas para estes efeitos[13]. No entanto, e em qualquer hipótese, o artigo 22.º do Código do Imposto do Selo proíbe a acumulação de taxas de imposto relativamente ao mesmo acto ou documento, estatuindo que, "[q]*uando mais de uma taxa estiver prevista, aplica-se a maior*". Ora, é precisamente o que se verifica neste caso: sobre as comissões de mediação de seguros cobradas por instituições de crédito incidem, nos termos

---

[10] As alterações não suscitam entretanto dúvidas em matéria de IVA. O número 29 do artigo 9.º do Código respectivo isenta de imposto "*as prestações de serviços conexas* [com operações de seguro e resseguro] *efectuadas pelos corretores e intermediários de seguros*". As instituições de crédito eram já "*intermediários de seguros*" quando desenvolviam actividades neste âmbito e continuam a sê-lo.

[11] Cfr. alínea e) do número 1 do artigo 2.º e alínea o) do número 3 do artigo 3.º do Código do Imposto do Selo.

[12] Cfr. alínea b) do número 1 do artigo 2.º e alínea g) do número 3 do artigo 3.º do Código do Imposto do Selo.

[13] A duplicação de colecta a que aqui nos referimos é aquela que é fundamento de oposição à execução fiscal e que, nos termos do artigo 205.º do Código de Procedimento e de Processo Tributário, ocorre "*quando, estando pago por inteiro um tributo, se exigir da mesma ou de diferente pessoa um outro de igual natureza, referente ao mesmo facto tributário e ao mesmo período de tempo*".

da Tabela Geral do Imposto do Selo, duas taxas, pelo que apenas será aplicável, nos termos da lei, "*a maior*".

Em conformidade, ainda que, de facto, as comissões cobradas pelas instituições de crédito às empresas de seguros tenham passado a qualificar como comissões pela mediação de seguros na sequência da qualificação da actividade desenvolvida como mediação de seguros, porque as mesmas não deixam de ser comissões cobradas por uma instituição de crédito, seriam devidos os dois impostos. No entanto, porque a lei prevê expressamente que, salvo disposição em contrário, quando se verificam simultaneamente os pressupostos de incidência de duas taxas, apenas é devida a maior, e porque a taxa aplicável enquanto comissões cobradas por instituição de crédito é superior à taxa aplicável às primeiras, incide (apenas) o imposto do artigo 17.2.4 da Tabela Geral do Imposto do Selo, à taxa de 4%.

3. As isenções aplicáveis na actividade de mediação de seguros desenvolvida por uma instituição de crédito

Nos termos da alínea b) do número 1 do artigo 7.º do Código do Imposto do Selo, estão isentas de imposto as comissões relativas a seguros do ramo "Vida". Por sua vez, a alínea e) da mesma norma isenta de imposto, entre outras realidades, as comissões cobradas por instituições de crédito a instituições financeiras[14].

---

[14] "*São também isentos do imposto (...)* [o]*s juros e comissões cobrados, as garantias prestadas e, bem assim, a utilização de crédito concedido por instituições de crédito, sociedades financeiras e instituições financeiras a sociedades de capital de risco, bem como a sociedades ou entidades cuja forma e objecto preencham os tipos de instituições de crédito, sociedades financeiras e instituições financeiras previstos na legislação comunitária, umas e outras domiciliadas nos Estados membros da União Europeia ou em qualquer Estado, com excepção das domiciliadas em territórios com regime fiscal privilegiado, a definir por portaria do Ministro das Finanças*". Note-se que, na letra da lei, a isenção parece limitar-se às operações entre entidades não domiciliadas em Portugal, já que apenas são referidas as instituições "domiciliadas nos Estados membros da União Europeia", ou "em qualquer Estado". Embora Portugal seja um Estado membro da União Europeia e, em consequência, as instituições aqui domiciliadas sejam domiciliadas num Estado membro da União Europeia e, por maioria de razão, Portugal seja um "qual-

O âmbito de aplicação das duas normas de isenção é assim diferente: no primeiro caso, trata-se de uma isenção objectiva, que abrange (apenas) as comissões cobradas em função do ramo de seguro a que as mesmas respeitam, no caso o ramo "Vida", ignorando-se a qualidade dos intervenientes na operação; no segundo caso, trata-se de uma isenção que abrange (todas) as comissões cobradas em função do tipo de entidades que intervêm na operação, no caso em análise, instituições de crédito e instituições financeiras (entre as quais, como adiante se verá, as empresas de seguros).

A lei é clara na definição do âmbito da segunda das isenções referidas, que, fazendo relevar a natureza das entidades que intervêm na operação, ignora o tipo de operação subjacente: todas as comissões cobradas por uma instituição de crédito a uma instituição financeira (desde que nenhuma das duas seja residente em "*territórios com regime fiscal privilegiado, a definir por portaria do Ministro das Finanças*"[15]) estão isentas de Imposto do Selo. Desta conclusão resulta que a alteração legislativa introduzida pelo Decreto-Lei n.º 144/2006, de 31 de Julho, através da qual as instituições de crédito (ou antes, algumas instituições de crédito) passaram a ser qualificadas como mediadores de seguros em parte da actividade desenvolvida não afectam a aplicabilidade desta isenção, que se manteve, abrangendo todas as comissões cobradas a instituições de crédito, sociedades financeiras e instituições financeiras, nos termos e ao abrigo da alínea e) do número 1 do artigo 7.º do Código do Imposto do Selo.

Desta conclusão decorre também que, ainda que fosse de considerar que as comissões cobradas a título de mediação de seguros estão apenas sujeitas ao imposto sobre as comissões de mediação de seguros, ainda assim seria aplicável a isenção em análise que, conforme referido, a lei não restringe a qualquer tipo específico de serviço prestado (entre outros) por uma instituição de crédito a uma instituição financeira.

---

quer Estado", o sentido habitual destas referências não abrange Portugal. No entanto, interpretar a norma em análise como não abrangendo Portugal na sua hipótese não faz sentido na economia do regime, pelo que será justificada a correcção por via interpretativa, à falta de correcção da letra da lei.

[15] Actualmente, a Portaria n.º 150/2004, de 13 de Fevereiro.

4. A aplicabilidade da isenção de Imposto do Selo prevista na alínea e) do número 1 do artigo 7.º do Código do Imposto do Selo: uma análise mais aprofundada

A conclusão antes apresentada, de que as comissões de mediação de seguros cobradas pelas instituições de crédito beneficiam de isenção de Imposto do Selo independentemente do ramo de seguro a que respeitem, depende da qualificação das empresas de seguros como "instituições financeiras" para efeitos da alínea e) do número 1 do artigo 7.º do Código do Imposto do Selo. Com efeito, se as empresas de seguros não puderem ser qualificadas como "instituições financeiras", apenas será aplicável a isenção (objectiva) de que beneficiam as comissões relativas a seguros do ramo "Vida".

Depende igualmente do âmbito objectivo da isenção: as "comissões" a que a norma em causa se refere são apenas as comissões cobradas no âmbito da actividade bancária típica, ou incluem-se aqui todas as comissões cobradas por instituições de crédito e sociedades financeiras?

O conceito de "instituição financeira"

Na linguagem económica, o conceito de "instituição financeira" é geralmente entendido como abrangendo as entidades que recolhem fundos junto do público e os aplicam em activos de vários tipos, incluindo não apenas as que recebem depósitos, como também as que não recebem depósitos, como as empresas de seguros, que vendem apólices de seguros ou recebem contribuições para diversos tipos de planos associados à reforma.

A lei portuguesa não contém qualquer definição de "instituição financeira", para estes ou para quaisquer outros efeitos, limitando-se a, em várias instâncias, listar entidades que qualifica como "instituição de crédito", "sociedade financeira" e "intermediário financeiro" para efeitos de aplicação de um determinado regime ou diploma. No mesmo sentido, a legislação comunitária, a que aliás faz expressa referência a norma de isenção prevista na alínea e) do número 1 do artigo 7.º do Código do Imposto do Selo, não contém uma definição geral, limitando-se a prever, em cada caso e para efeitos da aplicabilidade de diferentes regimes, a qualificação ou não das empresas que se dediquem a determinados tipos de actividades como instituições ou entidades financeiras[16].

Na ausência de uma definição legal, quer para efeitos de aplicação da isenção de Imposto do Selo em análise, quer para quaisquer outros efeitos, a interpretação do conceito de "instituição financeira" no âmbito da alínea e) do número 1 do artigo 7.º do Código do Imposto do Selo há-de partir da letra da lei, reconstituindo a partir do texto o pensamento legislativo, em obediência ao princípio geral de interpretação previsto no artigo 9.º do Código Civil.

A letra da lei dá-nos indicações seguras no sentido de o conceito de instituição financeira ser mais abrangente do que os de instituição de crédito e de sociedade financeira que são expressamente referidos pelo legislador. Ao referir-se às instituições financeiras, o legislador do Código do Imposto do Selo tem necessariamente que ter pretendido referir-se a um conjunto mais vasto do que o composto pelas instituições de crédito e sociedades financeiras, porque de outra forma a referência seria desprovida de sentido e, mais uma vez em obediência ao artigo 9.º do Código Civil, o pensamento legislativo a considerar na interpretação da lei é apenas aquele que "*tenha na lei um mínimo de correspondência verbal, ainda que imperfeitamente expresso*". Por outro lado, ainda segundo a mesma norma, haverá que presumir "*que o legislador consagrou as soluções mais acertadas e soube exprimir o seu pensamento em termos adequados*".

---

[16] A este respeito, refira-se, por exemplo, que a Directiva 2002/87/CEE, do Parlamento Europeu e do Conselho, de 16 de Dezembro de 2002, relativa à supervisão complementar de instituições de crédito, empresas de seguros e empresas de investimento de um conglomerado financeiro, qualifica expressamente como entidades financeiras as empresas de seguros e as empresas de resseguros. Já a Directiva 2006/48/CE do Parlamento Europeu e do Conselho, de 14 de Junho de 2006, relativa ao acesso à actividade das instituições de crédito e ao seu exercício, não inclui as empresas de seguros no seu âmbito, precisamente porque não abrange este tipo de actividade, objecto de regulação específica. A Directiva 2005/60/CE do Parlamento Europeu e do Conselho, de 26 de Outubro de 2005, relativa à prevenção da utilização do sistema financeiro para efeitos de branqueamento de capitais e de financiamento do terrorismo, qualifica como instituição financeira para efeitos da sujeição ao respectivo regime as seguradoras devidamente autorizadas nos termos da Directiva 2002/83/CE do Parlamento Europeu e do Conselho, de 5 de Novembro de 2002, relativa aos seguros de vida, na medida em que exerçam actividades abrangidas pela referida directiva.

Também a interpretação histórica da norma em análise aponta no mesmo sentido: na redacção vigente até à alteração introduzida pela Lei do Orçamento do Estado para 2004[17], a isenção era aplicável aos "*juros e comissões cobrados e (...) a utilização de crédito concedido por instituições de crédito e sociedades financeiras a (...) sociedades ou entidades cuja forma e objecto preencham os tipos de instituições de crédito e sociedades financeiras previstos na legislação comunitária*". A Lei do Orçamento do Estado para 2004 acrescentou às operações isentas as garantias e alargou o âmbito pessoal de aplicação, que passou a abranger "*as sociedades ou entidades cuja forma e objecto preencham os tipos de instituições de crédito, sociedades financeiras e instituições financeiras previstos na legislação comunitária*". Se o conceito de instituição financeira pretendido pelo legislador da Lei do Orçamento do Estado para 2004 não é um conceito mais vasto do que os de instituição de crédito e sociedade financeira, que até então eram os únicos contemplados na norma, qual o motivo da alteração?

Idêntica conclusão há que retirar da norma de incidência prevista no artigo 17.2 da Tabela Geral do Imposto do Selo, que se reporta às operações realizadas por ou com "*intermediação de instituições de crédito, sociedades financeiras ou outras entidades a elas legalmente equiparadas e quaisquer outras instituições financeiras*"[18]: se o conceito de instituição financeira coincide com os de instituição de crédito e sociedade

---

[17] Lei n.º 107-B/2003, de 31 de Dezembro.

[18] Como curiosidade e prova da falta de sistematicidade do Imposto do Selo, refira-se que a "territorialidade do imposto", nos termos previstos no artigo 4.º do Código respectivo, respeita aos "*juros, (...) comissões e outras contraprestações cobrados por instituições de crédito ou sociedades financeiras sediadas no estrangeiro ou por filiais ou sucursais no estrangeiro de instituições de crédito ou sociedades financeiras sediadas no território nacional a quaisquer entidades domiciliadas neste território, considerando-se domicílio a sede, filial, sucursal ou estabelecimento estável das entidades que intervenham na realização das operações*". Desta forma, os juros, comissões e outras contraprestações cobrados por instituições financeiras que não sejam instituições de crédito ou sociedades financeiras não estabelecidas em Portugal a entidades aqui domiciliadas não estão sujeitos a imposto por não se verificar incidência territorial, mas estão sujeitos a imposto quando a instituição em causa esteja estabelecida em Portugal. Estamos assim perante uma discriminação inversa, relativamente à qual o Tribunal de Justiça das Comunidades Europeias não se pronunciou ainda em termos definitivos, espelhando aliás o que parecem ser as dúvidas da doutrina – cfr., a este respeito, o nosso *A Determinação do*

financeira, por que motivo o legislador sentiu a necessidade de os prever simultaneamente?

É certo que o Regime Geral das Instituições de Crédito e Sociedades Financeiras prevê expressamente que as empresas de seguros "*não se consideram sociedades financeiras*", mas tal afirmação apenas vale para efeitos do diploma em causa[19]. É aliás sintomático que o legislador tenha sentido a necessidade de afirmar expressamente que a não consideração como "sociedade financeira" vale apenas para efeitos de aplicação do diploma: se as empresas de seguros não devessem ser consideradas entidades financeiras num contexto geral não seria necessária esta especificação.

E, *last but not the least*, o Decreto-Lei n.º 94-B/98, de 17 de Abril, que regula o acesso à actividade seguradora, define as empresas de seguros como "***instituições financeiras*** *que têm por objecto exclusivo o exercício da actividade de seguro directo e resseguro*"[20]. Desta forma, a qualificação das empresas de seguros como instituições financeiras é expressamente admitida e afirmada pelo legislador no diploma que regula a actividade, o que não pode ser ignorado para os efeitos de que agora nos ocupamos, já que não é admissível que o legislador utilize a mesma expressão com sentidos diferentes sem expressamente indicar essa divergência de sentidos, sob pena de não ser tomada em conta a unidade do sistema a que as regras de interpretação da lei mandam atender[21].

De tudo o exposto resulta que o conceito de instituição financeira subjacente à hipótese da alínea e) do número 1 do artigo 7.º do Código do Imposto do Selo é um conceito mais abrangente do que o de "instituição de crédito e sociedade financeira" e que, na ausência de definição legal de "instituição financeira", será relevante o conceito da linguagem econó-

---

Lucro Tributável dos Estabelecimentos Estáveis de Não Residentes, Coimbra: Almedina, 2007, pág. 99.

[19] Cfr. número 3 do artigo 6.º do Regime Geral das Instituições e Crédito e Sociedades Financeiras: "***Para os efeitos deste diploma***, *não se consideram sociedades financeiras as empresas de seguros*" (nosso sublinhado).

[20] Cfr. número 1 do artigo 8.º do Decreto-Lei n.º 94-B/98, de 17 de Abril, nosso sublinhado.

[21] Cfr. número 1 do artigo 9.º do Código Civil: "*A interpretação não deve cingir-se à letra da lei, mas reconstituir a partir dos textos o pensamento legislativo, tendo sobretudo em conta a unidade do sistema jurídico (...)*".

mica, que abrange, para além (na terminologia adoptada pelo legislador nacional) das instituições de crédito e sociedades financeiras, as empresas de seguros, que desta forma podem beneficiar da isenção de Imposto do Selo aí prevista. O facto de o legislador do Decreto-Lei n.º 94-B/98, de 17 de Abril, ter partido de uma qualificação expressa das empresas de seguros como instituições financeiras reforça esta conclusão.

O conceito de "comissões cobradas por instituições de crédito, sociedades financeiras e instituições financeiras"

Conforme antes referido, as comissões por mediação de seguros de que aqui nos ocupamos são simultaneamente comissões cobradas por instituições de crédito. É por este motivo que tais comissões são subsumíveis a duas normas de incidência de Imposto do Selo, sendo aplicável, em obediência ao regime geral estabelecido pelo legislador, o imposto com a taxa mais elevada, ou seja, o das comissões cobradas por instituições de crédito.

A questão que poderia colocar-se é a de saber se a norma de isenção de alguma forma restringe o seu âmbito de aplicação, limitando-o às comissões cobradas por operações e serviços tipicamente bancários, o que excluiria a mediação de seguros, que se aceita não ser um serviço tipicamente bancário.

No entanto, também aqui a letra da lei é inequívoca, precisamente por não conter nenhuma limitação a este respeito. Note-se, aliás, que, enquanto a norma de incidência do artigo 17.2 da Tabela Geral do Imposto do Selo se refere a "*comissões e contraprestações por serviços financeiros prestados*", a norma de isenção refere-se, apenas, a "comissões", o que indicia claramente a intenção do legislador, de ignorar a natureza da operação à qual as comissões respeitam.

Esta interpretação é aliás consentânea com o objectivo do legislador, de evitar o impacto que o Imposto do Selo poderia ter ao nível das entidades financeiras, as que, de outra forma, veriam a maioria dos recursos de que necessitam para a sua actividade onerados por um imposto não dedutível, que não onera os recursos de que necessitam as entidades que se dedicam à generalidade das restantes actividades, onerados com IVA, um imposto dedutível.

Desta forma, há que concluir que a norma de isenção se aplica, porque essa é a intenção do legislador, a todos os serviços remunerados por comissões que sejam prestados entre entidades dos tipos das aí referidas, independentemente dos serviços concretos em causa.

Tal significa que, ainda que se devesse considerar que as comissões de mediação de seguros não são abrangidas pela norma de incidência prevista no artigo 17.2.4 da Tabela Geral do Imposto do Selo quando cobradas por uma instituição de crédito, ainda assim a isenção em análise seria aplicável, por se tratar de comissões cobradas por uma instituição de crédito a uma instituição financeira.

5. A incidência de Imposto do Selo na actividade de mediação de seguros desenvolvida por instituições de crédito – a posição da administração fiscal

A Circular n.º 7/2009, de 15 de Abril

A administração fiscal pronunciou-se recentemente a propósito da questão em análise, através da Circular n.º 7/2009, de 15 de Abril (a Circular).

Na Circular, conclui-se que:

– "*A norma de isenção preceituada no art.º 7.º, n.º 1, alínea e), do CIS visa somente isentar as operações financeiras strictu sensu, promovidas no âmbito da actividade bancária e de intermediação financeira pelas instituições de crédito e sociedades financeiras, nos termos positivados nas verbas 10 e 17 da TGIS*".

– "*As instituições de seguros são somente tidas como instituições financeiras em sentido lato, não lhes sendo legalmente reconhecida a natureza de intermediários financeiros ou de sociedades financeiras*".

– "[A] *cobrança de comissões pela actividade de mediação de seguros, verificável* (sic) *entre instituições seguradoras e instituições de crédito, está sujeita a tributação em imposto do selo ao abrigo da verba 22.2 da TGIS*".

– "[A] *cobrança de comissões pela actividade de mediação de seguros, verificável* (sic) *entre instituições seguradoras e insti-*

tuições de crédito (...) não cabe no âmbito normativo da isenção prevista no art.º 7.º, n.º 1, alinea (sic) *e), do CIS*".

Desta forma, e contrariamente à posição que antes desenvolvemos, a administração fiscal considera que, porque o conceito de instituição financeira subjacente à norma em análise não é um conceito "lato", as empresas de seguros não podem ser qualificadas como instituições financeiras para aqueles efeitos. Por outro lado, a isenção em causa visa apenas as operações financeiras "em sentido estrito", o que, afirma-se, não é o caso da mediação de seguros. Por fim, a administração fiscal considera que o imposto aqui em causa é o imposto sobre as comissões de mediação (liquidado pela seguradora, encargo do mediador, à taxa de 2%) e, aparentemente, não o imposto sobre as comissões por serviços prestados (liquidado pelo prestador dos serviços, encargo do adquirente, à taxa de 4%), que parece ser ignorado neste contexto[22].

A primeira das conclusões constantes da Circular parte do princípio de que existe um conceito de operações financeiras "em sentido estrito", que não abrangeria as operações de seguros, e que é este o conceito que está subjacente à norma de isenção. Concluímos anteriormente que nada na lei permite esta interpretação, apontando o elemento literal e o elemento teleológico para sentido diverso. Note-se, aliás, que o artigo 10 e o artigo 17 da Tabela Geral do Imposto do Selo, que são expressamente invocados na Circular como expressão daquele "sentido estrito", sujeitam linearmente a imposto as garantias prestadas e a utilização de crédito concedido por qualquer tipo de entidade.

A segunda das conclusões tem subjacente o pressuposto de que o legislador do Imposto do Selo pretendia utilizar um alegado "sentido estrito" do conceito de instituição financeira. Pelos motivos que antes referimos, não concordamos com este pressuposto, que ignora quer a alteração legislativa introduzida pela Lei do Orçamento do Estado para

22 A Circular não refere expressamente as comissões cobradas no ramo "Vida", que beneficiam da isenção específica antes referida. No entanto, haverá obrigatoriamente que restringir o tom abrangente que nela é adoptado nestes termos, por força da clareza da norma prevista na alínea b) do número 1 do artigo 7.º do Código do Imposto do Selo: "[s]*ão também isentos do imposto: (...) b) Os prémios e comissões relativos a seguros do ramo «Vida»*".

2004, que tem que ser valorada no processo de interpretação do sentido da isenção, quer, sobretudo, o facto de o legislador do Decreto-Lei n.º 94-B/98, de 17 de Abril assumir e afirmar expressa e inequivocamente a qualificação das empresas de seguros como instituições financeiras[23].

A terceira das conclusões tem subjacente o princípio de que o serviço de mediação de seguros prestado por uma instituição de crédito ou por uma sociedade financeira ou entidade legalmente equiparada apenas pode ser subsumido ao artigo 22.2 da Tabela Geral do Imposto do Selo, e não também ao artigo 17.2.4 do mesmo diploma. No entanto, esta norma sujeita a imposto as operações remuneradas por comissões cobradas por instituições de crédito e sociedades financeiras, sem cuidar de saber se as operações a que respeitam as comissões cobradas podem ser também sujeitas a outros impostos, previstos noutros artigos da Tabela Geral.

A quarta conclusão é corolário das anteriores.

A posição assumida pela administração fiscal na Circular em análise é assim incorrecta aos diferentes níveis expostos: não apenas conclui incorrectamente que a isenção não é aplicável como também parte do imposto incorrecto, ao considerar que a questão se coloca ao nível daquele cuja liquidação à taxa de 2% compete à seguradora e é encargo da instituição de crédito (o mediador), e não daquele cuja liquidação à taxa de 4% compete à instituição de crédito (o mediador) e é encargo da seguradora.

A relevância das circulares

A doutrina e a jurisprudência são actualmente unânimes quanto ao valor das circulares da administração fiscal: nos termos da lei, elas vinculam a administração quando contenham "*orientações genéricas (...) visando a uniformização da interpretação e da aplicação das normas*

[23] A qualificação das empresas seguradoras como "instituições financeiras" efeitos de aplicação da dispensa de retenção na fonte de Imposto sobre o Rendimento das Pessoas Colectivas (IRC) que dela dependia (como aliás continua a depender, conforme referido *infra*) fora já expressamente afirmada em despacho do Secretário de Estado dos Assuntos Fiscais de 12 de Julho de 1994.

tributárias"[24]. Esta vinculação é, no entanto, unilateral; o sujeito passivo está apenas vinculado à lei, tal como a mesma seja aplicada pelos tribunais, o único órgão que pode interpretar e aplicar o direito com efeitos vinculativos.

As circulares valem, naturalmente, como indicação relativamente segura da posição que a administração fiscal tomará quanto às questões que nela são abordadas.

No caso concreto, considerando a origem da Circular, é provável que as autoridades fiscais questionem a não liquidação do Imposto do Selo previsto no artigo 22.2 da Tabela Geral do Imposto do Selo a partir da data em que a mesma foi publicada.

No entanto, a lei prevê que "[n]*ão são invocáveis retroactivamente perante os contribuintes que tenham agido com base numa interpretação plausível e de boa fé da lei as orientações genéricas que ainda não estavam em vigor no momento do facto tributário*"[25].

Desta forma, no caso concreto as autoridades fiscais não poderão agir no sentido preconizado na Circular (ou seja, efectuar liquidações adicionais) relativamente a factos geradores ocorridos antes da sua publicação (que ocorreu em finais de Abril de 2009), na medida em que será possível em qualquer hipótese demonstrar a razoabilidade da interpretação da lei que está subjacente à não liquidação de imposto e a boa fé das entidades envolvidas[26].

---

[24] Cfr. número 1 do artigo 68.º-A da Lei Geral Tributária, introduzido pela Lei n.º 64-A/2008, de 31 de Dezembro (a Lei do Orçamento do Estado para 2009). Na redacção do artigo 68.º da mesma lei vigente até à introdução deste artigo, a administração fiscal estava vinculada "[à]*s orientações genéricas constantes de circulares (...) emitidas sobre a interpretação das normas tributárias que estiverem em vigor no momento do facto tributário*".

[25] Cfr. número 2 do artigo 68.º-A da Lei Geral Tributária, introduzido pela Lei do Orçamento do Estado para 2009. A redacção do artigo 68.º da mesma lei vigente até à introdução deste artigo era sensivelmente equivalente.

[26] "Não poderão" não significa que não o farão. São conhecidos vários casos em que a administração fiscal procurou aplicar retroactivamente, ou antes, procurou impor retroactivamente a posição assumida em Circulares. Os tribunais têm vindo a negar esta pretensão, além de, conforme referido, negarem a natureza de "interpretação autêntica" da lei que regra geral a administração fiscal quer fazer valer. São ainda conhecidos casos em que a administração fiscal, fazendo tábua rasa dos princípios da auto-vinculação, da boa fé e de outros relevantes e até constitucionalmente consagrados, agiu

6. As consequências da aplicação da posição da administração fiscal expressa na Circular

De referir, por fim, que a aceitação da validade da posição assumida pela administração fiscal na Circular implicaria, necessariamente, a aceitação da validade dos pressupostos em que a mesma se funda e das afirmações que nela são feitas a propósito de aspectos centrais na determinação do enquadramento de outras operações.

Assim, a aceitar-se que a posição assumida na Circular é correcta:

- Em Imposto do Selo, não seria aplicável a isenção prevista na alínea e) do número 1 do artigo 7.º do Código respectivo ao crédito concedido, às garantias prestadas, ao juros cobrados e às restantes comissões cobradas pelas instituições de crédito às empresas de seguros, na medida em que a isenção depende da qualificação destas como instituições financeiras, que na Circular é negada no sentido estrito que se afirma ser o subjacente à norma. A responsabilidade pela liquidação deste imposto é das instituições de crédito e o encargo do imposto é das empresas de seguros.
- Em IRC, não seria aplicável a dispensa de retenção na fonte prevista no artigo 90.º do respectivo Código, que abrange os juros e outros rendimentos de capitais, com excepção de lucros distribuídos, de que sejam titulares instituições financeiras[27]. Em conformidade, as instituições de crédito (e outras entidades obrigadas à retenção na fonte) deveriam efectuar retenção na fonte de IRC sobre estes tipos de rendimentos de que sejam titulares as empresas de seguros, incluindo juros de depósitos, de títulos de dívida, de *swaps* de taxa de juro, etc.

---

em sentido contrário ao que ela própria tinha sancionado em informação vinculativa emitida a pedido do contribuinte. A condenação numa sanção pecuniária em termos equivalentes aos aplicáveis em casos de litigância de má fé é cominação que o artigo 104.º da Lei Geral Tributária prevê nestes casos.

[27] Pois não se vê como seria possível argumentar que as "instituições financeiras" a que o legislador fiscal se refere neste contexto não são as "instituições financeiras" a que se refere o legislador (também fiscal) do Código do Imposto do Selo.

O segundo dos aspectos antes referidos provoca um impacto financeiro ao nível das empresas de seguros, na medida em que o IRC retido constitui um pagamento por conta do imposto devido a final[28]. Já o Imposto do Selo constitui um encargo efectivo.

7. Em conclusão

Em conclusão, embora, de facto, as instituições de crédito tenham passado a ser qualificadas como mediadores de seguros relativamente a parte da actividade que podem desenvolver e as comissões cobradas às empresas de seguros neste âmbito tenham passado a ser qualificadas, para efeitos de incidência de Imposto do Selo, como comissões de mediação de seguros e, simultaneamente, como comissões cobradas por serviços prestados por instituições de crédito:

- Apenas incidirá o Imposto do Selo relativo à segunda das qualificações antes referidas, ou seja, o imposto sobre as comissões cobradas por serviços prestados por uma instituição de crédito, à taxa de 4%, porque, nos termos da lei, não há que acumular os dois impostos e a taxa das comissões cobradas por serviços prestados por uma instituição de crédito é mais elevada.
- Em qualquer hipótese, continuará a ser aplicável a isenção concedida ao nível da prestação de serviços no âmbito das relações (entre outras) entre instituições de crédito e instituições financeiras.
- A interpretação da administração fiscal constante da Circular n.º 7/2009, de 15 de Abril, nos termos da qual o imposto aplicável às comissões cobradas por instituições de crédito a empresas de seguros pela actividade de mediação de seguros é o imposto sobre as comissões de mediação e não o imposto sobre as comissões cobradas por instituições de crédito, não sendo, por outro lado,

[28] Impacto financeiro que pode respeitar a um ano e vários meses: as retenções na fonte suportadas no primeiro mês de um determinado período de tributação, por exemplo, só são tomadas em consideração na autoliquidação do imposto correspondente a esse mesmo período de tributação, que não ocorre antes do final do período em causa.

aplicável a isenção prevista na alínea e) do número 1 do artigo 7.º do Código do Imposto do Selo porque as empresas de seguros não qualificam como "instituições financeiras", é incorrecta, quer porque parte do princípio de que a questão se coloca ao nível do imposto sobre as comissões de mediação de seguros, quando de facto, e pela incidência simultânea deste e do imposto sobre as comissões cobradas por instituições de crédito, é este último o imposto relevante, quer porque conclui que a isenção não é aplicável.

- Em qualquer hipótese, a administração fiscal não poderá aplicar retroactivamente a posição assumida na Circular em análise.
- A aceitação da posição da administração fiscal quanto à inaplicabilidade da isenção na impossibilidade de qualificação das empresas de seguros implicaria necessariamente a aceitação da inaplicabilidade da isenção no caso de às garantias prestadas, ao juros cobrados e às restantes comissões cobradas pelas instituições de crédito às empresas de seguros, para além de impedir a aplicabilidade da dispensa de retenção na fonte de IRC relativamente a juros e outros rendimentos de capitais, com excepção de lucros distribuídos, de que são beneficiárias as empresas de seguros.

Clotilde Palma

A Comunicação da Comissão sobre a faculdade de criação de grupos de IVA

Clotilde Palma

Docente universitária
Chefe de Gabinete da Secretaria de Estado dos Assuntos Fiscais

RESUMO

Neste artigo procede-se a uma análise crítica da recente Comunicação da Comissão sobre os grupos de IVA, concluindo-se que são necessárias orientações nesta matéria, dadas as dúvidas existentes e as divergentes aplicações práticas detectadas nos Estados membros.

Palavras-chave:
IVA;
Grupos de IVA;
Princípio da neutralidade.

ABSTRACT

This article offers a critical analysis of the recent Commission Communication on the VAT group option which leads to the conclusion that orienting guidelines are deemed necessary in this specific as a result of the pending doubts and the current divergences in the practical application encountered in Member States.

Keywords:
VAT;
VAT groups;
Principle of fiscal neutrality.

1. Enquadramento e objectivos da Comunicação

No passado dia 2 de Julho, a Comissão Europeia apresentou ao Conselho e ao Parlamento Europeu uma Comunicação relativa à faculdade de criação de grupos de IVA[1].

Esta possibilidade, já prevista na Segunda Directiva[2] e na segunda parte do n.° 4 do artigo 4.° da Sexta Directiva[3], foi acolhida na íntegra no artigo 11.° da Directiva IVA[4]. Segundo a exposição de motivos da Sexta Directiva IVA[5], o objectivo da disposição sobre os grupos de IVA é permitir que os Estados membros, por motivos de simplificação administrativa ou de combate de práticas abusivas (por exemplo, quando uma empresa seja dividida em vários sujeitos passivos, para que cada um possa beneficiar de um regime especial), não considerem como sendo independentes aqueles sujeitos passivos cuja "independência" seja puramente técnico-jurídica. Isto é, esta possibilidade tem subjacente uma preocupação de simplificação administrativa e de evitar certo tipo de abusos

---

[1] Comunicação da Comissão ao Conselho e ao Parlamento Europeu no que respeita à faculdade de criação de grupos para efeitos de IVA prevista no artigo 11.° da Directiva 2006/112/CE, do Conselho, relativa ao sistema comum de imposto sobre o valor acrescentado (COM (2009) 325 final Bruxelas, 2.7.2009).

[2] Directiva 67/228/CEE, do Conselho, de 11 de Abril de 1967, publicada no JO n.° L 71, de 14.3.67.

[3] Sexta Directiva do Conselho, de 17 de Maio de 1977, relativa à harmonização das legislações dos Estados membros respeitantes aos impostos sobre o volume de negócios – sistema comum do imposto sobre o valor acrescentado: matéria colectável uniforme (Directiva 77/388/CEE, publicada no JO n.° L 145 de 13.6.77, posteriormente rectificada no JO n.° L 149 de 17.6.77).

[4] Directiva 2006/112/CE, de 28 de Novembro de 2006, publicada no JO n.° L 347, de 11.12.2006. Essencialmente, esta Directiva veio reformular o texto da Sexta Directiva (trata-se de uma reformulação basicamente formal, atendendo ao facto de o seu texto se encontrar excessivamente denso, dadas as sucessivas alterações que lhe foram introduzidas desde a sua aprovação). Com a reformulação passou a ter 414 artigos (a Sexta Directiva tinha 53). Poderemos passar a designar a "nova" Directiva, abreviadamente, como Directiva IVA (a directiva base do sistema comum vigente), designação a que aderimos.

[5] Proposta de Sexta Directiva do Conselho em matéria de harmonização das legislações dos Estados membros relativas aos impostos sobre o volume de negócios – Sistema comum do imposto sobre o valor acrescentado: matéria colectável uniforme (COM (73) 950 final, 20.6.1973).

(como seria o caso do fraccionamento de uma empresa entre diferentes sujeitos passivos com o fim de beneficiar de um regime particular).

Note-se, contudo, que, de acordo com o entendimento da nossa Administração Fiscal, a criação de grupos IVA exclusivamente para sectores isentos, não implicaria qualquer simplificação no cumprimento das obrigações por parte das empresas que os constituem e, indubitavelmente, introduziria uma maior complexidade no controlo das operações realizadas pelo grupo[6].

Na prática, a adopção desta figura tem vindo a prosseguir, essencialmente, objectivos de neutralização dos custos indirectos de IVA no quadro das operações realizadas no seio de grupos económicos.

De acordo com o previsto no primeiro parágrafo do artigo 11.º da Directiva IVA, após consulta do Comité do IVA[7], cada Estado membro

---

[6] Esta constatação já constituiu no passado um dos fundamentos para o não acolhimento da proposta de introdução dos grupos de IVA no ordenamento nacional. A este propósito, na Informação n.º 2011, de 12 de Outubro de 1998, da Direcção de Serviços do IVA, menciona-se que "*...a introdução da figura dos "Grupos de IVA" implicaria uma complexificação dos registos e dos procedimentos e, consequentemente, na perspectiva da gestão do imposto, tomada particularmente difícil o controlo por parte da Administração de tais realidades*". Nestes termos, concluíam que as desvantagens decorrentes da sua introdução eram maiores que os benefícios que lhe eram indicados.

[7] As questões de interpretação sobre a aplicação do sistema comum do IVA são debatidas no Comité do IVA, tendo em vista a respectiva harmonização. A prática corrente, quando o assunto é relevante e é aprovado por uma "clara maioria" de dezoito Estados membros, é a de se traduzirem em orientações (ver *Value Added Tax Comittee* (article 398 of Directive 2006/112/EC) XXI/98/1515-REV2, Brussels, 10 May 2007). Todavia, o Comité do IVA não tem competências que lhe permitam tornar vinculativas essas orientações. Neste contexto, no final de 1996, a Comissão propunha-se apresentar uma proposta relativa à alteração do estatuto do Comité do IVA. Tal como elucidava *in* "*Um sistema comum do IVA – Programa para o mercado único*", op. cit., p. 30, este Comité com carácter consultivo revelou todas as suas limitações: as suas orientações - mesmo que por unanimidade - não têm qualquer valor jurídico vinculativo e os operadores não são informados de forma sistemática dos assuntos tratados e das orientações adoptadas. Nestes termos, conclui que conviria transformá-lo em "Comité de Regulamentação" cuja função consistiria em assistir, emitindo pareceres por maioria qualificada, a Comissão no exercício das competências de execução da legislação comunitária em matéria de IVA. Tendo igualmente sido apresentadas propostas posteriormente, o certo é que até aos nossos dias, nenhuma das propostas nesse sentido foi acolhida, continuando o Comité a funcionar nos mesmos moldes.

pode considerar como um único sujeito passivo as pessoas estabelecidas no seu território que, embora juridicamente independentes, se encontrem estreitamente vinculadas entre si nos planos financeiro, económico e de organização. Note-se que, quando apresentou esta proposta, a Comissão justificou a referida exigência processual de consulta com a necessidade de, atendendo à relevância de tais construções jurídicas, as instâncias comunitárias puderem avaliar as consequências destas medidas no plano internacional[8].

Embora a consulta ao Comité não revista carácter decisório, a ausência da mesma traduzir-se-ia numa violação do direito comunitário, como reconhece o Tribunal de Justiça das Comunidades Europeias (TJCE), no seu Acórdão de 22 de Maio de 2008, proferido no Caso *Arnpliscientifica Srl*[9].

Por outro lado, determina-se que, em caso de acolhimento desta possibilidade, um Estado membro que exerça a faculdade prevista no primeiro parágrafo pode adoptar todas as medidas necessárias para evitar a possibilidade de fraude ou evasão fiscais em razão dessa disposição[10]. Quando tal suceda, apenas são tributadas as operações realizadas pelas sociedades economicamente integradas com terceiros. Este tratamento corresponde à teoria alemã do *Organschaft* ou da unidade fiscal[11],

---

[8] Exposição de motivos da proposta de modificação da proposta da Sexta Directiva (COM (74) 795 final, de 26 de Julho de 1974).

[9] Proc. C-162/07,ainda não publicado, n.º 23.

[10] Esta disposição foi inserida com a Directiva 2006/69/CE do Conselho, de 24 de Julho, que altera a Directiva 77/388/CEE no que se refere a certas medidas destinadas a simplificar o procedimento de cobrança do imposto sobre o valor acrescentado e a lutar contra a fraude ou evasão fiscais e que revoga certas decisões que concedem derrogações (JO n.º L 221 de 12.8.2006).

Segundo a exposição de motivos da proposta, o objectivo da referida alteração era ajudar os Estados membros a prevenir eventuais situações injustas causadas pelo funcionamento de grupos para efeitos de IVA. Por conseguinte, o segundo parágrafo permite que os Estados membros adoptem todas as medidas necessárias para evitar que os grupos para efeitos de IVA provoquem situações de fraude ou evasão fiscais.

[11] Sobre o *Organschaft* e a respectiva origem na tributação cumulativa, ver Paulo de Pitta e Cunha, *Notas sobre os Impostos de Transacções*, Cadernos de Ciência e Técnica Fiscal, CCTF n.º 19, Lisboa, 1963, pp. 30-33. Como nos ensina, a teoria do *Organschaft* ou *Organsgesellschaft* encontra a sua origem na jurisprudência do Tribunal de Finanças do Reich, em 1922, e foi legislativamente consagrada em 1934, no § 2.º da lei sobre o

estabelecendo-se, assim, um regime de suspensão do imposto onde, em regime de IVA, deveria haver lugar a tributação com posterior dedução do imposto suportado pela sociedade compradora dos bens ou beneficiária dos serviços. Por outras palavras, como salienta a Comissão na sua Comunicação, uma série de sujeitos passivos estreitamente vinculados são fundidos num novo sujeito passivo único para efeitos de IVA, consequência confirmada pelo TJCE no Caso *Ampliscientifica,* no qual elucida que a adopção da faculdade de instituição de grupos de IVA implica que

---

imposto de transacções. De acordo com esta teoria, consideraram-se como transacções internas, não sendo, consequentemente, passíveis de imposto, as vendas entre empresas que, embora juridicamente não integradas, se encontrem estreitamente ligadas entre si. Defendida e sustentada como um poderoso obstáculo à união ou fusão jurídica das empresas que exerciam actividades complementares no circuito produtivo ou comercial, acabaria paradoxalmente por ter no incremento da integração empresarial o seu resultado mais visível. Na verdade, a Alemanha tinha à época um imposto cumulativo sobre as transacções, espécie tributária esta que, como vimos, favorece a integração empresarial. Pretendendo contrariar essa tendência surgiu a teoria do *Organschaft*. A Alemanha e também os Países Baixos, onde a jurisprudência tinha criado soluções do mesmo tipo, pretendiam manter aquele regime no IVA comunitário, tendo a Segunda Directiva IVA satisfeito essa pretensão, permitindo aos Estados considerar um único sujeito passivo diferentes pessoas jurídicas quando existam laços financeiros, económicos e de organização.

Para Xavier de Basto, *A tributação do consumo e a sua coordenação internacional, Lições sobre harmonização fiscal na Comunidade Económica Europeia,* CCTF n.º 164, 1991, pp. 142 e 143, é evidente que o *Organschaft*, se se justificava num regime de imposto cumulativo para "separar o trigo do joio" em matéria de integração de unidades de produção, não tem a mesma validade em IVA devido ao sistema de pagamentos fraccionados que lhe é próprio. De acordo com esta solução do *Organschaft*, estabelece-se um regime de suspensão do imposto onde, em regime de IVA, deveria haver lugar a tributação com posterior dedução do imposto suportado pela sociedade compradora dos bens ou beneficiária dos serviços. O *Organschaft* constitui pois uma solução estranha ao princípio dos pagamentos fraccionados próprio do IVA. Como nota, para além das dificuldades de definição do que sejam os vínculos relevantes de natureza financeira, económica e de organização, a regra pode até originar, em casos particulares, desigualdades de tratamento que podem ser fonte de distorções de concorrência. Note-se que a questão da tributação dos grupos em IVA tem sido, inúmeras vezes, analisada pelo Comité IVA, tendo a proposta de Directiva para modernizar e simplificar as regras do IVA relativas aos serviços financeiros e de seguros apresentada a 5 de Outubro de 2008 (COM (2008) 747), introduzido o conceito de "grupo de partilha de custos", permitindo-se aos operadores a realização de investimentos em comum repartindo os custos destes investimentos com isenção de IVA, figura distinta dos grupos de IVA.

as sociedades neles integradas *"deixem de ser considerados sujeitos passivos distintos para efeitos de IVA, para serem consideradas um sujeito passivo único, titular exclusivo de um número de identificação para o referido imposto"*, sendo o grupo *"o único a poder subscrever declarações de IVA."*.[12]

Um grupo de IVA pode, assim, ser descrito como uma "ficção", criada para efeitos de aplicação deste imposto, em que, na prática, a realidade económica prima sobre a forma jurídica. Isto é, trata-se de um tipo particular de sujeito passivo que existe exclusivamente para fins de aplicação deste imposto e que se baseia nos vínculos financeiros, económicos e organizacionais existentes entre empresas. Embora cada membro do grupo mantenha a sua própria forma jurídica, exclusivamente para fins de IVA, a formação do grupo tem primazia sobre as formas jurídicas previstas pelo direito civil ou pelo direito empresarial. Assim, ao aderir a um grupo de IVA, cada um dos seus membros abandona qualquer eventual forma jurídica coexistente, passando a integrar, para efeitos de IVA, um novo sujeito passivo independente.

Embora a Directiva deixe aos Estados membros a definição do que sejam pessoas *"estreitamente vinculadas entre si nos planos financeiro, económico e de organização"*, o que determinou âmbitos subjectivos de aplicação da medida muito diferenciados nos Estados membros, há algum consenso que o vínculo financeiro ocorre quando determinada pessoa detém uma percentagem mínima, normalmente mais de 50%, do capital social das demais sociedades em causa ou quando exerce sobre elas controlo de acordo com critérios determinados pelo direito comercial. Por sua vez, o vínculo económico existe quando os membros do grupo realizam o mesmo tipo de actividade, têm a mesma categoria de clientes ou desenvolvem actividades que são complementares ou sucessivas entre si, e o vínculo organizacional, quando os respectivos membros actuam sob uma direcção comum ou desenvolvem as suas actividades ao abrigo de acordos mútuos ou de controlo comum.

Tratando-se de uma mera opção, Portugal não acolheu a possibilidade de criação de grupos para efeitos de IVA. A decisão de não acolher entre nós a figura do *Organshaft* foi tomada dada a fraca tradição

[12] Acórdão de 22 de Maio de 2008, Caso *Ampliscientifica*, Proc. C-162/07, já cit., n.º 23.

da figura em Portugal e as dificuldades que a fixação do seu conteúdo jurídico envolve, sendo que, cada vez mais, se torna premente analisar até que ponto não deveremos acolher esta situação, considerando as vantagens daí resultantes, ponderando devidamente eventuais perdas de receita daí provenientes.

Nesta Comunicação, a Comissão indica-nos que se tem constatado um interesse crescente por parte dos Estados membros em recorrerem a esta faculdade, existindo actualmente quinze que a utilizam, com grandes divergências de aplicação prática. Pretendendo zelar por uma aplicação mais uniforme destas regras, a Comissão vem veicular o seu entendimento sobre a matéria, de forma a poder servir de orientação aos Estados membros.

Na realidade, a Comissão tem demonstrado ao longo dos últimos anos alguma preocupação com a falta de harmonização dos princípios subjacentes e da aplicação que é feita desta opção nos Estados membros que adoptaram a figura dos grupos de IVA. De forma a alcançar uma aplicação uniforme dessa norma, fez uma tentativa para aprovar no Comité IVA um conjunto de orientações sobre o quadro geral aplicável aos grupos de IVA[13]. Todavia, atendendo à diversidade de regimes implementados e às diferentes interpretações em causa, não foi possível chegar a consenso quanto ao conteúdo dessas orientações.

Como salienta a Comissão na sua Comunicação, quando um Estado membro exerce a referida faculdade e prevê a possibilidade de criação de grupos para efeitos de IVA, tal deve ser considerado um desvio nacional específico às regras comunitárias normais em matéria de IVA. Ora, a redacção sucinta do artigo 11.° permite que os Estados membros estabeleçam normas pormenorizadas para aplicação da aludida opção podendo as actuais divergências entre os regimes nacionais ser contrárias ao princípio da neutralidade fiscal, originando concorrência fiscal entre os Estados membros[14].

Concluindo ser essencial zelar por uma aplicação mais uniforme daquela disposição de forma a respeitar o princípio da neutralidade, a

---

[13] Na 82.ª Reunião do Comité IVA, realizada a 30 de Novembro de 2007.

[14] Como a Comissão salienta, tal facto é confirmado pelo facto de, em razão da sua concepção, não ser possível garantir que os efeitos de muitos dos regimes de grupo se limitem ao território nacional.

Comissão pretende contribuir para uma aplicação mais uniforme destas regras e dar orientações aos Estados membros sobre o seu entendimento nesta matéria quando estes decidam introduzir os regimes de grupos de IVA na sua legislação nacional ou alterar os referidos regimes., alertando desde logo que, à luz das reacções à presente comunicação, estudará a eventual necessidade de adopção de outras medidas, de forma a garantir uma maior uniformidade e neutralidade na aplicação das normas em vigor.

2. As orientações da Comissão sobre a possibilidade de criação de grupos de IVA

Para a Comissão, o artigo 11.° da Directiva IVA tem de ser interpretado à luz dos objectivos iniciais, o que implica ter em consideração os factos que se passam a indicar.

a) *Necessidade de consulta prévia do Comité do IVA*

Na opinião da Comissão, a obrigação de consulta prévia do Comité do IVA tem de ser cumprida com suficiente antecedência antes da publicação das normas nacionais aplicáveis ao regime de grupos de IVA. A mesma lógica é válida no que diz respeito às alterações substantivas aos regimes de grupos para efeitos de IVA existentes e ao segundo parágrafo do artigo 11.º.

b) *Entidades que podem constituir um grupo para efeitos de IVA*

Para a Comissão, a referência feita no artigo 11.° da Directiva IVA a "pessoas" abrange unicamente as entidades que preencham os critérios para serem consideradas sujeitos passivos para efeitos de IVA. Assim, uma entidade que não seja sujeito passivo, porque não corresponde à definição consagrada no n.º 1 do artigo 9.º da aludida Directiva ou por se tratar de um organismo de direito público que actua nas condições enumeradas no primeiro parágrafo do n.º 1 do respectivo artigo 13.°, não pode ser um membro de um grupo para efeitos de IVA[15].

Como nota, uma pessoa que não seja sujeito passivo e que não tenha direitos nem obrigações nos termos da Directiva IVA não deve poder converter-se em sujeito passivo pelo simples facto de fazer parte de um grupo de IVA. Tal seria contrário aos critérios que determinam o que constitui um sujeito passivo.

Por outro lado, para a Comissão a referida disposição legal restringe o âmbito de aplicação territorial de um regime de grupo de IVA aplicado por um Estado membro às pessoas estabelecidas no território desse Estado membro específico.

Não existindo qualquer orientação quanto ao significado da noção de "*estabelecido*", *a* Comissão entende que a expressão "estabelecidas no território desse Estado membro" inclui as empresas cuja actividade económica esteja sedeada no território do Estado membro que aplica o regime de grupo para efeitos de IVA, mas não os estabelecimentos estáveis situados fora daquele território. Contudo, devem ser incluídos os estabelecimentos estáveis de empresas estrangeiras situadas no território dos Estados membros que apliquem o regime de grupos de IVA. Consequentemente, só podem ser membros de um grupo de IVA as empresas cuja sede da actividade económica esteja fisicamente situada no território do Estado membro que introduziu o regime de grupo ou os estabelecimentos estáveis das referidas empresas ou de empresas estrangeiras fisicamente situados nesse território[16].

---

[15] Conforme elucida a Comissão, o termo "pessoas" foi utilizado pelo legislador a fim de evitar a repetição do termo "sujeitos passivos" e não com o intuito de não incluir aqueles que não estão sujeitos ao imposto. Nas diferentes versões linguísticas foi utilizada sistematicamente a mesma técnica de redacção. O legislador recorreu a esta técnica de redacção noutras partes da directiva, como, por exemplo, no primeiro período do n.º 2 do artigo 9.°, em que o termo "pessoas" é uma referência óbvia aos sujeitos passivos. A redacção adoptada pelo Tribunal de Justiça no Caso *Ampliscientifica* confirma esta interpretação. Segundo o Tribunal, "*Daí decorre que a equiparação a um sujeito passivo único exclui que as referidas pessoas subordinadas continuem a subscrever separadamente declarações de IVA e continuem a ser identificadas, dentro e fora do grupo, como sujeitos passivos* (...)".

[16] Como salienta, a favor desta interpretação jogam o facto de corresponder ao critério de territorialidade consagrado na actual redacção do artigo 11.°, o âmbito de

A principal justificação para excluir os estabelecimentos estáveis situados no estrangeiro de empresas cuja sede de actividade económica se situe no Estado membro que aplica o regime de grupos de IVA é o facto de aqueles não estarem fisicamente situados no território desse Estado membro. De acordo com a Comissão, dado o regime de grupos de IVA ser facultativo, os seus efeitos não deveriam estender-se para além do território físico do Estado membro que introduziu o referido regime. Caso contrário, a soberania fiscal de outro Estado membro pode ser posta em causa. Por outro lado, se dois Estados membros optarem por introduzir regimes de grupos de IVA, é possível que o estabelecimento estável localizado no estrangeiro possa fazer parte de grupos de IVA em ambos os Estados membros, não sendo esta situação compatível com os princípios fundamentais do sistema comum do IVA, nem exequível a nível das administrações, não sendo igualmente aceitável do ponto de vista do controlo.

Tal como a Comissão salienta, embora seja evidente que o artigo 11.° restringe o âmbito de aplicação territorial do regime de grupo para efeitos de IVA, também é óbvio que a sua interpretação deve ter em consideração os requisitos económicos e o princípio da liberdade de estabelecimento que, nos termos do artigo 43.º do Tratado CE, lido em conjugação com o artigo 48.º do Tratado CE, permitem a estabelecimentos estáveis de uma empresa estrangeira beneficiar das mesmas vantagens fiscais de que gozam as empresas sujeitas à legislação nacional do Estado membro em causa. A interpretação exposta permite que os estabelecimentos estáveis das empresas estrangeiras situadas no Estado membro que aplica o

aplicação territorial nela definido coincidir com a jurisdição para fins de IVA do Estado membro que aplica o regime de grupos de IVA e, por este motivo, também com os requisitos de identificação em matéria de IVA que lhe são aplicáveis. Deste modo, o regime de grupos de IVA continua a ser de fácil gestão e controlo se todos os membros de um grupo estiverem sujeitos às regras do mesmo Estado membro. Por último, o termo "estabelecidas", na acepção do artigo 11.°, corresponde à acepção de "estabelecidas" que figura noutras disposições da Directiva IVA e deve ser interpretado da mesma maneira. Sobre esta jurisprudência veja-se Rui Laires, "Anotação ao Acórdão do TJCE de 23 de Março de 2006, Proc. C-210/04, Caso FCE Bank", *Ciência e Técnica Fiscal* n.º 417, Jan-Jun 2006, pp. 403-458, e João M. T. C. Batista Pereira, "IVA nas operações entre o estabelecimento estável e a sociedade? A tributação da Quimera, a propósito do caso FCE Bank (C-210/04)", *Fiscalidade*, Junho-Setembro 2007, n.º 31, pp. 85-115.

regime de grupos de IVA sejam abrangidos nestes grupos e beneficiem das mesmas vantagens fiscais de que gozam as empresas desse Estado membro, o que é coerente com o disposto no Tratado CE.

Note-se que a Comissão tem a preocupação de justificar que a exclusão dos estabelecimentos estáveis que não estejam fisicamente situados no território do sujeito passivo no Estado membro que introduziu o regime de grupo para efeitos de IVA pode parecer, à primeira vista, incompatível com o Caso *FCE Bank*[17]. Contudo, como nota, este acórdão não faz qualquer referência à situação dos grupos de IVA. Além disso, é de notar que, ao aderir a um grupo de IVA, o sujeito passivo passa a fazer parte desse novo sujeito passivo, ou seja, o grupo para efeitos de IVA e, consequentemente, para fins de IVA, separa-se do seu estabelecimento estável situado no estrangeiro. Isto significa que, se um sujeito passivo aderir a um grupo de IVA, quaisquer serviços que preste posteriormente ao seu estabelecimento estável situado no estrangeiro devem ser considerados como prestações efectuadas entre dois sujeitos passivos distintos.

Por outro lado, de acordo com a Comissão, devem incluir-se todas as actividades dos seus membros num só grupo para efeitos de IVA de cada vez, dado que um grupo de IVA é considerado um sujeito passivo único, identificado através da utilização de um único número de identificação para efeitos de IVA. Assim, um membro do grupo com diversas áreas de actividade no Estado membro que introduziu o regime de grupo de IVA não deve poder excluir uma ou mais das suas actividades do grupo de IVA de que faz parte, salvo relativamente às actividades exercidas por estabelecimentos situados fora desse Estado membro.

Pela mesma razão, os regimes nacionais de grupo para efeitos de IVA não devem permitir a adesão simultânea de sujeitos passivos em mais do que um grupo para efeitos de IVA.

---

[17] Acórdão de 23 de Março de 2006, Caso *FCE Bank*, Proc. C-210/04, Colect., p. 2803.

De acordo com este acórdão, um estabelecimento estável, que não seja uma entidade jurídica distinta da sociedade em que se integra, situado noutro Estado membro e ao qual a sociedade fornece prestações de serviços, não deve ser considerado sujeito passivo em razão dos custos que lhe são imputados pelas referidas prestações. Assim, a prestação de serviços efectuada no âmbito da mesma entidade jurídica não está sujeita a IVA.

Na opinião da Comissão, a condição relativa à vinculação "nos planos financeiro, económico e de organização" deve ser interpretada no sentido de que a vinculação tem de estar presente nos três planos durante todo o período de existência do grupo para efeitos de IVA e que, se qualquer membro deixar de estar vinculado num desses três planos, esse membro deve ser instado a deixar o grupo de IVA.

Em conformidade com os princípios gerais que norteiam esta disposição, a Comissão é de opinião que as seguintes definições dos três planos de vinculação podem servir de orientações:

(i) Vinculo financeiro: É determinado por referência a uma percentagem de participação no capital ou a direitos de voto (superiores a 50%), ou por referência a um contrato de franquia, sendo desta forma garantido o controlo efectivo de uma empresa sobre a outra;
(ii) Vinculo económico: É determinado em função da existência de, pelo menos, uma das seguintes situações de cooperação económica: a actividade principal dos membros do grupo é da mesma natureza; as actividades dos membros do grupo são complementares ou interdependentes; um membro do grupo exerce actividades que são completa ou substancialmente em benefício dos outros membros;
(iii) Vinculo de organização: É determinado em função existência de uma estrutura de gestão partilhada, ou, pelo menos, parcialmente partilhada.

Por último, de acordo com a Comissão um regime de grupo de IVA deve estar aberto a todos os sectores de actividade económica do Estado membro que o introduzir, como decorre quer da redacção do artigo 11.°, que não prevê qualquer limitação em relação a nenhum tipo de sectores, quer do princípio da neutralidade fiscal. Um regime nacional de grupo de IVA não pode ser introduzido apenas para alguns sectores, dado que tal favoreceria certas empresas em relação a outras, podendo, além disso, suscitar críticas na perspectiva dos auxílios estatais (selectividade).

As limitações de acesso ao regime de grupo de IVA só podem justificar-se se houver necessidade de tomar medidas contra potenciais abusos em que estejam em causa operações claramente identificadas. Como nota, caso contrário, não é aceitável que a legislação nacional limite o acesso ao regime a um sector específico, como, por exemplo, o financeiro ou o dos seguros.

Note-se que medida equivalente, entre os Estados membros que já introduziram a figura dos Grupos IVA, só se encontra na Suécia, Finlândia e Hungria que criaram grupos de IVA especificamente para o sector financeiro. Em sentido contrário, curiosamente, as legislações da Dinamarca e do Chipre excluem dos grupos de IVA os sujeitos passivos isentos.

c) *Direitos e obrigações de um grupo para efeitos de IVA*

Dado ser considerado um sujeito passivo único, o grupo de IVA está sujeito aos mesmos direitos e obrigações que qualquer outro sujeito passivo, sendo-lhe aplicáveis todas as disposições da Directiva IVA, assim como a jurisprudência do TJCE. Assim, o cumprimento das obrigações cabe ao grupo como tal e não a cada um dos seus membros.

O número único de identificação para efeitos de IVA do referido grupo deve ser utilizado, por exemplo, na emissão de facturas respeitantes a entregas de bens ou prestações de serviços que se presuma tenham sido efectuadas pelo referido grupo.

Como em relação a qualquer outro sujeito passivo, o grupo de IVA deve apresentar as respectivas declarações. A declaração de IVA consignará o montante líquido do IVA do grupo de IVA referente a cada um dos seus membros, tendo em conta o facto de que as operações entre membros não implicam a cobrança ou o pagamento de IVA. Tal significa que os créditos IVA de certos de membros do grupo são compensados com as dívidas IVA de outros membros: para fins de IVA, tanto os créditos como as dívidas são créditos e dívidas do grupo para efeitos desta imposto e não de cada um dos seus membros. Nos termos do Caso *Ampliscientifica*[18], a equiparação a um sujeito passivo único exclui que os membros de um grupo de IVA continuem a subscrever separadamente declarações de IVA como sujeitos passivos, uma vez que só o sujeito passivo único está habilitado a subscrever as referidas declarações.

---

[18] Acórdão de 22 de Maio de 2008, Caso *Ampliscientifica*, Proc. C-162/07, já cit., n.º 19.

Isto é, a opção do grupo para efeitos de IVA é, essencialmente, uma medida de simplificação administrativa.

No que respeita ao tratamento das entregas com destino a terceiros ou deles provenientes, o grupo de IVA actua como um sujeito passivo único, pelo que se presume que as entregas de bens e as prestações de serviços efectuados por qualquer membro do grupo a um destinatário que a ele não pertença, são realizados pelo próprio grupo e não por um dos seus membros. Do mesmo modo, considera-se que as entregas de bens e as prestações de serviços efectuadas por terceiros a um ou vários membros do grupo são realizadas ao próprio grupo. De acordo com a mesma lógica, presume-se que as importações e as aquisições intracomunitárias feitas pelos membros do grupo são efectuadas pelo próprio grupo. Isto é, a situação do grupo em relação ao IVA e o tratamento das suas operações são em todo comparáveis às de um sujeito passivo único com várias sucursais.

Relativamente às operações a título oneroso realizadas entre os membros do grupo, decorre igualmente do tratamento deste como um sujeito passivo único que estas operações devem ser consideradas como tendo sido realizadas pelo grupo para si próprio. Trata-se de uma das mais importantes consequências da criação de um grupo de IVA, uma vez que, salvo no que diz respeito às entregas de bens assimiladas (artigos 16.°, 18.°, 26.° e 27.°, da Directiva IVA), as operações internas do grupo efectuadas a título oneroso não são relevantes para efeitos de IVA, pois estão "fora do âmbito de aplicação". Assim, o recurso ao grupo de IVA pode igualmente apresentar vantagens de fluxo de tesouraria para empresas.

A partir do momento em que um grupo de IVA se torna sujeito passivo único, os direitos e as obrigações em matéria de IVA de cada um dos seus membros são automaticamente transferidos para o referido grupo. O mesmo acontece quando um sujeito passivo adere a um grupo de IVA já existente.

O artigo 11.° não impõe nenhum período obrigatório para participação no grupo de IVA. No entanto, o segundo parágrafo deste artigo permite que os Estados membros adoptem medidas para garantir que o regime de grupo para efeitos de IVA não dê lugar a nenhuma vantagem injustificada, o que, na opinião da Comissão, admite medidas como a imposição de um período mínimo de participação.

Por outro lado, a partir do momento em que o grupo deixe de existir, aqueles direitos e obrigações voltam a ser transferidos para cada um dos seus membros. Simultaneamente, os antigos membros do grupo retomam a sua condição de sujeitos passivos distintos, aplicando-se o mesmo princípio quando um membro deixe o grupo.

c) Direito à dedução de um grupo de IVA

Do tratamento do grupo de IVA como um sujeito passivo único para fins de IVA, decorre que o direito de deduzir o IVA suportado é determinado com base nas operações efectuadas pelo próprio grupo com terceiros.

Uma das consequências mais importantes da formação de um grupo de IVA é, na perspectiva do IVA, o "desaparecimento" das operações entre os seus membros. No caso de um grupo de IVA composto apenas por sujeitos passivos com direito a uma dedução total do imposto, o efeito sobre a receita fiscal é neutro para o Estado membro em cujo território o grupo opera.

Contudo, no caso de um grupo integrado igualmente por sujeitos passivos sem direito à dedução ou com um direito à dedução parcial, o efeito sobre a receita fiscal pode deixar de ser neutro. Com efeito, uma vez que as operações internas são consideradas inexistentes para efeitos de IVA, o Estado perde o IVA não dedutível relativo a operações tributáveis realizadas por um dos membros do grupo em benefício de outro que não tenha direito à dedução ou apenas possua um direito à dedução parcial. A este propósito, o grupo de IVA neutraliza os custos de IVA gerados em operações efectuadas no interior do grupo.

Isto é, um grupo de IVA pode apresentar vantagens financeiras para os grupos que tenham membros sem direito à dedução ou com um direito à dedução parcial. Estas vantagens podem variar em função das modalidades de aplicação escolhidas pelos Estados membros, em especial no que se refere às normas em matéria de direito à dedução.

Na opinião da Comissão, é primordial que os Estados membros garantam uma aplicação correcta e integral das normas comunitárias que regem o direito à dedução dos grupos de IVA.

Quanto à necessidade de adoptar medidas contra a fraude e evasão fiscais, a Comissão, lembrando o Caso *Halifax*[19], defende que o recurso à faculdade de criação de grupos de IVA não pode, de forma alguma, dar origem a vantagens ou a prejuízos injustificados.

O objectivo inicial da criação do grupo de IVA é que este seja, principalmente, uma medida de simplificação, pelo que nenhum regime baseado nesta faculdade deveria distorcer a concorrência ou prejudicar o princípio da neutralidade fiscal. Devem ser evitadas as situações em que a faculdade de criação de grupos de IVA, utilizada para atrair empresas em determinados Estados membros, seja uma fonte de concorrência fiscal entre eles. Como salienta, o recurso ao grupo de IVA não pode conduzir a nenhuma vantagem ou prejuízo injustificados.

3. Conclusões

Como a Comissão salienta, a possibilidade de criação de grupos de IVA tal como está consagrada nas regras comunitárias, deixa aos Estados membros uma margem de discricionariedade. Tal não significa, porém, que os Estados membros não devam ter em consideração na sua concep-

[19] Acórdão de 21 de Fevereiro de 2006, Caso *Halifax,* Proc. C-255/02, Colect., p. I-1609. De uma forma desenvolvida sobre este Caso, veja-se Miguel Poiares Maduro e António Frada de Sousa, "A Jurisprudência do Tribunal de Justiça das Comunidades Europeias sobre práticas abusivas no sistema comum de IVA", *Vinte Anos de Imposto Sobre o Valor Acrescentado em Portugal: Jornadas Fiscais em Homenagem ao Professor José Guilherme Xavier de Basto,* Almedina, Novembro 2008, pp. 119-154. Veja-se ainda Alexandra Martins, *Admissibilidade de uma Cláusula Geral Anti-Abuso em Sede de IVA*, Cadernos IDEFF n.º 7, Almedina, 2007, Ben Terra, "The European Court of Justice and the Principle of Prohibiting Abusive Practices *in* VAT", *in GST in Retrospect and Prospect*, Editors, Richard Krever and David White, Thomson, 2007, pp. 495-514, Falcón y Tella, "El fraude de ley y el IVA (STJCE Halifax, de 21 febrero de 2006): la imposibilidad de sancionar y la necesidad de tener en cuenta el IVA soportado", *Quincena fiscal*, n.º 6, 2006, pp. 5-11, António Frada de Sousa, "A luta contra a fraude, evasão e abusos na jurisprudência recente do Tribunal de Justiça das Comunidades Europeias em matéria fiscal – Algumas notas", *CTF* n.º420, Julho-Dezembro 2007, pp. 7-30, e Rita de la Feria, "The European Court of Justice's solution to agressive VAT planning – Further towards legal incertainty?", *EC Tax Review*, n.º 1, 2006, pp. 27-35.

ção e aplicação práticas a natureza e os princípios deste tributo e a principal jurisprudência do Tribunal de Justiça das Comunidades, não podendo pôr em causa a aplicação do princípio da neutralidade e a consecução do mercado interno.

Esta possibilidade traduz-se, essencialmente, como uma medida de simplificação, consubstanciando-se no facto de várias entidades poderem ser tratadas como um único sujeito passivo para efeitos de IVA. Como tal, conforme nota a Comissão, têm que ser extraídas todas as consequências deste facto.

Como vimos, da consideração do grupo de IVA como um único sujeito passivo, retira a Comissão que todas as transacções internas ao grupo estão fora do campo de incidência do imposto, excepto no caso das operações assimiladas previstas nos artigos 16.° a 18.º e 26.º e 27.° da Directiva IVA. Em contrapartida, todas as operações realizadas com terceiros devem ser consideradas transacções realizadas pelo grupo, sujeitas a imposto.

Nesta Comunicação, a Comissão dá resposta a muitas das dúvidas existentes que permaneceram mesmo após a jurisprudência do Caso *FCE Bank*, como a de saber se os grupos de IVA também se aplicam a entidades localizadas em Estados membros diferentes. No tocante ao âmbito territorial do grupo, de acordo com as orientações da Comissão, o grupo de IVA apenas pode abranger sociedades ou estabelecimentos estáveis fisicamente presentes no território do Estado membro que adoptou o regime, estando excluídos os estabelecimentos estáveis de empresas do Estado membro que estejam situados no estrangeiro

Uma questão fundamental que é esclarecida desde logo pela Comissão é a de que para formarem grupos de IVA as entidades têm que ser sujeitos passivos para efeitos deste imposto, facto que nos parece naturalmente consentâneo com a razão de ser desta opção. Esta posição assume particular relevância porque exclui do grupo, por exemplo, uma holding pura, porquanto esta, de acordo com a jurisprudência do TJCE, não desenvolve uma actividade económica na acepção da Directiva IVA.

Uma outra nota para o facto de a Comissão vir salientar que esta opção deve ser adoptada de forma generalizada e não selectiva para determinados sectores, como por exemplo, para o caso das actividades financeiras e de seguros, abrangendo exclusivamente grupos de empresas cujo objecto de actividade se traduza, a título principal, na realização de operações isentas de IVA.

Efectivamente, parece-nos que, caso contrário, poderíamos, nomeadamente, estar perante situações de auxílios de Estado contrárias às regras comunitárias.

Em suma, cremos que esta Comunicação se impunha, atentas as múltiplas dúvidas suscitadas nesta matéria e as diversas interpretações e aplicações práticas existentes. Aguardamos com expectativa as apreciações dos Estados membros.

Miguel Leónidas Rocha e Ricardo Jorge Almeida

O mecanismo da eliminação da dupla tributação internacional – particularidades

Miguel Leónidas Rocha

Tax – Financial Services Industry, Public Sector,
Life Sciences & Health Care

Ricardo Jorge Almeida

Tax - Financial Services Industry, Public Sector, Life
Sciences & Health Care

RESUMO

O presente artigo versa sobre a problemática do crédito de imposto por dupla tributação internacional na esfera das pessoas colectivas. Analisa-se o regime fiscal previsto no artigo 85.º do Código do IRC e a sua aplicação ao imposto suportado no estrangeiro por sucursais aí estabelecidas, bem como aos dividendos provenientes de sociedades residentes noutros países membros da UE, a forma de contabilização do imposto sofrido no estrangeiro e efectua-se uma sinopse do enquadramento histórico deste regime.

Por fim, conclui-se que o crédito de imposto por dupla tributação internacional previsto no referido artigo 85.º é de aplicação mais restritiva que o mecanismo previsto nas Convenções celebradas por Portugal, na medida em que não prevê a compensação do imposto suportado no estrangeiro com a Derrama e com a tributação autónoma.

Palavras-chave:
CDTI;
Convenção;
Dividendos;

ABSTRACT

This paper regards international double tax relief for corporate income tax purposes. After an introduction of the tax regime established in article 85º of the Corporate tax code, the accounting of the foreign tax will be analysed as well as the history of this tax regime.

Afterwards, we consider the application of the foreign tax credit to the tax paid by foreign branches as well as to the tax paid on dividends from entities resident on other EU countries.

At last, we will conclude that the foreign tax credit established in the Portuguese law is more restricted than the one established in the Conventions celebrated by Portugal, since it does foresees the tax compensation levied abroad with the Municipal Surcharge or with the autonomous taxation.

Keywords:
Foreign tax credit;
Double tax Conventions;
Dividends

Introdução

A intensificação das relações económicas entre os Estados, a redução dos obstáculos não fiscais à circulação de pessoas, bens, serviços e capitais e a internacionalização das empresas têm contribuído para o aumento da ocorrência de factos tributáveis plurilocalizados e, deste modo, para o aumento das situações de dupla tributação internacional.

Verifica-se a existência de uma situação de dupla tributação internacional quando existe identidade em relação a quatro factores (regra das quatro identidades): impostos equiparáveis, mesmo sujeito passivo, mesmo facto gerador de imposto e mesmo período de tributação.

Confrontados com esta situação, os países celebram entre si Convenções tendentes a eliminar ou reduzir essa dupla tributação (CDT). No entanto, e sem prejuízo destas medidas de carácter bilateral, o legislador português decidiu promover unilateralmente um mecanismo de eliminação da dupla tributação internacional. O Código do Imposto sobre o Rendimento das Pessoas Colectivas (CIRC) prevê o método da imputação normal ou do crédito de imposto: a dedução prevista no artigo 83.º, número 2, alínea b) e desenvolvida pelo artigo 85.º.

Na sua redacção actual, o artigo 85.º do CIRC estipula que, quando na matéria colectável tenham sido incluídos rendimentos obtidos no estrangeiro, o montante de imposto que aí os onerou pode ser deduzido à colecta do IRC, tendo como limite a fracção deste imposto que corresponde a tais rendimentos (valor que terá em conta a aceitabilidade fiscal dos custos associados à obtenção de tais rendimentos).

Esta dedução consiste num crédito de imposto por dupla tributação internacional (CDTI) que corresponderá à menor das seguintes importâncias:

a) Imposto sobre o rendimento pago no estrangeiro;
b) Imposto que se suportaria no estrangeiro nos termos previstos pela convenção, nos casos em que existe convenção e a mesma não foi aplicada.
c) "*Fracção do IRC, calculado antes da dedução, correspondente aos rendimentos que no país em causa possam ser tributados, líquidos dos custos ou perdas directa ou indirectamente supor-*

> *tados para a sua obtenção"*[1] {(rendimento obtido no estrangeiro + Imposto sobre o Rendimento pago no estrangeiro – custos necessários à sua obtenção) x taxa de IRC}.

Note-se que apenas se beneficia do CDTI se existir colecta em montante suficiente à dedução a se efectuar.

Para uma melhor compreensão do mecanismo inerente ao CDTI, atente-se aos seguintes exemplos:

A Sociedade X, com sede em Portugal, obteve em 2007 juros provenientes de depósitos domiciliados em países estrangeiros. Não existem custos directamente ou indirectamente suportados para a obtenção destes rendimentos.		
Imposto suportado no estrangeiro = 15%	Imposto suportado no estrangeiro = 20%	Imposto suportado no estrangeiro = 35%
Taxa prevista na CDT = 20%	Taxa prevista na CDT = 10%	Não existe CDT
CDTI = 15%	CDTI = 10%	CDTI = 25%

Constata-se, pois, que a existência de uma CDT aplicável limita sempre a eliminação unilateral da dupla tributação internacional prevista no artigo 85.º do CIRC, na medida em que, nestes casos, a dedução a efectuar não pode ultrapassar o imposto pago no estrangeiro nos termos previstos pela convenção. Assim é porque a diferença entre a retenção na fonte sofrida no estrangeiro e a resultante da taxa prevista na CDT pode ser recuperada no país de origem do rendimento, através do respectivo mecanismo de reembolso.

Por outro lado, para que o CDTI possa ser utilizado, o número 1 do artigo 62.º do CIRC prevê que os rendimentos obtidos no estrangeiro devam ser considerados, para efeitos de determinação do lucro tributável, pelas importâncias ilíquidas dos impostos sobre os rendimentos pagos no estrangeiro.

[1] A Lei não estabelece quaisquer requisitos para determinar o nexo de causalidade entre os custos e os rendimentos obtidos no estrangeiro, o que poderá suscitar uma certa liberdade para a aplicação de critérios distintos, desde que economicamente justificáveis.

Desta forma, caso os rendimentos se encontrem contabilizados (em rubricas de proveitos) pelo valor líquido do imposto estrangeiro, este valor deverá ser acrescido para efeitos de determinação do lucro tributável, pelo que a forma de contabilização do rendimento influi no ajustamento em apreço.

Forma de contabilização

O imposto suportado no estrangeiro sobre os rendimentos daí advenientes deverá ser contabilizado como activo a receber do Estado ou como custo com impostos, em função da sua recuperabilidade, ou seja, consoante o mesmo venha ou não, respectivamente, a ser recuperado em Portugal por via do CDTI.

Face ao exemplo acima apresentado, teríamos os seguintes montantes contabilizados como activo a haver do Estado e/ou como custo do exercício, assumindo que o rendimento auferido no estrangeiro se encontra contabilizado, em proveitos, pelo seu valor bruto:

Imposto suportado no estrangeiro = 15%	Imposto suportado no estrangeiro = 20%	Imposto suportado no estrangeiro = 35%
Taxa prevista na CDT = 20%	Taxa prevista na CDT = 10%	Não existe CDT
CDTI = 15%	CDTI = 10%	CDTI = 25%
Activo = 15%	Activo = 10%	Activo = 25%
Custo do exercício = 0%	Custo do exercício = 10%, salvo se for recuperado por via de reembolso ao abrigo da CDT	Custo do exercício = 10%
Correcção de imposto (art. 62.° CIRC) = 0%	Correcção de imposto (art. 62.° CIRC) = 10%	Correcção de imposto (art. 62.° CIRC) = 10%

No entanto, a aferição da possibilidade de aplicação do CDTI deve ser novamente analisada no final do exercício, quando uma estimativa do IRC relativo ao exercício em questão já pode ser efectuada com um maior detalhe. Assim, se, por virtude de um lucro tributável negativo ou de prejuízos fiscais de exercícios anteriores, não for apurada qualquer colecta no exercício em questão, os valores contabilizados como activo deverão ser anulados e reconhecidos como custo do exercício.

Correcção no caso de crédito de imposto não recuperado

Conforme já referido, caso os rendimentos obtidos no estrangeiro se encontrem contabilizados pelo valor líquido do imposto estrangeiro, este valor deverá ser acrescido para efeitos de determinação do lucro tributável.

Contudo, entendemos que tal ajustamento não deverá ser efectuado se o CDTI não puder ser recuperado por a colecta do exercício ser nula.

Na verdade, o artigo 62.º do CIRC refere que "n*a determinação da matéria colectável sujeita a imposto, quando houver rendimentos obtidos no estrangeiro que dêem lugar a crédito de imposto por dupla tributação internacional, nos termos do artigo 85.º, esses rendimentos devem ser considerados, para efeitos de tributação, pelas respectivas importâncias ilíquidas dos impostos sobre o rendimento pagos no estrangeiro*."

Ou seja, que apenas no caso de existirem "*(...) rendimentos obtidos no estrangeiro que dêem lugar a crédito de imposto por dupla tributação internacional (...)*" os rendimentos devem ser considerados pelo valor ilíquido de imposto, presumindo-se, *a contrario*, que, não havendo lugar a crédito de imposto, não há necessidade de considerar o rendimento estrangeiro pelo seu valor ilíquido de imposto.

No entanto, tanto quanto sabemos, a Administração Fiscal não entende assim, tendo vindo a corrigir os sujeitos passivos que não actuem em conformidade.

Enquadramento histórico

Na sua redacção anterior (em vigor até ao exercício de 2005, por força da Lei n.º 39-A/2005, de 29 de Julho[2] que procedeu à primeira alte-

[2] A referida Lei entrou em vigor a 3 de Agosto de 2005, pelo que dúvidas se colocaram quanto à aplicação no tempo das referidas alterações: se a 1 de Janeiro de 2005 se a 3 de Agosto de 2005.

ração à Lei do Orçamento do Estado para 2005), esta norma não impunha para o cálculo do limite a dedução de custos, na medida em que não exigia que o rendimento estrangeiro, ao ser tomado em consideração para efeitos desta dedução, fosse "*líquido dos custos ou perdas directa ou indirectamente suportados para a sua obtenção*." Partia-se, assim, do valor bruto dos rendimentos obtidos no estrangeiro e, como tal, poderia obter-se uma dedução maior.

Por outro lado, a referida Lei n.º 39-A/2005 revogou o número 3 do artigo 85.º que consagrava a possibilidade de, em caso de insuficiência da colecta nesse exercício, se reportar o CDTI até aos cinco exercícios posteriores àquele em que os rendimentos obtidos no estrangeiro haviam sido incluídos na base tributável.

Note-se, no entanto, que os sujeitos passivos que obtiveram rendimentos no estrangeiro até ao exercício de 2005 (em nosso entender até 3 de Agosto de 2005) continuam a ter a possibilidade de deduzir estes rendimentos até aos cinco exercícios seguintes, ou seja, até ao exercício de 2010, na medida em que continuam a aproveitar desse regime.

CDTI aplicável ao imposto suportado por Sucursais

Nos termos do n.º 1 do artigo 4.º do CIRC, os sujeitos passivos residentes em território português são tributados em sede de IRC sobre a totalidade dos seus rendimentos, incluindo os obtidos fora desse território.

Nestes termos, os rendimentos obtidos pelas sucursais instaladas no estrangeiro são tributados no país de instalação da sucursal e em Portugal[3]. Com efeito, os resultados obtidos pela sucursal são incorporados nas contas da Sede e, portanto, nos resultados desta no exercício a que respeitam.

Em nosso entender, as alterações introduzidas apenas se poderiam aplicar ao imposto retido após 3 de Agosto de 2005, na medida em que o IRC é um imposto de formação sucessiva e que, antes da entrada em vigor desta Lei, os sujeitos passivos tinham a expectativa legítima de poder aplicar o CDTI nos termos da redacção anterior. Caso contrário, poder-se-ia alegar que as referidas alterações traduziriam uma violação dos princípios da confiança e da segurança jurídica e do princípio da não retroactividade da lei fiscal consagrado no número 9 do artigo 103.º da Constituição da República Portuguesa e no artigo 12º da Lei Geral Tributária.

[3] Na totalidade das CDT celebradas por Portugal, os lucros obtidos por um estabelecimento estável noutro país podem ser aí tributados.

Assim, o sujeito passivo residente em Portugal tem direito a um crédito de imposto nos termos supra referidos.

A este respeito, chamamos a atenção que o CDTI está limitado, conforme supra referido, à "*fracção do IRC, calculado antes da dedução, correspondente aos rendimentos que no país em causa possam ser tributados, líquidos dos custos ou perdas directa ou indirectamente suportados para a sua obtenção*".

Ora, no caso em apreço não basta aplicar a taxa geral de IRC (25%) aos resultados (antes de impostos) da Sucursal. A expressão "*fracção do IRC, calculado antes da dedução, correspondente aos rendimentos que no país em causa possam ser tributados*" implica que se tenha que simular o imposto que se paga em Portugal sobre os resultados em apreço de acordo com as regras do CIRC e diplomas conexos, ou seja, implica que se tenha que simular um lucro tributável e uma colecta de acordo com o ordenamento fiscal vigente.

Para uma melhor compreensão, atente-se aos seguintes exemplos:

A Sociedade X, com sede em Portugal, apurou, em 2007, um RAI de € 10 M, para o qual contribuiu a Sucursal detida no país Y com um resultado de € 1 M.		
Imposto suportado pela sucursal = 30% do RAI	Imposto suportado pela sucursal = 25% do RAI	Imposto suportado pela sucursal = 20% do RAI
Custos da sucursal não dedutíveis ao abrigo do CIRC = 10% do RAI	Custos da sucursal não dedutíveis ao abrigo do CIRC = 10% do RAI	Custos da sucursal não dedutíveis ao abrigo do CIRC = 10% do RAI
CDTI = 27,5% = Mínimo (30%; 25% x 1,1)	CDTI = 25% Mínimo (25%; 25% x 1,1)	CDTI = 20% Mínimo (20%; 25% x 1,1)

A Sociedade X, com sede em Portugal, apurou, em 2007, um RAI de € 10 M, para o qual contribuiu a Sucursal detida no país Y com um resultado de € 1 M.		
Imposto suportado no estrangeiro = 30%	Imposto suportado no estrangeiro = 25%	Imposto suportado no estrangeiro = 20%
Proveitos da sucursal não tributados ao abrigo do CIRC = 10% do RAI	Proveitos da sucursal não tributados ao abrigo do CIRC = 10% do RAI	Proveitos da sucursal não tributados ao abrigo do CIRC = 10% do RAI
CDTI = 22,5% = Mínimo (30%; 25% x 0,9)	CDTI = 22,5% Mínimo (25%; 25% x 0,9)	CDTI = 20% Mínimo (20%; 25% x 0,9)

Dada a morosidade (no caso da existência de diversas sucursais, implica a simulação de diversos lucros tributáveis) e complexidade (inerente, por vezes, ao desconhecimento das realidades que subjazem aos registos contabilísticos das sucursais) da simulação do CDTI nos casos em apreço, a maioria dos sujeitos passivos tem optado, incorrectamente, por simular o imposto que se paga em Portugal aplicando a taxa geral de IRC (25%) ao RAI das sucursais.

A nossa experiência não nos tem permitido, contudo, conhecer nenhum caso em que a Administração Fiscal tenha procedido a correcções quanto aos procedimentos em apreço.

CDTI e a eliminação da dupla tributação económica

Um sujeito passivo residente em território Português que aufira dividendos provenientes de sociedades residentes noutro Estado membro da UE pode beneficiar da eliminação da dupla tributação económica (EDTE) em 50% ou 100%.

De facto, o artigo 46.º do CIRC prevê a dedução integral ao lucro tributável dos rendimentos incluídos na base tributável, correspondentes a lucros distribuídos por entidades com sede ou direcção efectiva noutro Estado membro da UE, nas quais o sujeito passivo detenha directamente uma participação de capital não inferior a 10% ou com um valor de aquisição não inferior a € 20.000.000, e desde que esta tenha permanecido na sua titularidade durante o ano anterior à data da colocação à disposição dos lucros[4].

4 4 Desde 1 de Janeiro de 2007, que o benefício em apreço foi alargado aos lucros distribuídos a entidades residentes por sociedades afiliadas residentes em países africanos de língua oficial portuguesa e em Timor-Leste, desde que, conforme prevê o artigo 42.º do Estatuto dos Benefícios Fiscais:

- A entidade beneficiária dos lucros esteja sujeita e não isenta de IRC e a sociedade afiliada esteja sujeita e não isenta a um imposto sobre o rendimento análogo ao IRC;
- A entidade beneficiária detenha, de forma directa, uma participação que represente, pelo menos, 25% do capital da sociedade afiliada durante um período não inferior a dois anos;

Caso a participação detida seja inferior a 10% e o seu valor de aquisição inferior a € 20.000.000, ou, quando superior, não tenha permanecido na titularidade do participante por período superior a um ano, a dedução ao lucro tributável é de apenas 50%.

Chamamos a atenção para o facto de que, relativamente aos dividendos provenientes de outros Estados membros da UE, o sujeito passivo deve provar que a entidade pagadora dos dividendos cumpre as condições estabelecidas no artigo 2.º da Directiva n.º 90/435/CEE, de 23 de Julho, mediante declaração confirmada e autenticada pelas autoridades fiscais competentes do Estado membro da UE de que é residente.

A questão que se coloca prende-se com o valor do CDTI quando o rendimento não se encontra incluído no lucro tributável ou apenas se encontra em 50% do seu valor.

Conforme já referido, o CDTI está limitado à "*fracção do IRC, calculado antes da dedução, correspondente aos rendimentos que no país em causa possam ser tributados, líquidos dos custos ou perdas directa ou indirectamente suportados para a sua obtenção*".

Importa, assim, apurar este limite. Se relativamente aos casos em que a eliminação da dupla tributação económica é integral não restam dúvidas que o CDTI está limitado a zero, por inexistência de rendimentos incluídos no lucro tributável, já quando a eliminação da dupla tributação é apenas de 50%, o referido limite equivale a 12,5% do rendimento bruto, ou seja, 50% da taxa geral do IRC (25%).

Senão vejamos:

– Os lucros distribuídos provenham de lucros da sociedade afiliada que tenham sido tributados a uma taxa não inferior a 10% e não resultem de actividades geradoras de rendimentos passivos, designadamente royalties, mais-valias e outros rendimentos relativos a valores mobiliários, rendimentos de imóveis situados fora do país de residência da sociedade, rendimentos da actividade seguradora oriundos predominantemente de seguros relativos a bens situados fora do território de residência da sociedade ou de seguros respeitantes a pessoas que não residam nesse território e rendimentos de operações próprias da actividade bancária não dirigidas principalmente ao mercado desse território;
– o sujeito passivo de IRC titular da participação deve dispor de prova da verificação das condições de que depende a dedução.

<table>
<tr><td colspan="6">A Sociedade X, com sede em Portugal, obteve em 2007 dividendos de acções de uma sociedade domiciliada noutro Estado membro da UE. Não existem custos directamente ou indirectamente suportados para a obtenção destes rendimentos.</td></tr>
<tr><td colspan="3">Imposto suportado no estrangeiro = 15%
(não existe ADT aplicável)</td><td colspan="3">Imposto suportado no estrangeiro = 30%
(não existe ADT aplicável)</td></tr>
<tr><td>EDTE= 100%</td><td>EDTE= 50%</td><td>EDTE= 0%</td><td>EDTE= 100%</td><td>EDTE= 50%</td><td>EDTE= 0%</td></tr>
<tr><td>CDTI= 0%</td><td>CDTI= 12,5%</td><td>CDTI= 15%</td><td>CDTI= 0%</td><td>CDTI= 12,5%</td><td>CDTI= 25%</td></tr>
</table>

CDTI – da limitação ao imposto Português ao abrigo das CDT

Conforme já referido, o CDTI previsto na lei interna Portuguesa limita a dedução do imposto suportado no estrangeiro de diversas formas, nomeadamente ao limitar ao valor da fracção do IRC sobre os rendimentos em apreço e ao valor da colecta existente.

Isto significa que caso a sociedade que auferiu rendimentos no estrangeiro, pelos quais tem direito à dedução nos termos do artigo 85.º do CIRC, não tenha apurado matéria colectável, terá de suportar o imposto pago no estrangeiro (uma vez que não tem colecta à qual deduzir o crédito de imposto).

Ora, nestes casos, o mecanismo de eliminação da dupla tributação internacional previsto na Lei interna não produz os efeitos pretendidos, verificando-se efectivamente uma dupla tributação.[5]

Esta dupla tributação é agravada ainda pelo facto de a Derrama ter passado a incidir sobre o lucro tributável ao invés da colecta[6], pelo que poderá existir uma efectiva entrega de imposto ao Estado Português sobre tais rendimentos se a inexistência de matéria colectável se verificar pela existência de prejuízos fiscais de exercícios anteriores.

[5] O facto de a colecta ser negativa e consequentemente não se apurar IRC sobre tais rendimentos não implica que o rendimento não seja tributado em Portugal. O rendimento é tributado por via da redução do prejuízo fiscal reportável. O que se verifica é um adiamento da entrega do imposto nos cofres do Estado para os exercícios seguintes.

[6] A Derrama passou a incidir sobre o lucro tributável com a nova Lei das Finanças Locais, publicada no dia 15 de Janeiro de 2007, que entrou em vigor retroactivamente em 1 de Janeiro de 2007.

O que nos leva à análise do mecanismo de eliminação da dupla tributação internacional previsto nas CDT celebradas por Portugal no sentido de determinar se o mesmo tem um alcance mais abrangente que o previsto na Lei interna Portuguesa[7].

Antes de mais, cumpre referir que a maioria das CDT celebradas por Portugal aplica-se aos impostos incidentes sobre o rendimento total, o que abrange quer o IRC quer a Derrama, conforme previsto no artigo 2.º de cada CDT.

Quanto ao mecanismo de eliminação da dupla tributação previsto nas CDT celebradas por Portugal, a maioria dos textos das referidas CDT prevê que "*quando um residente de Portugal obtiver rendimentos que, de acordo com o disposto nesta Convenção, possam ser tributados*" no país X, "*Portugal deduzirá do imposto sobre o rendimento desse residente uma importância igual ao imposto pago*" no país X. "*A importância deduzida não poderá, contudo, exceder a fracção do imposto sobre o rendimento calculado antes da dedução, correspondente ao rendimento que pode ser tributado*" no país X.

Ora, a primeira conclusão importante a retirar é que, ao abrigo das CDT, a limitação da dedução do imposto estrangeiro "*à fracção do imposto sobre o rendimento*" não opera, pelas razões expostas, somente ao nível do IRC, mas também ao nível da Derrama. Assim, a taxa a aplicar aos rendimentos obtidos no estrangeiro, para determinação da fracção da colecta de IRC a considerar como limite, deverá, na nossa opinião, ser 26,5%.

A este respeito gostaríamos de referir que a limitação da dedução do imposto estrangeiro à "*fracção do imposto sobre o rendimento*" não significa, em nosso entender, limitar à parte do imposto total (IRC mais Derrama) correspondente à proporção do rendimento obtido no estrangeiro face à totalidade dos rendimentos obtidos pelo sujeito passivo, mas tão somente limitar à parte do imposto total sofrido pelo sujeito passivo correspondente aos rendimentos obtidos no estrangeiro. Ou seja, o termo

[7] Estes diplomas de direito internacional, quando devidamente ratificados e publicados, sobrepõem-se à legislação ordinária interna (nomeadamente ao CIRC), em obediência ao disposto no nº 2 do artigo 8º da Constituição da República Portuguesa.

fracção não implica proporção[8], mas sim o valor do imposto sofrido em Portugal sobre os rendimentos obtidos no Estrangeiro (i.e, o imposto correspondente à aplicação da taxa de 26,5% sobre o rendimento obtido no estrangeiro).

Outro entendimento não poderia ser colhido, na medida em que para a formação do rendimento sujeito a imposto contribuem rendimentos parcelares que poderão ser negativos ou positivos. Ora, não podem ser calculadas proporções (do ponto de vista matemático) quando para o mesmo resultado contribuem valores negativos. Este aspecto é facilmente perceptível quando o lucro tributável global do sujeito passivo for negativo, sendo composto por um resultado interno negativo e por um rendimento obtido no estrangeiro positivo. Ora, nestes casos, não se poderá calcular uma proporção[9].

A segunda conclusão a retirar do texto das CDT é que a dedução é efectuada ao nível do "*imposto sobre o rendimento desse residente*" o que necessariamente abrange o IRC na sua totalidade (e não somente a colecta, conforme previsto nos termos da Lei interna Portuguesa) e a Derrama, na medida em que, também para efeitos das CDT, o imposto municipal consubstancia um imposto sobre o rendimento

Entendemos, pois, que a dedução ao abrigo das CDT deve ser efectuada ao somatório da totalidade do IRC suportado (o que engloba, necessariamente, a tributação autónoma) com a Derrama.

---

[8] No parágrafo 62 dos comentários aos artigos 23.º-A e 23.º-B da Convenção Modelo da OCDE refere-se que "(...) *a dedução máxima pode ser calculada quer mediante a repartição do imposto global incidente sobre os rendimentos globais em função da relação existente entre os rendimentos relativamente aos quais a imputação deve ser concedida e os rendimentos globais, quer mediante a aplicação da taxa de imposto respeitante aos rendimentos globais aos rendimentos relativamente aos quais deve ser concedida a imputação (...)*". Conforme referido, em nosso entender, esta interpretação apenas pode ser aplicável caso o rendimento global seja composto exclusivamente por rendimentos positivos.

[9] No mesmo sentido, é referido no parágrafo 65 dos comentários aos artigos 23.º-A e 23.º-B da Convenção Modelo da OCDE que "*(...) Quando os rendimentos globais provêm do estrangeiro e no Estado R* (Estado de residência) *não existe qualquer rendimento, mas pelo contrário uma perda que não excede os rendimentos provenientes do estrangeiro, o imposto total a pagar no Estado R corresponderá ao rendimento auferido do Estado S* (Estado da fonte do rendimento) *e a dedução máxima a conceder pelo Estado R corresponderá, por conseguinte, ao imposto devido no Estado R (...)*".

Assim, mesmo que não seja apurada colecta, entendemos que, ao abrigo das CDT, os sujeitos passivos poderão beneficiar da aplicação do mecanismo da eliminação da dupla tributação internacional relativamente ao imposto sofrido do estrangeiro, até à concorrência do somatório da tributação autónoma com a Derrama.

Para uma melhor compreensão e utilizando o exemplo supra apresentado relativamente às Sucursais, atente-se ao quadro seguinte:

A Sociedade X, com sede em Portugal, apurou, em 2007, um RAI de € 10 M, para o qual contribuiu a Sucursal detida no país Y com um resultado de € 1 M. No exercício de 2007, a colecta apurada pela Sociedade X é nula, apurando-se, contudo uma Derrama no valor de € 220.000 e tributação autónoma no valor de € 20.000.		
Imposto suportado pela sucursal = € 300.000	Imposto suportado pela sucursal = € 250.000	Imposto suportado pela sucursal = € 200.000
Custos da sucursal não dedutíveis ao abrigo do CIRC = 10% do RAI	Custos da sucursal não dedutíveis ao abrigo do CIRC = 10% do RAI	Custos da sucursal não dedutíveis ao abrigo do CIRC = 10% do RAI
Carga fiscal, em sede de impostos Portugueses, sobre o RAI da Sucursal = 26,5% x (€ 1.000.000+ € 100.000) = € 291.500		
Imposto total suportado em Portugal = € 220.000 + € 20.000 = € 240.000		
CDTI (Lei interna) = 0	CDTI (Lei interna) = 0	CDTI (Lei interna) = 0
CDTI ao abrigo da CDT = Mínimo (€ 300.000; € 291.500; € 240.000) = € 240.000	CDTI ao abrigo da CDT = Mínimo (€ 250.000; € 291.500; € 240.000) = € 240.000	CDTI ao abrigo da CDT = Mínimo (€ 200.000; € 291.500; € 240.000) = € 200.000

Infelizmente, e devido a uma questão de preenchimento da Declaração de Rendimentos Modelo 22 de IRC, o entendimento acima preconizado não é passível de ser directamente posto em prática, pelo que, até que a referida Declaração seja alterada, a correcta aplicação das CDT apenas pode operar por via da apresentação pelo sujeito passivo de reclamação graciosa de auto-liquidação ou outro meio processual aplicável.

Conclusão

O CDTI consiste numa atenuação da dupla tributação com vista a evitar que o mesmo sujeito passivo seja tributado duplamente em Estados distintos sobre o mesmo rendimento. Face à actual redacção do normativo nacional, muitas situações continuam a originar dupla tributação, na medida em que o CDTI é, por vezes, inferior ao imposto suportado no estrangeiro. As alterações sucessivas no normativo nacional têm contribuído para fomentar a dupla tributação internacional em vez de a dirimir.

Por outro lado, entendemos que o normativo nacional tem um alcance mais restrito que o disposto nas CDT celebradas por Portugal, nomeadamente por não permitir deduzir o imposto suportado no estrangeiro ao valor da Derrama e ao valor da tributação autónoma. No entanto, a aplicação do mecanismo de eliminação da dupla tributação internacional previsto nas CDT encontra-se, na prática, vedada aos sujeitos passivos, na medida em que a Declaração de Rendimentos Modelo 22 de IRC apenas permite a dedução do crédito em apreço à colecta apurada no exercício, restando aos sujeitos passivos o recurso à via administrativa/judicial para verem aplicados os seus direitos.

João Ricardo Catarino

Ainda a propósito do regime substantivo e fiscal das ajudas de custo

João Ricardo Catarino
Professor Universitário

RESUMO

O regime substantivo das ajudas de custo foi criado para regular as condições e pressupostos da sua atribuição aos servidores do Estado e por motivo de serviço público. A lei fiscal vem, todavia, efectuar um alargamento desse regime aos agentes económicos em geral, não apenas dos seus limites quantitativos, mas também, mais recentemente, de todos os pressupostos da sua atribuição aos servidores do Estado.

Tal dilatação gera algumas perplexidades de fundo, que se tratam neste artigo. Elas respeitam à racionalidade da medida, na perspectiva do interesse público que se pretende acautelar. Mas também se questiona a legitimidade do Estado em condicionar as opções económicas e de gestão desses agentes. Defende-se que o interesse público se poderia facilmente prosseguir através do mecanismo do controlo de custos, já existente.

Palavras-chave:

Ajudas de custo
Despesas de representação
Encargos com deslocações
Deslocações
Conceito de rendimento

ABSTRACT

The substantive regimen of the allowances for expenses was created to regulate the conditions and estimated of its attribution to the servers of the State for public service. The fiscal law produces, however, to in general effect, a widening of this regimen to the economic agents, not only of its quantitative limits, but also, more recently, of all the estimated ones of its attribution to the servers of the State.

Such enlargement generates some serious questions, which are treated in this paper. They respect to the rationality of the measure, in the perspective of the public interest that it intends to warn. This paper questions the legitimacy of the State in conditioning the economic options and of management of these agents. It is defended that the public interest could easily continue through the mechanism of the control of costs, already existing.

Keywords:

Allowances for expenses
Displacement expenses
Incumbencies with displacement
Displacement
Concept of income

1. Ponto de situação

Num artigo anterior, publicado em 2001[1], escrevi a propósito do tema, dando conta de algumas perplexidades e incompletudes do regime legal das ajudas de custo, nomeadamente quanto aos seus pressupostos substantivos, aos eventuais limites na contratação de hotel e à relevação dos correspondentes custos em sede de IRC. O regime substantivo manteve-se estável, sendo que continuam em vigor os diplomas reguladores do direito às mesmas – Decretos Lei n.° 192/95, de 28 de Julho, e 106/98, de 24 de Abril, que disciplinam, respectivamente, as deslocações em serviço público ao estrangeiro e no território nacional. O mesmo se diga da doutrina administrativa. Houve no entanto uma modificação do Código do IRS que aponta num sentido que nos parece criticável.

De entre tais perplexidades fiz então sobressair a *vexata questio* da sujeição dos agentes económicos privados a um regime que, constando embora de dois diplomas avulsos, exclusivamente reguladores das deslocações de funcionários e agentes do Estado em serviço público, acaba por se lhes aplicar. Efectivamente:

- se por um lado tanto um como outro diploma circunscrevem expressamente o seu âmbito às deslocações "*dos funcionários e agentes... por motivo de serviço público...*";
- por outro, não se pode dizer que eles ignorem a realidade que se traduz nas deslocações dos membros dos órgãos sociais e colaboradores dos demais agentes privados. Só que essa extensão de âmbito decorre estranhamente de preceito normativo integrado em diploma autónomo, a saber, o Código do IRS. Neste se determina, como então dissemos, a aplicação aos agentes económicos em geral, dos *limites quantitativos* aplicados aos servidores do Estado, tendo sido depois explicitado por circular interna da DGCI, que no cálculo das ajudas de custo abonadas por entidades privadas aos seus colaboradores se poderiam tomar em consideração os limites quantitativos válidos para os servidores do Estado[2]. Mas não ia além disso. O que já não era pouco. Ou seja,

[1] Revista Fisco, n.° 97/98, Setembro de 2001, LEX, Ano XII, Lisboa.
[2] Trata-se da Circular 12/91, de 29 de Abril.

tratava-se de uma restrição puramente quantitativa aplicável aos demais agentes económicos em geral. O seu pagamento deveria realizar-se apenas nos casos em que houvesse deslocação efectiva dos colaboradores, para o que se veio entretanto a fixar, no código do IRC, obrigações de ordem formal, mediante o estabelecimento em suporte documental, da prova da sua realização[3].

Tal regime resultava do disposto no artigo 2.° n.° 3 al. e) do CIRS, na redacção em vigor ao tempo em que o artigo foi escrito, dada pela Lei 3-B/2000, de 27.12, onde se lia: "*consideram-se rendimentos do trabalho dependente: (...) e) As ajudas de custo e as importâncias auferidas pela utilização de automóvel próprio em serviço da entidade patronal, na parte em que ambas excedam os limites legais e as verbas para despesas de deslocação, viagens ou representação de que não tenham sido prestadas contas até ao termo do exercício*";

Esse preceito veio todavia a ser posteriormente alterado em termos tais que, na esfera do beneficiário (em IRS), e de acordo com a nova redacção dada à alínea d) do n.° 3 do artigo 2.° do CIRS, se vieram a considerar rendimentos do trabalho dependente as "*ajudas de custo e as importâncias auferidas pela utilização de automóvel próprio em serviço da entidade patronal, na parte em que ambas excedam os limites legais* <u>*ou quando não sejam observados os pressupostos da sua atribuição aos servidores do Estado*</u> *e as verbas para despesas de deslocação, viagens ou representação de que não tenham sido prestadas contas até ao termo do exercício*" (sublinhado nosso).

[3] Pode ler-se no artigo 42.° n.° 1 al. f) do CIRC que não são dedutíveis "*as despesas com ajudas de custo e com compensação pela deslocação em viatura própria do trabalhador, ao serviço da entidade patronal, não facturadas a clientes, escrituradas a qualquer título, sempre que a entidade patronal não possua, por cada pagamento efectuado, um mapa através do qual seja possível efectuar o controlo das deslocações a que se referem aquelas despesas, designadamente os respectivos locais, tempo de permanência, objectivo e, no caso de deslocação em viatura própria do trabalhador, identificação da viatura e do respectivo proprietário, bem como o número de quilómetros percorridos, excepto na parte em que haja lugar a tributação em sede de IRS na esfera do respectivo beneficiário*". *(Redacção dada pelo art.°29.°, n.°1 da Lei n.° 55-B/2004, de 30 de Dezembro).*

Há, como se vê, uma dilatação do âmbito de aplicação do regime das ajudas de custo, passando os agentes económicos a ter que observar todos os demais pressupostos substantivos. Este regime, que desde a introdução do Código do IRS abrangia todos os agentes económicos na parte em que estabelecia limites quantitativos, vê agora alargado o seu âmbito, exigindo que tais agentes privados observem, quanto a ajudas de custo, *os pressupostos da sua atribuição aos servidores do Estado*.

Assim, resulta que não estando embora os agentes económicos em geral directamente sujeitos às regras estabelecidas para os servidores do Estado, pois que isso não resulta do respectivo regime substantivo, a atribuição destes abonos acaba por se encontrar dependente das referidas regras, por força de um preceito que lhes é estranho e externo, a referida al. d) do n.° 3 do artigo 2.° do CIRS, que os obriga "*à observância dos pressupostos da sua atribuição para os servidores do Estado*". Esta é a primeira das perplexidades.

2. Princípios axiológicos: o princípio da sociedade aberta do direito fiscal

O pressuposto de que tem de se partir é o da liberdade e da justiça, no quadro de uma sociedade aberta. É o que significa Estado de Direito, assente na liberdade/ justiça, e desenvolvendo-se no Estado-dos-cidadãos, para vincar a livre participação destes no Estado, na sua constituição e funcionamento. Por outras palavras: o Estado legislador e o Estado administrador vêm depois do indivíduo e da sociedade, devendo estes respeitar os seus valores e a sua liberdade e iniciativa. Em termos de o Direito ser, maioritariamente criado pelas pessoas, através da sua autonomia privada, que é criadora de Direito.

Estes valores encontram assento na Constituição da República, no artigo 2.°, ao definir o Estado português como um Estado de Direito, no artigo 82.°, ao garantir a propriedade privada, com tudo o que esta implica de livre disposição e de iniciativa e no artigo 86.° ao dispor que o Estado incentiva a actividade empresarial e que só pode intervir na gestão das empresas privadas a título transitório, nos casos expressamente previstos na lei e, em regra, mediante prévia decisão judicial. Artigos que encontram a sua cúpula no art. 80.°, c), da CRP ao fixar o princípio da liberdade de iniciativa e de organização empresarial.

Será sempre nesta base axiológico-jurídica que têm de ser lidas – numa leitura de acordo com a Constituição da Republica – as outras normas de legislação ordinária, nomeadamente as que versem sobre custos ou a determinação da matéria colectável das empresas e, nomeadamente, a assunção de obrigações por estas.

Uma tal restrição de ordem quantitativa, como a que resulta da fixação de um limite máximo diário, pode fazer sentido e encontrar apoio nos fins próprios da tributação e nas preocupações de carácter reditício por parte dos órgãos públicos (art. 103.° n.° 1, 1.ª parte, da CRP), em vista ao financiamento do Estado e das suas políticas públicas. Assim como se pode fundar na ideia geral de se limitarem abusos por parte dos contribuintes, com tendência para o seu pagamento, mesmo que não haja deslocação do colaborador, mercê do facto de não haver tributação até certo montante. Mas sempre se dirá que esse desiderato deve tomar em conta os postulados anteriores em que se funda o modelo político-social, respeitando-os quando se consagram as soluções na lei ordinária.

A alínea d) do n.° 3 do artigo 2.° do CIRS prevê que, qualquer que seja o valor atribuído e qualquer que seja a categoria do empregado, a importância que ultrapassar o limite anualmente fixado para os servidores do Estado será considerada rendimento do trabalho. Esse limite somente poderá ser ultrapassado, passando a tomar-se como referência no cálculo do excesso das ajudas de custo abonadas, os valores atribuídos a membros do Governo, se as funções exercidas e/ou o nível das respectivas remunerações não forem comparáveis ou reportáveis à das categorias ou remunerações dos funcionários públicos (Ofício-Circulado n.° 34 931, do SAIR, de 30.8.2005). E para além disso condiciona por via indirecta a tributação em sede do IRC, em virtude de neste imposto se limitar a aceitação destes custos, excepto na parte em que haja lugar a tributação em sede de IRS.

Esta imposição de cumprimento por parte dos agentes económicos privados não apenas dos limites quantitativos mas também dos demais pressupostos da atribuição de ajudas de custo aos servidores do Estado, parecendo embora adequada, pela solução de equilíbrio para que parece apontar, traduz afinal um ponto de vista com o qual não concordamos inteiramente. Desde logo porque se afigura como uma solução mais próxima da sociedade fechada, a organizada pelo legislador, ao ordenar os fins sociais dos direitos, nos quadros de um organicismo acentuadamente político-legalista, em oposição à sociedade aberta.[4]

As sociedades contemporâneas abertas fundam-se nas concepções de liberdade e autonomia da pessoa humana, incompatíveis com o organicismo social próprio do Estado estrutura ou Estado-razão. E que o Estado fiscal assenta numa sociedade aberta, à qual se sobrepõe, respeitando os resultados do seu funcionamento e os direitos da personalidade.[5]

O Estado fiscal contemporâneo e, por maioria de razão, o Estado--fiscal, assentam em sociedades abertas, em que a liberdade contratual e a propriedade privada, mais do que meros fundamentos e veículos da actividade económica, decorrem da própria natureza da pessoa humana como ente auto-criador que se vai construindo – e ao meio envolvente – através de um projecto de vida criado (e recriado constantemente) por si mesmo.[6] Há que excluir qualquer obrigação do cidadão-contribuinte de se "colocar no lugar que o legislador lhe assinalou," de se comportar como o legislador previu (e desejou), celebrando os actos jurídicos que aquele espera. Não há qualquer direito ou expectativa jurídica do Estado à produção de certa riqueza pelo almejado contribuinte, ou à celebração por este de negócios que originem uma certa realidade tributável.

3. Perplexidades do regime de atribuição de ajudas de custo vigente

Ora, sendo embora verdade que as necessidades de alojamento, transporte e alimentação dos funcionários não são, no essencial, diferen-

---

[4] Sobre a distinção, vd. FRIEDRICH HAYECK, *Droit, législation et liberté, II, Le mirage de la justice sociale*, PUF, Paris, 2ª ed., 1986, págs. 175 e segs.; POPPER (K.), La société ouverte et ses ennemis, I, L'ascendant de Platon, Seuil, Paris. 1979, esp. págs. 9 e segs.

[5] Sobre abuso de direito e direitos da personalidade, cfr., entre outros, N. ANDREAE e D. CARREAU, *Droits de l'homme et repression des abus de droit*, Dr. Fisc., 1997,11, págs. 396 e segs.; BACONNIER, in AZZOUZ (Z.), *L'abus du droit dans les pays de la CEE*, Petites Affiches, 1991. Em geral, ver DIOGO LEITE DE CAMPOS, *O estatuto jurídico da pessoa (direitos da personalidade) e os impostos*, Ordem dos Advogados, Lisboa, 65, I, 2005, págs. 31 e segs.

[6] Vd. CAMPOS (DIOGO LEITE DE), Nós, Estudos de Direito das pessoas, Coimbra, Almedina, 2005.

tes das dos demais trabalhadores deslocados, não deixa de ser também razoável aceitar que, por outro lado, o sector económico privado possua razões que mal se acolham nos estritos cânones dos critérios estabelecidos pelo Estado para os seus funcionários e agentes. Isto é, as necessidades de deslocação / representação dos colaboradores das pessoas colectivas em geral podem ser bem distintas e por variados motivos das do sector público.

De resto, a demonstração dessas diferenças é visível também no seio das deslocações em serviço dos funcionários ou agentes públicos, uma vez que, desde logo por razões de categoria ou do índice remuneratório do deslocado, o montante da ajuda de custo a atribuir é variável. Mas também se sabe que o próprio Estado, por razões imagem, de protocolo ou da sua própria representação, permite que o valor a abonar possa variar.

Por outro lado, o regime substantivo estabelece um limite temporal máximo de 90 dias de abono de ajudas de custo, cuja extensão ao sector privado nos parece ser de criticar, uma vez que as razões ou necessidades pelas quais a sua atribuição se verifique podem muito bem estender-se para além disso. Há nisto uma intromissão na liberdade gestionária das empresas que nos parece não ser de aceitar tanto mais que, uma vez mais, o interesse público se poderia acautelar pela via dos critérios vigentes sobre elegibilidade de custos, em sede de IRC. Como é que o Estado resolve o problema com os funcionários que se encontram permanentemente deslocados, tal como sucede com os da carreira diplomática?

Há, no entanto, dois tipos de matérias a considerar: as primeiras versam sobre o limite quantitativo diário e, tratando-se de deslocações que envolvam apenas partes de dias inteiros, a forma de calcular o montante da ajuda devida. São limites que assentam no entendimento geral de que o quantitativo fixo abonado é suficiente para fazer face aos maiores encargos gerados pela deslocação, cobrindo-os com razoabilidade e que as necessidades dos colaboradores privados ou dos agentes públicos não é, em condições normais, substantivamente diversa.

Mas isso não é necessariamente líquido e remete-nos para outra questão pertinente: pode com razoabilidade concluir-se que o pagamento de um valor diário de € 60,98 (em 2008) nas deslocações no território nacional é suficiente para fazer face aos encargos com alojamento e alimentação do colaborador? Dificilmente. A verdade é que, perante a exiguidade do valor, a administração fiscal não parece estar muito atenta à forma como os agentes económicos vêm ultrapassando este problema: qual seja a de suportar directamente os custos com hotel e efectuar o pagamento da ajuda por inteiro ao colaborador, como se tal pagamento não se houvesse verificado. Fica-se em termos finais, com os interesses reditícios do Estado totalmente defraudados.

O segundo tipo de matérias nada tem que ver com limites quantitativos, mas com aspectos de ordem qualitativa, incluindo o relativo ao período máximo em que o abono se pode verificar. O regime substantivo, que não foi pensado para abranger os agentes económicos privados, é a eles alargado através da lei fiscal, estabelecendo-se com carácter obrigatório geral, limitações que são aplicáveis quer aos funcionários públicos quer às deslocações no sector privado.

Ora, quanto a nós, se compreendemos e aceitamos que seja necessária a delimitação de um quadro geral onde se estabeleçam os princípios disciplinadores de uma realidade relevante – a deslocação de trabalhadores e dos maiores encargos que dela decorrem – e se criem critérios objectivos para determinar, por exemplo, as situações em que o funcionário do Estado se considera deslocado e as modalidade admitidas dessa deslocação, já me parece criticável que o Estado (fiscal) venha a impor limites de ambas as ordens – quantitativa e qualitativa – que podem muito bem colidir com os interesses, a política comercial, os hábitos ou as necessidades das empresas, no geral ou no particular.

E isto porque, sendo embora de saudar a existência de um regime jurídico disciplinador ou ordenador da realidade, já nos parece criticável que o Estado imponha os seus próprios critérios aos agentes económicos em geral. Tanto mais que, assim como o Estado reconhece que a deslocação de um membro do Governo para participar num Conselho de Ministros Europeu (por exemplo, o ECOFIN, a que se deslocam todos os ministros das finanças dos 27 e. m's), se não compadece quanto aos custos com os critérios gerais de pagamento ou da ajuda de custo no seu montante integral, ou de 70% desse montante, com pagamento dos encargos com hotel de 3 estrelas, assim também nos parece que casos existem em que se não podem sujeitar os membros dos órgãos estatutários ou colaboradores das empresas aos mesmos limites gerais, quando, por idênticos motivos, seja necessário incorrer em custos que estejam para além dos limites legais. E isto porque na sua deslocação, o membro do governo, tendo embora direito a ajuda de custo no montante especificado por lei, cumprindo como os demais os ditames legais do abono, é alojado em estabelecimento hoteleiro superior a três estrelas.

Facilmente se compreende que a posição deste agente público, ele mesmo parte integrante de um órgão de soberania, associada à particular relevância do motivo da deslocação, determine o seu posicionamento num patamar de dignidade que é também, afinal, a do próprio Estado que representa. O que justifica que o alojamento em hotel de categoria muito superior seja suportado pelo Estado, sem que isso represente rendimento que seja tributado, para o membro do Governo deslocado.

Assim como os critérios gerais se revelam inadequados em certas circunstâncias de envolvimento da esfera do poder público, assim também se deve razoavelmente entender que, para além do princípio geral, que em si mesmo já é de criticar, casos há em que a sujeição das verbas ou despesas de deslocação no sector privado aos pressupostos da sua atribuição aos servidores do Estado no sector público, se revela inadequada às necessidades das empresas. Assim será nos casos em que tais pressupostos estejam em desacordo com as necessidades da deslocação, a natureza ou a essencialidade dos contactos a estabelecer, visando negócios futuros.

De resto, o princípio geral da sujeição aos pressupostos vigentes para os servidores do Estado, para além do estabelecimento do próprio limite quantitativo da ajuda de custo, parece-nos criticável por representar uma excessiva intrusão do Estado em opções de gestão corrente das empresas, cujo controlo cabe primacialmente aos seus órgãos próprios e aos accionistas, nos termos previstos na lei comercial.

O regime, tal como se encontra configurado, estabelece um postulado geral que reflecte a atitude ou o pensamento dominante de que o Estado fiscal pode interferir livremente nas opções económicas das empresas, que nos parece criticável. Ou de que os sistemas tributários podem ser intrusivos, mesmo quando, a bom rigor, existam mecanismos alternativos pelos quais isso podia ser evitado.

A lei tributária possui razões que fazem dela um ramo autónomo do direito financeiro, cujo estabelecimento hoje se não discute. Compreende-se também que o Estado estabeleça limites de ordem quantitativa, como critério geral, em virtude da conjugação da ampla noção de rendimento constituída, com a necessidade de se estabelecerem os casos em que, no rigor, não haja um acréscimo de rendimento, mas apenas uma compensação por maiores encargos, já que as ajudas de custo se destinam a isso mesmo. Mas deveria poder demonstrar-se que o abono de quantitativo superior ao limite legal não configuraria rendimento em situações devidamente fundamentadas.

A visão da lei é pois redutora da realidade e, mais do que isso, revela uma postura do Estado que olha para o imposto como instrumento de sua própria estrutura, não é de aceitar. Sujeitar os agentes económicos aos critérios gerais estabelecidos segundo uma lógica de poder público só faz sentido se existirem razões de interesse e ordem pública ponderosos, como é o caso da necessidade de estabelecer limites excluídos da tributação, para casos tipo. Mais do que isso é confinar os agentes privados limitando as suas opções de gestão interna, a liberdade de iniciativa e de gestão dos capitais investidos e os direitos e deveres dos accionistas e dos órgãos sociais.

Mais do que regular cabalmente certo regime, está subjacente na norma a ideia de que o Estado pode condicionar, sempre que o entenda, as opções dos agentes económicos, limitando o alcance dos seus actos ou retirando-lhes conteúdo, o que não é verdade. Se é manifesto que os tributos constituem manifestações de poder público relevantes, alavancadas numa dada ideia de coisa pública financiada por todos, que ao Estado cabe prosseguir, e que o exercício do poder e tributar envolve certa medida de intromissão na esfera alheia, é igualmente certo que se deve discutir se essa intromissão se justifica, desde logo em duas situações distintas:

- quando reflecte opções, decisões ou comportamentos que devem ser deixados na esfera de liberdade, quando elas mesmas, por si, não descaracterizem a ordem de valores ou a ideia de interesse público;
- quando a lei fiscal possua mecanismos pelos quais pode limitar a consideração desses encargos, *v. g.* pela via dos custos.

Se assim não fosse, os mesmos fundamentos gerais de interesse público poderiam então levar a supor que o Estado estaria legitimado para opinar criticamente certa opção de investimento, certa contratação, o lançamento de certo produto ou até certa reorientação estratégica, o que é o caso. E porque não o é? Porque não se descobre aí a necessidade de tutela de um interesse público juridicamente relevante que justifique a introdução de limites à livre iniciativa dos particulares. Ora, como se sabe, não deixa de ser verdade que o controlo público dos actos praticados pelos agentes económicos se verifica, no direito tributário, por ocasião do controlo de custos, da sua indispensabilidade, razoabilidade e comprovação, no âmbito do disposto no artigo 23.° do CIRC, ou para as pessoas singulares, das regras próprias que nesta matéria lhes são aplicáveis.

Se o Estado pode aí, muito correctamente, considerar certo custo relevante ou não e, por isso, fazer apelo a tais critérios, sem que se intrometa nas opções de pura gestão, isso evidencia a desnecessidade da solução abrangente, constante na al. d) do n.° 3 do artigo 2.° do CIRS, em análise. Pois que a tanto não se opõe o mecanismo de controlo dos custos emergente do artigo 23.° do CIRC, o qual, fazendo expressa referência à sua indispensabilidade e comprovação, admite suficiente liberdade na sua contracção e controlo.

O que o agente económico terá de demonstrar, se for o caso, é a indispensabilidade dos encargos comprovados com deslocações e estadas para os negócios. Uma vez evidenciada esta, não se admite que se produzam juízos de ordem subjectiva quanto ao número das pessoas deslocadas, ao alojamento escolhido ou ao número de dias de deslocação. Tal consubstancia uma intolerável intromissão do Estado nos actos de gestão das empresas, muito para além do que, em princípio, o requer a prossecução do interesse público.

Neste sentido tem alinhado a jurisprudência, como é o caso do Acórdão do TCA Sul, de 17/07/07, Proc. 01107/06[7] onde, a propósito do artigo 23.° n.° 1 do CIRC, fazendo apelo ao estudo de Tomás de Castro Tavares[8] e confrontando as três interpretações possíveis ali enunciadas em termos da interpretação da regra constante do art. 23.° do CIRC, esta-

---

[7] Vejam-se tambós os Acórdãos do TCA Sul, de 11-6-2002, Proc. n.° 3100/02. Ac. TCA Norte, 01/1/2007, Proc. 70/01; o Acórdão do TCA Sul, de 27/04/06, proc. 6461/02 e os Acórdãos do TCA, de 27/01/04, n.° 6646/02 e de 03/02/04, n.° 215/03, entre muitos outros.

[8] Tomás de Castro Tavares, *Da Relação de Dependência Parcial entre a Contabilidade e o Direito Fiscal na Determinação do Rendimento Tributável das Pessoas Colectivas: Algumas Reflexões ao Nível dos Custos*, in CTF, n.° 396, págs. 7 a 177.

beleceu o entendimento de que "*da noção legal de custo fornecida pelo art. 23.° do CIRC não resulta que a AT possa pôr em causa o princípio da liberdade da gestão, sindicando a bondade e oportunidade das decisões económicas da gestão da empresa e considerando que apenas podem ser assumidos fiscalmente aqueles de que decorram, directamente, proveitos para a empresa ou que se revelem convenientes para a empresa. A indispensabilidade a que se refere o art. 23.° do CIRC como condição para que um custo seja dedutível não se refere à necessidade (a despesa como uma condição sine qua non dos proveitos), nem sequer à conveniência (a despesa como conveniente para a organização empresarial), sob pena de intolerável intromissão da AT na autonomia e na liberdade de gestão do contribuinte, mas exige, tão-só, uma relação de causalidade económica, no sentido de que basta que o custo seja realizado no interesse da empresa, em ordem, directa ou indirectamente, à obtenção de lucros.*

Neste sentido, comenta o douto Acórdão, vai também o entendimento de António Moura Portugal[9] quando sustenta que "*A solução acolhida entre nós (pelo menos na doutrina, na esteira dos entendimentos propugnados pela doutrina italiana, tem sido a de interpretar a indispensabilidade em função do objecto societário», que esta exigência da indispensabilidade dos custos para a realização dos proveitos ou manutenção da fonte produtora se encontrava «inicialmente associada a uma condição de "razoabilidade" (artigo 26.° do CCI) e que se é certo «que a "razoabilidade" está presente em algumas disposições do CIRC, de forma expressa (23.°), deixou de ser tolerável a sua utilização como fundamento para limitar quantitativamente os encargos incorridos pelos sujeitos passivos. O problema é que o Fisco tem vindo a utilizar a indispensabilidade para precludir que determinados gastos, por si valorados como excessivos ou inapropriados, possam ser acolhidos pelo balanço fiscal. Talvez por isso se note na doutrina uma propensão para uma interpretação ampla do termo, recusando qualquer leitura do mesmo que pressuponha ou contemporize com juízos subjectivos do controlador público sobre a bondade da gestão empreendida (...).*

A indispensabilidade deve assim ser aferida a partir de um juízo positivo da subsunção na actividade societária, o qual, por natureza, não

---

[9] António Moura Portugal, *A Dedutibilidade dos Custos na Jurisprudência Fiscal Portuguesa, Coimbra Editora*, 2004, págs. 113 e segs..

deve ser sindicado pelo Direito Fiscal, que se não deve imiscuir, muito menos valorar as decisões empresariais do contribuinte. Só esta concepção está de acordo com os princípios de liberdade de gestão empresarial e, ao mesmo tempo, respeita interesses específicos do direito fiscal (que estão na base da limitação expressa que é feita à dedutibilidade de certos encargos.

(...) A regra é que as despesas correctamente contabilizadas sejam custos fiscais; o critério da indispensabilidade foi criado pelo legislador, não para permitir à Administração intrometer-se na gestão da empresa, ditando como deve ela aplicar os seus meios, mas para impedir a consideração fiscal de gastos que, ainda que contabilizados como custos, não se inscrevem no âmbito da actividade da empresa, foram incorridos não para a sua prossecução mas para outros interesses alheios".

Menos assertiva é a jurisprudência sobre ajudas de custo. Esta vem expressando de forma abundante o entendimento de que recai sobre a administração o ónus da prova do excesso de ajudas de custo, sua desnecessidade, ou de que as verbas atribuídas não se destinavam a cobrir o acréscimo de despesas suportadas em resultado de certa deslocação (Acórdãos do STA de 23.4.2008, processo n.° 01077/2002 e n.° 00145/04, de 24.2.2005, do TCA Norte). O que equivale a dizer que a regra geral de sujeição dos agentes privados às regras dos servidores públicos pouco adianta e nem exime a administração fiscal de fazer tal demonstração. Mas não vai mais fundo, não tendo que se saiba questionado a razoabilidade de um regime fiscal em sede de que se poderia articular melhor com as regras próprias do IRC em matéria de custos e com o princípio da tributação do rendimento real e efectivo.

Esta questão reporta-nos a uma outra: se o trabalhador ou membro do órgão social, por imposição da entidade patronal ou contingências da oferta hoteleira no local, se alojar em estabelecimento superior a três estrelas, pode afirmar-se que ele obtém um benefício ou vantagem económica sujeita a tributação? É que o diploma que alterou a al. d) do n.° 3 do artigo 2.° do CIRS foi o mesmo – Lei n.° 3-B/2000, de 27.12, que veio precisar o conceito de vantagem acessória, facto que é de aplaudir[10]. A resposta só poderá ser negativa e no entanto atribui-se-lhe uma com-

[10] Para ulteriores considerações veja-se MANUEL FAUSTINO, *IRS – De Reforma em Reforma*, Áreas Editora, Lisboa, 2003, que se tem destacado nos estudos em torno da

pensação superior à legalmente imposta. A submissão dos particulares ao regime dos servidores públicos revela-se aqui uma vez mais insuficiente.

Em tese mais geral, se é verdade que os tributos constituem manifestações do poder público relevantes, alavancadas numa dada ideia de coisa pública que ao Estado cabe prosseguir, financiada por todos, e que o exercício de poder de tributar envolve em certa medida, como se disse já, o poder de destruir, isso não significa que o contribuinte deva suportar uma intromissão sistemática da regra ou do critério público na sua vida pessoal. Em bom rigor, o princípio estruturante é o inverso. E isso resulta de vários factores:

- em primeiro lugar os impostos não são uma instituição permanente, no sentido de que, nos termos e com os fundamentos que ainda hoje decorrem da dogmática do legado liberal, eles carecem de autorização anual;
- em segundo lugar, os impostos devem ser, tanto quanto possível neutros, interferindo na esfera pessoal dos cidadãos na medida em que isso se revele estritamente necessário à prossecução do interesse público;
- depois, sem esgotar, a acção pública deve considerar-se habilitada a interferir na esfera dos particulares apenas quando a sua acção efectiva a tutela de um valor primordial e ele não seja possível de prosseguir ou a sua prossecução se revele extremamente onerosa, de outro modo. A liberdade de iniciativa económica deve compreender o poder de escolha, nos termos dos artigos 61.° e 80.° e segs. da CRP.

Resulta assim do que antecede que o problema é, afinal, mais vasto, não se reconduzindo ao mero tema das ajudas de custo, para se situar num patamar que é também mais elevado: qual seja o de que os sistemas fiscais alcançaram um excessivo grau de intromissão na esfera de vida pessoal dos cidadãos e agentes, onde deveria pontificar a liberdade individual. Os sistemas ficais contemporâneos padecem de inúmeros proble-

tributação das pessoas singulares e, em tese mais geral, *IRS – Teoria e Prática*, Edifisco, Lisboa, 1993.

mas de fundo, de que não cabe aqui tratar, de entre os quais sobressai a sua excessiva complexidade[11].

Em parte isso deve-se a duas realidades estruturantes: de um lado, o princípio da tributação do rendimento real e efectivo e as complexidades que a sua materialização determina e, de outro, uma ideia geral de que se pode ou deve prosseguir amplas políticas agregadas em torno da difundida ideia de justiça social através do sistema fiscal, que o deixa à muito mercê das iniciativas políticas do momento. Ao passo que a segunda se manifesta mais no âmbito da tributação dos rendimentos das pessoas singulares, a primeira é apanágio da tributação do rendimento das pessoas colectivas. Só que a busca da tributação segundo manifestações de capacidade contributiva concretamente revelada não deve legitimar o Estado, como critério geral, a soluções normativas que condicionem habitualmente as opções estratégicas dos agentes económicos. Posto até que, no caso, um juízo de adequabilidade entre custos e proveitos, nos termos já previstos, pode determinar a possível ocorrência de excessos no pagamento de ajudas de custo.

Senão, pergunta-se: porque é que o Estado não estabelece critérios gerais sujeitando a uma lógica estritamente financeira as opções de investimento das empresas, a contratação de recursos humanos, a opção por certa produção em detrimento de outra, ao investimento em certo mercado e não noutro? Não será porque tais se revelariam intoleráveis intromissões na esfera privada?

4. Conclusão

A tributação do rendimento real e efectivo constitui, sem dúvida, um paradigma mais elevado, porque mais justo, na medida em que o imposto varia em função da capacidade concreta revelada, assim se satisfazendo a ideia estruturante já desenhada por Ferreira Borges nos seus

[11] Veja-se João Ricardo Catarino, *Redistribuição Tributária – Justiça Social e Responsabilidade Individual*, Almedina, Coimbra, 2008, em especial os capítulos VIII e IX, onde se abordam alguns do problemas mais relevantes dos sistemas tributários contemporâneos e ainda, *O Estado do Estado – o financiamento da actividade pública*, RAPP – Revista de Administração e Políticas Públicas, Lisboa, 2003.

Princípios de Syntelelogia[12], em 1831, do imposto como *contribuição dos súbditos de uma nação, em proporção dos seus haveres, imposta por seus legítimos representantes, com o fim da habilitar o governo a fazer as despesas necessárias para conseguir a observância da lei e a segurança e prosperidade nacional.* (sublinhado nosso)

A concretização desta ideia, já de si complicada, nada tem de simples. Ela trouxe uma enorme complexidade aos sistemas fiscais, por carecer, para a sua concretização, da adopção de um conjunto de mecanismos que tornam mais complexa a dogmática tributária. Há, todavia, em tudo isto, uma certa inevitabilidade, pois que a consecução desta ideia carece de consideração de factores de ordem tanto fiscal como extra fiscal.

Ainda assim, dela não resulta, por si só, a habilitação como princípio geral da legitimidade do Estado, para sancionar opções de ordem económica, comercial e de gestão. Essas, conquanto sejam justificadas à luz da sua coerência intrínseca ou das opções de investimento tomadas, e não tenham por fim principal ou essencial o evitamento das leis de imposto, não devem ser sujeitas a limites estabelecidos de acordo com uma certa racionalidade da acção pública, das relações entre o Estado empregador e seus agentes.

Termos em que a modificação operada na norma nos parece merecer, em tese geral, um juízo de censura, carecendo de ser revista.

---

[12] José Ferreira Borges, *Princípios de Syntelelogia, Comprehendendo em Geral a Theoria do Tributo e em Particular Observações sobre as Despesas de Portugal, em Grande Parte Aplicáveis ao Brazil,* Bingham, Londres, 1831.

COMENTÁRIOS DE JURISPRUDÊNCIA

RESPONSABILIDADE SUBSIDIÁRIA DOS GESTORES POR COIMAS APLICADAS A PESSOAS COLECTIVAS

Germano Marques da Silva

1. No processo n.° 649/08, da 3ª Secção do Tribunal Constitucional foi proferido acórdão sobre a constitucionalidade das alíneas a) e b) do art. 8.° do Regime Geral das Infracções Tributárias cujo teor decisório, no que ora importa, é o seguinte: «*1. não se julgar inconstitucionais as normas das alíneas a) e b) do n.° 1 do artigo 8.° do Regime Geral das Infracções Tributárias, aprovado pela Lei n.° 15/2001, de 5 de Junho, na parte em que se refere à responsabilidade civil subsidiária dos administradores e gerentes por coimas aplicadas a pessoas colectivas em processo de contra-ordenação*».A decisão considera que a responsabilidade prevista por aquelas normas do RGIT «*é uma forma de responsabilidade civil subsidiária dos administradores e gerentes, que resulta do facto culposo que lhes é imputável de terem gerado uma situação de insuficiência patrimonial da empresa, que tenha sido causadora do não pagamento da multa ou da coima que era devida, ou de não terem procedido a esse pagamento quando a sociedade ou pessoa colectiva foi notificada para esse efeito ainda durante o período de exercício do seu cargo*».

O Ac. recorrido tinha decidido pela inconstitucionalidade, considerando que aquelas normas do RGIT consagram a «*transmissão de uma responsabilidade contra-ordenacional que era originariamente imputável à sociedade ou pessoa colectiva*» donde que seria violado o princípio da intransmissibilidade das penas, consagrado no n.° 3 do art. 30 da Constituição. Não vamos debruçar-nos sobre a aplicabilidade do n.° 3 do art. 30.° da CRP ao domínio das contra-ordenações por nessa parte concordarmos com a argumentação expendida no acórdão do STA objecto de recurso para o TC e decidido pelo acórdão que agora comentamos, tanto que a mesma questão suscitada no acórdão recorrido vale também em matéria de penas criminais e não apenas de coimas, já que o art. 8.° do RGIT não é aplicável apenas às coimas, mas também às multas que são as sanções principais aplicáveis às sociedades e pessoas colectivas pela prática de crimes tributários.

2. Temos por acertada a decisão do Tribunal Constitucional por também considerarmos (cf o nosso *Responsabilidade Penal das Sociedades e dos seus Administradores e Representantes*, Verbo, Lisboa, 2009, p. 438) que as alíneas *a*) e *b*) do art. 8.° do RGIT consagram casos de responsabilidade civil dos administradores decorrentes do exercício da respectiva função e causadoras de dano à Administração Tributária. Trata-se de responsabilidade aquiliana, decorrente do mau exercício da administração das sociedades e geradora de prejuízo para a Administração Tributária. Por isso que os factos geradores desse prejuízo não sejam a prática da infracção (contra-ordenação ou crime), mas o não cumprimento culposo de obrigações legais impostas aos administradores para tutela da Administração Tributária, quais sejam *o terem culposamente gerado uma situação de insuficiência patrimonial da empresa, que tenha sido causadora do não pagamento da multa ou da coima que era devida, ou de não terem procedido a esse pagamento quando a sociedade ou pessoa colectiva foi notificada para esse efeito ainda durante o período de exercício do seu cargo*. Trata-se, pois, de responsabilidade civil decorrente do exercício da função de administrador que não cumpre os deveres do cargo impostos por lei para tutela do credor tributário.

Como a nosso ver bem se refere no acórdão do TC em análise não se trata de cumprir a obrigação de multa ou coima aplicada à sociedade, mas de indemnizar o Estado pelos danos que o administrador lhe causou por não ter cumprido com as suas obrigações funcionais e em razão disso tornar impossível o cumprimento da obrigação por parte da sociedade. Sucede é que o dano indemnizável causado com o facto ilícito do administrador corresponde ao valor que a sociedade não pagou, por culpa do administrador.

Não colhe, na nossa opinião, o argumento segundo o qual «quem faz o pagamento de uma sanção pecuniária é que a está a cumprir, pelo que esta responsabilização se reconduz a uma transmissão do dever de cumprimento da sanção do responsável pela infracção para outras pessoas» (Jorge Lopes de Sousa e Manuel Simas Santos, *Regime Geral das Infracções Tributárias Anotado,* 2ª ed., 2003, p.94). É argumento que se afasta da realidade substancial, pois o que o administrador paga não é a sanção pecuniária (coima), é o valor do prejuízo causado ao credor tributário em razão do seu comportamento culposo enquanto administrador da sociedade, dano patrimonial que corresponde precisamente ao valor que deixou de ser pago pela sociedade por causa do facto ilícito e culposo do administrador. Deve considerar-se que qualquer terceiro que viole uma obrigação ou, de alguma forma colabore com o devedor em tal violação, é responsável pelos prejuízos causados, desde que se verifiquem os requisitos da imputação delitual (António Menezes Cordeiro, *Direito das Obrigações*, 2.° vol., Lisboa, 1986, p.411)

3. Questão diversa e que não foi considerada nem pelo Tribunal Constitucional nem pelo Supremo Tribunal Administrativo no Acórdão recorrido respeita à competência da administração tributária e consequentemente dos tribunais administrativos e fiscais para decidirem sobre a responsabilidade civil dos administradores decorrentes dos seus actos de administração ilícitos e geradores de danos. Pode esta responsabilidade civil, que implica um juízo de culpa sobre actos de gestão da sociedade, ser decidida administrativamente? Não será essa matéria da competência dos tribunais comuns com competência civil? Observe-se que a mesma questão não se coloca relativamente à responsabilidade pelo não pagamento das multas penais, também abrangida pelos mesmos preceitos, em razão da competência dos tribunais comuns para o julgamento dos crimes e responsabilidade civil conexa.

A questão parece-nos ter sido indirectamente colocada no ac. recorrido do STA, mas noutra perspectiva, ao referir que os direitos de audiência e defesa não estão assegurados ao revertido. Não nos parece que esses direitos se fundem no art. 32.°, n.°s 1,5 e 10, da CRP, pois entendemos não se tratar de responsabilidade contra-ordenacional, mas de mera responsabilidade civil. De qualquer modo o "revertido" há-de necessariamente poder defender-se, não da sua responsabilidade pela contra-ordenação, mas elidindo os pressupostos da responsabilidade civil que lhe é imputada.

Tratando-se de responsabilidade civil pelo pagamento de multas, também nos termos do mesmo art. 8.° do RGIT, dispõe expressamente o art. 49.° do mesmo diploma que «intervêm no processo e gozam dos direitos de defesa dos arguidos compatíveis com a defesa dos seus interesses». Não temos no âmbito das contra-ordenações norma equivalente à do art. 49.°. Cremos estar perante uma lacuna que importa suprir.

4. Cremos que a integração da lacuna se há-de fazer por intervenção do responsável civil pelo pagamento da indemnização correspondente às coimas não pagas no processo de execução fiscal, abrindo-se para tanto o incidente de reversão. A reversão é precedida de audição do responsável subsidiário e da declaração fundamentada dos seus pressupostos e extensão (arts 23.° e 24.° da LGT), cabendo oposição, nos termos da al. *b*) do n.° 1 do art. 204.°, n.° 1, al. *b*) do CPPT.

Com efeito, as coimas fixadas em processo de contra-ordenação tributária são executadas em processo de execução fiscal (art. 148.° do CPPT). A "reversão" é matéria de incidente na execução, regulado nos termos do art. 151.°. E, parece-nos, competir aos tribunais tributários conhecer de *todas as questões relativas à legitimidade dos responsáveis subsidiários, levantadas nos processos de execução fiscal [al. d) do n.° 1 do art. 49.° do ETAF]*.

Justifica-se a clarificação da lei, aplicando ao processo de contra-ordenação norma análoga à do art. 49.° do RGIT, mas entretanto cabe aos tribunais garantir que a defesa dos revertidos possa ser efectiva e não apenas formal.

CASO COMISSÃO – PAÍSES BAIXOS: RETENÇÕES NA FONTE DE DIVIDENDOS E NÃO-DISCRIMINAÇÃO DE ESTADOS DO ESPAÇO ECONÓMICO EUROPEU

Ana Paula Dourado

«Incumprimento de Estado – Acordo sobre o Espaço Económico Europeu – Artigo 40.º – Livre circulação de capitais – Discriminação de tratamento dos dividendos pagos por sociedades neerlandesas – Retenção na fonte – Isenção – Sociedades beneficiárias estabelecidas nos Estados-Membros da Comunidade – Sociedades beneficiárias estabelecidas na Islândia e na Noruega»

No processo C-521/07,

que tem por objecto uma acção por incumprimento nos termos do artigo 226.° CE, entrada em 23 de Novembro de 2007,

Comissão das Comunidades Europeias, representada por P. van Nuffel e R. Lyal, na qualidade de agentes, com domicílio escolhido no Luxemburgo,

demandante,

contra

Reino dos Países Baixos, representado por C. M. Wissels e D. J. M. de Grave, na qualidade de agentes,

demandado,

O TRIBUNAL DE JUSTIÇA (Segunda Secção),

composto por: C. W. A. Timmermans, presidente de secção, J.-C. Bonichot (relator), K. Schiemann, L. Bay Larsen e C. Toader, juízes,

advogado-geral: D. Ruiz-Jarabo Colomer,

secretário: R. Grass,

vistos os autos,

vista a decisão tomada, ouvido o advogado-geral, de julgar a causa sem apresentação de conclusões,

profere o presente

ACÓRDÃO

1. Na petição inicial, a Comissão das Comunidades Europeias pede ao Tribunal de Justiça que declare que, não tendo isentado os dividendos pagos às sociedades estabelecidas na Islândia ou na Noruega de retenção na fonte do imposto sobre os dividendos nas mesmas condições dos dividendos pagos às sociedades neerlandesas, o Reino dos Países Baixos não cumpriu as obrigações que lhe incumbem por força do artigo 40.º do Acordo sobre o Espaço Económico Europeu, de 2 de Maio de 1992 (JO 1994, L 1, p. 3, a seguir «acordo EEE»).

Pelos fundamentos expostos, o Tribunal de Justiça (Segunda Secção) decide:

1) **Não tendo isentado os dividendos pagos por sociedades neerlandesas às sociedades estabelecidas na Islândia ou na Noruega de retenção na fonte do imposto sobre os dividendos nas mesmas condições dos dividendos pagos às sociedades neerlandesas ou às sociedades estabelecidas noutros Estados-Membros da Comunidade Europeia, o Reino dos Países Baixos não cumpriu as obrigações que lhe incumbem por força do artigo 40.º do Acordo sobre o Espaço Económico Europeu, de 2 de Maio de 1992.**
2) **O Reino dos Países Baixos é condenado nas despesas.**

Comentário

O caso Comissão/ Países Baixos disse respeito a uma situação de discriminação quanto à tributação na fonte de dividendos pagos por residentes nos Países Baixos a residentes na Noruega e na Islândia (dois Estados Membros do Espaço Económico Europeu).

Nos termos do artigo 4.º da lei relativa ao imposto sobre os dividendos dos Países Baixos (Wet DB):

> «1. Poderá não haver retenção do imposto sobre os rendimentos de partes sociais, de títulos obrigacionais de fruição e de empréstimos, referidos no artigo 10.º, n.º 1, alínea d), da [Wet Vpb], se:
> a. a isenção das participações, referida no artigo 13.º da [Wet Vpb], ou a compensação das participações, referida no artigo 13.ºaa da referida lei, for aplicável aos benefícios que advenham para o titular dos rendimentos destas partes sociais, títulos obrigacionais de fruição e empréstimos e se a participação pertencer ao património da empresa que o titular explora nos Países Baixos.

Este regime é alargado aos titulares dos rendimentos naconais e residentes noutro Estado Membro da CE. Todavia, enquanto os dividendos pagos internamente (por residentes nos Países Baixos a accionistas residentes no mesmo Estado) ou a residentes de outros Estados Membros da Comunidade Europeia (daqui em diante, CE) ficam isentos de retenção na fonte, os dividendos pagos a residentes em Estados Membros do Espaço Económico Europeu e em (outros) Países terceiros eram sujeitos a uma retenção de 5% na fonte.

Tendo em conta que o Acordo do Espaço Económico Europeu (daqui em iante, EEE) dispõe sobre as liberdades fundamentais (nomeadamente, a livre circulação de factores de produção) nos mesmos termos que o Tratado da CE, a Comissão Europeia através de um procedimento de infracção questionou o Tribunal de Justiça sobre o incumprimento da livre circulação de capitais por parte dos Países Baixos, em relação à Noruega e à Islândia (art. 40.º do Acordo EEE).

Assim, nos termos do artigo 40.º do Acordo EEE, "no âmbito do disposto no presente Acordo são proibidas quaisquer restrições entre as Partes Contratantes aos movimentos de capitais pertencentes a pessoas residentes nos Estados-Membros (das Comunidades Europeias) ou nos Estados da [Associação Europeia de Comércio Livre (EFTA)], e quaisquer discriminações de tratamento em razão da nacionalidade ou da residência das partes, ou do lugar do investimento. As disposições necessárias à aplicação do presente artigo constam do Anexo XII." O Anexo XII, com o título «Livre circulação dos capitais», faz referência à Directiva 88/361/CEE do Conselho, de 24 de Junho de 1988 para a liberalização dos movimentos de capitais, e apesar de ter caducado, a definição de movimentos de capitais dela constante continua a ser aplicada pelo Tribunal de Justiça das Comunidade Europeias (e pelo Tribunal EFTA) às disposições em vigor sobre livre circulação de capitais. Segundo o artigo 1.º, n.º 1, da referida directiva, "os Estados-Membros suprimirão as restrições aos movimentos de capitais efectuados entre pessoas residentes nos Estados-Membros, sem prejuízo das disposições seguintes...". E nos termos do artigo 4.º da mesma directiva, "as disposições da presente directiva não prejudicam o direito dos Estados-Membros de tomarem as medidas indispensáveis para impedir infracções às suas leis e regulamentos, nomeadamente em matéria fiscal (...). A aplicação de tais medidas e processos não poderá ter como efeito impedir os movimentos de capitais efectuados nos termos das disposições do direito comunitário.

Nenhuma referência é feita ao Liechtenstein, o terceiro Estado Membro do Espaço Económico Europeu. Isto é, a Comissão Europeia não questiona se o regime dos Países Baixos é discriminatório em relação aos Estados Membros do Espaço Económico Europeu (daqui em diante, EEE), mas em relação a dois Estados em concreto – repetimos, a Noruega e a Islândia – que são Membros do EEE.

A ausência da referência ao Liechtenstein nunca é justificada, mas podemos intuir que se deve ao facto de o Liechtenstein não proceder a troca de informações (nem ao abrigo das suas convenções de dupla tributação nem de qualquer outro instrumento).

No acórdão em análise suscitou-se a questão da não discriminação quanto à retenção de imposto na fonte sobre dividendos à saída.

Os testes comparativos neste caso dizem respeito ao tratamento dado pelos Países Baixos a residentes nesse país ou noutro Estado Membro da CE e a residentes em países terceiros.

Embora a Comissão Europeia tenha levantado também a questão do tratamento dado pelos Países Baixos aos dividendos pagos internamente e aos dividendos pagos a accionistas noutros Estados Membros da CE, esta comparação acabou por não ser relevante, uma vez que à data em que foi proferido o acórdão, já não existia um tratamento discriminatório em relação aos Estados Membros da CE, pois os Pasíses Baixos alteraram entretanto o seu regime.

Assim, o teste relevante é o da comparação entre o tratamento dado no espaço da CE por um lado e a dois Estados do EEE, por outro lado. O Tribunal de Justiça considerou que o regime fiscal dos Países Baixos era discriminatório e violava a livre circulação de capitais, aplicando a doutrina do caso Denkavit[1], segundo a qual, não pode haver tratamento interno discriminatório dos dividendos pagos a Estados Membros da CE em relação ao regime aplicado internamente, aos referidos dois Estados do EEE.

Resultava pois da jurisprudência do Tribunal de Justiça que as medidas destinadas a evitar a dupla tributação devem ser alargadas a todas as sociedades estrangeiras que possam beneficiar das disposições em matéria de livre circulação de capitais.

Mas a questão mais relevante neste caso dizia respeito à aplicação das justificações às restrições, em especial, ao facto de não ser aplicada aos Estados Membros do EEE, a Directiva Comunitária sobre troca de informações (77/799/CEE). E na verdade, os Países Baixos invocaram como justificação para o regime discriminatório, o risco de abuso.

O Tribunal de Justiça tem reconhecido a aplicação da livre circulação de capitais a terceiros países, como resulta do próprio Tratado da CE (art. 56.º n.º 1), nos mesmos termos em que ele é aplicável aos Estados Membros da CE, mas tem sido mais tolerante na aplicação de justificações às medidas restritivas, nomeadamente, quando não existe troca de informações entre o Estado Membro e o Estado terceiro (por exemplo, caso A.[2]).

Restava saber qual a posição do Tribunal de Justiça quando estivesse em causa o Acordo EEE.

---

[1] Acórdão de 14 de Dezembro de 2006, Denkavit Internationaal e Denkavit France, C-170/05, Colect., p. I-11949, n.º 37.

[2] de 18.12.2007, C-101/05.

Na verdade, do caso A. citado atrás não ficou claro se a existência de troca de informações ao abrigo de uma convenção bilateral de dupla tributação é equiparada à Directiva 77/799/CEE, se é necessário existir também um regime de auxílio à cobrança, se os Estados EEE têm uma situação privilegiada em relação a outros países terceiros, se é relevante a aplicação em concreto das cláusulas que permitem a troca de informações e o auxílio à cobrança ou se basta a sua previsão, se basta invocar o risco de abuso ou se é preciso provar o abuso em concreto.

Uma fiscalização efectiva por parte das administrações fiscais pode ocorrer de modo idêntico ao da Directiva 77/799/CEE, ou até, na prática, mais eficaz, ao abrigo de uma convenção bilateral de dupla tributação, pelo que a não aplicação da Directiva não pode ser considerada justificação suficiente para um regime discriminatório ou restritivo.

Mas o caso Comissão/Países Baixos não foi totalmente esclarecedor a este respeito. Na verdade, o Tribunal concluiu que a não aplicação da Directiva77/799/CEE não era justificação suficiente para o regime discriminatório de retenção na fonte de imposto em relação a rendimentos de residentes na Noruega e na Islândia. No entanto, utilizou esse argumento como mera confirmação da desproporcionalidade do regime discriminatório e pareceu admitir que em si mesma, a ausência da Directiva 77/799/CEE podia constituir uma justificação relevante. Assim, o regime discriminatório não se aplicava se existisse uma participação significativa no capital da sociedade que procede à distribuição, e o Tribunal considerou que não se percebia como relacionar esta exigência com a não aplicação da Directiva de troca de informações:

> «46 ….Uma vez que essa directiva não se aplica à República da Islândia e ao Reino da Noruega, o Reino dos Países Baixos sustenta que nenhuma regra vinculativa lhe permite obter as informações com vista a verificar se as condições fixadas no artigo 4.º, n.º 2, da Wet DB estão preenchidas.
>
> 47 Importa, no entanto, observar que embora essa diferença no regime jurídico das obrigações dos Estados em causa no domínio fiscal face à dos Estados-Membros possa justificar o facto de o Reino dos Países Baixos subordinar o beneficio da isenção de retenção na fonte do imposto sobre os dividendos para as sociedades islandesas e norueguesas à prova de que estas preenchem efectivamente as condições

previstas na legislação neerlandesa, essa mesma diferença não permite justificar que essa legislação subordine o benefício dessa isenção à detenção de uma participação significativa no capital da sociedade que procede à distribuição.»

Para além de não ter ficado claro até que ponto a não aplicação da Directiva da trocade informações pode justificar medidas fiscais discriminatórias ou restritivas quando não estão em causa Estados Membros da CE, não se pode retirar deste acórdão uma proibição das retenções na fonte ao abrigo das liberdades fundamentais. Ainda assim, é certo que as retenções na fonte de dividendos ou de outros rendimentos causadoras de dupla tributação económica, tal como foram concebidas pelos Estados Membros da CE, são normalmente discriminatórias, e por conseguinte, têm sido consideradas incompatíveis com as liberdades fundamentais. Já quanto à retenção na fonte de juros, como resulta da anotação ao caso Truck Center no número anterior desta Revista[3], a posição do Tribunal não foi a mesma.

[3] José Almeida Fernandes, comentário ao caso Truck Center, RFPDF, n.º 2, 2009.

LIMITES AO ENDIVIDAMENTO MUNICIPAL

Nuno Cunha Rodrigues

Limite de endividamento municipal – oposição de julgados – artigos 36.º; 37.º; 38.º e 39.º da Lei das Finanças Locais

No Acórdão do Tribunal de Contas n.º 1/09, de 25 de Maio (Plenário Geral) – Recurso extraordinário n.º 1/2009 foi fixada a seguinte jurisprudência:

1 – A contracção pelos Municípios de empréstimos a médio e longo prazo para aplicação em investimentos pressupõe a demonstração de que os mesmos têm capacidade de endividamento para o efeito, como resulta do disposto no n.º 6 do artigo 38.º da Lei n.º 2/2007, de 15 de Janeiro, rectificada pela Declaração de Rectificação n.º 14/2007, publicada no D.R. de 15 de Fevereiro de 2007, e alterada pelas Leis n.ºs 22-A/2007, de 29 de Junho, e 67-A/2007, de 31 de Dezembro;

2 – A referida capacidade de endividamento é calculada com base nos critérios estabelecidos nos artigos 36.º, 37.º, n.º 1, e 39.º, n.º 2, da mesma Lei, com referência à data da contracção dos empréstimos.

3 – A falta de demonstração dessa capacidade de endividamento constitui fundamento de recusa de visto aos contratos, nos termos da alínea b) do n.º 3 do artigo 44.º da Lei n.º 98/97, de 26 de Agosto, com as alterações introduzidas pelas Leis n.ºs 87-B/98, de 31 de Dezembro, 1/2001, de 4 de Janeiro, 55-B/2004, de 30 de Dezembro, 48/2006, de 29 de Agosto, e 35/2007, de 13 de Agosto.

O acórdão foi proferido em recurso extraordinário para fixação de jurisprudência interposto pelo Ministério Público do Acórdão n.º 19/08-16.Dez.-1.ª S/PL. O fundamento foi que esta última decisão consagrou solução jurídica oposta à que foi perfilhada no Acórdão n.º 17/08-9.Dez-1.ª S/PL.

Alegou, em síntese, o recorrente que, pelo Acórdão n.º 19/08-16.Dez.-1.ªS/PL, o Tribunal recusou o visto aos contratos de empréstimo, com fundamento em que o Município se encontrava, à data da celebração dos contratos, numa situação de excesso de endividamento líquido, enquanto que pelo Acórdão n.º 17/08-9.Dez-1.ªS/PL o Tribunal havia concedido o visto a situações idênticas, considerando que, nessa data, existia uma mera probabilidade de haver excesso de endividamento líquido. O Tribunal só poderia decidir com base em certeza jurídica sobre a da verificação do excesso, impossível de prever no momento em causa.

Entendeu o Ministério Público que se verificou oposição de julgados, ao terem sido adoptadas, nos arestos referidos, soluções jurídicas contraditórias sobre a mesma questão fundamental de direito: a de saber qual o momento relevante para aferição do eventual excesso de endividamento líquido, previsto no n.º 1 do artigo 37.º da Lei das Finanças Locais.

Estava em causa a determinação do momento temporal em que deve ser feita a aferição do cumprimento do limite do endividamento líquido municipal, para efeitos do disposto nos artigos 37.º, n.º 1 e 39.º, n.º 2 da Lei das Finanças Locais.

Vejamos estes dois artigos:

ARTIGO 37.º
Limite do endividamento líquido municipal

1 – O montante do endividamento líquido total de cada município, em 31 de Dezembro de cada ano, não pode exceder 125% do montante das receitas provenientes dos impostos municipais, das participações do município no FEF, da participação no IRS, da derrama e da participação nos resultados das entidades do sector empresarial local, relativas ao ano anterior. (sublinhado nosso)

ARTIGO 39.º
Limite geral dos empréstimos dos municípios

2 – O montante da dívida de cada município referente a empréstimos a médio e longo prazos não pode exceder, em 31 de Dezembro de cada ano, a soma do montante das receitas provenientes dos impostos municipais, das participações do município no FEF, da participação no IRS referida na alínea c) do n.º 1 do artigo 19.o, da participação nos resultados das entidades do sector empresarial local e da derrama, relativas ao ano anterior. (sublinhado nosso)

A questão que se coloca era portanto, a de saber a que ano se reporta a lei quando estabelece que o limite de endividamento líquido municipal é determinado em 31 de Dezembro de cada ano.

O Tribunal de Contas coloca, neste aresto, duas teses em confronto, suscitando a hipótese de a lei se referir a 31 de Dezembro do ano em curso ou do ano anterior.

Analisemos as teses suscitadas pelo Tribunal de Contras, adiantando que esta alta jurisdição adoptou uma tese intermédia.

A primeira tese - que considera a referência a 31 de Dezembro do ano em curso para determinação dos limites de endividamento dos municípios – é rejeitada pelo Tribunal de Contas, por considerar que, neste cenário prospectivo, a verificação do cumprimento dos limites de endividamento líquido de um município não pode ser efectuada em sede de fiscalização prévia.

A tese é rejeitada pelo Tribunal com fundamento que tem o dever de fiscalizar o cumprimento dos limites de endividamento municipal – nomeadamente através do instituto da fiscalização prévia – o que não ocorreria caso se sufragasse esta tese.

Uma segunda hipótese sustenta que a Lei das Finanças Locais se refere a 31 de Dezembro do ano anterior como a data que permite determinar o cumprimento dos limites de endividamento municipal.

Esta hipótese, sufragada igualmente pelo voto de vencido que acompanha este acórdão, parte da interpretação dos n.ºs 1 e 2 do artigo 39.º da Lei de Finanças Locais.

O artigo 39.º, n.º 1 da Lei das Finanças Locais refere-se a *qualquer momento do ano* para determinação do limite de endividamento a curto prazo. De forma diversa, o artigo 39.º, n.º 2 determina que o apuramento há-de ser efectuado tomando em consideração que 31 de Dezembro de cada ano refere-se ao ano anterior, dado que ocorre nesse momento o encerramento do ano económico que permite apurar o limite de endividamento.

O Tribunal de Contas não acompanha este entendimento valendo-se do raciocínio de que, a ser assim, estaria descoberta uma sanção implícita para a violação dos limites de endividamento – que a lei não prevê expressamente – porquanto a evolução no ano em curso do endividamento municipal, podendo ser favorável à contracção de novos empréstimos, seria desprezável, pois o limite estaria sempre condicionado pela situação financeira apurada a 31 de Dezembro do ano anterior.

Rejeitando ambas as teses, o Tribunal de Contas adopta uma teoria intermédia, a de que "*deve considerar-se que um Município tem capacidade de endividamento para contrair um empréstimo quando demonstre que o nível do seu endividamento, à data da contracção desse empréstimo, respeita os respectivos limites legais*" pelo que "*a demonstração da capacidade de endividamento resulta do disposto no artigo 38.º, n.º 6 da Lei das Finanças Locais, com base nos critérios estabelecidos nos artigos 36.º, 37.º, n.º 1 e 39.º, n.º 2.*"

Para o Tribunal de Contas, a teoria intermédia conforta-se na circunstância de existirem outros momentos temporais relevantes previstos na lei para determinar níveis de endividamento municipal que não se reportam a 31 de Dezembro de cada na ano.

Vejamos:

i) A Lei de Finanças Locais exige, no artigo 50.º, n.º 3, que sejam efectuados reportes trimestrais ao Governo;
ii) De acordo com o artigo 39.º, n.º 6 da Lei das Finanças Locais, o Ministro das Finanças deve considerar a situação **existente** para autorizar excepções aos limites de endividamento;
iii) Face ao disposto no artigo 40.º, n.º 1 da Lei das Finanças Locais, os empréstimos para saneamento financeiro não podem aumentar o endividamento líquido do município;

Neste contexto, entende o Tribunal de Contas que "*nos termos da lei, a aferição dos limites legais de endividamento deve ser feita não apenas a 31 de Dezembro de cada ano, mas também em vários outros momentos e, em especial, no momento da autorização de cada concreto contrato de empréstimo de médio e longo prazo.*"

No entanto, esta conclusão do Tribunal de Contas ignora o texto da lei quando se refere a "*31 de Dezembro de cada ano*".

A rejeição baseia-se no facto de esta solução ser, para o Tribunal de Contas, "*compatível com a operacionalização do disposto no n.º 2 do artigo 44.º da LOPTC, que manda verificar, em sede de fiscalização prévia, a observância dos limites de endividamento.*"

Argumenta ainda o Tribunal de Contas que "*a solução preconizada tem correspondência com o estabelecido no n.º 6 do artigo 38.º da Lei das Finanças Locais, quando este faz depender a contracção dos empréstimos da existência de capacidade de endividamento do Município, oferecendo-lhe a devida concretização.*

Está também de acordo com a jurisprudência da 1.ª Secção deste Tribunal, na parte em que tem entendido que deve atender-se ao regime e aos factos vigentes à data da contratação dos empréstimos.

Permite, ainda, que a decisão do Tribunal de Contas, em sede de fiscalização prévia, assente numa certeza jurídica e não num juízo de probabilidade.

Trata-se de uma solução que garante o efectivo controlo do endividamento municipal, em realização da finalidade prosseguida pela lei, dando, ainda assim, relevância à evolução verificada nos níveis de endividamento ao longo do ano. Desta forma compatibiliza a necessidade de controlo com a indispensável flexibilidade da gestão financeira.

E, por último, é uma solução que favorece a coerência das várias intervenções possíveis do Tribunal de Contas nesta matéria, permitindo que fiscalização prévia, fiscalização concomitante e sucessiva e responsabilização financeira convirjam no sentido de assegurar uma efectiva observância dos limites de endividamento."

Compreendendo os motivos aduzidos pelo Tribunal de Contas e rejeitando uma mera interpretação exegética do texto legal, julgamos que o Tribunal de Contas não pode esquecer o disposto nos artigos 37.º, n.º 1 e 39.º, n.º 2 da Lei de Finanças Locais – o momento temporal para determinação do limite de endividamento é o dia 31 de Dezembro do ano imediatamente anterior ao ano em curso.

Nenhum dos argumentos aduzidos pelo Tribunal de Contas legitima, em nosso entender, o afastamento das disposições que estabelecem que o apuramento do limite de endividamento líquido municipal e do endividamento a médio e longo prazo seja efectuado a 31 de Dezembro do ano imediatamente anterior – independentemente da bondade da solução legislativa alcançada ou da discussão em torno do ano a que se refere a lei.

Acompanha-se, como se depreende, o voto de vencido, quando afirma que a evolução positiva da situação financeira do município pode viabilizar a contracção de novos empréstimos no contexto de uma interpretação prospectiva da lei.[1]

[1] Cfr. voto de vencido do Conselheiro Santos Soares, p. 32 do acórdão.

SÍNTESE DOS PRINCIPAIS ACÓRDÃOS DO TRIBUNAL DE JUSTIÇA DAS COMUNIDADES EM MATÉRIA FISCAL PROFERIDOS DESDE JUNHO DE 2009

1. IMPOSTO SOBRE O VALOR ACRESCENTANDO

1.1 Acórdão do TJCE (Primeira Secção), 3 de Setembro de 2009, Caso RCI Europe

Sexta Directiva IVA – Conexão fiscal – Prestações de serviços conexas com um bem imóvel – Prestações que consistem em facilitar a permuta aos titulares de direitos de utilização de um bem imóvel para férias

O artigo 9.°, n.° 2, alínea a), da Sexta Directiva, deve ser interpretado no sentido de que o lugar das prestações de serviços efectuadas por uma associação cuja actividade consiste em organizar a permuta entre os seus membros dos respectivos direitos de utilização periódica de alojamentos de férias em contrapartida das quais esta associação recebe dos seus membros taxas de inscrição, subscrições anuais e taxas de permuta, é o lugar onde está situado o imóvel relativamente ao qual o membro em causa é titular do direito de utilização periódica.

1.2 Acórdão do TJCE (Oitava Secção), 16 de Julho de 2009, Caso Comissão/Itália, Processo C-244/08,

Incumprimento de Estado – Sexta Directiva – Artigo 17.º – Oitava Directiva 79/1072/CEE – Artigo 1.º – Décima Terceira Directiva 86/560/CEE – Artigo 1.º – Reembolso ou dedução do IVA – Sujeito passivo estabelecido num outro Estado membro ou num país terceiro, mas que possuam um estabelecimento estável nesse Estado membro

A República italiana faltou, em matéria de reembolso do IVA a um sujeito passivo a um sujeito passivo residente num outro Estado membro ou num país terceiro, mas que possua um estabelecimento estável no Estado membro em causa, às obrigações que lhe incumbem em virtude do artigo 1.º da Oitava Directiva 79/1072/CEE do Conselho, e do artigo 1.º da Décima Terceira Directiva 86/560/CEE do Conselho, ao obrigar um sujeito passivo estabelecido num outro Estado membro ou num país terceiro, mas que possua um estabelecimento estável em Itália e que, no período em causa, efectuou transmissões de bens ou prestações de serviços em Itália, a pedir o reembolso do imposto de acordo com os procedimentos previstos nas referidas Directivas.

1.3 Acórdão do TJCE (Terceira Secção), 16 de Julho de 2009, Caso Comissão/Irlanda, Processo C-554/07

Incumprimento de Estado – Imposto sobre o Valor Acrescentado – Directiva 2006/112/CE – Artigos 2.º, 9.º e 13 – Actividade económica exercida pelo Estado, as autoridades locais e outros organismos de direito público – Isenção

Ao não prever na respectiva legislação interna: (i) uma regra geral de acordo com a qual as actividades económicas exercidas por organismos de direito público exercidas fora dos seus poderes de autoridade são sujeitas a IVA, (ii) uma regra geral em conformidade com a qual tais entidades são sujeitas a imposto sobre o valor acrescentado ainda que agindo ao abrigo dos seus poderes de autoridade, desde que a respectiva não sujeição seja susceptível de provocar distorções de concorrência significativas, nem nenhum, critério que permita ao Ministro das Finanças apreciar tal facto, e (iii) uma regra geral de acordo com a qual são sujeitos a IVA os organismos de direito público que exerçam as actividades económicas previstas no Anexo I da Directiva 2006/112/CE, na medida em que estas não sejam negligenciáveis,

A Irlanda faltou ao cumprimento das obrigações que lhe incumbem em virtude dos artigos 2.º, 9.º. e 13.º desta Directiva.

1.4 Acórdão do TJCE (Sétima Secção) de 2 de Julho de 2009, Caso EGN, Processo C-377/08

Sexta Directiva IVA – Artigo 17.°, n.° 3, alínea a) – Dedução e reembolso do IVA pago a montante – Prestações de serviços de telecomunicações – Fornecimento de serviços a um destinatário estabelecido noutro Estado-Membro – Artigo 9.°, n.° 2, alínea e) – Determinação do lugar da prestação

O artigo 17.°, n.° 3, alínea a), da Sexta Directiva deve ser interpretado no sentido de que um prestador de serviços de telecomunicações, como o que está em causa no processo principal, estabelecido num Estado-Membro pode, por força dessa disposição, deduzir ou obter, nesse Estado-Membro, o reembolso do imposto sobre o valor acrescentado pago a montante para efeitos da prestação de serviços de telecomunicações a uma empresa estabelecida noutro Estado-Membro, desde que esse prestador beneficiasse desse direito se os serviços em causa tivessem sido fornecidos no primeiro Estado-Membro.

1.5 Acórdão do TJCE (Terceira Secção) de 18 de Junho de 2009, Caso Stadeco, Processo C-566/07

Sexta Directiva IVA – Artigo 21.°, n.° 1, alínea c) – Imposto devido exclusivamente por estar mencionado na factura – Rectificação do imposto indevidamente facturado – Enriquecimento sem causa

O artigo 21.°, n.° 1, alínea c), da Sexta Directiva deve ser interpretado no sentido de que o imposto sobre o valor acrescentado é devido, por força desta disposição, ao Estado-Membro ao qual corresponde o imposto sobre o valor acrescentado mencionado na factura ou em qualquer outro documento que a substitua, ainda que a operação em causa não seja tributável nesse Estado-Membro. Incumbe ao órgão jurisdicional de reenvio verificar, tendo em conta todas as circunstâncias pertinentes, qual o Estado-Membro cujo imposto sobre o valor acrescentado corresponde ao imposto sobre o valor acrescentado mencionado na factura em causa. Podem ser pertinentes a este respeito, designadamente, a taxa indicada, a divisa do montante facturado, a língua de redacção, o conteúdo e o contexto da factura em causa, o lugar em que estão estabelecidos o emitente desta factura e o beneficiário dos serviços prestados, bem como o comportamento de ambos.

O princípio da neutralidade fiscal não se opõe, à partida, a que um Estado-Membro sujeite a rectificação do imposto sobre o valor acrescentado, devido nesse Estado-Membro, pelo mero facto de estar mencionado por erro na factura enviada, à condição de que o sujeito passivo entregue ao beneficiário dos serviços prestados uma factura corrigida, em que não seja incluído o referido imposto, se este sujeito passivo não eliminou por completo, em tempo útil, o risco de perda de receitas fiscais.

1.6 Acórdão do TJCE (Segunda Secção) de 11 de Junho de 2009, Caso RLRE Tellmer Property, Processo C-572/07

Reenvio prejudicial – IVA – Isenção da locação de imóveis – Limpeza dos espaços comuns conexos à locação – Prestações acessórias

Para efeitos da aplicação do artigo 13.°, B, alínea b), da Sexta Directiva, a locação de um imóvel e o serviço de limpeza das partes comuns desse imóvel devem, em circunstâncias como as do processo principal, ser consideradas operações autónomas, dissociáveis uma da outra, não integrando o referido serviço o âmbito dessa disposição.

1.7 Acórdão do TJCE (Terceira Secção) de 4 de Junho de 2009, Caso Salix, Processo C-102/08

Sexta Directiva IVA – Artigo 4.°, n.° 5, segundo e quarto parágrafos – Faculdade dos Estados-Membros de considerarem como actividades de autoridade pública as actividades dos organismos de direito público isentas por força dos artigos 13.° e 28.° da Sexta Directiva – Modalidades de exercício – Direito a dedução – Distorções de concorrência significativas

Os Estados-Membros devem aprovar uma disposição expressa para poderem exercer a faculdade enunciada no artigo 4.°, n.° 5, quarto parágrafo, da Sexta Directiva, segundo a qual determinadas actividades dos organismos de direito público isentas por força dos artigos 13.° ou 28.° dessa directiva são consideradas actividades de autoridade pública.

O artigo 4.°, n.° 5, segundo parágrafo, da Sexta Directiva 77/388 deve ser interpretado no sentido de que os organismos de direito público devem ser considerados sujeitos passivos relativamente às actividades ou às operações que exercem na qualidade de autoridades públicas não apenas quando a sua não sujeição ao imposto, por força do primeiro ou do quarto parágrafo da referida disposição, conduzir a distorções de concorrência significativas em detrimento dos seus concorrentes privados, mas também quando conduzir a tais distorções em seu próprio prejuízo.

CLOTILDE PALMA

Caso C-544/07 (Rüffler) de 23 de Abril de 2009 – A lei fiscal polaca negava aos seus residentes a dedução dos pagamentos efectuados com planos de seguro de saúde subscritos noutro país que não a Polónia. O Sr. Rüffler auferia rendimentos de fonte estrangeira (no caso, pensão sujeita a tributação na Polónia, segunda a CDT Polónia-Alemanha), sendo-lhe negada a dedução daquelas quantias pagas na Alemanha.

O TJCE considerou a solução legal adoptada pela Polónia discriminatória, por se revelar especialmente penalizadora para os cidadãos europeus que exerçam os seus direitos de livre circulação.

Caso C-406/07 (Comissão v. Grécia) de 23 de Abril de 2009 – O regime grego de tributação das *partnerships* (não assente na transparência fiscal) trata mais favoravelmente aquelas entidades residentes na Grécia (atenuando a dupla tributação económica na relação destas com os *partners*) do que as sucursais de *partnerships* não residentes.

Simultaneamente, o regime de tributação dos dividendos recebidos por pessoas singulares distinguia consoante a residência da sociedades que distribuíam os dividendos se situasse na Grécia (caso em que vigorava o método da isenção) ou fora do território grego (caso em que vigorava o método da imputação).

Ambos os regimes foram considerados contrários ao Direito Comunitário.

Casos C-439/07 (KBC Bank) e C-499/07 (Beleggen, Risicokapitaal, Beheer) de 4 de Junho de 2009 – Os factos são, no essencial, semelhantes ao caso *Cobelfret*, que trata da transposição da Directiva Mães-Filhas e da eliminação da dupla tributação económica dos dividendos recebidos.

O TJCE não se pronuncia sobre a hipótese da distribuição interna de dividendos, mas sugere que, acaso o Tribunal nacional conclua que o legislador belga pretendeu um tratamento uniforme para todos os dividendos recebidos nas condições da Directiva (de fonte nacional e comunitária), a leitura constante da decisão *Cobelfret* lhe será extensível.

Relativamente a dividendos de fonte extra-comunitária, o TJCE sugere ao Tribunal nacional que pode existir violação da liberdade de circulação de capital, cabendo ao Tribunal nacional apurar da efectiva verificação da mesma.

O Tribunal do Luxemburgo sustenta, por fim, que o tratamento fiscal a conceder aos rendimentos recebidos de uma sociedade não residente e de um estabelecimento estável no estrangeiro duma sociedade residente pode ser diferente, por se tratarem de realidades não comparáveis.

Caso C-521/07 (Comissão v. Países Baixos) de 11 de Junho de 2009 – A legislação holandesa prevê um regime de isenção para a tributação dos dividendos distribuídos a sociedades residentes na União Europeia que detenham 5% do capital social da filial residente na Holanda. Para os países do Espaço Económico Europeu, exigia-se uma participação superior, constante das CDTs com a Islândia e Noruega.

O TJCE considerou esta distinção de tratamento contrária ao Direito Comunitário – por restringir a liberdade de circulação de capital – e não justificada quanto à questão da alegada falta de meios de comprovação (pela Administração Fiscal Holandesa) do preenchimento das condições previstas no seu Direito Interno pelas sociedades-mães islandesas e norueguesas (posto que a Directiva sobre Troca de informações não é aplicável àqueles países); o Tribunal julgou não existir uma relação suficientemente intensa entre justificação e discriminação que permitisse ultrapassar a contrariedade ao Direito Comunitário.

Casos C-155/08 (X.) e 157/08 (E.H.A. Passenheim-van Schoot) de 11 de Junho de 2009 – A legislação holandesa previa um prazo de caducidade especial para a liquidação oficiosa do imposto sobre o rendimento no caso da existência de bens situados território estrangeiro de onde proviessem rendimentos, situado nos 12 anos, contra a regra geral de 5 anos.

O TJCE, considerando embora a situação discriminatória e, logo, *prima facie* contrária ao Direito Comunitário, acabou por concluir que a mesma era justificada em face da argumentação aduzida por aquele país: a necessidade de assegurar a eficácia da supervisão fiscal (assim combatendo a evasão fiscal) e de lidar com ordenamentos onde vale a regra do sigilo bancário (que dificulta o acesso à informação).

Caso C-303/07 (Aberdeen) de 18 de Junho de 2009 – Um SICAV luxemburguês que recebeu dividendos de fonte finlandesa pedia um tratamento fiscal idêntico ao concedido às sociedades de responsabilidade limitada e aos fundos mobiliários finlandeses.

O Tribunal de Luxemburgo decidiu que, pese embora a Directiva Mães-Filhas não fosse aplicável no caso (por os SIVCAs não constarem, desde logo, da lista de entidades do Anexo), as entidades que auferem os ditos rendimentos de fonte finlandesa encontram-se numa situação comparável face ao Direito Finlandês, sendo irrelevante o facto de não existir qualquer tributação dos lucros do SICAV ao nível do respectivo Estado da Residência (Luxemburgo). Acrescia ainda que, de um ponto de vista substancial, um SICAV pode ser comparado a qualquer uma daquelas entidades finlandesas (que não eram tributadas enquanto pessoas colectivas), justificando-se, por isso, a obrigação de ocorrer equivalência de tratamento.

Caso C-128/08 (Damseaux) de 16 de Julho de 2009 – A carga fiscal suportada por um residente belga derivada de dividendos de fonte francesa é superior àquela suportada com dividendos de fonte belga, em virtude da diferença de tributação entre os países e do método de eliminação de dupla tributação aplicável de acordo com a Convenção Bélgica-França.

O Tribunal declarou que, na ausência de soluções de harmonização naquele âmbito, os Estados não estão obrigados a eliminar a dupla tributação, ainda que daí derive uma dupla tributação internacional marginal em face das opções sobre as solução convencionais adoptadas (v.g., os métodos de eliminação da dupla tributação).

GUSTAVO LOPES COURINHA

SÍNTESE DE ACÓRDÃOS DO TRIBUNAL CONSTITUCIONAL (3.º TRIMESTRE DE 2009)

ACÓRDÃO N.º 188/2009

Decide não declarar a inconstitucionalidade nem a ilegalidade das normas resultantes do artigo 101.º do Decreto-Lei n.º 187/2007, de 10 de Maio, quando conjugadas com as dos artigos 33.º e 34.º do mesmo diploma, por não violarem dos princípios da protecção da confiança, da proporcionalidade e da igualdade, nem o princípio da contributividade concretizado no artigo 54º da Lei de Bases da Segurança social.

ACÓRDÃO Nº 234/2009

Decide não julgar inconstitucional a norma do artigo 7º-A do Regime Jurídico das Infracções Fiscais Não Aduaneiras, aprovado pelo Decreto-Lei n.º 20-A/90, de 15 de Janeiro, na parte em que se refere à responsabilidade civil subsidiária dos administradores e gerentes pelos montantes correspondentes às coimas aplicadas a pessoas colectivas em processo de contra-ordenação fiscal

ACÓRDÃO N.º 315/2009

Decide não julgar inconstitucionais as normas extraídas dos artigos 3.º, n.º 3 alínea a) e 4.º do Anexo I que consagra o Regime de Taxas da ERC – Entidade Reguladora para a Comunicação Social, aprovado Decreto-Lei n.º 103/2006 de 7 de Junho.

ACÓRDÃO N.º 316/2009

Decide não poderá conhecer do objecto do recurso, pois não existe qualquer suporte no artigo 62º do Código do IRC – nem a decisão recorrida o afirma – para permitir concluir que o regime de neutralidade fiscal nele previsto é diferente (i.e., funcionando ou como regra ou como excepção e apenas verificados certos requisitos) consoante o titular da empresa cindida ou da resultante da cisão seja o Estado ou estejam em causa empresas de que sejam titulares apenas contribuintes particulares. É que, se a Administração Fiscal se encontra vinculada a aplicar o princípio da neutralidade como regime normal de tributação para as operações de cisão/fusão de sociedades, quando o contribuinte não opte pelo regime normal de tributação, o que, segundo a Recorrente, é a norma que decorre implicitamente da decisão recorrida, daí não decorre, por si só, qualquer diferença de regime entre o contribuinte Estado e os demais contribuintes. Isto é, ainda que, no caso concreto, a Recorrente possa sentir-se em situação de desigualdade como contribuinte perante o Estado igualmente contribuinte, não é por causa da norma pretensamente resultante do entendimento sufragado pela decisão recorrida que tal conclusão se obtém. Efectivamente, dela não resulta, nem a decisão recorrida dela retirou, que o referido princípio da neutralidade fiscal se aplique ou se deixe de aplicar em termos diferentes (como regra ou como excepção verificados certos requisitos) em função de o Estado ser um dos intervenientes no processo de cisão (por força da titularidade das empresas envolvidas na mesma) ou em função de o processo envolver apenas contribuintes particulares. Ou seja: a existir um tal regime de excepção em matéria de aplicação do princípio da neutralidade fiscal quando a empresa cindida e/ou resultante da cisão fosse da titularidade do Estado, ele nunca resultaria do artigo 62º – que nenhum suporte fornece a tal interpretação – mas, quando muito, no caso concreto, da interpretação do preceituado no Decreto-Lei n.º 12/90, de 6 de Janeiro (ou do artigo 62º conjugado com os preceitos deste Decreto-Lei), sendo certo que este não vem questionado pela recorrente. Razão pela qual não pode este Tribunal conhecer do objecto do recurso.

ACÓRDÃO Nº 344/2009

Nega provimento do recurso para apreciação da constitucionalidade *"das normas dos art.ºs 28º a 32º do Regulamento Municipal para Liquidação e Cobrança de Taxas pelo Licenciamento de Obras Particulares e Ocupação da Via Pública por Motivo de Obras, Loteamento,*

Licenças de Utilização de Edifícios, Propriedade Horizontal, Licenciamento Sanitário, Taxa Municipal de Urbanização e Regime de Compensação publicado no Diário da República, II Série, n.º 69, apêndice n.º 34, de 23/03/1999, com a interpretação com que foram aplicados no douto acórdão recorrido de que a compensação em disputa tem a natureza de taxa e não de imposto e, portanto, de tributo bilateral e sinalagmático e não de tributo unilateral", porque tratando-se de uma taxa não se verifica a sujeição a reserva de lei parlamentar do artigo 165º, nº 1, al. *i)*, da CRP, pelo que sempre poderia ser aprovada por regulamento municipal.

ACÓRDÃO Nº 384/2009

Decide não julgar inconstitucional a norma extraída do artigo 109º da Lei n.º 17/2000, de 08 de Agosto (Aprova as bases gerais do sistema de solidariedade e de segurança social).

Nota: Todos os Acórdãos encontram-se disponíveis em: http://www.tribunalconstitucional.pt

GUILHERME W. D'OLIVEIRA MARTINS / MIGUEL BASTOS

SÍNTESE DE JURISPRUDÊNCIA DO SUPREMO TRIBUNAL ADMINISTRATIVO, MAIO-SETEMBRO 2009

IMPOSTO/FIGURAS AFINS

Acórdão do STA (2.ª) de 03-06-2009, Processo n.º 0207/09

A qualificação como taxa do tributo liquidado por um município pela utilização individualizada do subsolo com tubos e condutas de gás

Deve qualificar-se como taxa, dada a sua natureza sinalagmática, o tributo liquidado por um município pela utilização individualizada do subsolo municipal com tubos e condutas de gás. O facto de a recorrente ser concessionária de um serviço público não afasta a qualificação do tributo como taxa, pois, a par da satisfação do interesse público, a sua actividade proporciona-lhe a satisfação dos seus interesses como empresa comercial privada.

Acórdão do STA (2.ª) de 25-06-2009, Processo n.º 0244/09

Competência do Instituto de Estradas de Portugal para a cobrança de taxas

O IEP-Instituto de Estradas de Portugal goza de habilitação legal ou competência para a cobrança por meio de execução fiscal de taxas de licença para a implantação de tabuletas ou objectos de publicidade na denominada zona de protecção à estrada.

Acórdão do STA (2.ª) de 08-07-2009, Processo n.º 0964/08

Ineficácia de regulamento que fixa regras relativas à construção, fiscalização e taxas de operações de loteamento e de obras de urbanização

Um regulamento municipal aprovado em 1994 que não contêm a indicação da lei habilitante é formalmente inconstitucional (art. 115.º, n.º 7, da CRP, na redacção de 1982). Impondo o art. 68.º-B do Decreto-Lei n.º 448/91, de 29 de Novembro, na redacção dada pela Lei n.º 26/96, de 1 de Agosto, que os regulamentos municipais que tenham por objecto a fixação de regras relativas à construção, fiscalização e taxas de operações de loteamento e de obras de urbanização sejam publicados no Diário da República, é ineficaz um regulamento enquadrável nesta disposição que apenas foi publicitado através de edital. A falta de publicidade exigida por lei para um acto de conteúdo genérico do poder local implica a sua ineficácia jurídica, que tem como consequência não poderem com base nele serem impostas obrigações aos particulares (artigo 122.º, n.º 2 da CRP/92, actual artigo 119.º, n.º 2 da CRP).

IMPOSTOS SOBRE O RENDIMENTO

IRS

Acórdão do STA (2.ª) de 27-05-2009, Processo n.º 0403/09

Manifestações de fortuna e avaliação indirecta da matéria tributável

Tem lugar avaliação indirecta da matéria tributável quando o contribuinte evidencie manifestações de fortuna previstas na tabela que consta do n.º 4 do art. 89.º-A da LGT. Quando se prova a existência de uma das manifestações de fortuna dos tipos aí previstos, cabe ao sujeito passivo a prova de que correspondem à realidade os rendimentos declarados e de que a fonte das manifestações de fortuna evidenciadas não é rendimentos sujeitos a declaração em sede de IRS. Demonstrando-se que os rendimentos declarados em sede de IRS acrescidos de empréstimos contraídos pelo sujeito passivo totalizam valor superior ao das manifestações de fortuna, deve entender-se que foi feita a prova exigida pelos n.ºs 3 e 4 do art. 89.º-A da LGT e que, por isso, não pode efectuar-se a avaliação indirecta da matéria tributável nos termos aí indicados.

Acórdão do STA (2.ª) de 17-06-2009, Processo n.º 0246/09

O dever de fundamentação nos actos de liquidação do IRS

A dignidade constitucional do direito à fundamentação (artigo 268.º n.º 3 da Constituição da República) vale de igual modo para os actos tributários e procura acautelar quer a racionalidade da decisão tributária, quer as condições materiais para o adequado exercício dos direitos de defesa por parte dos contribuintes. Nos casos em que a lei não imponha especiais requisitos de fundamentação, o cumprimento do dever de fundamentar por parte da Administração tributária afere-se em face do disposto nos números 1 e 2 do artigo 77.º da LGT e atendendo aos fins visados pelo dever de fundamentação. Nos actos de liquidação de IRS, atenta sua natureza de "processo de massa", o dever de fundamentação é cumprido pela Administração fiscal de forma "padronizada" e "informatizada", mas sem que possa deixar de observar o disposto no n.º 2 do artigo 77.º da LGT ou de pôr em causa as finalidades do direito à fundamentação. Estando o conteúdo do acto tributário em sintonia com o resultado do procedimento administrativo de que aos contribuintes foi sendo dado conhecimento pela via adequada e tendo estes reagido contra o acto de indeferimento de reclamação que está na origem do resultado espelhado na liquidação, não se verifica motivo determinante da anulação do acto tributário por falta de fundamentação.

Acórdão do STA (2.ª) de 08-07-2009, Processo n.º 0382/09

Convenção entre a República Portuguesa e a República Federal da Alemanha para evitar a Dupla Tributação em matéria de Impostos sobre o rendimento e sobre o Capital

A supremacia das normas constantes de convenções internacionais regularmente ratificadas ou aprovadas sobre o direito interno nacional, que resulta do art. 8.º, n.º 2, da CRP, impõe que se dê prioridade ao artigo 4.º, n.º 1 da Convenção entre a República Portuguesa e a República Federal da Alemanha para evitar a Dupla Tributação em matéria de Impostos sobre o rendimento e sobre o Capital (Lei n.º 12/82, de 3 de Junho) na determinação dos residentes em território nacional e em território alemão. Sendo um cidadão português sujeito na Alemanha a imposto sobre o rendimento de trabalho dependente por ter aí a sua residência e sendo esse o seu único rendimento, deve considerar-se residente na Alemanha para efeitos de aplicação da Convenção, independentemente de os outros membros do seu agregado familiar residirem em Portugal. Assim, é afastado em relação àquele cidadão português a aplicação do disposto no art. 16.º, n.º 2, do CIRS, que estabelece que «são sempre havidas como residentes em território português as pessoas que constituem o agregado familiar, desde que naquele resida qualquer das pessoas a quem incumbe a direcção do mesmo».

IRC

Acórdão do STA (2.ª) de 17-06-2009, Processo n.º 0292/09

Taxa regional sobre o IRC aplicável aos sujeitos passivos que tenham sede, direcção efectiva ou estabelecimento estável na Região Autónoma da Madeira

A taxa regional reduzida de 22,5% sobre o IRC é aplicável aos sujeitos passivos que tenham sede, direcção efectiva ou estabelecimento estável na Região Autónoma da Madeira, de harmonia com o disposto nos n.ºs 1 e 2 do artigo 2.º do DLR n.º 2/2001/M, de 20 de Fevereiro (antes da alteração introduzida pelo DLR n.º 3/2007/M, de 9 de Janeiro). O conceito de estabelecimento estável para efeito dessa redução de taxa abrange instalações, onde seja exercida efectiva actividade económica, dos sujeitos passivos residentes ou não no território nacional, sob pena de violação do princípio da igualdade (artigo 13.º da CRP).

Acórdão do STA (2.ª) de 17-06-2009, Processo n.º 0265/09

Dedução na determinação do lucro tributável, nos termos dos n.ºs 1 e 5 do artigo 45.º do Código do IRC

Nos termos dos n.ºs 1 e 5 do artigo 45.º do Código do IRC (redacção do Decreto-Lei n.º 123/92, de 2 de Julho), para efeitos da determinação do lucro tributável de entidades com sede ou direcção efectiva em território português, haverá dedução de uma importância correspondente a 95% dos rendimentos, incluídos na base tributável, correspondentes a lucros distribuídos por entidade residente noutro Estado membro das Comunidades Europeias, na qual o sujeito passivo detenha directamente uma participação no capital não inferior a 25%, se esta participação permanecer na sua titularidade durante dois anos consecutivos, desde que essas entidades preencham os requisitos estabelecidos no artigo 2.º da Directiva n.º 90/435/CEE, de 23 de Julho de 1990. Uma entidade bancária residente em Portugal, detentora, pelo período de Junho de 1995 a 26-5-1998, de participação directa correspondente a 99,21% do capital social de um "Banco" sedeado em Espanha, reúne, em relação ao exercício do ano de 1995, os pressupostos de dedução na determinação do lucro tributável previstos nos n.ºs 1 e 5 do artigo 45.º do Código do IRC supracitado.

IMPOSTOS SOBRE A DESPESA

IVA

Acórdão do STA (2.ª) de 08-07-2009, Processo n.º 0199/09

Direito à dedução do IVA suportado pelo sujeito passivo

O direito à dedução do imposto suportado a montante, constitui característica fundamental do sistema comum do IVA, essencial para garantia da neutralidade do imposto e "peça-chave" do seu funcionamento, pelo que não pode excluir-se tal direito pelo facto de a declaração primariamente entregue ter sido substituída por outra, eventualmente incorrectamente preenchida mas procurando conformar-se com o novo enquadramento da actividade do contribuinte feita pela Administração tributária. Nem a legislação comunitária, nem o Código do IVA prevêem que o contribuinte seja privado do exercício do direito à dedução nesses casos, pelo que necessário se afigura apurar, através da ampliação da matéria de facto a levar a cabo pela primeira instância, se as liquidações adicionais impugnadas desconsideraram ou não, e em caso afirmativo em que medida, o direito à dedução do IVA suportado pelo sujeito passivo.

IMPOSTOS SOBRE O PATRIMÓNIO

IMI

Acórdão do STA (2.ª) de 17-06-2009, Processo n.º 0324/09

Contagem do prazo de três anos (n.º 1 do artigo 16.º do Código do Imposto Municipal da Sisa e do Imposto Sobre as Sucessões e Doações) em caso de alienação em hasta pública de bens imóveis do Estado

O prazo de três anos, previsto no n.º 1 do artigo 16.º do Código do Imposto Municipal da Sisa e do Imposto Sobre as Sucessões e Doações (para revenda), em caso de alienação em hasta pública de bens imóveis do Estado, conta-se da data da praça, nos termos do n.º 3 do artigo 1.º do Decreto-Lei n.º 115/2000 de 4 de Julho.

Acórdão do STA (2.ª) de 01-07-2009, Processo n.º 0239/09

Fundamentação exigível para a aplicação do coeficiente de localização previsto no artigo 42.º do CIMI

Um acto encontra-se suficientemente fundamentado quando dele é possível extrair qual o percurso cognoscitivo e valorativo seguido pelo agente, permitindo ao interessado conhecer, assim, as razões de facto e de direito que determinaram a sua prática. O coeficiente de localização previsto no artigo 42.º do CIMI é um valor aprovado por Portaria do Ministro das Finanças sob proposta da CNAPU na fixação do qual se têm em consideração, nomeadamente, as seguintes características: acessibilidades, proximidade de equipamentos sociais, serviços de transportes públicos e localização em zonas de elevado valor de mercado imobiliário. Neste contexto, a fundamentação exigível para a aplicação do coeficiente de localização apenas se podia circunscrever à identificação geográfica/física dos prédios no concelho e freguesia respectivos, ao estabelecimento do coeficiente de localização aplicável e à invocação do quadro legal que lhe era aplicável.

PROCEDIMENTO E PROCESSO TRIBUTÁRIO

Acórdão do STA (2.ª) de 03-06-2009, Processo n.º 0466/09

Suspensão da Prescrição

O n.º 10 do artigo 11.º do Decreto-Lei n.º 124/96 não impede que uma vez deferido o requerimento de adesão ao regime previsto no diploma sejam instaurados novos processos de execução fiscal relativamente às dívidas por ele abrangidas, apenas determina que tais processos de execução sejam suspensos após instauração. A remissão que no n.º 10 do artigo 14.º do Decreto-Lei n.º 124/96 se encontra para o seu artigo 6.º, não significa que só relativamente às dívidas de maior valor e que comportem maior risco de incumprimento se instaurará processo de execução, mas antes que em relação a essas dívidas pode o processo prosseguir para efeitos de garantia, garantia de que não carecem os que não apresentem tais valores ou riscos, nos termos do n.º 1 do artigo 6.º, daí que sejam logo suspensos após a instauração da execução. O facto de a dívida ser exigível logo que incumprido o dever de pagamento integral e pontual das prestações (artigo 3.º, n.º 2, alínea a) do Decreto-Lei n.º 124/96) não significa que a suspensão da prescrição tenha imediatamente de cessar, pois que, nos termos da lei, não é a mera exigibilidade da dívida que por si só determina o início do prazo de prescrição, como não é a exigibilidade que determina igualmente a interrupção ou suspensão do referido prazo, antes, em obediência ao princípio da legalidade tributária consagrado nos artigos 165.º, n.º 1, alínea i) e 103.º, n.º 2 da Constituição, tais efeitos decorrem dos factos ou causas como tais tipificados na lei. A interpretação do n.º 5 do artigo 5.º do Decreto-Lei n.º 124/96 no sentido de que a suspensão da prescrição apenas cessa com o despacho de exclusão do regime não viola os princípios constitucionais da legalidade, proporcionalidade, boa fé e segurança jurídica, antes é a que melhor se adequa ao espírito do diploma – que consagra medidas excepcionais de recuperação de créditos das quais frequentemente são devedores empresas em situação económica difícil, pelo que dificilmente se compatibilizaria com o rigor da exclusão automática por incumprimento integral e pontual de uma única prestação, antes fazendo sentido distinguir as situações de incumprimento simples das de incumprimento prolongado – e a que representa o justo equilíbrio entre o interesse do devedor (que vê suspensa a execução) e o do credor (que vê suspenso o decurso do prazo de prescrição). Não colhe a argumentação no sentido de que em virtude da interpretação adoptada o prazo de prescrição poderia ficar indefinidamente (no limite, para sempre) suspenso, e na dependência de um acto puramente discricionário da administração fiscal (o despacho de exclusão), que esta praticaria (ou não) quando muito bem entendesse, pois que despacho de exclusão do regime é um acto vinculado, e não discricionário, tendo o contribuinte ao seu dispor o meio processual da intimação para um comportamento que pode usar, se nisso tiver interesse, para compelir a Administração tributária a exclui-lo do regime, verificando-se os pressupostos dessa exclusão e a omissão ilegal da Administração tributária em a determinar.

INFRACÇÕES TRIBUTÁRIAS

CONTRA-ORDENAÇÕES

Acórdão do STA (2.ª) de 27-05-2009, Processo n.º 0271/09

Imputação subjectiva a título de negligência

Ao contrário do que sucede nos crimes, a regra nas contra-ordenações em geral, de que as tributárias não são excepção (artigo 24.º, n.º 1 do RGIT), é a da sua imputabilidade subjectiva a título de negligência, salvo disposição expressa da lei em sentido diverso. Existe disposição legal em sentido diverso, não apenas nos casos em que o tipo de contra-ordenação diz expressamente que apenas a conduta dolosa constitui infracção (vg. o n.º 1 do artigo 113.º e no n.º 1 do artigo 118.º do RGIT), mas também nos casos em que a descrição legal do próprio tipo objectivo de ilícito é incompatível com o cometimento meramente negligente. Se o facto tipificado como contra-ordenação pelo n.º 1 do artigo 108.º em conjugação com a alínea c) do n.º 1 do artigo 92.º do RGIT se traduz na obtenção do despacho aduaneiro de mercadorias ou vantagem fiscal mediante "falsas declarações" ou "qualquer outro meio fraudulento" – pressupondo que as "falsas declarações" tipificadas sejam já um "meio fraudulento" – esta a descrição típica do facto é incompatível com a imputação subjectiva a título de negligência, pelo que o juízo sancionatório da conduta não pode subsistir.

ALEXANDRA PESSANHA e ANA LEAL

SÍNTESE DOS PRINCIPAIS ACÓRDÃOS DO TRIBUNAL DE CONTAS, MAIO-SETEMBRO 2009

1ª SECÇÃO (FISCALIZAÇÃO PRÉVIA)

Acórdão n.º 107/09 – 12.Maio.-1ª S/SS – Processo n.º 1804/08

Contrato de empreitada celebrado entre o Município do Fundão e o Consórcio constituído pelas sociedades Constrope, Construções, S.A. e Gigabeira – Instalações Especiais, Lda.

Empreitada na modalidade concepção/construção. Comissões de acompanhamento. Visto com recomendações

1. Para que se possa lançar uma empreitada na modalidade de concepção/construção, a lei exige que as obras se revistam de *complexidade técnica* ou *especialização* que a justifiquem (cfr. artigo 11.º, n.º 1, do Decreto-Lei n.º 59/99).

2. Sobre esta matéria, dispõe o artigo 43.º, n.º 3, do Decreto-Lei n.º 18/2008, de 29 de Janeiro (Código dos Contratos Públicos), que "*em casos excepcionais devidamente fundamentados, nos quais o adjudicatário deva assumir, nos termos do caderno de encargos, obrigações de resultado relativas à utilização da obra a realizar, ou nos quais a complexidade técnica do processo construtivo da obra a realizar requeira, em razão da tecnicidade própria dos concorrentes, a especial ligação destes à concepção daquela, a entidade adjudicante pode prever, como aspecto da execução do contrato a celebrar, a elaboração do projecto de execução, caso em que o caderno de encargos deve ser integrado apenas por um programa*".

3. Feita a análise do objecto e da tipologia dos trabalhos da empreitada, conclui-se que estes são "do tipo corrente, sem exigências especiais(…)ao alcance de qualquer empresa credenciada para o efeito".

4. Resulta do disposto no artigo 60.º, n.º 1, do Decreto-Lei n.º 59/99, que para cada procedimento se proceda à constituição de duas comissões: uma para proceder à abertura das propostas e avaliar a qualificação dos concorrentes; outra para proceder à análise das propostas. A constituição de tais comissões é também uma decorrência do princípio da imparcialidade.

5. Quanto a esta matéria, o artigo 67.º do Código dos Contratos Públicos mantém a *ratio legis* do referido artigo 60.º.

6. "Não estando em causa a nulidade, "estas circunstâncias mostram-se susceptíveis de alterar o resultado financeiro do procedimento, o que, nos termos da alínea c) do n.º 3 do artigo 44.º da referida Lei n.º 98/97, configuram fundamento para a recusa de visto(...)".

7. O facto de a autarquia ainda não ter sido destinatária de nenhuma recomendação sobre o assunto "militam a favor de que se faça uso da faculdade prevista no n.º 4 do artigo 44.º da citada Lei n.º 98/97".

Acórdão n.º 20/09-02 Jun.-1ª S/PL – Recurso ordinário n.º 28/08-R

Contrato de fornecimento, transporte e montagem celebrado entre a VERSA – Sociedade de Gestão Urbana, E.M., S.A., e a empresa CAPA – Engenharia e Construções Metalomecânicas, S.A.

Organismo de direito público. Nulidade do contrato. Recusa do visto

"1. O preceito contido no artigo 3.º, n.º 1, do Decreto-Lei n.º 197/99 reporta-se ao conceito de *organismo de direito público* utilizado pelas directivas comunitárias de contratação pública, devendo a sua interpretação ser feita à luz desse conceito e da jurisprudência sobre ele proferida pelo Tribunal de Justiça das Comunidades Europeias (TJCE).

2. Assim, incluem-se no âmbito subjectivo de aplicação do Decreto-Lei n.º 197/99, por força do referido preceito, as entidades que, não obstante serem empresas, são qualificáveis como *organismos de direito público*, na acepção comunitária.

3. A qualificação de uma entidade como organismo de direito público, naquela acepção, pressupõe que ela tenha sido criada para satisfazer de um modo específico necessidades de interesse geral, sem carácter industrial ou comercial.

4. Uma empresa municipal, de que o Município é único accionista, criada *"tendo por objectivo a melhoria da gestão urbana no Concelho e a melhoria do nível de vida das populações"*, cujo objecto social integra a preparação e execução de instrumentos de política urbanística e de política de solos, prossegue necessidades de ordem pública, que devem ser consideradas de interesse geral.

5. As necessidades prosseguidas por essa empresa não devem também ser tidas como comerciais ou industriais, uma vez que, em concreto, a sua satisfação não se processa em *condições normais de mercado*.

6. Isto porque, atendendo à especial relação que a empresa mantém com o Município, parte dos bens que produz não é susceptível de qualquer comércio ou oferta a outras entidades que não o Município, está sujeita a obrigações de serviço público e é objecto de compensações financeiras em condições especiais definidas por lei. Para além disso, face ao disposto no artigo 31.º da Lei n.º 53-F/2006, a empresa não suporta os riscos associados à sua actividade.

7. Uma vez que os restantes requisitos também se verificam, a empresa em causa deve ser qualificada como um *organismo de direito público*, sujeita ao regime das directivas e do Decreto-Lei n.º 197/99.

8. O contrato em análise, celebrado pela empresa municipal, não foi precedido de concurso público, nem de publicitação no *Jornal Oficial da União Europeia* (JOUE). Foi, assim, violado o disposto nos artigos 190.º, alínea b), 80.º, n.º 1, 87.º, n.ºs 1 e 2, e 194.º, n.º 1, do Decreto-Lei n.º 197/99, com referência ao limiar fixado no artigo 7.º, alínea b), da Directiva n.º 2004/18/CE, na redacção do Regulamento (CE) n.º 1422/2007, da Comissão, de 4 de Dezembro de 2007, publicado no JOUE de 5 de Dezembro do mesmo ano.

9. Esta ilegalidade é geradora de nulidade do acto de adjudicação e, consequentemente, de nulidade do próprio contrato, e, como tal, fundamento de recusa de visto ao contrato, nos termos do artigo 44.º, n.º 3, alínea a), da Lei n.º 98/97.".

Acórdão n.º 22/09-16 Jun.-1ª S/PL – Recurso ordinário n.º 4/09-R

Contrato de empreitada celebrado entre o Município de Valongo e a Sociedade "Lúcio da Silva Azevedo & Filhos, S.A.". Empreitada na modalidade concepção/construção. Valor a pagar pelas peças concursais. Incumprimento de recomendações. Recusa do visto

"1. Para que se possa lançar uma empreitada na modalidade de concepção/construção, a lei exige que as obras se revistam de *complexidade técnica* ou *especialização* que a justifiquem (cfr. artigo 11.º, n.º 1, do Decreto-Lei n.º 59/99).

2. Para que o pressuposto legal se preencha, torna-se necessário que se ponham em evidência as características do projecto e da obra que representam exigências acrescidas ou invulgares relativamente a uma obra corrente ou comum. Essas características devem colocar-se relativamente à obra, em si mesma, e não à entidade que a promove.

3. As razões de necessidade, urgência e necessidade de captação de fundos comunitários nada relevam para a complexidade ou especialização dos projectos ou da obra.

4. A falta, por parte do dono da obra, de meios humanos ou técnicos capazes de desenvolver os estudos e os projectos necessários também não se reporta às características desses projectos ou da própria obra, mas sim às dificuldades do dono da obra, que não relevam para o preceito legal em causa.

5. A jurisprudência do Tribunal de Contas afirma que a forma pela qual devem ser descritos os requisitos de habilitação técnica dos concorrentes nos documentos que disciplinam os concursos deve reflectir, de forma clara, as possibilidades a que se referem os n.ºs 1 e 2 do artigo 31.º do Decreto-Lei n.º 12/2004, devendo fazer-se constar do programa de concurso a exigência constante do n.º 1 ou as duas hipóteses resultantes dos n.ºs 1 e 2 do mesmo artigo, mas nunca apenas a habilitação referida no n.º 2.

6. De acordo com o disposto no artigo 62.º, n.º 4, do Decreto-Lei n.º 59/99, o valor a pagar pelas peças concursais deve ser fixado com base no custo das respectivas cópias, o qual deve ser demonstrado nos termos do ponto 4.1.3. do POCAL e do artigo 12.º da Lei n.º 46/2007, de 24 de Agosto.

7. No caso, a autarquia demonstrou tão só que o preço foi calculado aplicando as taxas fixadas na tabela municipal aprovada, sem esclarecer, como era necessário, de que forma essas taxas correspondem ao preço de custo das cópias e do serviço.

8. A violação do disposto nos artigos 11.º, n.º 1, do Decreto-Lei n.º 59/99, 31.º, n.º 1, do Decreto-Lei n.º 12/2004 e 62.º, n.º 4, do Decreto-Lei n.º 59/99, configura a prática de ilegalidades susceptíveis de conduzir à alteração do resultado financeiro do procedimento e do contrato, por implicarem uma redução ilegal do universo concorrencial e potenciarem o agravamento do resultado financeiro.

9. Como tem sido amiúde referido em inúmeros Acórdãos deste Tribunal, quando na alínea c) do n.º 3 do artigo 44.º da Lei n.º 98/97 se diz "*Ilegalidade que altere ou possa alterar o respectivo resultado financeiro*" pretende-se significar que, para fundamentar a recusa de visto, basta o simples perigo ou risco de que da ilegalidade constatada possa resultar a alteração do respectivo resultado financeiro, o que, no caso, ficou demonstrado.

10. De acordo com o disposto naquele preceito legal, verificada uma ilegalidade que altere ou possa alterar o resultado financeiro de um contrato, deve, em princípio, ser recusado o visto. Nos termos do n.º 4 do mesmo artigo, este Tribunal pode, no entanto, optar por conceder o visto, fazendo recomendações aos serviços e organismos no sentido de suprir ou evitar no futuro tais ilegalidades, só devendo fazê-lo quando existam circunstâncias que o justifiquem, as quais devem ser explicitadas em decisão fundamentada.

11. As decisões e recomendações que o Tribunal dirigiu ao Município de Valongo em 2006, 2007 e 2008 nas matérias em causa eram bastante explícitas, não deixando margem para dúvidas sobre o procedimento a adoptar para cumprir a lei. Através delas foi dada à autarquia a informação necessária para evitar a prática das ilegalidades neste procedimento. Os responsáveis do Município tinham obrigação de dar, ou fazer dar, ao assunto a devida consideração.

12. O Município podia, e devia, assim, ter evitado a ilegalidade praticada, pelo que não se justifica voltar a utilizar a faculdade a que se refere o n.º 4 do artigo 44.º da LOPTC.".

Acórdão n.º 23/09-Jun.-1ª S/PL – Recurso ordinário n.º 7/09

Protocolo celebrado entre a Câmara Municipal da Maia e a MACMAI – Matadouro Agrícola Comercial da Maia, Lda, com vista a assunção do passivo desta sociedade. Assunção de passivo. Atribuições do Município. Nulidade. Recusa do visto

"1. A criação de uma empresa municipal não decorre de meras operações financeiras que atribuam uma influência (de facto) dominante ao município;

2. Ao invés, a referida influência dominante tem sempre que ser legitimada por um procedimento específico de criação de uma empresa municipal;

3. O procedimento administrativo da decisão municipal da criação de empresas municipais comporta dois momentos, a saber: (i) o da preparação da decisão e (ii) o da decisão;

4. A preparação da decisão é da competência do órgão executivo municipal (art. 8.º, n.º 1, do RJSEL), já que cabe a este efectuar a proposta, mas só depois de observar todas as exigências legais, designadamente a de realizar os necessários estudos técnicos, a que se reporta o art. 9.º, n.º 1, do RJSEL; a decisão de criação de empresas, bem como a decisão de aquisição de participações sociais que confiram influência dominante é da competência da Assembleia Municipal (art. 8.º, n.º 1, do RJSEL);

5. A decisão de criação de empresas municipais ou a tomada de participações que confiram influência dominante, quando não for precedida dos necessários estudos técnicos (art. 9.º, n.º 1, do RJSEL), é nula;

6. Esta nulidade contamina todos os trâmites seguintes, designadamente, o contrato de sociedade ou a alteração do pacto social;

7. A deliberação da Assembleia Municipal que decidiu homologar a deliberação do executivo municipal, que decidiu a detenção por parte do Município da totalidade do capital social de uma sociedade, anteriormente detida por este em apenas 50%, é nula, sendo, igualmente, nula a transmissão global do património da referida sociedade, que, por esta via, ocorreu para o Município;

8. Não sendo aquela sociedade "de jure" uma empresa municipal, mas sim uma sociedade por quotas, nos termos anteriormente contratualizados, não lhe é aplicável qualquer norma do RJSEL

9. A assunção do passivo de uma sociedade por quotas, detida em 50% por parte de um Município, com o objectivo de proceder à liquidação de dívidas de terceiros credores, não é, seguramente, susceptível de se enquadrar em qualquer das alíneas do n.º 1 do artigo 13.º do DL 159/99, de 14/9, ou seja, nas atribuições dos municípios;

10. É nula qualquer deliberação da câmara municipal sobre assunto que não se enquadre nas atribuições do respectivo Município – vide art. 133.º, n.º 2, alínea b), do CPA, aplicável "ex vi" do artigo 95.º, n.º 1, da Lei 169/99, de 18/09 – e que implique uma autorização de despesa não permitida por lei – vide art. 95.º, n.º 2, da Lei n.º 169/99, de 18 de Setembro, e do art. 3.º, n.º 4, da Lei 2/2007, de 15/01 (LFL).".

Acórdão n.º 143/09 – 22.Jul.-1.ª S/SS -Processo n.º 349/09

Protocolo de prestação de serviço de tratamento e fornecimento de roupa em regime de aluguer celebrado entre o Hospital de Faro, E.P.E., e o Serviço de Utilização Comum dos Hospitais – SUCH Contratação* in house. *Nulidade do contrato. Recusa do visto

1. A figura da contratação *in house* constitui uma excepção à aplicação do regime de formação dos contratos públicos, constante da Parte II do Código dos Contratos Públicos, aprovado pelo Decreto-Lei n.º 18/2008, de 29 de Janeiro.

2. O Código dos Contratos Públicos subordina a celebração de contratos *in house*, com dispensa dos procedimentos de contratação, à verificação de dois requisitos cumulativos (artigo 5.º, n.º 2). Na sua densificação, deve atender-se quer aos princípios que enformam as regras da contratação pública, em especial o da concorrência, quer à jurisprudência do Tribunal de Justiça das Comunidades Europeias, que vai no sentido de considerar que a interpretação desta excepção deve ser "estrita", ou seja, deve garantir a salvaguarda máxima do princípio da concorrência.

3. Analisada a relação entre o SUCH e os seus associados públicos e, em especial, entre o SUCH e o Hospital de Faro à luz do quadro legal e jurisprudencial existente, considerou-se não ser essa relação «uma relação "*interna*" equiparada à que é estabelecida pela entidade adjudicante com os seus próprios serviços».

4. Como tem sido entendimento do Tribunal de Contas, a ausência de concurso implica a falta de um elemento essencial da adjudicação, o que determina a respectiva nulidade, nos termos do artigo 133, n.º 1, do CPA.

5. De acordo com o previsto no artigo 44.º, n.º 3, alínea a), a nulidade constitui fundamento para a recusa de visto.

Alexandra Pessanha

RECENSÕES

Imposto sobre Veículos e Imposto Único de Circulação – Códigos Anotados

A. BRIGAS AFONSO e MANUEL T. FERNANDES

Coimbra Editora, 2009, 312 págs.

A área dos impostos especiais de consumo e da tributação ambiental é seguramente uma daquelas que entre nós continua ainda a precisar de maior estudo e sistematização. Trata-se de uma área do sistema repleta de novidades nos últimos anos, na forma de directivas e regulamentos comunitários, de reformas legislativas e decisões jurisprudenciais; e trata-se de uma área com importância evidente na fiscalidade portuguesa contemporânea, sendo que a defesa do ambiente e a promoção da eficiência energética constituem grandes temas da extrafiscalidade do Século XXI, presentes em muitos dos nossos impostos. Estas são boas razões para os cultores do Direito Fiscal investirem na análise e discussão de figuras como o Imposto sobre Veículos e o Imposto Único de Circulação, um esforço de redobrada importância numa área tantas vezes capturada pelos argumentos corporativos do sector automóvel.

O trabalho que António Brigas Afonso e Manuel Teixeira Fernandes agora dão à estampa constitui um excelente contributo para essa discussão. Os autores são especialistas conhecidos nesta área, tendo desenvolvido boa parte da sua actividade profissional na DGAIEC, onde acompanharam durante anos os *dossiers* comunitários e iniciativas legislativas em matéria de impostos especiais de consumo e tributação automóvel, tendo participado, de resto, nos trabalhos de codificação do ISV e do IUC.

A anotação que os autores agora nos oferecem destes dois textos espelha, por isso, um conhecimento fundo de toda a prática administrativa que rodeia estes impostos, além de bom juízo crítico quanto às soluções acolhidas pelo legislador. Entre outros pontos, os autores sublinham a importância da reforma levada a cabo em 2007 na sistematização dos textos legais muito dispersos até então em vigor; o relevo da integração na base tributável destes impostos dos níveis de CO2 dos veículos e da deslocação para a fase de circulação de uma parcela importante da carga fiscal; assim como a subordinação destes impostos aos objectivos de natureza ambiental que para nós decorrem do Protocolo de Quioto. Em diversas passagens António Brigas Afonso e Manuel Teixeira Fernandes formulam sugestões variadas relativamente ao texto de ambos os códigos, seja no tocante à tributação de certas categorias de veículos, seja no tocante à fixação dos contornos de certas categorias de isenções.

Em matéria de cunho mais técnico, os autores levam-nos numa "visita guiada" à tributação automóvel, explicando a razão de ser e modo de aplicação das mais complexas disposições destes códigos, muito marcados pela técnica e terminologia aduaneira, hoje em dia de conhecimento difícil. De particular interesse ao leitor mostram-se com certeza as anotações que reservam aos elementos essenciais do ISV e do IUC, muito em concreto à sua incidência objectiva e subjectiva, cujo recorte se mostra de grande complexidade, evidenciando aqui e acolá preocupações de política industrial, além de uma aproximação sempre muito grande à estrutura característica dos IEC harmonizados. De especial interesse mostra-se também o olhar que os autores deitam à jurisprudência comunitária, da qual têm resultado alterações sucessivas da legislação nacional e que António Brigas Afonso e Manuel Teixeira Fernandes nos sugerem não terem terminado ainda, bem como a análise das obrigações acessórias que impendem sobre os contribuintes, em certos casos assentes na prática administrativa firmada ao longo de tempo mais do que na própria lei, do que não deixam hoje de resultar hesitações variadas.

Além da anotação aos Códigos do ISV e do IUC, este trabalho compreende ainda o texto actualizado da Directiva 1999/62/CE do Parlamento Europeu e do Conselho, de 17 de Junho de 1999, relativa à aplicação de imposições aos veículos pesados de mercadorias pela utilização de certas infra-estruturas, bem como um conjunto de diplomas complementares à legislação fiscal automóvel, de indiscutível interesse prático. Ficam assim compiladas, numa mesma publicação, todas as disposições legais no domínio da fiscalidade automóvel, uma ferramenta de trabalho de interesse evidente para o vasto leque de profissionais, académicos e contribuintes que pretendem estar informados destas matérias.

Sérgio Vasques

Nudge

THALER, Richard H. e SUNSTEIN, Cass R.

Londres e New Haven : Yale University Press, 2008;
x + 293 páginas (Trad. Portuguesa, *Nudge*,
trad. Carlos Sousa, Lisboa: Academia do Livro, 2009).

As três últimas décadas do século XX ficam marcadas pelo lançamento de duas magistrais obras de filosofia política: *A Theory of Justice*, de John Rawls (1971) e *Anarchy, State, and* Utopia, de Robert Nozick (1974). Nestes livros, o modelo do contrato social é recuperado como pilar do debate sobre quais os fundamentos de uma sociedade justa, onde a liberdade individual se manifesta como fundamento e limite do Estado e da intervenção pública em geral. Com o distanciamento do tempo, podemos hoje concluir que a Rawls coube a honra de moldar o pensamento político esclarecido actual, conjugando o conceito de liberdade da tradição anglo-saxónica com um elemento correctivo que procura assegurar um nível de igualdade de oportunidades com o mínimo de interferência necessária na prossecução dos planos individuais de procura da felicidade. Já a brilhante contraposição de Nozick fica como o marco das ideias ditas libertárias.

Perante esta breve panorâmica, *Nudge* é claramente um livro menor, pese embora a desassombrada pretensão dos seus autores de terem encontrado a "verdadeira terceira via". Contrariamente às obras de grande fôlego de Rawls e Nozick, *Nudge* situa-se ao nível mais trivial dum exercício de divulgação de trabalhos académicos anteriores, claramente dirigido a decisores políticos de ambos os lados do espectro político dos Estados Unidos. Saliente-se, aliás, que a aura de um "guia prático para políticos" é empolada pelo tratamento publicitário da editora responsável pela tradução portuguesa, que anuncia o livro como tendo influenciado as políticas de Barack Obama e de David Cameron, tendo ainda oferecido um exemplar a cada um dos deputados da Assembleia da República.[1]

Nudge é um livro sobre escolhas; mais concretamente, esta obra trata dos problemas que se colocam a quem é chamado a tomar decisões sobre o modo como as opções se colocam aos seus destinatários, em função dos interesses em causa e da diferente preparação de quem vai exercer o seu livre arbítrio para uma decisão esclarecida. Para os autores, a tomada de consciência de tais dificuldades contribui para a organização, sob a égide de um princípio de acção a que designam de *paternalismo libertário*, de uma estrutura que favorece a tomada de melhores decisões, tendo em consideração a racionalidade limitada dos seres humanos reais, por contraposição à maximização ideal do *homo economicus*.[2]

Robert Thaler e Cass Sunstein são, respectivamente, um economista e um reputado constitucionalista, ambos norte-americanos, que leccionam na Universidade de Chicago, o primeiro na Graduate School of Business e o segundo na Faculdade de Direito. O tom do livro é predominantemente económico, ou não fosse Cass Sunstein um dos nomes de primeiro plano da Análise Económica do Direito.

A estrutura do livro é claramente inspirada na matriz de um livro de gestão, orientada em função da transmissão eficaz da tese dos autores – não lhe faltando as tradicionais siglas que operam como mnemónicas para os leitores mais distraídos.[3] .

---

[1] Como não escapará ao leitor mais atento, tendo decorrido escassos meses desde que Barack Obama tomou posse como Presidente dos Estados Unidos, e sendo David Cameron líder do Partido Conservador no Reino Unido que se encontra na oposição, é duvidoso o valor que tais referências podem trazer a *Nudge*.

[2] Na sua caricatura, os autores consideram o *homo economicus* como alguém capaz de pensar como Einstein, dotado da memória do super-computador Big Blue da IBM e com a capacidade de exercer o auto-domínio de Gandi (p. 6).

[3] Os autores não hesitam mesmo em ceder à tentação dos abundantes gurus da gestão, convertendo o título da obra num acrónimo forçado. Assim, NUDGE significaria

A tese central do livro, a que dedicaremos maior atenção, é explanada ao longo da introdução e dos primeiros cinco capítulos, que compõem a Parte I, intitulada Humanos e *Econs*. Esta última designação, diminutivo de "homens económicos", pretende traduzir uma diferenciação radical entre o modelo de racionalidade económica que, no entender dos autores, subjaz às propostas mais radicais no sentido de favorecer as escolhas num contexto de mercado livre, por um lado, e os dados que comprovam as limitações de racionalidade dos actores humanos na vida real. Ora, não só tal distinção não constitui um aspecto inovador desta obra (ou dos anteriores trabalhos dos autores), antes se filiando numa longa tradição – não reconhecida –, a do conceito de racionalidade limitada, como acresce que tais limites à racionalidade postulada pelo modelo de concorrência perfeita são, desde há muito, reconhecidos e incorporados na moderna análise microeconómica (pensemos nos problemas de assimetria de informação, nos custos de transacção identificados por Coase na primeira metade do século XX, para já não falar da moderna teoria dos jogos).

Lançado em plena campanha presidencial nos Estados Unidos, os autores assumem claramente um propósito programático que, na já longa linhagem de obras políticas que remonta, pelo menos, ao *Príncipe* de Maquiavel, é aberto a todo o espectro político dominante, sendo dirigido tanto ao Partido Democrata como ao Partido Republicano.[4] O ponto de partida dos autores situa-se no lado mais conservador do debate político, com uma preferência expressa pela limitação da intervenção pública:

> "If incentives and nudges replace requirements and bans, government will be both smaller and more modest. *We are not for bigger government, just for better governance*". (a p. 14) (em itálico no original).

"*iNcentives* [sic]; *Understanding Mappings; Defaults; Give Feedback; Expect Error; Structure Complex Choices*".

[4] A administração de George W. Bush chega mesmo a receber um elogio no que toca à reforma do sistema de saúde, ainda que com críticas relativamente a certos aspectos do mesmo, como a afectação aleatória dos utentes que não optaram por um dos muitos esquemas que lhes eram oferecidos por sistemas privados e públicos..

O conceito que dá o nome ao livro, *nudge*,[5] é definido como uma forma menos pesada de intervenção pública, mediante a configuração de incentivos para que os indivíduos tomem as melhores decisões. Assim, um *nudge* consiste, segundo os autores, no seguinte:

> "any aspect of the choice architecture that alters people's behavior in a predictable way without forbidding any options or significantly changing their economic incentive". (p. 6).

Na linha dos *case studies* típicos dos livros de gestão de empresas, a metodologia delineada na primeira parte é posteriormente aplicada a vários cenários que simultaneamente procuram fundamentar e explicar o princípio de base e ilustrar a sua aplicação: a Parte II desenvolve ao longo de quatro capítulos o estudo das decisões sobre poupança, investimentos, crédito e segurança social; a Parte III, com três capítulos, é consagrada às decisões sobre política de saúde e de protecção do ambiente; a Parte IV, intitulada Liberdade, procura estender em três capítulos o modelo de estímulos à melhoria das decisões sobre o ensino quanto à escolha de escolas, à responsabilidade médica por actos negligentes e ao casamento, encontrando nestes dois últimos capítulos algumas das suas aplicações mais polémicas.

Por fim, a Parte V, Extensões e objecções, começa por um capítulo dedicado à listagem de uma dúzia de exemplos da aplicabilidade da metodologia a vários outros domínios da vida social. Segue-se-lhe um capítulo intitulado Objecções, um dos mais interessantes e reveladores desta obra, em que os autores procuram defender-se de possíveis refutações da sua tese, sobretudo do lado mais "libertário" do espectro académico e ideológico. O último capítulo, imodestamente intitulado "A verdadeira Terceira Via", é seguramente o que nos parece ser o mais frágil do livro, desde logo pela ambição que proclama, contrastando com a sua dimensão – apenas duas páginas.

Apresentada a estrutura da obra, iremos agora centrar-nos na apreciação da sua tese central.

---

[5] Na tradução portuguesa este termo é designado como "estímulo, empurrãozinho, toque".

A importância da forma de apresentação das escolhas e o modo como a criação de um contexto apropriado favorece a tomada de decisões num sentido previsível são ilustrados pelo exemplo inicial do livro, proveniente de trabalhos anteriores de Thaler e Sunstein: a organização da comida na cantina de um estabelecimento de ensino secundário. Assim, mediante a colocação de comidas mais saudáveis, como legumes, ao nível da vista dos estudantes, um responsável pelos serviços alimentares escolares pode induzir um maior consumo de legumes; a criação de uma fila separada para as sobremesas – ou a disposição de fruta ao longo da fila principal e a separação dos doces para uma segunda fila – pode igualmente contribuir para uma redução da ingestão de doces. O resultado final é um aumento da qualidade da alimentação, favorecendo hábitos mais saudáveis, sem que tal passe pela proibição absoluta dos alimentos menos propícios a esse desiderato. Este modelo já tinha sido aplicado em 2005, antes da publicação de *Nudge*, pelo mediático cozinheiro britânico, Jamie Oliver, nas escolas britânicas, levando o Governo do Reino Unido a proibir a chamada *junk food* e a retirar dos estabelecimentos de ensino as máquinas de venda automática de comida. Tal facto mostra que os elementos centrais do livro podem ser intuitivamente apreendidos e divulgados, mesmo por quem dificilmente possa ter tido contacto com as publicações de Thaler e Sunstein em revistas académicas.[6]

A manipulação deliberada das escolhas, em função da organização do contexto em que as mesmas têm lugar, ilustra de modo simples a tese central: ajustando os estímulos a que os estudantes estão sujeitos, sem lhes retirar a possibilidade de escolha, as escolhas consideradas correctas pelo responsável pela estruturação daquele contexto são tornadas mais imediatas e fáceis. Esta função, desempenhada, de certo modo, por qualquer pessoa que tenha a seu cargo a determinação prévia do contexto em que outras pessoas serão chamadas a efectuar as suas opções, corresponde ao que os autores designam de "arquitectura de escolhas" (*choice architecture*), abandonando a designação empregue em trabalhos

[6] Infelizmente, *Nudge* não contém qualquer referência a esta experiência bem sucedida e real, com grande difusão mediática; ver, por exemplo, http://news.bbc.co.uk/2/hi/uk_news/5313882.stm.

anteriores de "planificadores" ou *planners*, opção a que não será alheia a intenção de apelar aos decisores políticos do partido republicano.

Centrados de forma algo obsessiva com as possíveis críticas dos seus colegas da Universidade de Chicago e outros *compagnons de route*, passe a ironia, os autores apressam-se em sossegar os leitores que porventura comecem já a vislumbrar aqui os sinais de uma "novilíngua" e de uma perigosa deriva estatista para um emergente *Big Brother*. A posição de poder que aqui está em causa é apresentada essencialmente como um *soft power*: a liberdade de escolha não é suprimida nem o pode ser para que uma medida se qualifique como um estímulo ou *nudge*. Por outro lado, esse poder existe fenomenologicamente, seja no sector público ou privado; a metáfora arquitectónica é deliberada: "there is no such a thing as a neutral design", afirmam os autores. Por outras palavras, reconhecida a potencialidade de influenciar escolhas pela organização do contexto em que as mesmas terão lugar, nenhuma distribuição – mesmo aleatória – será neutra em sentido próprio.

A justificação do recurso a um processo de manipulação psicológica por parte do Estado parece ser a principal preocupação dos autores, que ignoram os problemas morais gritantes que a apologia da manipulação suscita, seja em nome do bem público ou de uma concepção pré-ordenada de bem próprio do cidadão, seja para fins privados.

Contrariamente à manipulação praticada no mercado, a intervenção pública pelo recurso a factores de estímulo pré-orientados carece, no entendimento de Thaler e Sunstein, de um princípio orientador que limite eventuais abusos. É este o papel desempenhado pelo conceito de *paternalismo libertário*, já tratado em trabalhos anteriores.[7] Para Thaler e Sunstein, o elemento libertário assume uma prioridade lexical na sua construção, reconduzindo-o à liberdade de escolha, sendo esta traduzida aqui na faculdade de auto-exclusão de arranjos indesejáveis (*opt-out*). Denotando novamente a necessidade de apelar às suas credenciais académicas de Chicago, os autores proclamam a filiação deste conceito de

[7] Ver Richard H. Thaler e Cass R. Sunstein, "Libertarian Paternalism", *American Economic Review – Papers and Proceedings*, vol 93, n.º 2, 2003, p. 175; Cass R. Sunstein e Richard H. Thaler, "Libertarian Paternalism Is Not an Oxymoron", *Univ. Chicago Law Review*, vol. 70, n.º 4, 2003, p. 1159.

liberdade na clássica obra de Milton Freedman, *Free to Choose*, não encontrando neste aspecto qualquer contradição:

> "Libertarian paternalists want to make it easy for people to go their own way; they do not want to burden those who want to exercise their freedom". (p. 5).

Já o aspecto paternalista fundamenta a legitimidade de uma influência deliberada do comportamento individual pela arquitectura de escolhas num vago conceito de bem-estar.

> "In other words, we argue for self-conscious efforts, by institutions in the private sector and also by government, to steer people's choices in directions that will improve their lives". [...] "A policy is 'paternalistic' if it tries to influence choices in a way that makes choosers better off, as judged by themselves". (p. 5).

Em primeira linha, a justificação para o paternalismo reside no questionar do pressuposto de que os agentes optam sempre por aquilo que é melhor para eles – mesmo quando esta valoração é deixada ao livre arbítrio daqueles. Na linha de trabalhos anteriores, Thaler e Sunstein sustentam que tal nem sempre sucede.[8] Apoiados na análise comportamental, os autores recolhem os contributos da psicologia e de outras ciências

[8] Ver Richard H. Thaler e Cass R. Sunstein, "Libertarian Paternalism", *American Economic Review – Papers and Proceedings*, vol 93, n.º 2, 2003, p. 175: "(...) we emphasize the possibility that in some cases individuals make inferior choices, choices that they would change if they had complete information, unlimited cognitive abilities, and no lack of willpower"; ver ainda, para uma resposta aos críticos desta tese, Cass R. Sunstein e Richard H. Thaler, "Libertarian Paternalism Is Not an Oxymoron", *Univ. Chicago Law Review*, vol. 70, n.º 4, 2003, p. 1159, a p. 1161: "(...) in many domains, people lack clear, stable, or well-ordered preferences. What they choose is strongly influenced by details of the context in which they make their choice, for example default rules, framing effects (that is, the wording of possible options) and starting points. These contextual influences render the very meaning of the term 'preferences' unclear". Neste ultimo artigo, os autores fazem apelo à noção de "benevolência libertária", pela qual a modelação das escolhas é instrumentalizada à protecção dos interesses da parte mais vulnerável. O conceito não é retomado no livro em análise.

sociais para demonstrar que a maior parte dos indivíduos efectua escolhas sob racionalidade limitada.[9] Se considerarmos que nem todos os agentes se comportam como *Econs*, identifica-se um espaço para maximização do bem-estar dos agentes ora caracterizados como *Humanos*, i.e., agentes com capacidades limitadas para processamento de informação, com acesso a informação imperfeita e com limites à sua capacidade de auto-controlo.

A óbvia objecção a esta tese consiste na ausência de uma definição prévia das situações que justificam a intervenção pública. Sem que se identifique uma falha de mercado, torna-se duvidosa a necessidade de tal actuação, independentemente da forma que ela revista: uma imposição ou meros estímulos. Tendo em conta os potenciais destinatários desta obra, coloca-se aqui o risco de estes serem induzidos a identificar qualquer situação de racionalidade limitada com uma falha de mercado.[10]

Uma segunda objecção à tese de *Nudge* passa pela desconsideração das dificuldades de identificar uma teoria de bem-estar que possa ser filosoficamente aceite como válida para quem detém o poder de manipular as escolhas. Se dificilmente se poderia esperar de uma obra desta natureza um estudo epistemológico sobre a definição do bem em si mesmo, não deixa de ser exigível a apresentação de uma sólida fundamentação procedimental, particularmente por referência à organização democrática do poder político e à matriz de direitos fundamentais característica das constituições políticas. Deste ponto de vista, *Nudge* vai ao ponto

---

[9] É de lamentar a ausência de qualquer referência a Herbert Simon e à sua obra pioneira que introduziu o conceito de racionalidade limitada na ciência económica, *Administrative Behaviour* (1947).

[10] Partindo do ponto de vista do funcionamento dos mercados, Alan Deardorff identifica três grandes justificações para a intervenção dos poderes públicos na economia: a correcção das falhas de mercado (*market failures*); a redistribuição de riqueza; e objectivos não económicos, como a segurança, entre outros. Ver Alan V. Deardorff, "The Economics of Government Market Intervention, and Its International Dimension", in Marco Bronkers e Reinhard Quick (orgs.), *New Directions in International Economic Law – Essays in Honour of John H. Jackson*, Kluwer Law International, Haia, 2000, p. 71.

de advogar a renúncia ao direito de indemnização pelos danos causados por erros médicos, desde que resultem de negligência, como forma de reduzir os custos dos serviços de saúde nos Estados Unidos (capítulo 13). Outro exemplo da ausência de uma estrutura moral sustentável é a proposta de "privatização" do casamento, levando de modo oportunista a que o debate sobre temas como o casamento entre pessoas do mesmo sexo passe a ser uma questão "privada", a definir por cada confissão, e não mais um problema de intervenção do Estado em nome de princípios estruturantes de uma sociedade democrática (capítulo 14).

A metodologia proposta por Thaler e Sunstein passa simplesmente pelo recurso à conformação benevolente de regras supletivas, que se substituem à inércia na tomada de decisões ou que favorecem uma pré-orientação num sentido concebido para maximizar o bem-estar da maioria dos destinatários, melhor dizendo, aquilo que o "arquitecto de escolhas" define como sendo o bem-estar daqueles. A não cristalização do resultado daí resultante é fundamental para, em termos que evocam o teorema de Coase, uma redistribuição voluntária de escolhas: uma vez que os *nudges* têm como postulados que a liberdade de escolha não é inibida e que os custos de transição para uma decisão voluntária são baixos, aqueles que se sentem desfavorecidos pela solução supletiva podem facilmente optar por outro modelo.

Como é evidente, tal poderá levar a uma iteração de escolhas, pois o indivíduo pode continuar a ter dificuldade em optar por um modelo adequado à sua situação, desde que este não seja o que é supletivamente determinado. Assim, a arquitectura de escolhas não pode ser estática, envolvendo uma permanente análise de custos e benefícios e incorporando melhoramentos face aos resultados concretamente obtidos. Daí que os autores destaquem a necessidade de acompanhar de modo sistemático a concepção, execução e alternativas aos sistemas de organização de escolhas definidos em sede de políticas públicas: os interessados encontram mais um acrónimo que facilita a retenção da mensagem: RECAP ou *Record, Evaluate, and Compare Alternatives*. (p. 93).

Poderíamos aqui pensar de forma mais libertária e menos paternalista na simples maximização das escolhas. Tal suporia, todavia, que os agentes dispõem dos meios necessários para uma decisão óptima para a salvaguarda dos seus interesses.[11] Thaler e Sunstein não escondem as suas inclinações libertárias e defendem que este poderá ser um modelo adequado quando a escolha não é tão susceptível de ser prejudicada pelos factores que caracterizam a racionalidade limitada do ser humano em sociedade, por contraposição ao hipotético ser económico ou *Econ*. Como bem ilustra a escolha do sistema de apoio à compra de medicamentos lançado pela administração de George W. Bush, a profusão de escolhas pode desincentivar a própria adesão ao sistema e/ou resultar numa afectação dos indivíduos a esquemas de seguros de saúde que não cobrem adequadamente as suas principais necessidades.

Perante o postulado de racionalidade económica, o aspecto paradoxal do comportamento humano que justifica esta obra é o facto de nem sempre os seres humanos decidirem sequer de uma forma coerente com o seu interesse, quanto mais de modo dirigido à maximização deste. Por outras palavras, por vezes um incentivo correctamente construído pode ajudar os indivíduos a tomar decisões que são do seu interesse. O corolário desta tese – o facto de nem sempre o mercado produzir os resultados socialmente eficientes do ponto de vista de maximização do bem-estar – merece igualmente algum destaque na obra, apesar de a mesma assentar numa posição de princípio a favor de escolhas em regime de livre funcionamento dos mercados.

Exposta a tese do livro, este ocupa-se sobretudo do seu desenvolvimento num conjunto de princípios de acção para os decisores que podem ser chamados a moldar o contexto de formulação de escolhas, apresentados ao longo de vários capítulos temáticos onde, retomando trabalhos académicos anteriores, Thaler e Sunstein ilustram o potencial e os limites do recurso a estes mecanismos de estímulo.

Longe de constituir uma panaceia universal para a intervenção pública, a metodologia de incentivos proposta por Thaler e Sunstein é defendida por estes apenas para circunstâncias bem definidas. Assim, as escolhas passíveis de modelação em função destes estímulos são prin-

[11] Pense-se, por exemplo, na dificuldade de um utilizador de telemóvel em optar pelo melhor modelo tarifário ou em proceder a comparações entre operadores. A disponibilização de comparadores por entidades públicas e privadas vem suprir esta necessidade decorrente da multiplicidade de escolhas disponíveis.

cipalmente aquelas que têm efeitos diferidos, dificultando uma análise custo-benefício por parte dos indivíduos afectados; as que ocorrem com pouca frequência, que se afiguram complexas face aos parâmetros em consideração e cujo impacto não é correctamente apreendido (*bad feedback*); e em que seja impossível ou muito difícil recorrer a uma aprendizagem rápida de quais as melhores decisões para o interesse de cada indivíduo (pp. 76-77).

Em síntese, quanto mais difícil para o indivíduo efectuar uma escolha segundo a racionalidade económica, maior a propensão para que a sua decisão não acautele necessariamente os seus interesses. Recorrendo a um dos exemplos dos autores, é seguramente fácil confiar na maximização do interesse individual quando somos chamados a escolher um sabor de gelado; o mesmo já não é necessariamente verdade quanto à selecção de uma carteira de investimentos de que irá depender a nossa reforma.

Ilustrado o apelo do recurso a este método de orientação benigna das escolhas pelos poderes públicos, o livro prossegue com a definição de alguns critérios auxiliares à definição de políticas correctas de incentivos. Sublinhamos apenas dois.

Deixamos à curiosidade do leitor a ponderação das várias propostas em que esta obra é fértil. Ficam, todavia, duas advertências finais.

Em primeiro lugar, este é um livro escrito na óptica de uma extensão do chavão político de George W. Bush, *compassionate conservatism*. Como tal, a apologia envergonhada de um papel mais activo do Estado adequa-se mais à desconfiança tradicional dos norte-americanos relativamente às ingerências do poder público do que à atitude dos europeus, em particular dos portugueses, que talvez se revejam mais num paternalismo claramente assumido e frequentemente contrário a pulsões liberais, quanto mais libertárias. Acresce que os acontecimentos políticos e económicos posteriores à publicação de *Nudge*, designadamente a intervenção tendente a impedir o colapso do sistema financeiro nos Estados Unidos e no resto do mundo, vêm questionar a adequação de uma intervenção minimalista, pelo menos quanto a elementos tão fundamentais da estrutura económica como a regulação do sistema financeiro.

Por fim, apesar da complexidade de alguns trechos do livro, sobretudo quanto à bizantina complexidade do regime vigente nos Estados Unidos em matéria de planos de reforma e de sistemas de apoio à compra de medicamentos pelos cidadãos menos favorecidos, a mensagem principal de *Nudge* situa-se no plano do bom senso na concepção de políticas públicas em contextos relativamente limitados. Quem procure aqui uma reflexão profunda sobre o papel actual do Estado e os fundamentos e limites da sua actuação sairá certamente desiludido.

Miguel Moura e Silva

Fundamentos e Modelos nas Parcerias Público-Privadas na Saúde
– Estudo dos Serviços Clínicos

PEDRO SILVA

Almedina, Coimbra

O Mestre Pedro Silva, com o livro Fundamentos e Modelos nas Parcerias Público-Privadas na Saúde – Estudo dos Serviços Clínicos, pretende oferecer, como o próprio reconhece, um contributo teórico e metodológico para a compreensão e o estudo das PPP's no sector da saúde, uma área em que é ainda manifesta a ausência de uma análise descomprometida, sobretudo no tocante às razões inerentes à inclusão ou exclusão dos serviços clínicos no pacote de serviços a transferir para o parceiro privado.

O Autor, antes de se debruçar sobre o fulcro do tema, traça um "road map" em que, após posicionar a abordagem PPP no quadro do actual paradigma económico estribado no novo papel do Estado na economia e, bem assim, na abertura da Administração à interacção com o universo privado e ao "new public management", conclui que não há um conceito único, nem universal de PPP.

Por outro lado, aceita em termos generalizados que o principal fundamento para o recurso ao mecanismo PPP reside "no aumento da eficiência económica na afectação de recursos", assinalando que a transferência da maior parte possível de riscos do parceiro público para o privado representa um "factor-chave do sucesso" de uma montagem PPP.

De igual modo, realça que, em um cenário de contenção orçamental, suscitada, mormente, pelas restrições orçamentais decorrentes do PEC, a novel abordagem é passível de consubstanciar uma forma de aliviar a pressão sobre o défice e a dívida públicos.

Em termos genéricos, o Autor aborda a problemática das PPP's do ponto de vista do interesse micro-económico e do desenho de modelos de parceria a cargo do sector público, colocando à reflexão a eventual integração da prestação de cuidados de saúde no campo do serviço público de saúde.

Trata-se de uma linha de análise que tem a ver com a decisão pública de incluir ou não a prestação de serviços nucleares no âmbito da definição dos modelos PPP, temática que abrange um amplo e diversificado leque de serviços como a gestão clínica de unidades de saúde, a guarda de reclusos em estabelecimentos prisionais ou o exercício de funções nos domínios da defesa e da segurança pública. Na verdade, está em causa uma incursão que procura questionar a modelagem PPP em uma perspectiva diferente, uma vez que não se confina com o habitual confronto de argumentos em favor ou contra o recurso ao financiamento privado como alternativa ao financiamento público tradicional.

Admitindo que a abordagem PPP é susceptível de gerar ganhos de eficiência – pelo menos em termos de construção de bens infraestruturais "on time" e "on budget" –, o foco do estudo centra-se especialmente no grau de contratualidade dos serviços clínicos. Ao considerar que, devido às características intrínsecas da prestação dos cuidados de saúde, estes dificilmente podem ser objecto de uma métrica mensurável e verificável, o Autor sustenta, de forma impressiva, que o grau de contratualidade é reduzido, pronunciando-se no sentido de os "cuidados médicos não preencherem os requisitos necessários para que as PPP tenham sucesso na sua prestação".

Ora, ancorado nesta premissa, parte de uma análise de carácter micro-económico para o plano da formulação de política, enunciando o princípio de que os serviços clínicos não hão-de ser incluídos no pacote de serviços a prestar no âmbito de uma PPP. De facto, conclui, cautelosamente, que a garantia do interesse público é melhor assegurada com a produção directa dos cuidados médicos por parte do Estado, de modo a mitigar a assimetria de informação na prática clínica em termos de custo do tratamento e de qualidade do serviço prestado.

No que concerne à aplicação do modelo DBFO na construção e exploração operacional de unidades de saúde, o Autor chama à colação a experiência britânica, dando nota que a evidência entretanto recolhida indica que os ganhos de eficiência na construção de hospitais em regime PPP tendem a não demonstrar a mesma expressão que em outros sectores, tendendo a situar-se abaixo da taxa média de poupança, consideradas a complexidade técnica e tecnológica das infra-estruturas em apreço.

Em termos de análise comparativa, no sector da saúde é reconhecida a clara prevalência do modelo DBFO britânico, centrado na prestação de serviços infraestruturais, contemplando ou não a componente de "soft facilities management". No tocante a experiências internacionais em que o sector privado foi envolvido na gestão de serviços clínicos, a análise circunscreve-se, basicamente, ao caso do Estado de Vitoria na Austrália que, no início da década, na consequência da eleição de um Governo Trabalhista, abandonou o modelo de parceria com a inclusão da gestão clínica, passando a prosseguir também o modelo DBFO.

No que respeita às iniciativas PPP, em Portugal, o panorama não merece do Autor um tratamento generoso. Desde logo, lamenta que, não obstante a adopção precoce do instrumento PPP, só na presente década é que haja sido criada legislação própria. Corrobora ainda que as parcerias conduzidas nos vários sectores têm dado azo a diversas vicissitudes que, em resultado da incapacidade pública da gestão dos respectivos contratos, se têm traduzido, sobretudo, em avultadas perdas financeiras para o erário público.

Neste contexto, o Autor, que invoca o estado actual de desenvolvimento do sector da saúde e a manifesta ausência de domínio técnico e de capacidade adequada de monitorização das PPP's, não deixa de exprimir o seu cepticismo sobre o futuro das parcerias em saúde com o sector privado.

O presente contributo insere-se, pois, em uma linha de controvérsia que procura desafiar as vantagens da opção PPP na modernização dos modelos de prestação dos cuidados de saúde no âmbito do Serviço Nacional de Saúde, tendo como âmago a contratação ao sector privado da gestão de unidades de saúde e a consequente prestação de serviços clínicos.

Uma temática de interesse inequívoco tanto mais que, no caso português, se constata não só que uma significativa proporção da despesa pública em saúde é já contratada ao sector privado, mas também que se está perante uma dinâmica em crescendo. Com efeito, segundo dados do INE, de 2004, os gastos públicos em saúde situaram-se em cerca de 70% da despesa total em saúde, observando-se que a despesa pública correspondente à vertente da prestação privada ascende a perto de 43% do financiamento público.

Maria Eduarda Azevedo

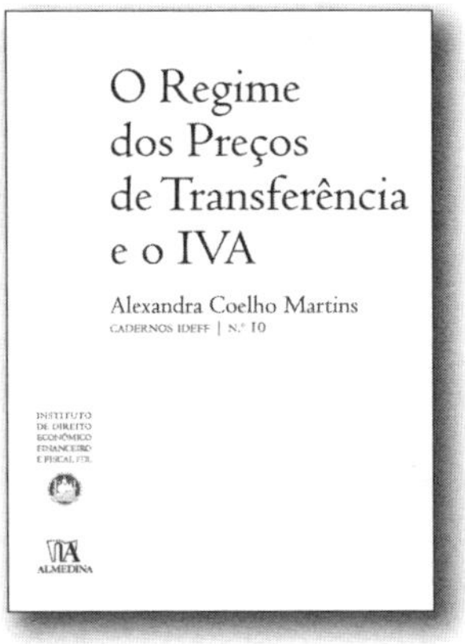

O Regime dos Preços de Transferência e o IVA

ALEXANDRA MARTINS

Almedina, Coimbra

Que me perdoem o Professor Xavier de Basto, o António Carlos e o Rui Laires, mas estas coisas do IVA pertencem predominantemente ao universo feminino. São factos.

Talvez porque estamos perante uma moda fiscal ou porque este é um Very Attractive Tax, como um daqueles clássicos que já quase não se vêem, talvez porque o imposto está repleto daquelas pequenas subtilezas usualmente atribuíveis ao sexo feminino ou, pura e simplesmente, porque se sentem D(ras) (do) IVA. Provavelmente uma mistura de todos estes ingredientes.

A Dra Alexandra Martins já há muito que nos habitou aos seus trabalhos sobre este imposto, como consultora, juiz e investigadora.

Neste trabalho, que corresponde à sua dissertação de mestrado discutida na Faculdade de Direito da Universidade de Lisboa, vem analisar uma problemática pouco tratada em sede de IVA: a questão dos preços de transferência. Tema pioneiro entre nós, como a autora começa por salientar, aparentemente existe uma relação de indiferença entre este tributo e a problemática dos preços de transferência. Na sua análise a Dra Alexandra Martins demonstra-nos que, pelo contrário, o IVA não é indiferente a esta questão, fazendo recurso a uma série de exemplos práticos ilustrativos de situações diversas que se colocam.

Como nos dá conta, foi apenas com a denominada Directiva IVA de Racionalização, em finais de 2006, que foi instituída em sede deste tributo uma disciplina de preços de transferência, tendo por objectivo a prevenção da fraude e evasão fiscais. Continua, contudo, em matéria de valor tributável das operações, a prevalecer o valor transaccional subjectivo, mesmo no contexto de entidades que mantêm entre si relações especiais. A possibilidade de imposição do valor objectivo é apenas concedida em situações restritas.

A autora acaba por concluir que o âmbito subjectivo da disciplina dos preços de transferência em IVA é idêntico ao previsto nos impostos sobre o rendimento, ao passo que o âmbito objectivo é limitado a três situações tipo. Como nota, a noção de valor normal equivale à utilizada nos impostos sobre o rendimento, ignorando a Directiva IVA os aspectos práticos da quantificação no que se reporta aos métodos de avaliação. Neste enquadramento, conclui, contrariamente ao entendimento do TJCE, que se deverá recorrer à integração analógica da lacuna, fazendo recurso à metodologia de quantificação do preço de livre concorrência da OCDE.

Notando que a questão dos preços de transferência em IVA obedece a uma *ratio* distinta da dos impostos sobre o rendimento, a autora conclui, por fim, que a coerência do sistema não é posta em causa pelo facto de existirem regras diferenciadas, devendo, contudo, ser alcançado um certo grau de harmonização no tocante à metodologia de apuramento do valor objectivo e à celebração de APA's.

A obra alia uma vertente teórica de enquadramento da matéria dos preços de transferência a uma muito útil vertente prática.

Mas, por favor, não desesperem, há muitos temas disponíveis, ainda há quotas para homens e os seus contributos serão sempre bem vindos.

Clotilde Palma

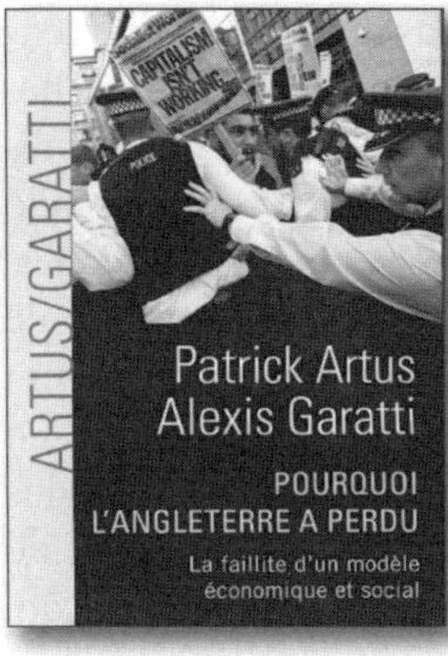

Pourquoi l'Angleterre a perdu – La faillite d'un modèle économique et social

PATRICK ARTUS e ALEXIS GARATTI

Editions Perrin, Août 2009

Embora pouco conhecido entre nós, PATRICK ARTUS é hoje um dos principais economistas franceses (Director do departamento de estudos económicos do Banco de Investimento NATIXIS [http://cib.natixis.com/default.aspx], Professor associado da Universidade de Paris I – Sorbonne, membro do Conselho de Análise Económica do Primeiro Ministro Francês [http://www.cae.gouv.fr/spip.php] e do Círculo de Economistas Franceses [http://www.lecercledeseconomistes.asso.fr/]). Nos seus trabalhos mais recentes, ARTUS procura abordar temas actuais numa linguagem simples e acessível aos menos predispostos para as questões económicas (*Globalisation, le pire est à venir* (avec Marie-Paule Virard), La Découverte, 2008; *Les incendiaires: les banques centrales dépassées par la globalisation*, Perrin, 2007 e *Comment nous avons ruiné nos enfants* (avec Marie-Paule Virard), La Découverte, 2006).

Neste livro, em que, conjuntamente com ALEXIS GARATTI, analisa as consequências da crise financeira mundial sobre a economia britânica, PATRICK ARTUS revela um panorama preocupante: por um lado, passa em revista o modelo de desenvolvimento da economia britânica implementado no pós-guerra (págs. 37 e segs.), distinguindo o período de 1945 a 1979 (onde assinala a profunda contradição entre as políticas de pleno emprego e de sustentação da procura interna e as políticas de sustentação da taxa de câmbio da libra, que deram origem a duas décadas de políticas de *stop and go*), o período de 1979 a 1997 (que corresponde à "era Thatcher", marcada pelo predomínio das concepções neoclássicas e pela preferência por ajustamentos do lado da oferta: flexibilização do mercado de trabalho, redução da intervenção económica do Estado, privatizações, desregulamentação, concorrência e abertura ao exterior) e o período de 1997 até hoje ("época Blair", que é considerado pelos autores como um período de *continuidade* em relação às "políticas Thatcher", quer no plano das políticas de atracção do investimento estrangeiro, reforçadas pelo investimento público nos sectores da saúde e da educação, quer no plano das políticas de concorrência, privatização e desregulamentação, quer ainda ao nível das políticas monetária e orçamental, orientadas para a promoção da iniciativa privada, nomeadamente com o lançamento dos programas de *Public-Private Partnerships* e *Private Finance Initiative*) e; por outro lado, procura identificar as fraquezas de uma economia que considera *dualista* por ter abandonado por completo a indústria tradicional, para se concentrar nos (i) serviços sofisticados (serviços financeiros, novas tecnologias, telecomunicações, indústrias de ponta baseadas em investigação e desenvolvimento, como a indústria farmacêutica, a indústria química, a indústria aeronáutica e a indústria informática) e nos (ii) serviços indiferenciados (construção civil e obras públicas e particulares, distribuição, lazer e serviços aos particulares). Segundo Artus, os serviços sofisticados representaram em 2007 cerca de 21% do emprego total na economia (contra 4% em França) e os serviços indiferenciados cerca de 28% (20% nos serviços a particulares, distribuição e lazer, e 8% na construção civil).

Este modelo de desenvolvimento tem várias consequências: por um lado torna o país muito vulnerável a crises nos sectores financeiro e imobiliário, criando uma forte dependência em relação ao exterior (dependência estratégica porque grande parte dos bens essenciais são importados, dependência financeira, porque o financiamento do défice comercial depende do excedente na balança de capitais, o que obriga o país a prosseguir políticas de estabilidade cambial); por outro lado, agrava de forma muito significativa as desigualdades sociais (segundo Artus e Garatti, as desigualdades na distribuição do rendimento e da riqueza são mais significativas no Reino Unido que nos demais países europeus, porque o mercado de trabalho se encontra *bipolarizado* entre serviços sofisticados e serviços indiferenciados, dando como exemplo os prémios pagos aos trabalhadores dos serviços financeiros, que representaram cerca de 2% do PIB britânico em 2007 – cf., p. 150) com consequências no preço dos activos e dos serviços (a minoria com rendimentos muito elevados provoca uma subida nos preços dos activos imobiliários e dos serviços como o alojamento, a educação, a saúde e os serviços a particulares).

Segundo Artus e Garatti, a economia britânica do pós-guerra assemelha-se a um gigantesco *hedge fund*, procurando garantir a flexibilidade económica (nos mercados de factores e nos mercados de bens finais), atrair o investimento estrangeiro e a poupança internacional com base na estabilidade cambial, na reduzida pressão fiscal e na reduzida dívida pública, ao mesmo tempo que gera desigualdades sociais muito graves.

Porém, no entender dos autores, esse modelo (que, de alguma forma, importa a rejeição da união económica e monetária e de todas as tentativas que impliquem uma participação mais intensa do Reino Unido no processo de integração europeia[1]) foi definitivamente posto em causa pela crise financeira internacional, a qual deu origem a uma significativa depreciação da libra devido à saída de capitais para o exterior (aumentando o défice externo e o preço das importações), à desvalorização dos activos na titularidade dos bancos, ao aumento do desemprego e à quebra no consumo privado, ao aumento da dívida pública entre 37% a 50% do PIB britânico devido ao lançamento de planos de recuperação e saneamento financeiro do sistema bancário, com nacionalização de alguns bancos (Northern rock e Bradford and Bingley) e tomadas de participação significativas por parte do Estado no capital de outros (casos do Royal Bank of Scotland, HBOS e Lloyds).

As medidas públicas de relançamento da economia assumidas pelo Governo britânico (que passam, entre outras, pela redução da taxa do IVA de 17,5% para 15% nos anos de 2008 e 2009, com regresso à taxa

[1] Essa perspectiva pode ser vista em Mark Baimbridge e Philip B. Whyman, *Britain, The Euro and Beyond*, Ashgate, 2008, onde se equaciona a revisão do estatuto do Reino Unido no quadro da União Europeia, propondo-se a renegociação dos tratados em função da necessidade de aumentar o grau de autonomia ou flexibilidade do Reino Unido, admitindo-se mesmo várias alternativas à participação do Reino Unido na União Europeia (cf. pp. 187-198) e a saída do Reino Unido da União Europeia (pp. 199-211).

de 17,5% em 2010, pelo apoio às pequenas e médias empresas e pelo lançamento de um conjunto de investimentos públicos) aumentaram significativamente as necessidades de financiamento do Estado, apontando para um défice orçamental na ordem dos 12,6% do PIB em 2009 e 2010 e para um aumento da dívida pública em cerca de 40% (de 43% do PIB em 2007 para 83% do PIB em 2010). Por seu turno, a política monetária tornou-se fortemente expansiva, tendo o Banco de Inglaterra adquirido parte dos activos ilíquidos dos bancos (fundamentalmente *Asset Backed Securities*) contra a entrega de títulos de dívida pública e alargado o conjunto de activos elegíveis para efeitos de refinanciamento, os quais passaram a incluir instrumentos de dívida emitidos pelos bancos com garantia do Estado no âmbito do programa *Government-Backed English Incorporated Company*.

Para Artus e Garatti, a crise financeira internacional e o conjunto de medidas tomadas pelo Governo britânico para lhe pôr cobro irão implicar um aumento muito significativo da tributação no Reino Unido, perdas de rendimento e emprego no sector dos serviços financeiros e serviços conexos, reduzindo os factores de flexibilidade e atractividade do país numa lógica de captação da poupança global. Por outro lado, o desendividamento das famílias e a quebra de preços no sector imobiliário irão corresponder a um período de redução da procura, ao mesmo tempo que a depreciação da libra será uma consequência da quebra do crescimento e das taxas de juro reduzidas que se irão verificar na economia britânica.

Tudo isto põe em causa, segundo os autores, o modelo de crescimento económico existente no Reino Unido desde 1980. Neste sentido, enquanto para a generalidade dos países da Europa continental a crise financeira internacional constitui um problema de crescimento económico, devido às insuficiências de funcionamento dos mercados monetários interbancários e ao seu impacto na disponibilização de crédito à economia, para o Reino Unido, a crise financeira internacional constitui *um problema de modelo de desenvolvimento*, representando, porventura, uma oportunidade de aproximação aos modelos prevalecentes na Europa continental.

Resta saber se será essa a orientação do novo governo que sair das eleições parlamentares de 2010 ou se, pelo contrário, a crise financeira internacional não poderá antes precipitar as tendências centrifugas que defendem um reforço da autonomia do Reino Unido no quadro do processo de integração europeia, apontando mesmo para a participação do Reino Unido no mercado único através o *Espaço Económico Europeu* (EEA), para acordos bilaterais de comércio entre o Reino Unido e a União Europeia ou para a integração do Reino Unido em blocos comerciais alternativos, como o *North American Free Trade Agreement* (NAFTA) ou o *Commonwealth*, ou mesmo para a revitalização do *European Free Trade Agreement* (EFTA)[2].

Sérgio Gonçalves do Cabo

[2] Cf. Mark Baimbridge e Philip B. Whyman, *ob. cit., loc. cit.*.

NA WEB

SITE DO BANCO MUNDIAL
http://www.worldbank.org/

Neste número da Revista de Direito Fiscal e Finanças Públicas sugerimos uma visita ao site do Banco Mundial (www.worldbank.org).

O convite sequencia a proposta que fizemos, em número anterior, de visita ao *site* do Fundo Monetário Internacional.

Com esta visita, encerra-se o itinerário dos *sites* das duas organizações que saíram dos acordos de Bretton Woods.

A história do Banco Mundial surge com a sua criação, em 1944, enquanto instrumento de apoio à reconstrução e ao desenvolvimento na decorrência da segunda grande guerra.

O papel do Banco Mundial – enquanto Banco Internacional para a Reconstrução e Desenvolvimento - foi gradualmente evoluindo para uma instituição que procura atenuar a pobreza no mundo, em articulação com outras quatro instituições de apoio ao desenvolvimento que integram o Banco Mundial : a Associação Internacional de Desenvolvimento (International Development Association), a Corporação Financeira Internacional (International Finance Corporation), a Agência Multilateral de Garantia de Investimentos (Multilateral Guarantee Agency) e o Centro Internacional para a Arbitragem de Disputas sobre Investimentos (International Centre for the Settlement of Investment Disputes.

Tudo isto é explicado no *site*.

Para além de informações habituais neste tipo de sites institucionais (descrição dos órgãos dirigentes, estatutos, relatório anual, organização interna, orçamento da instituição) é possível encontrar outros elementos que podem constituir uma mais-valia para os estudioso de finanças públicas e de direito fiscal e, bem assim, para a opinião pública em geral.

Destacamos, em particular, os dossiers temáticos que abrangem áreas diversas como a saúde, o desenvolvimento social, a crise financeira, a energia, o ambiente, a juventude ou as alterações climáticas.

É curioso que o site disponha de referência a um universo de *blogs* – mais ou menos institucionais – sobre assuntos conexos com a actividade do Banco Mundial, como o microcrédito, a redução da pobreza ou, novamente, as alterações climáticas.

Trata-se de uma novidade em *sites* desta natureza.

O *site* disponibiliza ainda informação especializada, direccionando os visitantes, consoante se trate, por exemplo, de empresários, estudantes, entidades oficiais, jornalistas, jovens ou pessoas à procura de emprego.

É um dos *sites* de organizações internacionais mais completos que tivemos ocasião de percorrer, dispondo de abundante e diversificada informação.

É certo que, à semelhança de outros – como o do FMI - este *site* tem uma lacuna. A informação é fornecida em inglês, francês, espanhol, russo, chinês, japonês e árabe. Não em português. Infelizmente, a nossa língua não é considerada língua de trabalho.

A visita ao *site* é essencial para a compreensão dos caminhos a trilhar para a redução das desigualdades a nível mundial e para a diluição da crise financeira que atravessamos.

Constitui, a vários títulos, um ponto de referência para os estudiosos de finanças públicas e de direito fiscal.

Nuno Cunha Rodrigues

BLOGUE PESSOAL DE ROBERT REICH
(http://robertreich.blogspot.com/)

"Pai, sei que pode ficar tentado pelo facto de ter configurado o seu blogue, mas não pude resistir. Os blogues são uma forma excelente de obter uma audiência de forma quase imediata. Vou enviar-lhe por e-mail as instruções para postar. Pode escrever sobre opiniões pessoais, teoria política, publicar fotografias num dia e citar no outro, qualquer coisa. Há sempre uma audiência para tudo, mas é preciso começar a editar os textos para a obter." (Quarta-feira, 5 de Abril de 2006). Assim começa o blogue de Robert B. Reich, que nasceu com um evidente desafio do filho.

Robert B. Reich trabalhou em três administrações norte-americanas, tendo sido secretário de estado do trabalho na administração de Bill Clinton. Também fez parte do gabinete que assegurou a recente passagem para a administração de Barack Obama. É autor de vários livros e artigos, incluindo o célebre "World of Nations", que foi traduzido em 22 línguas. Reich é editor da revista *The American Prospect* e foi-lhe atribuído o prestigiado Vaclav Havel Vision Foundation Prize, na República Checa. Em 2008, a revista *Time* nomeou-o como um dos dez mais bem sucedidos membros do governo do século.

O blogue atravessa um dos mais conturbados períodos económicos dos últimos setenta anos o que o torna ainda mais interessante para além do autor.

Na verdade, é a Reich que devemos a expressão pré-obamiana da Era do Populismo Furioso. De acordo com este autor, "A era do populismo furioso (*The Era of Angry Populism*) acabou de começar com o programa de assunção de compromissos (*bailout*) para cobertura dos prejuízos da banca" (Quarta-feira, 1 de Outubro de 2008). Na verdade, o "*Angry populism* foi sempre uma força muito potente na política americana. E agora, com os salários a descer, a insegurança laboral a proliferar, os preços da alimentação e dos seguros de saúde a subirem, bem como a iminência de perda de habitações para muito perto – juntamente com aquilo que se antevê pela assunção dos prejuízos da banca pelos contribuintes - torna o populismo como uma realidade bem implantada.". A conclusão é esperada: "Vamos esperar que Obama ganhe e que consiga mobilizar a fúria para uma forte pressão no Congresso para consegur cumprir o seu programa ambicioso, reformando não só Wall Street, mas também Washington" (Quarta-feira, 1 de Outubro de 2008). Não é por acaso que Reich defende um New New Deal, com argumentos muito New New keynesianos.

Continuando, a visão de Reich é, ao tempo, pessimista, porque entende que "a recessão económica está a prejudicar todos", principalmente a geração dos *early baby boomers* acima dos 55 anos. De facto, quem se encontra nesta idade, pode estar em maus lençóis, porque "perante uma crise económica, muitos empregadores dispensam os trabalhadores mais velhos porque a sua idade torna-os mais caros e, todos os estudos comprovam que a busca de um novo posto de trabalho é muito complicada" (Sexta-feira, 3 de Outubro de 2008). E os problemas não ficam por aí – "a casa em que estavam a viver [os séniores acima dos 55 anos] e que planearam vender na reforma agora vale muito menos, o que torna o seu plano 401-k um fracasso".

Passado um ano, é curioso reparar que a manutenção dos remédios para a crise é a palavra de ordem para Reich. Assim, está para perto a subida de impostos para as classes de rendimentos mais ricas (Tax the Wealthy to Keep Everyone Healthy). Ora, 1% da população mais rica detém nos Estados Unidos 20% do rendimento, o que permite demonstrar que não é aumentando os impostos para estes que o investimento baixará (Quarta-feira, 15 de Julho de 2009). É que, apesar de tudo, os decisores económicos "não devem sucumbir à histeria do défice" (Sexta-feira, 25 de Agosto de 2009). Sobre este aspecto, a ver vamos quais serão as consequências do combate à crise na Europa, tendo em conta que foi aprovada na Alemanha uma norma constitucional que estabelece o objectivo do orçamento equilibrado, com um tecto de défice de 0,35% do Produto Interno Bruto, contrastando com o tecto dos 3% do Pacto de Estabilidade e Crescimento de 1997.

Em todo o caso e pela actualidade dos temas, robertreich.blogspot.com é um blogue a seguir nos tempos mais próximos.

Guilherme Waldemar d'Oliveira Martins

CRÓNICA DE ACTUALIDADE

PONTO DE SITUAÇÃO DOS TRABALHOS NA UNIÃO EUROPEIA E NA OCDE – PRINCIPAIS INICIATIVAS ENTRE MAIO DE 2009 E AGOSTO DE 2009

Brigas Afonso, Clotilde Palma e Manuel Faustino

1. FISCALIDADE DIRECTA

1.1. A Comissão deduziu acção contra o Luxemburgo por causa da Directiva da Poupança

A Comissão Europeia decidiu deduzir uma acção contra o Luxemburgo perante o Tribunal de Justiça das Comunidades Europeias por aplicação incorrecta de algumas disposições da Directiva da Poupança (Directiva 2003/48/CE do Conselho, de 3 de Junho de 2003), no que diz respeito aos juros pagas a beneficiários efectivos com o estatuto de «residentes não domiciliados» no seu país de residência (IP/09/1013, de 25-06-2009)

1.2. A Comissão pediu à Bélgica para eliminar a tributação discriminatória dos juros pagos por bancos estrangeiros a particulares

A Comissão pediu formalmente à Bélgica para modificar a sua legislação, em virtude da qual os juros são tributados de modo diferente, consoante a localização do banco que os paga. Segundo a legislação belga, os juros pagos pelos bancos belgas aos particulares são isentos de imposto até ao montante de 1.660,00 €, enquanto os juros pagos por bancos estrangeiros não beneficiam da mesma isenção (IP/09/1017, de 25-06-2009).

1.3. A Comissão pediu à Finlândia e à Dinamarca para acabar com a tributação discriminatória dos fundos de pensões estrangeiros

A Comissão dirigiu à Finlândia e à Dinamarca um pedido formal no sentido de alterarem as suas legislações que estabelecem uma tributação discriminatória dos fundos de pensões estrangeiros. A razão da discriminação assenta, em ambos os Estados, no facto de os dividendos pagos aos fundos de pensões serem tributados a taxas efectivas diferentes, num caso por incidirem sobre rendimentos brutos (fundos estrangeiros) e, no outro, por incidirem sobre rendimentos líquidos (fundos nacionais) (IP/09/018, de 25-06-2009).

1.4. A Comissão pediu à Espanha para alterar as suas normas fiscais sobre troca de acções.

A Comissão pediu formalmente à Espanha para alterar as suas normas fiscais relativas aos impostos sobre as mais-valias derivadas da troca de acções. A Comissão considera que algumas destas normas são incompatíveis com a Directiva sobre as fusões (Directiva 90/434/CEE do Conselho), e com a liberdade de estabelecimento e a livre circulação de capitais, consagradas nos artigos 43.º e 56.º do Tratado CE e nos artigos correspondentes do Acordo EEE. A questão reside no facto de haver um tratamento diferenciado no tratamento das mais-valias verificadas na operação de troca de acções, de tal modo que, se os beneficiários forem residentes em Espanha a lei conferes-lhe um diferimento do pagamento do imposto devido, enquanto se forem não residentes da UE e as acções que se recebem representarem o capital de uma sociedade cuja sede se não localiza em Espanha, o imposto deve ser pago no momento da troca. A Espanha justifica este tratamento com razões de eficácia e controlo, alegando a dificuldade de garantir posteriormente uma tributação efectiva quando a sociedade adquirente tem a sua sede fora de Espanha (IP/09/1019, de 25-06-2009).

1.5. Estímulos Fiscais à educação e à formação

O CEDEFOF (European Centre for the Development of Vocaional Training) e as Direcções gerais «Educação e Cultura» e «Fiscalidade e União Aduaneira» da Comissão Europeia organizam uma conferência de 1 dia sobre os estímulos fiscais à educação e à formação, em 22 de Setembro, em Bruxelas. A conferência apresentará perspectivas inovadoras sobre as tendências e desenvolvimentos recentes em matéria de estímulos fiscais utilizados pelos governos para promover a educação e a formação.

Os objectivos da conferência são, em particular, os seguintes:

- Divulgar os resultados do estudo do CEDEFOP «The use of tax incentives to support education and training in six select Member states (Allemagne, France Irlande, Autriche, Pays-Bas, Finland)»;
- Evidenciar as boas práticas de tratamento fiscal da educação e da formação;
- Estudar os resultados de pesquisas relativas ao impacto da fiscalidade sobre as decisões em matéria de educação e de formação, bem como diferentes modos de encorajar a educação e a formação ao longo da vida.

Procurar-se-á dar aqui, na próxima edição da Revista, o eco desta realização.

1.6. Colecção Taxation Papers

No período em análise, a colecção Taxation Papers foi enriquecida com mais três publicações, todas elas de muito interesse:

- Taxation Paper n.º 17 – Alternative Systems of Business Tax in Europe: An applied analyses of ACE and CBIT Reforms, por Ruud A. de Mooij e Michael P. Devereux.
- Taxation Paper n.º 18 – Tax-Co-ordination in Europe: Assessing the First Years of the EU-Savings Taxation Directive, por Thomas Hemmelgarn and Gaëtan Nodème.
- Taxation Paper n.º 19 – Tho role of fiscal instruments in environement policy, por Katri Kosonen and Gaëtan Nodème.

1.7. OCDE – Reforçar a disciplina Fiscal – Cooperar com as grandes empresas e com os particulares mais afortunados

Tendo em vista alcançar os objectivos acima explicitados, a OCDE divulgou recentemente quatro publicações:

- Grupo de Reflexão sobre a gestão da disciplina fiscal das grandes empresas: experiências e práticas de oito países da OCDE, da responsabilidade do Forum on Tax Administration;

- Princípios administrativos gerais – governo empresarial e gestão do risco fiscal, da responsabilidade do Forum on Tax Administration;
- Para uma disciplina fiscal transparente no sector bancário;
- Dialogar com os particulares mais afortunados a propósito do cumprimento das suas obrigações fiscais, igualmente da responsabilidade do Forum on Tax Administration.

1.8. OCDE – Fórum Global sobre transparência e Troca de Informações para Fins Fiscais, México, 1 e 2 de Setembro de 2008

Resumo das conclusões da reunião do Fórum Global sobre Transparência e Troca de Informações para fins fiscais, realizada no México em 1-2 de Setembro 2009 ([1])

178 Delegados de mais de 70 jurisdições e organizações internacionais reuniram-se em 1 e 2 de Setembro no México para discutir os progressos alcançados na aplicação das normas internacionais sobre transparência e troca de informações para efeitos fiscais, tal como se encontram expressas no Modelo de Acordo de Intercâmbio de Informação Fiscal e no artigo 26.º dos Modelos OCDE e ONU de Convenções Fiscais, e como responder aos apelos internacionais para reforçar o trabalho do Fórum Global. (Anexa está uma lista das jurisdições presentes no México).

No contexto da necessidade dos governos de protegerem as suas bases tributárias de desconformidade com as respectivas legislações fiscais, os principais objectivos da reunião foram:

- Conseguir um acordo sobre a reestruturação do Fórum Mundial da OCDE para alargar a sua participação e garantir que os seus membros participem em plano de igualdade;
- Conseguir um acordo sobre como estabelecer um aprofundado processo de revisão para monitorar e avaliar os progressos realizados no sentido do pleno e efectivo intercâmbio de informações;

[1] Tradução de Manuel Faustino, com a colaboração de Sofia Almeida.

- Identificar mecanismos para acelerar a negociação e celebração de acordos para intercâmbio de informações e para permitir aos países em desenvolvimento beneficiarem do novo e mais cooperante ambiente fiscal.

Os resultados da reunião que foram acordados pelos participantes ([2]), bem como os próximos passos no processo, constam a seguir ([3]).

I. Conclusões da reunião

(a) *Reestruturação do Fórum Global*

(i) *Estrutura e mandato*

- Os participantes acordaram que o Fórum Global deve ser reforçado e estruturado como um programa da Parte II inteiramente financiado por todos os seus membros e com um secretariado permanente dedicado, localizado no centro da OCDE para a Política Fiscal e Administração, de modo a beneficiar da experiência da Organização nesta área. A Secretaria, que deve estar ao serviço do Fórum Global, deve estar aberta a especialistas da OCDE e de jurisdições não membros da OCDE.
- Acordaram que o Fórum Global deve operar sob um novo mandato de três anos destinado a assegurar uma aplicação rápida e efectiva global das normas de transparência e troca de informações para efeitos fiscais através da revisão em profundidade de um novo processo de monitorização e de avaliação.
- O Fórum Global forneceu orientações ao Secretariado para a preparação atempada de uma proposta de orçamento detalhado com base num orçamento anual de aproximadamente 2,9 milhões de euros e acordou que estes custos devem ser repartidos com base numa chave de repartição que combine uma taxa fixa e uma partilha do saldo através de uma

[2] Algumas das jurisdições convidados não puderam participar, mas, no entanto, algumas enviaram observações.

[3] Essas discussões foram baseadas principalmente no documento de trabalho *Transparência e troca de informações para fins fiscais: uma proposta de quadro para revisão profunda da monitorização e para a reestruturação do Fórum Global.*

escala de contribuição que reflicta a capacidade de pagamento. O Fórum Global admitiu que a seguinte proposta, que não reflecte, necessariamente, consenso, deve ser aprofundada. Haveria uma taxa fixa no valor de 15.000 euros para cada jurisdição. O financiamento do restante seria repartido em função de uma escala com base no PNB, tendo em conta um abatimento por habitante (ver mais detalhes no anexo).

- Todos os membros da OCDE, G20 e outros territórios abrangidos pela Avaliação de 2009 devem ser convidados a ser membros do Fórum Global ([4]. Todos os membros participam do Fórum Global numa base de igualdade.
- Outros países também serão convidados a participar nos trabalhos do Fórum Global, com a possibilidade de se tornarem membros se se comprometerem a implementar as normas e aceitarem ser monitorizados e avaliados. Organizações internacionais relevantes também serão convidados como observadores.
- A estrutura e o mandato serão revistos no final do primeiro mandato.

(ii) *A tomada de decisão e Governo*

- O Fórum Global será o órgão decisório.
- O Fórum Global continuará a decidir por consenso. No entanto, as avaliações requerem uma abordagem para um consenso que garanta que uma jurisdição não pode bloquear a aprovação ou a publicação de uma avaliação. No entanto, todo esforço deve ser feito para se chegar a um consenso e os pontos de vista da jurisdição seriam integralmente anotados.
- O Fórum Global será assistido por um Grupo de Coordenação que irá preparar e orientar o seu trabalho futuro.
- O Fórum Global elegeu a Austrália (Mike Rawstron) como presidente do Fórum Global, e a China, Alemanha e Bermudas como vice-presidentes. Também elegeu a França (François d'Aubert) como Presidente do Grupo de Avaliação e a Índia, Japão, Singapura e Jersey como vice-presidentes. Os outros membros do grupo de acompanhamento serão o

[4] Como a Comissão Europeia participa nos trabalhos da OCDE em todos os níveis, tornar-se-ia um dos participantes no Fórum Global.

Brasil, Ilhas Caimão, África do Sul, Suíça, Reino Unido e os Estados Unidos da América.

(b) ***Estabelecer um sistema compreensivo de monitorização e de avaliação***

- A fim de proceder a uma monitorização e avaliação em profundidade da aplicação das normas de transparência e de intercâmbio de informações para efeitos fiscais, o Fórum Mundial acordou na criação de um Peer Review Group (PRG) para desenvolver a metodologia e detalhada dos termos de referência para um processo sólido, transparente e acelerado.
- O mandato será baseado em propostas que constam no documento de enquadramento para mais profundidade no acompanhamento e avaliação, conforme discutido na reunião. Haverá duas fases para a avaliação. A Fase 1, que irá analisar o enquadramento legal e regulamentar em cada jurisdição, começará no início de 2010 e estará concluída para todos os membros no prazo inicial de três anos de mandato. A Fase 2, que também vai começar no início de 2010, vai avaliar a aplicação das normas na prática. O Fórum Global acordou que todos os membros e jurisdições relevantes membro não serão cobertos pelas Fases 1 e 2 de avaliação. O PRG irá propor o agendamento de jurisdições a serem avaliados na Fase 2.
- Contrariamente à Fase 2, a Fase 1 normalmente não necessita de visitas ao local.
- Além das duas fases avaliação, o Fórum Global irá acompanhar os instrumentos jurídicos para a troca de informações (por exemplo, acordos de dupla tributação e os acordos de intercâmbio de informações fiscais). Esse acompanhamento será agora permanente e abrangerá tanto os membros do Fórum Global, como relevantes jurisdições não-membros, identificando e distinguindo entre os acordos em vigor e os acordos assinados, mas ainda não em vigor. Incidirá sobre se estes acordos cumprem as normas. O primeiro relatório está previsto para Dezembro de 2009.
- O Fórum Global continuará a publicar as suas actualizações anuais e emitirá o calendário de suas avaliações futuras.
- O acompanhamento conjunto e processo avaliação serão um exercício permanente. Os relatórios de avaliação serão publicados após aprovação pelo Fórum Global. Espera-se que as jurisdições cumpram quaisquer recomendações da avaliação e um remetam um relatório ao Fórum Global sobre as medidas tomadas.

- O Peer Review Group irá desenvolver uma orientação mais detalhada sobre como implementar estas conclusões.

(c) ***Acelerar o processo de negociação de acordos***

- O Fórum Global saúda os progressos em três projectos para acelerar a conclusão de acordos de troca de informações:
  - Negociações multilaterais regionais para a assinatura simultânea de acordos bilaterais;
  - Orientações sobre a aplicação prática da versão multilateral do modelo de 2002 sobre a Troca de Informações em Matéria Fiscal;
  - Exploração da prorrogação de uma actualizada OCDE/Conselho da Europa, Convenção Multilateral sobre Assistência Administrativa em Matéria Fiscal, para mais jurisdições.
- O Fórum Global continuou também a analisar a forma como a abordagem unilateral descrito no documento de base pode ser desenvolvida.

(d) ***Reforçar as capacidades dos países em desenvolvimento***

- Um relatório para o Fórum Global no início do próximo ano irá analisar como os países em desenvolvimento podem ser mais integrados no em benefício do trabalho do Fórum Global. Os participantes também observaram que, além do Fórum Global, as administrações fiscais dos países em desenvolvimento poderão beneficiar de formação profissional e congratularam-se com as iniciativas neste domínio pela União Europeia, FMI, OCDE, Banco Mundial e as administrações fiscais regionais, bem como por membros do Fórum Global.
- O Fórum Global reconheceu que os pequenos centros financeiros podem necessitar de assistência técnica para implementar efectivamente as normas. Incentivou a OCDE, em colaboração com outras organizações relevantes, para desenvolver propostas concretas até o final de 2009, sobre como isso poderia ser assegurado.

II. Próximas etapas

- Um relatório do G20 sobre os resultados da reunião foi objecto de acordo e serão agora apresentado aos líderes e Ministros das Finanças do G20 paras as reuniões de Setembro.

- A primeira reunião do PRG terá lugar em Outubro.
- O Fórum Global deliberou que a próxima reunião terá lugar antes de Junho de 2010. Nessa reunião, o Fórum Global irá analisar, entre outras questões: (i) o progresso na assinatura e entrada em vigor dos acordos, (ii) os resultados preliminares da Fase 1 do processo avaliação (iii) iniciativas multilaterais para melhorar o intercâmbio de informação e (iv) um relatório da Secretaria sobre como os países em desenvolvimento podem ser mais integrados e beneficiarem do trabalho do Fórum Global.
- Antes da reunião dos Ministros das Finanças do G20, em Novembro, a Secretaria apresentará um relatório para informar os Ministros como funcional os acordos multilaterais sobre o intercâmbio de informações (TIEAs) e que medidas são necessárias para acelerar a completa implementação das normas.
- O presidente do Fórum Global irá escrever a todas as jurisdições convidados para a Reunião de a Los Cabos e pedir-lhes formalmente para confirmar sua participação no Fórum Global de 21 de Setembro.
- O secretário-geral da OCDE irá propor ao Conselho da OCDE para tomar a decisão de criar o Fórum Global, nos moldes descritos neste resumo dos resultados.

Anexo 1

Jurisdições convidados e participantes da reunião ([5])

Andorra – Antígua e Barbuda – Argentina – Austrália – Áustria – Bélgica – Bermudas – Brasil – Ilhas Virgens Britânicas – Canadá – Ilhas Caimão – Chile – Ilhas Cook – Costa Rica – República Checa – Dinamarca – Finlândia – França – Alemanha – Gibraltar – Guatemala – Guernsey – Hong Kong, China – Índia – Irlanda – lha de Man – Itália – Japão – Jersey – Coreia – Libéria – Liechtenstein – Luxemburgo – Macau, China – Malásia – Ilhas Marshall – México – Mónaco – Holanda – Antilhas Holandesas – Nova Zelândia – Panamá – República da China – Filipinas – Polónia

[5] Portugal, membro da OCDE e, por inerência, do Fórum Global, no momento em que internamente anuncia a celebração de mais de uma dezena de acordos de troca de informações para fins fiscais com jurisdições de opacidade reconhecida, primou pela ausência! Medo de contaminação do Vírus H1N1?

– Federação Russa – São Cristóvão e Névis – São Vicente e Granadinas – Samoa – São Marino – Seychelles – Singapura – Eslovénia – África do Sul – Espanha – Suécia – Suíça – Bahamas – Ilhas Turks e Caicos – Reino Unido – Estados Unidos – Uruguai

Organizações Internacionais

Banco Europeu de Reconstrução e Desenvolvimento
Comissão Europeia
Financial Action Task Force
Inter-American Development Bank
International Finance Corporation
Fundo Monetário Internacional
Organisation for Economic Co-operation and Development
Banco Mundial

Anexo 2

PROPOSTA DE CONCESSÃO DE CONTRIBUIÇÃO PARA O EXERCÍCIO GFTEI

A proposta é o resultado das discussões que tiveram lugar na 5 ª Reunião do Fórum Global sobre a transparência o intercâmbio de informação (Fórum Global) em 1e 2 de Setembro de 2009. A proposta não necessariamente reflecte o consenso. Baseia-se nas seguintes premissas:

- Uma taxa fixa de € 15.000 para cada um dos membros do Fórum Global.
- O financiamento do restante será atribuído de acordo com a metodologia utilizada em outros órgãos da Parte II. Será com base no PNB global com uma redução de 450 dólares / habitante. A fim de não sobrecarregar as jurisdições mais pequenas, propõe-se que apenas as jurisdições com um PNB acima de 35 bilhões de dólares sejam solicitadas a contribuir para esta parte do orçamento.

1.9. OCDE – Fórum sobre Preços de Transferência

Realiza-se nos dias 21 e 22 de Setembro, em Paris, na sede da OCDE, na sequência da Conferência que o ano passado comemorou os 50 anos da

Convenção Modelo da OCDE, uma Conferência sobre preços de transferência, que se espera conte com mais de 600 participantes e a intervenção dos mais reputados especialistas sobre o tema.

Contamos na próxima edição da fazer uma síntese dos trabalhos da Conferência.

2. IMPOSTO SOBRE O VALOR ACRESCENTADO

2.1. Comunicado da Comissão sobre grupos de IVA

A Comissão, a 02.07.2009, apresentou ao Conselho e ao Parlamento Europeu uma Comunicação no que respeita à faculdade de criação de grupos para efeitos de IVA prevista no artigo 11.° da Directiva IVA (COM (2009) 325 final Bruxelas, 2.7.2009).

2.2. Comissão solicita a Portugal que altere a respectiva legislação relativa ao regime forfetário para produtores agrícolas

A Comissão veio solicitar a Portugal que altere a respectiva legislação relativa ao regime forfetário para produtores agrícolas, dado encontrar-se em desconformidade com a Directiva IVA (Comunicado de imprensa IP/09/1015, de 25.06.2009).

2.3. Comissão solicita ao Reino Unido que altere a respectiva legislação relativa à isenção do transporte aéreo

A Comissão veio solicitar ao Reino Unido que altere a respectiva legislação relativa à isenção do transporte aéreo, dado basear-se em pressupostos distintos dos da Directiva IVA (Comunicado de imprensa IP/09/1016, de 25.06.2009).

2.4. Directiva que altera a Directiva IVA no tocante à evasão fiscal ligada às importações

Foi aprovada a Directiva 2009/69/CE, do Conselho, de 25 de Junho, que altera, em situações específicas, a Directiva IVA no tocante à evasão fiscal ligada às importações.

2.5. Aperfeiçoamento do sistema VIES

A Comissão veio propor um novo serviço em linha de aperfeiçoamento do sistema VIES de troca de informações para operadores que se encontrem involuntariamente envolvidos em situação de fraude, em especial de tipo carrossel (Comunicado de imprensa 23.06.2009).

2.6. Directiva IVA das taxas reduzidas

Foi aprovada a Directiva 2009/47/CE, do Conselho, de 5 de Maio, que altera a Directiva IVA no tocante à lista de bens e serviços relativamente aos quais os Estados membros têm a faculdade de aplicação de taxas reduzidas do imposto.

3. IMPOSTOS ESPECIAIS DE CONSUMO HARMONIZADOS, IMPOSTO SOBRE VEÍCULOS E UNIÃO ADUANEIRA

3.1. Impostos Especiais de Consumo – EMCS sistema informático de controlo dos movimentos intracomunitários de produtos sujeitos a IEC´s.

Foi publicado, em 29.7.2009, o Regulamento (CE) n.º 684/2009 da Comissão que aplica a Directiva 2008/118/CE do Conselho, no que diz respeito aos processos informatizados para a circulação de produtos sujeitos a IEC´s em regime de suspensão do imposto.

3.2. Impostos Especiais de Consumo – Comissão Europeia solicita consultas bilaterais com Filipinas, no âmbito da OMC.

A Comissão Europeia solicitou, em 29.7.2009, consultas bilaterais com as Filipinas, no âmbito da Organização Mundial do Comércio, tendo como objecto os IEC´s aplicados nas Filipinas às bebidas espirituosas importadas, cujas taxas, em violação do disposto no artigo III do GATT, são 10 a 50 vezes superiores às aplicadas aos produtos similares produzidos localmente. (IP/09/1200).

3.3. Impostos Especiais de Consumo – Comissão Europeia retoma publicação da EMCS News.

A Comissão europeia retomou, em 17.07.2009, a publicação semestral da newsletter sobre o EMCS (EMCS News), que publicita as novidades relativas ao sistema informático de controlo dos movimentos intracomunitários de produtos sujeitos a impostos especiais de consumo, conhecido pela sigla EMCS.

3.4. Tributação automóvel – Comissão Europeia solicita à Roménia que modifique a tributação das emissões poluentes.

Em 25.06.2009, a Comissão considerou que a suspensão da legislação romena em matéria de tributação das emissões de veículos automóveis, ao mesmo tempo que é aumentada para os veículos usados provenientes de outros Estados-Membros, constitui uma medida discriminatória, que favorece a aquisição de veículos produzidos na Roménia (IP/09/1012).

3.5. Ajudas de estado – a Comissão aprova, sob determinadas condições, o projecto dinamarquês para reduzir as emissões de CO_2

A Comissão Europeia aprovou condicionalmente, nos termos do Tratado CE em matéria de auxílios estatais, o projecto dinamarquês para reduzir o imposto sobre as emissões de CO_2 *às empresas sujeitas ao regime de comércio de emissões da EU, na condição de serem respeitadas as taxas mínimas comunitárias dos produtos petrolíferos e energéticos (IP/09/939).*

3.6. União Aduaneira – Comissão Europeia disponibiliza curso e-learning.

Em 11.06.2009 a Comissão Europeia disponibilizou no seu website um curso e-learning para ajudar os operadores económicos e os funcionários aduaneiros na concessão dos estatutos OEA (Operadores Económicos Autorizados) e na obtenção dos números EORI (Número de Registo e Identificação dos Operadores Económicos) e reduzir os custos administrativos, simplificar os procedimentos aduaneiros e a análise de risco.

PARTIDOS POLÍTICOS: PROPOSTAS EM MATÉRIA FISCAL

As propostas apresentadas foram obtidas através de consulta ao programas eleitorais disponíveis nos *sites* dos cinco maiores partidos políticos com representação na Assembleia da República.

Partido Socialista

• Prosseguir a reestruturação do sistema fiscal nacional, visando o aprofundamento da sua vertente redistributiva, a sua eficiência e a sua competitividade na atracção de investimento produtivo, maximizando o aproveitamento das capacidades endógenas e tradicionais. Maior selectividade no recurso a incentivos fiscais nacionais, privilegiando o emprego, o empreendedorismo, a I&D e a inovação, o ambiente e a cultura. Criação de regimes especiais favoráveis à atracção de actividades científicas e, em geral, actividades de elevado valor acrescentado;

• Reformar a tributação do património imobiliário (IMI e IMT), tendo em vista incentivar a conservação e valorização dos prédios, simplificar os procedimentos e as avaliações, e contrariar o crescimento acelerado da receita, sem deixar de atender aos interesses das autarquias locais;

• Reformar o IRS, mantendo a estabilidade da receita fiscal, tendo nomeadamente como objectivo redistribuir as deduções e benefícios fiscais, num modelo progressivo em favor das classes médias;

• Aproximar o regime de tributação das mais-valias mobiliárias ao praticado na generalidade dos países da OCDE;

• Reduzir os prazos de reembolso do IVA e melhorar o regime de prestação de garantias, criando um novo regime para os pequenos sujeitos passivos;

• Alterar o regime do IVA sobre ISV na tributação automóvel;

• Incrementar e apoio ao cumprimento voluntário das obrigações fiscais por parte dos contribuintes, através, por exemplo, da introdução de um meio de pagamento simplificado para serviços ao domicílio que permita o tratamento fiscal e contributivo da transacção de forma automática;

• Reforçar os instrumentos de luta contra a fraude e evasão fiscal, utilizando os instrumentos legais disponíveis, incluindo as possibilidades e condições de derrogação do sigilo fiscal e do sigilo bancário. Promoção do incremento dos meios informáticos e a melhoria dos sistemas de informação tributários, bem como o cruzamento de informações e os sistemas de troca de informação com administrações tributárias estrangeiras, a par da intensificação da capacidade de fiscalização e cobrança;

• Criar condições para uma justiça tributária mais célere, com criação de soluções pré-contenciosas eficazes para resolução de conflitos.

Partido Social Democrata

• Alterar o regime de pagamento e de reembolso do IVA.

• Extinguir o pagamento especial por conta.

• Reforçar o crédito fiscal ao investimento para PME exportadoras (passando a corresponder a 50% do investimento).

• Incentivar a reconversão dos equipamentos industriais e de transporte para aumento da eficiência energética das PME, com um crédito fiscal de 50% do valor dos investimentos correspondentes, dedutível em cinco exercícios.

• Consagrar a possibilidade de amortização do goodwill para efeitos de IRC, na aquisição de empresas em actividade, bem como do reporte de prejuízos mesmo que o capital da empresa seja transaccionado em mais de 50% (sem necessidade de requerimento ad hoc).

• Aplicar uma majoração de 50%, para efeitos de cálculo do IRC, às despesas resultantes de novas contratações de pessoal (e não apenas para jovens e desempregados de longa duração), com criação líquida de postos de trabalho.

• Garantir uma taxa de IRC de 10% durante 15 anos, para os investimentos a realizar no interior.

• Garantir uma taxa de IRC de 10% durante 10 anos para PME em que sejam maioritários jovens empresários, com idade inferior a 35 anos.

• Revisão do Imposto Municipal sobre Imóveis (IMI) e do Imposto Municipal sobre as Transacções Onerosas de Imóveis (IMT)

• Promover a realização de objectivos extra-fiscais sobretudo por intermédio da despesa pública, e não pelos benefícios fiscais.

• Reanálise de medidas potencialmente ofensivas de direitos dos contribuintes tomadas nos últimos tempos.

• Fixação de um prazo razoável para resposta às reclamações graciosas dos contribuintes.

• Recurso à arbitragem para resolução de conflitos em matéria fiscal.

• Restabelecimento do regime de incentivos da conta poupança-emigrante,

Partido Comunista Português

• Uma política fiscal que alivie a carga sobre os trabalhadores e pequenas empresas, promova o aumento das receitas, a eficiência fiscal e eleve a tributação sobre rendimentos de capital e o património mobiliário. Uma política fiscal que inverta o peso dos impostos indirectos face ao directos, adopte uma legislação fiscal simplificada, estabeleça o princípio geral do englobamento de todos os rendimentos, assegure a eliminação tendencial dos benefícios fiscais e proceda à total derrogação do sigilo bancário para efeitos fiscais.

• Tributação efectiva dos patrimónios, em especial o mobiliário (acções, obrigações e outros títulos);

• Eliminação dos benefícios às SGPS, tributando todas as mais-valias, impedindo as transacções de activos financeiros dentro do mesmo grupo.

• Eliminação da generalidade dos benefícios fiscais (que permitem pagamentos de IRC a taxa inferior a 25%); definição clara e transparente dos sistemas de provisões e de dedução do IVA;

• Limitação do reporte de prejuízos fiscais;

• Garantia de uma taxa efectiva mínima de IRC na banca de 20%.

• Eliminação dos benefícios a rendimentos financeiros (Fundos diversos, Investidores de Capital de Risco, PPR).

• A extinção dos benefícios concedidos às Zonas Francas, até 2011.

• Aplicação de indicadores técnico-científicos, na aplicação do regime simplificado e a eliminação do Pagamento Especial por Conta para as micro e pequenas empresas.

• Diminuição em 10% da taxa geral de IRC (de 25% para 22,5%) aplicável às micro empresas (VN inferior a 10 milhões €); em contrapartida, o agravamento em 10% da taxa de IRC (para 27,5%) na parte dos lucros empresariais superiores a 50 milhões de euros;

• taxa de IRC de 40% sobre os dividendos distribuídos.

• Englobamento no IRS de todos os rendimentos – ganhos de capitais e mais-valias líquidas de instrumentos financeiros, eliminar a generalidade das taxas liberatórias, presunção de rendimentos nas funções de administração e nas operações financeiras das empresas com sócios e administradores.

• Aumento, progressivo da dedução específica no IRS até 100% do SMN em 2013, e de forma degressiva as deduções com a saúde, educação e rendas de casa; reajustar escalões e taxas acentuando a progressividade.

• Redução das taxas de IVA, designadamente com a taxa normal a 19%; redução dos prazos de reembolso, introdução do "IVA de caixa nas transacções com o Estado e eliminação da dupla tributação do IVA (sobre o ISP e ISV); fiscalização reforçada do IVA nas relações intracomunitárias.

• Tributação autónoma de todas as operações de venda de títulos mobiliários, em Bolsa e fora dela, e das operações cambiais não justificadas por transacções comerciais.

• Taxação elevada das mais-valias resultantes da transformação do uso do solo, rústico/urbano (de RAN e REN para área urbanizável).

CDS-Partido Popular

• Introdução no IRS do desconto fiscal por filho (quociente familiar). Será faseado, tendo como objectivo atingir um quociente de 0,5 no final da legislatura.

• Nomeação da Comissão de Reforma Fiscal, tendo como objectivo a aprovação, na próxima legislatura, de uma reforma simplificadora do

IRS, que deverá ter, no máximo, 4 escalões, permitir a diminuição da carga fiscal das classes médias e aumentar a mobilidade social.

• No âmbito da mesma reforma, simplificar o sistema de abatimentos e deduções, hoje complexo e incoerente, apontando para um mínimo de existência familiar.

• Redução das taxas de retenção na fonte do IRS – e não apenas dos escalões –, para antecipar a devolução de poder de compra às famílias.

• Suspender o Pagamento Especial por Conta.

• Reduzir claramente os Pagamentos por Conta das PMEs.

• Reembolso mensal do IVA.

• Rever a tributação em sede de Imposto do Selo sobre os juros dos financiamentos.

• Possibilidade de reporte de prejuízos fiscais das empresas aos lucros obtidos nos últimos dois exercícios.

• Revisão do regime fiscal das SGPS.

• Nesta legislatura, mediante a verificação de condições financeiras, resolver a questão da dupla tributação no automóvel e do Imposto do Selo pago na prestação de garantias ao Estado.

• Instituição da arbitragem fiscal.

• Auditoria ao sistema informático de penhoras automáticas da DGCI.

• Defesa do contribuinte na questão do prazo de caducidade das garantias prestadas e deferimento tácito nas reclamações, mesmo alargando o prazo de decisão.

Bloco de Esquerda

• Transformação do regime do IRS para um efectivo englobamento, com o essencial dos rendimentos a serem tratados da mesma forma, com a simplificação e redução do sistema de deduções e benefícios ao estritamente necessário nas despesas de saúde e educação;

• Maior progressividade fiscal (criação de um novo escalão de 45%);

• Nenhuma nova redução do IRC (excepto em regime excepcional para empresas no interior ou que contratualizem a longo prazo a criação de postos de trabalho permanentes);

• Um Imposto de Solidariedade sobre as Grandes Fortunas, para financiar a segurança social;

• O Estado português deve propor, na União Europeia, a eliminação de todos os *offshores* europeus, que são predominantes nos movimentos financeiros mundiais. Pelo seu lado, deve eliminar a zona franca financeira da Madeira e abolir o sigilo bancário, permitindo o acesso automático da administração a todas as contas;

• Introdução de um imposto sucessório acima dos quinhentos mil euros;

• Redução do IVA, interrompendo e revertendo o aumento da regressividade fiscal;

• Deve ser aniquilado o regime de excepção para a especulação financeira, tributando com englobamento todas as mais-valias bolsistas;

• Os bónus, prémios e indemnizações milionárias devem ser tributadas excepcionalmente;

• Eliminação integral de todos os incentivos fiscais aos produtos privados de poupança para a reforma ou às despesas em educação ou de saúde, nas áreas em que haja oferta pública;

• Os fundos de pensões constituídos pelas poupanças obrigatórias de trabalhadores devem ser submetidos a um regime de prudência que exclua a especulação;

• Os pagamentos em espécie devem ser tributados (como o usufruto de viaturas de serviço e o uso livre de telemóveis).

Nuno Cunha Rodrigues e Gustavo Lopes Courinha

AGREGAÇÃO DE GERMANO MARQUES DA SILVA

Germano Marques da Silva é um nome maior da universidade e da advocacia portuguesa. É, por isso, com a maior naturalidade, mas com não menor satisfação que assinalámos a realização das suas provas de agregação na Faculdade de Direito da Universidade Católica, universidade que tanto deve ao seu empenho e às suas qualidades científicas e pedagógicas. Depois de ter sido responsável pela instalação da Faculdade, foi, de resto, seu director por diversos anos, exercendo as funções em termos que lhe granjearam uma admiração generalizada.

Penalista de renome e com vasta obra publicada nessa área, Germano Marques da Silva tem vindo a manifestar um crescente interesse pela área do direito penal tributário. Foi, alas Presidente da Comissão Revisora do Regime Geral das Infracções Fiscais que elaborou o Anteprojecto do Regime Geral das Infracções Fiscais, tendo elaborado o projecto aprovado pelo Conselho de Ministros em 30.1.2000.

Não foi, todavia, esta a sua única tarefa de serviço público, tendo exercido, ao longo da carreira, diversos cargos de relevo, dos quais me permito recordar, de modo especial, a sua passagem pelo Conselho Superior do Ministério Público.

O júri que apreciou as provas, que decorreram com grande brilho perante uma vasta assistência, era composto pelos professores Manuel Braga da Cruz (Reitor), Mário Júlio de Almeida Costa, Pedro Soares Martinez, Jorge de Figueiredo Dias Jorge Miranda, Manuel da Costa Andrade, José de Faria Costa, Anabela Miranda Rodrigues, Maria Fernanda Palma

Para além da discussão do curriculum, as provas constaram da apreciação do Relatório sobre o conteúdo e métodos de ensino da disciplina de direito penal tributário e de uma lição sobre as responsabilidades das sociedades e dos seus administradores conexas com o crime tributário. Dela respigamos o sumário, que permite avaliar a profundidade e o interesse da lição.

I. A RESPONSABILIDADE PENAL TRIBUTÁRIA

1. DOS ADMINISTRADORES

1.1. Responsabilidade funcional

Trataremos apenas da responsabilidade funcional dos administradores, ou seja, da responsabilidade dos titulares do órgão de administração das sociedades pelos actos ilícitos de natureza penal tributária praticados no exercício das suas funções.

1.2. Responsabilidade por acção e omissão

A responsabilidade dos administradores das sociedades pode ser por acção ou por omissão. Distinção e muito breve referência à responsabilidade por acção. Remissão para a teoria geral.

1.3. A responsabilidade por omissão e o dever de garante

A responsabilidade por omissão. Distinção entre a omissão pura e a omissão impura e respectiva fundamentação.

1.4. A responsabilidade do administrador de direito e não de facto e do administrador de facto e não de direito

A responsabilidade por omissão do administrador de direito e não de facto e do administrador de facto que não o é de direito. Questões a decidir no âmbito da imputação subjectiva.

1.5. A responsabilidade dos administradores nos órgãos plurais

A responsabilidade dos membros do órgão de administração de composição plural pela sua participação nas deliberações: a responsabilidade pelo voto, pela abstenção ou ausência.

2. DAS SOCIEDADES

2.1 Responsabilidade por facto dos administradores

A imputação do facto à sociedade por acção ou omissão funcional dos administradores: actuação funcional em nome e no interesse da sociedade.

2.2. A imputação objectiva e subjectiva das sociedades

A imputação objectiva do facto e, em especial, a culpa das sociedades, como elementos essenciais da sua responsabilidade.

3. A responsabilidade cumulativa dos administradores e das sociedades.

A problemática da responsabilidade penal cumulativa das sociedades e dos seus administradores.

II. A RESPONSABILIDADE CIVIL EMERGENTE DO CRIME TRIBUTÁRIO

1. A responsabilidade civil emergente do crime tributário das sociedades e dos seus administradores

A responsabilidade civil emergente do crime tributário e a sua atribuição à sociedade e aos administradores. Justificação e distinção da mera responsabilidade tributária. Ensaio de fundamentação.

2. A responsabilidade civil dos administradores pelas multas aplicadas às sociedades (art. 8º do RGIT).

A responsabilidade civil dos administradores pelas multas aplicadas às sociedades nos termos do art. 8º do RGIT.

III. A RESPONSABILIDADE TRIBUTÁRIA

1 Autonomia da responsabilidade tributária

A responsabilidade pelo pagamento dos impostos é independente da responsabilidade penal e da responsabilidade civil emergente do crime tributário.

2. Conexões entre a responsabilidade tributária e a responsabilidade penal tributária.

Efeitos do pagamento da prestação tributária na responsabilidade penal. A suspensão da execução da pena condicionada ao pagamento da prestação tributária em dívida.

Ao Professor Germano Marques da Silva e à Universidade Católica endereçamos as mais calorosas saudações e os votos de continuação de um excelente trabalho universitário

Eduardo Paz Ferreira

DOUTORAMENTO DE MARIA EDUARDA AZEVEDO

Maria Eduarda Azevedo concluiu, brilhantemente, as suas provas de doutoramento em direito, na Faculdade de Direito de Lisboa, com a defesa de uma tese intitulada *as parcerias público privadas: instrumento de uma nova governação pública*. Anteriormente, Maria Eduarda Azevedo concluíra a licenciatura e o mestrado na mesma Faculdade.

Com uma carreira notável, em que se associam múltiplas actividades docentes, com o exercício de cargos políticos da maior relevância, tais como o de Secretária de Estado ou deputada ao Parlamento Europeu e, ainda, o desempenho da cargos técnicos e de direcção, Maria Eduarda Azevedo deixou sempre um testemunho de qualidade e seriedade.

O tema que escolheu para a dissertação, e que a vinha já interessando desde há algum tempo, reveste-se de grande actualidade e constitui a análise de maior fôlego entre nós publicada.

As parcerias público privadas como, de resto, é acentuado no próprio título da dissertação, inserem-se num movimento que, ao longo das últimas décadas, veio questionar as formas clássicas de intervenção do Estado e propor meios de actuação mais flexíveis e com maior participação dos próprios particulares, associados ao Estado na satisfação dos interesses públicos. O movimento de consolidação orçamental e o processo de contenção dos défices públicos, no quadro da União Economia e Monetária, acentuaram, ainda, a importância deste movimento.

Um dos méritos da tese é, aliás, a preocupação permanente de enquadrar as parcerias na evolução das concepções do Estado. A primeira parte, intitulada em busca do equilíbrio entre os sectores público e privado, constitui uma síntese de grande qualidade sobre esta matéria, partindo do liberalismo até, ao que qualifica da utopia do novo Estado Mínimo.

Outro dos méritos, que ressalta claramente da segunda parte, corresponde à enorme informação sobre a matéria que leva a autora, quer a análise de experiências de direito comparado, quer à apreciação das orientações das organizações económicas internacionais, quer a um estudo especialmente atento do tratamento em sede de União Europeia.

Numa terceira parte, Maria Eduarda Azevedo analisa as parcerias público privadas em Portugal, enquadrando-as no movimento de revisão e liberalização da Constituição Económica Portuguesa, estudando alguns exemplos e procurando sintetizar o regime jurídico e financeiro das parcerias.

O cerne da tese encontra-se, todavia, na quarta parte, onde sob a designação muito genérica de as parcerias público privadas, se tenta definir a identidade das parcerias, concluindo pela inexistência de uma conceito jurídico, de distinguem modelos, se discutem as bases do contrato de parceria e os seus aspectos económicos, concluindo com um capítulo, intitulado *decisão política, suportabilidade financeira e "value for Money"*.

Maria Eduarda Azevedo que é, de há muito, um dos mais destacados elementos da equipa de jurídico-económicas da Faculdade de Direito de Lisboa, revela nesta tese uma capacidade de discussão e aprofundamento dos temas tradicionalmente gratos a esta área, que nos permite estar seguros da importância do seu trabalho futuro na Escola.

Eduardo Paz Ferreira

DOUTORAMENTO DE MIGUEL MOURA E SILVA

É com o maior júbilo que se dá conta da realização das provas de doutoramento em Ciências Jurídico-Económicas, na Faculdade de Direito de Lisboa, de Miguel Moura e Silva, que se concluíram com a aprovação, com a classificação máxima, por unanimidade. Miguel Moura e Silva vem desenvolvendo uma notável trabalho docente na Faculdade de Direito, ao mesmo tempo que soube granjear o maior respeito e consideração por parte de quantos trabalham na área da concorrência. Ainda recentemente, a comunidade jurídica ficou a dever-lhe o excelente .

Na sua dissertação, Miguel Moura e Silva, optou por analisar o desenvolvimento do conceito de abuso de posição dominante no direito comunitário da concorrência e dos desafios colocados pela modernização proposta pela Comissão Europeia, bem como pelo confronto com os problemas colocados pelos mercados da Nova Economia. Trata-se de uma tarefa, simultaneamente, da maior utilidade prática e actualidade profunda, bem como de uma complexa elaboração teórica.

Na Parte I é feito um enquadramento geral da evolução do regime do artigo 82.º do Tratado de Roma, com uma panorâmica geral do estabelecimento e consolidação dos fundamentos da disciplina do abuso de posição dominante na União Europeia. Releva aqui o ponto de partida seguido pelo autor, para o qual o conceito de abuso não pode ser compreendido sem uma abordagem da noção de posição dominante, sendo o inverso igualmente verdadeiro. Aquele elemento qualificativo da posição ocupada pelo sujeito no mercado surge assim, simultaneamente, como fundamento e parâmetro dos deveres de conduta que lhe são impostos.

A Parte II, mais extensa, classifica e procura organizar as grandes categorias de abuso de uma forma que supera as tradicionais divisões entre abusos em matéria de preços e outros abusos ou, na senda da doutrina alemã, entre abusos de exploração e abusos de exclusão. Destaca-se, neste aspecto, a classificação proposta pelo autor d o abuso por conexão de mercados, agrupando um conjunto de práticas que têm em comum o facto de envolverem o exercício de poder de mercado em situações onde o abuso ou os seus efeitos se fazem sentir num mercado vizinho, tais como a subordinação ou *tying*, as vendas em pacote, os descontos multi-produto ou *bundling*, o esmagamento de margens e a recusa de venda. Quanto a esta última figura, é igualmente tratada a chamada teoria das infra-estruturas essenciais, com uma proposta de articulação da sua recente consagração normativa pela Lei n.º 18/2003 com a proibição mais ampla da recusa de venda – mesmo por parte de empresas não dominantes – já constante do anterior diploma legislativo sobre defesa da concorrência bem como do regime das chamadas práticas comerciais restritivas.

A Parte III procura aplicar os princípios e conceitos desenvolvidos anteriormente ao caso paradigmático do abuso na Nova Economia, os processos envolvendo a Microsoft nos Estados Unidos e na União Europeia, tratados no capítulo 9. Antes disso, contudo, é feito um enquadramento introdutório a alguns dos elementos comuns aos processos de aplicação das regras de concorrência na Nova Economia, como sejam a questão dos efeitos de rede, a articulação com a propriedade industrial e o problema, postulado por alguns autores, da relação entre o grau de concentração num mercado e a inovação tecnológica.

Com o "Discussion Paper" de 2005, a Comissão vem propor uma metodologia assente na análise dos efeitos da conduta da empresa dominante. Tal análise finalística contradiz a própria *ratio* do artigo 82.º. Uma metodologia fundada na análise dos efeitos conduziria à elaboração de uma nova proibição; à proibição do exercício de poder de mercado substancial de forma a reduzir substancialmente a concorrência em detrimento dos consumidores.

De acordo com a jurisprudência constante dos tribunais comunitários, o exercício de poder de mercado só dá lugar à responsabilidade pela conduta subsequente à aquisição de tal posição dominante. Tal posição funda-se em razões de justiça, ligadas à susceptibilidade de imputação ao agente: só pode ser sujeito da responsabilidade especial, inerente ao conceito de posição dominante, aquele que tem o dever de se comportar de forma diferente. E não podemos imputar esse dever sem que a circunstância qualificativa esteja presente no agente. Assim sendo, o carácter abusivo da conduta não pode, em circunstância alguma, depender de algo que não esteja presente no momento em que tal comportamento inicia a sua execução. O conceito de abuso de posição dominante, assim radicado na construção pretoriana do artigo 82.º do Artigo 82.º coloca em crise, na perspectiva do autor, uma abordagem baseada nos efeitos, pelo menos numa acepção mais radical e que acaba por ser contraditada pelas recentes decisões da Comissão Europeia, em particular no caso Microsoft.

Rejeitando perspectivas pessimistas e teses não intervencionistas, o autor sustenta que o direito da concorrência pode e deve traduzir para uma realidade económica marcada por novos conceitos, os mesmos princípios aplicados no passado no âmbito da jurisprudência comunitária relativa ao artigo 82.º do Tratado de Roma.

A tese que é defendida propõe uma intervenção excepcional do direito da concorrência, que conjugue o direito a uma remuneração, sempre que exista um direito formal protegido pela propriedade intelectual, com a imposição de partilha do bem protegido, preenchidos os critérios da jurisprudência comunitária, sempre que tal não se revele prejudicial aos incentivos necessários que levaram à criação do objecto protegido em causa.

A Faculdade de Direito de Lisboa, que tem estado na origem de um conjunto de teses de doutoramento e mestrado sobre direito da concorrência, ao mesmo tempo que formava um notável corpo de colaboradores da Autoridade de Concorrência e das entidades de regulação, fica ainda mais enriquecida. O Professor Miguel Moura e Silva ajudará a motivar os estudantes dos diversos ciclos para a problemática da concorrência, bem como para outras da nossa rica área de jurídico-económicas que têm captado a sua brilhante inteligência e inesgotável capacidade de trabalho.

Eduardo Paz Ferreira

DOUTORAMENTO DE TEODORO WATY

A Faculdade de Direito da Universidade de Lisboa honra-se de contar entre os seus doutores com Teodoro Andrade Waty, que concluiu as suas provas de doutoramento no final do passado mês de Julho, com a mais elevada classificação: louvor e distinção. Anteriormente, o novo Doutor concluira na mesma Faculdade o mestrado.

Teodoro Waty é uma personalidade de especial relevo nos meios jurídico e universitário moçambicano, sendo também de assinalar a sua notável militância política e cívica, que o leva a emprestar o nome a uma série de entidades de prestígio na sociedade moçambicana, Presidente do Conselho de Administração da Fundação Universitária (da Universidade Eduardo Mondlane).

Com uma larga carreira profissional, sobretudo no sector financeiro, tem leccionado, na Universidade Eduardo Mondlane e em instituições de ensino privado, direito da economia, direito fiscal e finanças públicas, encontrando-se publicadas as suas lições.

Na vasta gama de interesses comuns entre nós, as questões da organização do Estado e das suas finanças Públicas têm um lugar de relevo, pelo que me deu um especial prazer orientar a dissertação intitulada Contributo para uma Teoria da Descentralização Financeira em Moçambique. Naturalmente, que se trata de um tema rico de implicações e de novidades para Moçambique, mas o autor da dissertação não hesitou em correr os riscos de quem investiga em terrenos inovadores e pouco desbravados. Mais importante é, ainda, a circunstância de a sua tese dar simultaneamente corpo a um projecto de organização administrativo-financeira para o seu país.

A leitura da dissertação mostra-nos um autor maduro, conhecedor e culto, que não hesita em congregar ensinamentos de diversas áreas para uma melhor compreensão do tema que se propôs abordar. Revela-nos, também, uma capacidade rara de raciocinar com o necessário distanciamento científico sobre matérias que, muitas vezes, apenas são objecto de tratamento militante ou apaixonado.

Não se pense, todavia, que se trata de um tese fria e meramente técnica. Muito pelo contrário, estamos em presença de um trabalho em que a preocupação de ser útil e de ajudar a compreensão da evolução do país é muito grande. Um dos membros do júri apontou, aliás, como um dos grandes méritos da obra, o facto de ela ser de alguma forma um retrato de Moçambique através da experiência pessoal do autor. A paixão de Teodoro Waty pelo seu país ficou, aliás, bem patente durante as provas e nas saudações e cumprimentos iniciais, que publicamos em anexo à presente nota.

A tese apresentada encontra-se dividida em três grandes partes: uma primeira, intitulada compreender África, uma segunda sobre as teorias da descentralização e uma terceira sobre a descentralização em Moçambique, que envolve a proposta de novos caminhos.

Na primeira parte e, depois, de uma análise histórica do fenómeno colonial, encontramos uma pormenorizada descrição da evolução da vida administrativa e financeira de um significativo conjunto de Estados africanos. A segunda parte subdivide-se numa análise teórica dos fenómenos da descentralização territorial e da descentralização financeira e numa apreciação de algumas experiências, com relevo para a portuguesa, italiana e espanhola.

É a terceira parte que, porventura, levantará uma especial curiosidade dos leitores portugueses, uma vez que aqui se procede à análise minuciosa da administração colonial em Moçambique e das relações com a então metrópole, para passar à análise da ideologia dos movimentos nacionalistas e às transformações pós-independência, concluindo com o estudo exaustivo da actual forma de organização e administrativa e financeira.

A proposta de reforço dos poderes financeiros dos entes locais, e uma série de outras sub-propostas originais, mas fruto de longa mutação, constitui, seguramente, um contributo fundamental para o debate em curso sobre os caminhos de futuro em Moçambique. A Faculdade de Direito de Lisboa ficou honrada com a sua escolha para a apresentação da tese.

Pessoalmente, muito agradeço ao novo doutor esta experiência de orientação, que me revelou muitas realidades novas e modificou a minha forma de ver outras

Eduardo Paz Ferreira

PALAVRAS INTRODUTÓRIAS

Que me seja permitido, senhor Presidente, declarar-me publicamente emocionado e que confesse algumas das razões:

A nenhum outro moçambicano foi antes dada a feliz oportunidade de se apresentar perante um Júri para provas de Doutoramento, numa Escola de Direito Romano-germânico. Que é um feito? Claro que é. E é graças a vós, Professores, que nos tendes podido convencer-nos de que porque somos uma sociedade, temos um Direito, ou Direitos, que podem ser estudados, até ao nível cimeiro. Estou feliz por inaugurar esta página, numa prestigiada Escola com exímios Mestres e atentos cultores de Direito.

Esta é a primeira razão da emoção. Peço que a avaliem adequadamente.

A segunda razão decorre das presenças amigas, nesta sala. A maior parte destes amigos teve que suportar milhares de quilómetros, desde a costa oriental de África. Se o Senhor Presidente me permitir, gostaria de destacar a presença de Sua Excelência o Ministro de Educação e Cultura da República de Moçambique, o Dr. Aires Bonifácio Aly. Sei que aqui não veio representar a amizade que partilhamos. Sei também que não fosse um forte mandato não teria muito prazer em estar aqui para sofrer comigo. Sei, igualmente, que na sua bagagem transporta o abraço de milhões dos meus compatriotas, dos primeiros e de todos. Sei que se aqui está, apesar da sua carrega agenda é porque se entendeu não bastar a presença do Dr. Miguel Mkaima, Embaixador Extraordinário e Plenipotenciário acreditado em Portugal para representar esses milhões de compatriotas.

O Magnífico Reitor da Universidade Eduardo Mondlane, o Professor Doutor Filipe Couto, com a sua presença, dá um sinal de que o ensino do Direito de qualidade é importante na nossa Escola.

No Doutor *Honoris Causa* Malangatane Valente Gwenya vemos a presença dos anciães moçambicanos, dos intelectuais da cultura moçambicana, esse "sol que nunca desce".

A terceira razão, última e principal é esta: afinal, é verdade que também nós podemos! Podemos estar, participar, ser parte, em provas deste género. Sonhando, querendo, trabalhando, os jovens descalços da Minha

Terra Bem-Amada, filhos de leite analfabeto, já podem pisar estes palcos para serem examinados.

Senhor Presidente do Júri, por último, gostaria de agradecer a todos os que, neste e noutros mundos, ousaram acreditar num sonho e se alegram por este momento real.

Fico particularmente feliz por me aperceber que se leu com bastante atenção e interesse a minha dissertação com o tema ***Contributo para uma Teoria de Descentralização Financeira em Moçambique.***

Como disse na introdução a esta dissertação, não tenho a presunção de haver realizado trabalho completo, mas a consciência de ser um marco para que Moçambique seja um país democrático, desenvolvido e descentralizado. Um *contributo* sim, senão na medida que eu desejava, pelo menos no possível.

Faria sentido furtar-me de prestar um contributo à minha pátria, exactamente com um tema que é mais do que actual, apresentando-me nestas provas como parte final dum estudo que pretende ser um *Contributo para uma Teoria de Descentralização Financeira em Moçambique?*

Como cultor de Direito, não faria sentido que transmitisse como mote aos que me seguirem que não vale tratar de assuntos moçambicanos. Foi difícil, usando a consagrada doutrina financeira, administrativa, constitucional e fiscal, defender a nossa Tese de descentralização financeira.

Fiz o que podia para que não pusesse em mão dos distintos membros do Júri um trabalho perecível. Não era possível contornar a exigência do seu conhecimento. Quando iniciei esta empresa no longínquo 2004, assumi que **não devia recear errar, mas devia sempre estar pronto a corrigir**[1]. Assim continuarei a fazer.

---

[1] Professor Doutor Bento de Jesus Carraça, ISEG.

ACTIVIDADE DO IDEFF – ANO LECTIVO 2009-2010

No ano lectivo que agora se inicia, o Instituto de Direito Económico, Financeiro e Fiscal da Faculdade de Direito de Lisboa (IDEFF) prossegue a sua intensa e abrangente actividade, nos planos científico e editorial. Começando pela actividade científica, ela aparece agora desdobrada em três vertentes. Em primeiro lugar, a realização de cursos de pós-graduação nas áreas do Direito Económico, Finanças Públicas e Direito Fiscal. Em segundo lugar, a organização de conferências periódicas sobre os principais temas da actualidade na área jus-económica. Em terceiro lugar, a realização de workshops e cursos de curta duração que abordarão, com carácter intensivo e incisivo, temas de relevância teórica e prática.

Relativamente às Pós-Graduações do IDEFF, assinalamos, por áreas:

DIREITO ECONÓMICO

O lançamento de uma nova **Pós-Graduação em Mercados Financeiros**, sob coordenação do Professor Eduardo Paz Ferreira, composta pelos seguintes módulos: 1.º Semestre: Sistema Financeiro Português e Europeu; Produtos e Instrumentos Financeiros; Mercado Financeiro e Basileia II; Supervisão Bancária e Financeira; 2.º Semestre: Fiscalidade dos Mercados e dos Produtos Financeiros; Auditoria e Ilícitos; *Compliance*. Realizar-se-ão ainda Seminários sobre Temas de Gestão Bancária: Resposta à Crise, Gestão do risco, Moeda e Crédito, Derivados. Pretende-se, com esta nova pós-graduação, estimular a criação de um grupo de profissionais altamente qualificados na área financeira, dotando-os dos instrumentos fundamentais para o exercício de qualquer tipo de actividade nas instituições de crédito e afins, bem como nas entidades reguladoras respectivas.

Realizar-se-á ainda o **7.º Curso de Pós-Graduação de Especialização em Direito da Concorrência e da Regulação** e que, aparece agora integrado em Projecto Científico no domínio da Regulação Económica corresponde a CÁTEDRA JEAN MONNET atribuída em Julho de 2009 ao Professor Luís Morais. O curso – de que este é coordenador e que tem por consultor científico o Professor Miguel Moura e Silva -, pretende proporcionar uma formação especializada nos domínios tecnicamente complexos do Direito da Concorrência e da Regulação, impulsionados com a criação, em 2003, da Autoridade da Concorrência, no combate aos cartéis, abusos de posição dominante e no controlo de concentrações de empresas. Constituem-no os seguintes módulos: Direito da Concorrência I; Regulação das Comunicações Electrónicas; Instituições e Instrumentos Jurídicos da Regulação; Intervenção Pública e Concorrência. E dele fazem parte ainda os Seminários sobre Teoria Económica da Regulação e Teoria Económica da Concorrência I.

FINANÇAS E GESTÃO DO SECTOR PÚBLICO

O IDEFF propõe este ano um **Curso de Pós-Graduação Avançada em Parcerias do Estado e das Autarquias locais**, sob a coordenação da Professora Nazaré da Costa Cabral. Este curso procura concentrar-se nas experiências sectoriais de parcerias público-privadas e parcerias público-públicas, celebradas quer pelo Estado, quer pelas autarquias locais e analisar as suas implicações orçamentais e contabilísticas. Ele é dirigido não apenas a funcionários e dirigentes dos serviços da Administração Pública, central e local, e aos estudiosos das finanças públicas, mas também a todos os que se relacionem com a Administração Pública no desempenho das respectivas actividades profissionais, nomeadamente através de contratos públicos e de parcerias público-privadas (assim, gestores de empresas, advogados, consultores, etc.). Integram-no os seguintes módulos: Módulo I – Enquadramento jurídico-legal e orçamental; Módulo II - Infra-estruturas rodoviárias e ferroviárias; Módulo III – Águas, resíduos e energia; Módulo IV – Sector da Saúde; Módulo V – Parcerias Público-Públicas; Módulo VI – As PPP nas Autarquias Locais.

DIREITO FISCAL

Haverá lugar a mais uma edição do **Curso de Pós-Graduação em Direito Fiscal** sob coordenação do Professor Sérgio Vasques. Este procura oferecer aos interessados uma compreensão horizontal, completa, do sistema fiscal português. Trata-se de um curso no qual se irão percorrer, uma a uma, as principais componentes da nossa desde os princípios que fundamentam o sistema aos problemas – fiscalidade adjectivos do procedimento, do processo e das infracções, passando pelos temas maiores da tributação do consumo, do rendimento e do património. Constituem-no os seguintes módulos: No Primeiro Semestre: IRS; IRC; IVA; Taxas e Tributos Parafiscais. No Segundo Semestre: Direito Fiscal Internacional; Impostos Especiais de Consumo; Impostos sobre o Património; Procedimento e Processo Tributário; Infracções Tributárias; Benefícios Fiscais.

O IDEFF realizará ainda uma nova **Pós-Graduação Avançada em Direito Fiscal sobre o Novo Sistema de Organização Contabilístico e o Código do IRS**, sob coordenação da Professora Ana Paula Dourado. Atendendo a que novo Sistema de Organização Contabilístico para efeitos do IRC vai entrar em vigor em Janeiro de 2010, o IDEFF apresenta um curso pioneiro que pretende explicar as normas contabilísticas e o relato financeiro, o regime aplicável às pequenas entidades e a adaptação do Código do IRC às normas internacionais de contabilidade e o sistema nacional de contabilidade. Compõem-no os seguintes módulos: Módulo 1 – As normas contabilísticas e o relato financeiro; Módulo 2 – A norma contabilística e de relato financeiro para pequenas entidades; Módulo 3 – O Novo Plano de Contas para as Empresas de Seguros; Módulo 4 – A adaptação do código do IRC às NICs e ao SNC.

Relativamente às Conferências temáticas, terão lugar até ao final do ano de 2009, as seguintes iniciativas:

- "1º Encontro Luso-Brasileiro de Direito Tributário", que terá lugar nos dias 7,8,9 e 10 de Outubro;
- Conferência Internacional sobre "O Financiamento do Ensino Superior – A Crise actual e perspectivas de futuro", que terá lugar nos dias 12 e 13 de Outubro.
- Conferência Internacional sobre "Direito e Economia – Um ano depois da crise. Que caminho para o futuro?", que se realizará nos dias 3 e 4 de Novembro;
- Conferência sobre "A reforma em curso do regime dos auxílios de Estado e os auxílios ao sector financeiro", a realizar também durante o mês de Novembro.

Para o ano de 2010, estão desde já previstas uma série de Conferências na área da Regulação e da Concorrência, a saber: Regulação e concorrência no sector dos transportes – em especial nos transportes ferroviários; Perspectivas de '*private enforcement*' do direito da concorrência; Processo contra-ordenacional; Problemas de concorrência e regulação no domínio da saúde e no domínio farmacêutico; Relação entre a regulação no mercado interno e a concorrência na União Euroepia (em cooperação com o Instituto Universitário Europeu).

Finalmente, no que diz respeito à realização de Cursos de curta duração e Workshops, assinalamos duas iniciativas importantes. Em primeiro lugar, o **Curso Intensivo sobre o Novo Código Contributivo da Segurança Social**, a realizar no dia 24 de Setembro de 2009, com os seguintes temas: Princípios gerais; Regime Geral dos Trabalhadores por Conta de Outrem; Regime Geral dos Trabalhadores Independentes; Regimes Aplicáveis a Trabalhadores integrados em Categorias ou Situações Específicas; Regime sancionatório. Em Outubro de 2009, tem início um curso novo – **Curso de Contabilidade para Juristas**. Com este, pretende-se dotar o jurista com conhecimento sobre a contabilidade, o relato financeiro e a prestação de contas das entidades empresariais que lhe permita percepção sobre: os fundamentos da contabilidade e do relato financeiro; os aspectos fundamentais do reconhecimento e da mensuração nas demonstrações financeiras; o conteúdo das demonstrações financeiras e técnicas de análise económico-financeira; os documentos e o processo de prestação de contas.

Já no ano de 2010, realizar-se-ão alguns Workshops temáticos, estando já previstos para Janeiro um primeiro alusivo ao "Endividamento Municipal" e outro, em Março, sobre "O Quadro de Referência Estratégico Nacional – avaliação".

Além da sua extensa actividade científica, o IDEFF prosseguirá a sua actividade editorial, traduzida na continuidade da "Revista de Finanças Públicas e Direito Fiscal", bem como no lançamento da nova "Revista de Direito da Concorrência" (edição conjunta com a Autoridade da Concorrência). Está ainda prevista, até ao final de 2009, a edição de mais um número dos "Cadernos do IDEFF", desta feita uma obra colectiva sobre "A Reforma do Sector da Saúde em Portugal", organizada por Nazaré da Costa Cabral, Olívio Mota Amador e Guilherme Waldemar d´Oliveira Martins.

Nazaré da Costa Cabral

Sondagem na União Europeia e nos Estados Unidos revela:

ECONOMIA É UMA DAS GRANDES PREOCUPAÇÕES

A economia é uma das principais preocupações manifestadas pelos cidadãos europeus e norte-americanos na sondagem, *Transatlantic Trends do German Marshall Fund,* divulgada em Setembro e desenvolvida em Portugal pela Fundação Luso-Americana.

A conclusão mais difundida do *Transatlantic Trends* foi o enorme crescimento do apoio europeu à política externa do presidente norte-americano. Barack Obama tem um número de apoiantes quatro vezes superior do que teve o seu antecessor George W. Bush. Por isso os europeus esperam ajuda de Washington para a recuperação da economia.

De certa forma, o notável aumento do apoio a Obama surpreende os responsáveis pela sondagem que esperavam que o facto da recessão se ter iniciado nos Estados Unidos trouxesse consequências para a boa imagem presidencial. Afinal, pelo contrário os europeus até gostavam que fosse Obama a liderar a resolução da crise em termos internacionais.

Dos dois lados do Atlântico defende-se que os líderes políticos devem dar prioridade aos problemas económicos: 29% dos norte-americanos e 31% dos europeus. Prioridade que ultrapassa receios de ameaças terroristas, de alterações climáticas, ou do conflito no Médio Oriente. Mais de metade dos inquiridos na União Europeia acha que a resolução da crise económica mundial depende de um pulso forte de Barack Obama (53%) e apoia as suas medidas anti-crise (79%), embora do lado dos Estados Unidos o apoio seja um pouco inferior – apenas 54% dos inquiridos considera que os assuntos económicos foram bem geridos pelo seu presidente.

É do lado americano que mais se afirma estar "muito preocupado" relativamente à economia (69%), isto porque são estes os inquiridos que afirmam ter experienciado pessoalmente as suas más consequências – três em cada quatro americanos dizem que as suas famílias sofreram com a recessão (74%), enquanto na Europa apenas metade admite ter sofrido directamente (55%), daí apenas 47% dos cidadãos da Europa diz estar "muito preocupado".

Medidas governamentais para a crise
Muitos portugueses acham que o Governo já gastou demais

O apoio ao mercado livre parece não ter sido posto em causa pela recessão, mas as pessoas exigem medidas. Oito em cada dez americanos (81%) e sete em cada dez cidadãos da União Europeia (69%) continuam a achar que o melhor sistema é o de mercado livre. Relativamente aos cidadãos que dão "forte apoio" a este mercado a percentagem varia assim: 54% nos Estados Unidos; 37% em Inglaterra; 20% em França e 13% na Eslováquia.

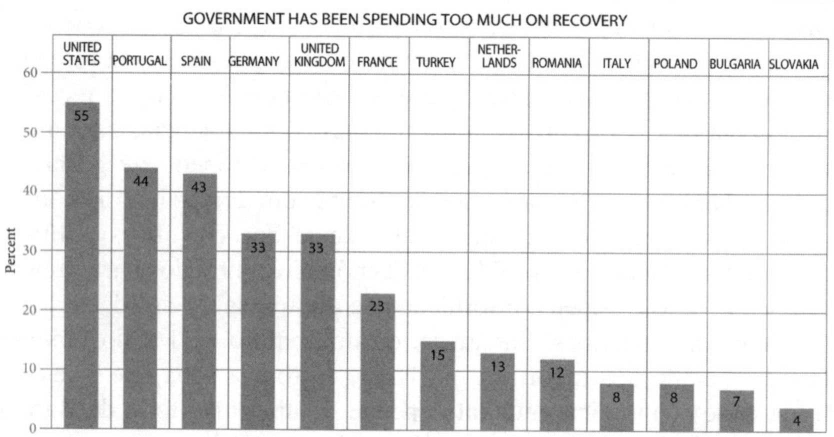

Chart 13

Source: Topline Data (2009), Q25

A maioria dos inquiridos considera que era preciso mudanças na condução da economia para superar a recessão – 75% nos Estados Unidos e 82% na União Europeia e, também para a maioria, o desejo de mudança é acompanhado da convicção de que a intervenção do Estado é fundamental – 67% dos inquiridos americanos e 79% dos europeus.

Mas na avaliação da despesa que os seus governos têm feito na resolução da crise há uma divisão transatlântica – 55% dos americanos acha que Washington gastou demasiado e na União Europeia apenas 24% é da opinião que o seu Governo se excedeu nos apoios. Curiosamente, a opinião dos portugueses aproxima-se mais da dos norte-americanos do que da opinião dos europeus. 44% dos portugueses acha que o Governo já gastou mais do que devia com as medidas anti-crise, logo seguido dos espanhóis – 43%. *Ver gráfico*.

Sara Pina